抗日战争时期中国人口伤亡和财产损失调研丛书

主　编　李忠杰

副主编　李　蓉　姚金果
　　　　霍海丹　蒋建农

甘肃省抗日战争时期人口伤亡和财产损失

甘肃省委党史研究室　编

中共党史出版社

图书在版编目(CIP)数据

甘肃省抗日战争时期人口伤亡和财产损失/甘肃省委党史研究室编.
—北京:中共党史出版社,2014.8
(抗日战争时期中国人口伤亡和财产损失调研丛书/李忠杰主编)
ISBN 978-7-5098-2690-4

Ⅰ.①甘… Ⅱ.①甘… Ⅲ.①抗日战争－损失－史料－甘肃省
Ⅳ.①K265.06

中国版本图书馆 CIP 数据核字(2014)第 115469 号

出版发行:中共党史出版社
责任编辑:王鸽子
复　　审:姚建萍
终　　审:汪晓军
责任校对:龚秀华
责任印制:谷智宇
责任监制:贺冬英
社　　址:北京市海淀区芙蓉里南街6号院1号楼
邮　　编:100080
网　　址:www.dscbs.com
经　　销:新华书店
印　　刷:北京君升印刷有限公司
开　　本:170mm×240mm　1/16
字　　数:495 千字
印　　张:26　　12面插图
印　　数:1－3000 册
版　　次:2014 年 8 月第 1 版
印　　次:2014 年 8 月第 1 次印刷

　ISBN　978-7-5098-2690-4
定　　价:55.00 元

《抗日战争时期中国人口伤亡和
财产损失调研丛书》

本课题在中共中央党史研究室室委会领导下进行。先后三位时任主任孙英、李景田、欧阳淞对本课题给予了重要指导。

主　编　李忠杰
副主编　李　蓉　姚金果　霍海丹　蒋建农

参加审稿的领导和专家：

一、中共中央党史研究室领导和专家

曲青山　孙　英　龙新民　陈　威　石仲泉

谷安林　张树军　黄小同　黄如军　李向前

陈　夕　任贵祥　郑　谦　王　淇　黄修荣

刘益涛　韩泰华

二、有关部门和单位的专家

李景田（第十二届全国人大常委、民族委员会主任委员；中共中央党史研究室原主任；中共中央党校原常务副校长）

何　理（中国人民解放军国防大学少将、教授、中国抗日战争史学会会长）

支绍曾（中国人民解放军军事科学院少将、原军事历史研究部副部长、研究员）

罗焕章 （中国人民解放军军事科学院研究员）

刘庭华 （中国人民解放军军事科学院原军事历史研究部研究室主任、研究员、博士生导师、首席军史专家）

阮家新 （中国人民革命军事博物馆原副馆长、研究员）

步　平 （中国社会科学院近代史研究所原所长、研究员）

汤重南 （中国社会科学院世界历史研究所研究员、中国日本史学会名誉会长）

姜　涛 （中国社会科学院近代史研究所研究员）

荣维木 （《抗日战争研究》原主编）

郭德宏 （中共中央党校党史教研部原主任、教授、博士生导师）

肖一平 （中共中央党校党史教研部教授）

杨圣清 （中共中央党校党史教研部教授）

李东朗 （中共中央党校党史教研部教授、博士生导师）

徐　勇 （北京大学历史系教授、博士生导师）

李良志 （中国人民大学中共党史系教授）

王桧林 （北京师范大学教授、博士生导师）

谢忠厚 （河北省社会科学院原现代史研究所所长、历史研究所顾问、研究员）

中共中央党史研究室课题组成员

李忠杰　霍海丹　李　蓉　姚金果　李　颖

王志刚　王树林　杨　凯

《抗日战争时期中国人口伤亡和
财产损失调研丛书》

总　序

中共中央党史研究室副主任　李忠杰

　　发生在 20 世纪三四十年代的中国人民抗日战争，是中华民族抵抗日本帝国主义侵略的一场规模巨大的战争，是世界反法西斯战争的重要组成部分和东方主战场，是近代以来中国反对外敌入侵第一次取得完全胜利的民族解放战争。中国人民抗日战争的胜利，成为中华民族由衰败走向振兴的重大转折点，也对世界各国人民取得反法西斯战争的胜利、争取世界和平的伟大事业产生了巨大影响。

　　这场战争，作为世界反法西斯战争的一部分，从根本上来说，是反法西斯正义力量与法西斯侵略势力之间的一场大决战，是文明与野蛮的一场大搏斗。日本侵略者，站在法西斯阵营一边，不仅与中国人民为敌，而且与世界人民为敌，肆意践踏人类的公理和正义，企图以残暴杀戮的手段，将中华民族置于自己的铁蹄之下。日本侵略者先后占领了中国、东南亚、南亚、大洋洲许多国家的领土，杀害居民，掠夺物资，强征劳工，施放毒气，蹂躏妇女和儿童，毁坏和窃取文物，造成了大量人员和财产的损失，给中国人民和亚洲其他许多国家人民留下了巨大的创伤，给世界文明造成了空前的破坏。

　　中国是受战争摧残最为严重的国家。从 1931 年到 1945 年的 14 年间，日本侵略者先后占领了东北、华北、华中、华南等大片中国最重要的经济政治文化战略地区。在整个战争进程中，日军到处屠杀、焚烧、抢掠、奸淫，使中国人民的生命财产惨遭蹂躏；大量使用生化武器，进行残酷的细菌战和化学战；把大批中国平民和俘虏当作细菌和毒气的试验品；对无辜的中国平民施放毒气，或在河流、湖泊、水井中投毒；掠走大批中国劳工，强迫他们筑路、开矿、拓荒，从事大型军事工程，使其大批冻、饿、病、累而死；强征中国妇女作为"慰安妇"，严重残害妇女的身心健康；对抗日根据地实行"烧光、杀光、抢光"政策，企图摧毁抗战军民起码的生存条件；在许多地方还制造了一系列触目惊心的大惨案。直至今天，日本侵略所造成的后果还难以完全消除，日军遗留的毒气弹还不时地威胁着中国人民的生命安全。

日本侵略者的罪行，违背了起码的人类良知和国际公法，不仅是对人权和人道主义的践踏，而且是对人类文明的挑战。它决不是如某些日本右翼分子所说是解放亚洲和太平洋地区人民的行动，而是亚洲和太平洋地区历史上最黑暗的一幕，是人类文明史上的一场浩劫。第二次世界大战结束后，根据《波茨坦公告》的规定，远东国际军事法庭在东京对日本首要战犯进行了国际审判，确认侵略战争为国际法上的犯罪，策划、准备、发动或进行侵略战争者为甲级战犯。此外，盟军还在马尼拉、新加坡、仰光、西贡、伯力等地，对日本的乙、丙级战犯进行了审判。中国也先后对日本的有关战犯进行了审判。这些审判，与欧洲的纽伦堡审判一起，使发动侵略战争的罪犯受到了应有的惩处，代表了全世界一切爱好和平人民的共同愿望。这是正义的审判，历史的审判！这一审判的结果是不容挑战的！

策划和制造当年这场战争的，是一小撮日本军国主义和法西斯分子。而日本人民，从根本上来说，也是受害者。所以，日本人民也用不同方式对这场战争进行了抵制和反抗。不少参加侵华战争的士兵认识到战争的性质，幡然悔悟，积极参加了国际和日本国内的反战活动。战后，很多人勇敢面对历史事实，以见证人的身份揭露了日本军国主义的罪行。还有很多当年的士兵，真诚忏悔战争的罪行，以实际行动推动世界和平和中日友好，做了很多有益的工作。他们的良知和勇气，应该得到充分的肯定和赞赏。

相反，日本国内一些右翼势力，直到今天仍然否认侵略战争的性质和罪行，竭力推卸侵略战争的责任。对早已由当年远东国际军事法庭作出严正判决的南京大屠杀一案，始终企图翻案。历史不容改变，事实岂能抹杀！企图歪曲历史，掩盖罪行，这是中国人民绝对不能同意的！

中国人民在当年那场战争中的胜利，是正义战胜邪恶、光明战胜黑暗、进步战胜反动的伟大胜利！是正义的胜利、人民的胜利、和平的胜利！既是中华民族永远值得纪念的胜利，也是世界人民永远值得纪念的胜利！但是，在纪念胜利的同时，我们不要忘记，这一胜利是用极为惨重的代价换来的。在这一伟大胜利的背后，是中华民族遭受的巨大人员伤亡和财产损失！中华民族，既为这场战争的胜利作出了巨大的贡献，也在这场战争中付出了巨大的民族牺牲。

1995 年，江泽民同志在首都各界纪念抗日战争暨世界反法西斯战争胜利 50 周年大会上，对当年日本侵略中国造成巨大人口伤亡和财产损失的基本数据作出了重要表述。2005 年，胡锦涛同志在纪念中国人民抗日战争暨世界反法西斯战争胜利 60 周年大会的讲话中，再次郑重宣布，据不完全统计，在抗日战争期间，中国军民死伤 3500 多万人；按 1937 年的比值折算，中国直接经济损失 1000 多亿美元，间接经济损失 5000 多亿美元。中国领导人公开宣布的基本数据，从整体上揭示了中国人口伤亡和财产损失的规模，有力地揭露了日本军国主义侵略的罪行。

数据，是历史的抽象。数据的背后，是大量的事实、确凿的证据，是无数人们的惨痛记忆和血泪控诉。为了更直接、更具体、更全面、更系统、更立体地还原当年的历史，展示中国人民遭受的灾难和损失，揭露日本军国主义的罪行，驳斥日本右翼势力否认侵略罪行的种种言论，我们必须通过更多档案资料的展示、历史文书的挖掘、具体事实的考查、当事人的证词证言、各种各样的物证书证，等等，将侵略者的罪行昭告天下。因此，作为炎黄子孙，作为郑重的历史工作者，有必要、有责任、有义务、也有权利对战争期间中国的人口伤亡和财产损失进行更加系统、详尽、具体的调查研究，将当年中国人民的巨大牺牲和惨重损失永远地记载下来。

这项调查研究工作，本来在抗日战争结束之后，或者在新中国成立时，就应该进行。但由于种种历史原因，未能系统、全面地进行。由于年代久远，资料散失，在世的证人越来越少，现在进行这方面的调查和研究已经有很大困难。但是，无论早晚，这项工作总得有人来做。现在才做，已经晚了几十年。但如果现在再不做，将来就更晚，也更困难了。所以，无论再困难，做，都是必要的。做好这项调研，是对历史负责、对人民负责、对当年的牺牲殉难者负责、对我们的子孙后代负责。根本上，是对整个中华民族负责，也是对国际社会和人类文明负责。

因此，2004 年，中央党史研究室决定开展《抗日战争时期中国人口伤亡和财产损失》的课题调研。从 2005 年开始，组织全国党史部门围绕这一重大课题，开展了系统深入的调研工作。其基本任务，是按照实事求是的原则，调查更加详实、有力、具体、准确的档案、材料、事实，更加清楚准确地掌握日本军国主义的侵略罪行，更加清楚准确地掌握日本侵略在各个不同领域、地区和方面对中国造成的破坏和损失。其中包括：各个省、自治区、直辖市在抗战中的人口伤亡和财产损失情况；历次重大战役战斗中中国军队伤亡的情况；日本从中国掠走各种资源的情况；日本从中国掠走和破坏文物的情况；日军在中国制造的一系列重大惨案；中国劳工的损失情况；中国妇女遭受日军性侵犯的情况，包括"慰安妇"的情况；日军在中国使用细菌武器、化学武器及其造成伤害的情况；日本侵略在其他方面给中国造成破坏的情况；等等。

课题调研的整体布局，实行块块和条条的结合。每个省、自治区、直辖市党史研究室，主要负责把本区域内的情况调查清楚。也可根据实际情况，选择一些重点，进行专题性的调研，形成专题性的研究成果。一些重要专题，单靠某个省（自治区、直辖市）做不了，就采取条条的办法，组织专题性的调研。还有一些，则是条条与块块相结合。如毒气，日军在不同区域使用过，有关的省（自治区、直辖市）都调查。但作为一个专题，由相关的区域进行协调，配合开展调研工作，并形成专项的调研成果。如劳工、性侵犯等，就大致属于这种类型。

课题调研的方式方法，主要是查阅和搜集档案文献资料，包括不同历史时期的统计报表。同时查阅当时有关的报刊资料，查阅多年来涉及有关地方、有关课题的研究成果。对一些特殊的重大事件，特别是重大惨案等，也同时进行社会调查，对当事人、知情人、有关研究人员等进行走访，记录证词证言。对于特别重要的事件，有条件的，还进行必要的司法公证，如南京大屠杀、潘家峪惨案等，使这些调查都成为在法律上可以采信的证据。根据需要与可能，也到国外境外包括台湾地区查阅搜集档案资料。

中央党史研究室进行了大量组织和指导工作。在课题确定前，首先进行了必要的论证，得到了许多专家的支持。随后，制定了详细的工作方案，向各省、自治区、直辖市党史研究室发出正式通知和实施意见，明确了工作的指导思想、组织领导、调研项目、工作步骤、基本要求、注意事项等等。为了提高认识、振奋精神、交流经验、落实措施，专门召开了工作培训会议，就课题的总体规划、调研方法、需要把握的问题等，作了全面部署，特别是提出了把调研工作做成"基础工程、精品工程、警世工程、传世工程"的要求。多年来，一直分阶段、有步骤地把这项课题调研推向前进。有关领导和专家分别到各地参加会议，指导培训，提出要求，统一规格，解答疑难问题。在调研过程中，随时就有关问题进行具体指导。工作班子及时编发简报和简讯，交流情况和经验。

各级党委和政府高度重视。多数地方成立了由党史研究室领导负责的课题组。各地先后召开工作会议、电话会议等，培训人员，落实任务。许多地方形成了由党史研究室牵头，档案、民政、财政、司法、地方志、社科院以及高校等部门单位联合攻关的局面，保证了调研工作扎扎实实、有计划有步骤地向前推进。

《抗日战争时期中国人口伤亡和财产损失》课题调研先后经历了六个阶段。第一，酝酿启动。第二，全面调研。这是最重要的阶段。各地组织专门人员，查询档案，实地走访，搜集了大量资料。第三，起草报告。凡参加调研的县以上单位，都要在搜集整理、考证研究档案文献资料和进行实地调查的基础上，写出调研报告，全面、准确地反映调研成果。同时，将调研中搜集的档案文献资料进行分类整理，制作统计表、大事记和人员伤亡名录等。第四，分级验收。为保证调研成果的科学性、准确性、严肃性，各省、自治区、直辖市调研报告都要经过四级验收。首先由课题领导小组审查通过，然后聘请所在省份资深专家审读验收，合格后报送中央党史研究室课题组。中央党史研究室课题组审读各省、自治区、直辖市的调研报告及相关调研成果，认为合格后，再聘请有全国影响的专家审读，写出书面意见并亲笔署名。根据审读意见，各地都要反复认真进行修改，只有达到规定要求才能通过验收。第五，上报成果。完成调研工作的省、自治区、直辖市，都按统一要求，将调研中收集的档案文献资料等所有文件，精心整理，分类成册，向中央党史研究室提交调研成果。各市县也要逐级向省级报送。第六，反复审核。中央党史研究室召开审稿会，组织各省、自治区、直辖市按照标准自审，相互间互审，将各种材料进行比对，将有关数据核实，解决带有共性的问题，进一步统一标准、统一规范、统一格式。

这项课题调研，作为一项浩大的工程，到目前为止，进行了将近 10 年之久。前后共有 60 多万党史工作者、史学工作者和其他各类有关人员参加。将近 10 年来，各个地方都周密组织，采取有力措施推动工作开展，保证调研质量。如山东省，先在 30 个县（市、区）进行试点，然后在全省普遍推开，形成了纵向省市县乡村五级联动、步调一致，横向十几个部门优势互补、携手攻关的工作格局。课题调研期间，山东省参加工作的同志共查阅档案 238742 卷，复印档案资料 406912 页，查阅抗战期间及战后出版的书刊 61301 册（期），复制文献资料 220177 页。走访调查 8 万余个行政村、609 万名 70 岁以上（即 1937 年全国性抗战爆发以前出生）老人中的 507 万余人，收集证言证词 79 万余份。拍摄照片资料 7376 幅、录像资料 49678 分钟，制作光盘 2037 张。全省 1931 个乡镇，每个乡镇都建立了包括证人证言证词、伤亡人员名录、财产损失清单、人员伤亡和财产损失数字统计、人员伤亡和财产损失大事记、重大惨案证据材料以及证人和知情人口述录音、录像、照片等内容的抗战时期人口伤亡和财产损失材料卷宗，共 12892 个。

这项课题调研，也得到了社会各界特别是档案图书部门、专家学者的普遍支持。许多档案馆、图书馆为这次调研提供各种方便。不少专家学者在教学科研任务繁重、经费困难的情况下，承担专题研究任务。有的外请专家利用学校假期全力以赴做课题，缺少交通工具，就以自行车代步或徒步，到档案馆和图书馆查阅文献资料。

为了扩大搜寻面，中央党史研究室还组织查档小组，分赴美国、俄罗斯、日本，搜集了许多抗战史料。很多地方的课题组都到台湾查档。在台北"国史馆"、中国国民党党史馆、"中央研究院"近代史研究所档案馆等，找到了数量巨大、整理比较细致的抗战档案。台北"国史馆"馆藏的国民党在大陆统治时期行政院赔偿委员会档案，涉及抗战时期中国人口伤亡和财产损失的有8924卷，内容十分翔实具体。既有中央机关、军队系统人口伤亡和财产损失情况，也有地方省、市，县、区和个人填报的资料，包括台湾地区和华侨的档案资料。新疆防空委员会也报送有财产损失材料，如修筑防空工事、疏散费等财产损失。重庆市报送有日机空袭慰恤重伤难胞姓名卡，上面有卡号、伤员姓名、性别、年龄、籍贯、受伤时间、受伤地点、犒金额、发犒金时期、所住医院名称、医院地址、入院时间等，受伤部位还配有图片加以说明。所有这些，为查明当时各方面的人口伤亡和财产损失，提供了重要证据。

这项重大课题调研的成果，均编成《抗日战争时期中国人口伤亡和财产损失调研丛书》公开出版，为国内外学者提供并为子孙后代留下一份关于抗战时期中国人口伤亡和财产损失的系统资料。经过验收、审核合格的调研报告和主要档案文献资料，都按统一体例，编辑成为丛书的A、B两个系列。A系列为各省、自治区、直辖市各一本调研成果，以及若干重要专题的调研成果，由中央党史研究室负责审核。B系列为各省、自治区、直辖市的其他大量调研成果，由各省、自治区、直辖市党史研究室负责审核。全部成果统一设计、统一规格、统一版式、统一编号，由中共党史出版社统一出版。全部出齐之后，将有300本左右。

为了集中反映日本侵略者在中国制造的各种重大惨案，我们专门编纂了一套《抗日战争时期全国重大惨案》，收录抗战时期死伤平民（或以平民为主）800人以上的重大惨案100多个，配以档案、文献、口述及照片等作为历史证据。日本一些右翼分子，常常攻击中国为什么不拿出伤亡人员名单。我们专门安排了一个省，即山东省，公布该省具体的伤亡人员名录（第一批先公布该省100个县＜市、区＞的死难人员名录），包括姓名、籍贯、年龄、性别、伤亡时间等多项要素。以此说明，中国的伤亡人员都是有根有据、铁证如山的。

历史的生命在于真实、客观、准确。《抗日战争时期中国人口伤亡和财产损失》这一课题调研的生命也在于真实、客观、准确。所以，在开展这一课题调研的过程中，我们始终把保证调研质量，保证所有材料、事实、成果的真实性、客观性和准确性放在第一位，并在五个重要环节上严格要求、严格把关。第一，严格要求。一开始就明确规定，课题调研工作坚持实事求是的原则和科学严谨的态度。整个调研工作必须尊重历史事实。档案怎么记录的，就怎么记载，不能随意改变。当事人、知情人怎么说的，就怎么记录，不能随意加工。所有的材料、事实都要经得起法律上和学术上的质证。在需要与可能的情况下，对当事人、知情人的证词证言要进行司法公证。各种数据，都要确有根据，不能随便编排、采信。不许追求任何高数字、高指标。第二，统一规范。对课题调研的项目、内容，都做了认真细致的研究，提出了统一要求和严格规范。对全部调研项目设计了统一的表格，对调研报告的内容和格式做了统一规定。每个数字的内涵外延，包括如何计算、如何换算等等，都有明确的规定。事前对调研人员进行了培训。调研过程中，对没有理解的问题、疑难的问题等，都由专家给予统一的解释、说明。第三，责任到人。对所有参与课题调研的人员，都实行责任制。查档的、笔录的、整理的、起草调研报告的、审读的……，每个环节的人员都要签名，以对这一环节自己的工作负责，对子孙后代负责。明确规定，今后凡遇到质疑，有关环节的调研人员都要能够站出来进行证明、解释和辩论。第四，客观撰写。在汇总情况、起草调研报告阶段，要求所有的数据统计都必须客观、真实、准确。一律用事实说话，材料要具体、实在。不允许像写文艺作品那样来写调研报告；不允许作任何想象、编造和煽情性的描写；不允许刻意追求语言的生动华美；不允许使用任何带有夸张性、主观推断性的文字；不允许用"不计其数"、"无恶不作"这类抽象的形容词来概括相关内容；经过调研，凡是能够说清的事实、数字都予采用，但仍然说不清的情况、数据，就客观地说明未查核清楚，在汇总和整理数据时充分考虑这些因素，绝对不得编造数字。第五，逐级验收。除了在调研过程中由特聘的专家随时给予指导外，对各地提交的调研报告和相关材料，都实行逐级验收制度。其中，对省级调研成果实行由地方到中央的四级验收，其他调研成果由有关省、自治区、直辖市党史研究室组织验收。每一验收环节都要有专家审读、签字。凡存在问题和不符合要求之处，都要退回重新核查和修改。

经过艰苦努力，到2010年底，我们在深入调研的基础上，初步编出了几十本成果，先行印制了少量样本作为内部工作用书，组织力量作进一步的研究、审读、复查、校核。从2014年初开始，我们又组织展开了新一轮较大规模的审核工作。第一，召开有关省、自治区、直辖市党史部门参加的审稿会，进一步提高认识，明确规范，听取相互评审以及从社会各方面听到的意见，对审核工作提出要求，进行部署。第二，开展自审、复核、修改，确保准确无误。同时在各省、自治区、直辖市党史部门之间交叉审读，相互间进行比较、核对、衔接。自审互审完成后，都要确认是否具备正式出版的质量水准，签署是否同意交付出版的意见。第三，由中央党史研究室组织专家，对所有拟第一批出版的成果（书稿）进行六个环节的审读、检查、修改、校对，不仅检查是否还有表述不够准确或不够清楚的地方，而且对各本书稿之间、每本书稿各个部分之间的内容、叙述、时间、数字等进行统筹检查，排除表述不一致的内容。第四，如实客观地说明我们工作尽最大努力后达到的程度。始终强调，凡是已经清楚的，就清楚表述。还没有搞清楚的，就如实说明还没有搞清楚。某些数据、结论与其他书籍资料不完全一致的，则说明我们是依据什么材料、从什么角度得出和叙述的，不强求一致。第五，组织各地党史部门继续参与审核。凡有疑问的，都与有关地方党史部门联系、查核。多数省、自治区、直辖市都派专人来京参与审核、修改、校对。审核完毕后，又组织各地党史部门对自己书稿的清样再次进行审核。然后再按出版流程交付印制。今年以来对这些成果再次进行如此繁密、细致的复核工作，都是为了进一步保证成果的质量，保证历史事实的真实性和准确性。

特别需要强调的是，开展这项调研，不是为了简单汇总、计算这样那样的数据，而是为了寻找、展示更多的档案、更多的材料、更多的人证物证、更多的历史事实，用具体的事实来反映当年中华民族遭受的巨大灾难，揭露日本侵略者反人类的罪行。时隔几十年，很多数据难以查清，很多数据可能不很吻合，而且数据的分类、统计、核算都极为复杂，远远不是简单做一做加法就能算出来的。所以，我们在数据上采取了十分谨慎的态度。能统计出来的就统计出来，难以统计的也不强求。统计的口径、结果相互有差别的，也注意说明。今后，我们将会对数据问题作进一步研究。因此，目前的研究还只是阶段性的，不能说已经包罗万象，更不是最终的结论。总体上，还是在为今后更加综合性的研究提供一个详尽、扎实的基础。

由于自始至终都高度重视和强调调研的质量，所以，对于这一项目的真实性、客观性、准确性，我们有充分的信心。当然，无论如何，历史已经过去了六七十年，很多当事人已经去世，很多档案资料已经散失。现在再对发生在六七十年前的灾难进行大规模的调查，其困难是可想而知的。所以，即使做了最大的努力，我们仍然充分预计在调研成果及有关材料中，还是会有不足和差错之处，出版之后，肯定会有不同意见。所以，我们真诚地欢迎所有看到这些调研成果的人们，对其中的内容、材料、数据等进行审查、讨论。如此，必将有更多的人们关心和参与对当年那场灾难的调查，必将会提供和发现更多的档案、更多的资料、更多的见证，必将对我们调研成果中的很多内容进行不断的推敲琢磨，从而使我们能够更加准确、系统地展示当年中国的人口伤亡和财产损失，使我们为子孙后代留下的资料更为完整、更为丰富。我们也欢迎日本和其他国家的人们对这些调研成果进行阅读、审查、讨论、质疑。如此，将会有更多的国家和人们关注中国当年所遭受的灾难，也将会有更多的存留于国外境外的档案资料出现在公众面前，也将会使对当年这段历史和灾难的记录、研究更加准确和科学。

《抗日战争时期中国人口伤亡和财产损失》课题调研，是一项学术性的工作。开展这项课题调研，是为了更加准确和详尽地记录这场战争和灾难的历史，更加充分和有力地揭露日本军国主义的侵略罪行、反击日本右翼势力否认侵略战争的言行，更加充分和有效地进行爱国主义教育，毋忘国耻、振兴中华，更加积极地促进两岸交流、推进祖国和平统一进程，同时，也是为了给全世界所有关注当年这场战争和灾难的国家、政府和人们一个更加负责任的交代，为子孙后代继续研究当年中国人民抗日战争和日本军国主义的侵略罪行留下一笔丰富翔实的历史遗产。因此，虽然是学术性调研，但具有重大的历史意义、现实意义、国际意义、政治意义。作为历史工作者，我们有责任、有义务，实事求是地把中华民族在那场战争中蒙受的巨大灾难和损失尽可能完整地记载下来。推动和开展这项课题调研，是良心所在，是责任所在！每每读到那些令人震颤的历史事实，每每想到那数千万死难者的冤魂亡灵，每每掂量我们今人特别是历史工作者的责任，我们都禁不住潸然泪下。将近10年来，所有调研人员本着对历史和民族负责的精神，殚精竭虑，无私奉献，千方百计寻找各种线索，逐字逐页翻阅档案资料。为了做好对当事人、知情人的调查取证工作，顶酷暑，冒严寒，深入村镇，一家一户进行走访。也许，随着时间的流逝，这样的调研工作，以后再也不可能如此全面深入大规模地进行了。所以，对于能够基本完成这一课题的调研，我们极为欣慰，对能够取得今天这样的成果，我们极为珍惜。将近10年来，调研工作遇到过重重困难，调研人员付出了巨大心血，但只要能够对国家、对民族、对人民有一个负责任的交代，我们所有的努力、辛劳甚至痛苦都是值得的！

现在，《抗日战争时期中国人口伤亡和财产损失调研丛书》A系列第一批成果就要正式出版了，随后我们还将根据工作进程陆续出版第二批、第三批……B系列丛书的编纂和出版工作也将同时推进。而且，这项课题调研工作远没有结束。截至目前课题调研取得的成果，都还是阶段性的、部分的、不完全的成果。很多专题性调研还要继续进行，对大量档案资料还要进行分析研究。所有这些，都还需要我们继续不懈地努力。我们将以对历史负责的精神，一如既往地将这项课题调研工作做好。

历史，是现实的基础，更是未来的起点。打开尘封的记忆，重温昔日的往事，我们可以得到很多的启示和教诲，增长很多的聪明和智慧。所以，研究历史，形式上是向后看，但根本目的是向前看。作为一种科学的研究，我们调查历史的真相，记录历史的灾难，不是为了延续旧时的仇恨，不是为了扩大中日之间的裂痕，不是为了煽动狭隘民族主义的情绪，而是为了以史为鉴，不让历史的悲剧重演；面向未来，书写更加友好合作的美好篇章。经历了太多的苦难和挫折之后，我们更加坚定地热爱和平，更加执着地追求正义，更加珍惜国家的主权与独立，也更加关注世界的文明发展和进步。我们真诚地希望，世界各国能够携手努力，平等协商，求同存异，友好相处，共同推进世界的发展，共享人类文明的成果；我们真诚地希望，中日两国人民能够更多地加强交流、理解和合作，共同开辟中日关系的新局面，使中日关系更加健康稳定地向前发展，使中日两国人民真正世世代代地友好下去；我们真诚地希望，中华民族能够始终以坚韧不拔的努力，坚定不移地走和平发展之路，在中国特色社会主义旗帜下全面建设小康社会，努力实现社会主义现代化，为推动建设一个和平发展、文明进步的世界作出自己的贡献！

2014 年 4 月 30 日

《抗日战争时期中国人口伤亡和财产损失》课题①调研工作规范和要求

2004 年，中共中央党史研究室决定开展《抗日战争时期中国人口伤亡和财产损失》课题调研。2005 年向全国各省、自治区、直辖市党史研究室发出开展此项工作的正式通知，进行相应部署，着重说明工作的指导思想、调查项目、实施步骤及规范和要求。以后又随着课题调研的深入开展，对规范和要求进行了补充和完善。

一、课题调研的基本任务

抗战损失课题调研的目的和任务是深化对抗日战争时期中国人口伤亡和财产损失的研究。1995 年，在首都各界纪念抗日战争暨世界反法西斯战争胜利 50 周年之际，江泽民同志曾经对 20 世纪三四十年代日本侵略中国造成巨大人口伤亡和财产损失的基本数据做出了重要表述。2005 年，在纪念中国人民抗日战争暨世界反法西斯战争胜利 60 周年大会的讲话中，胡锦涛同志再次郑重宣布，据不完全统计，在抗日战争期间，中国军民伤亡 3500 多万人；按 1937 年的比值折算，中国直接经济损失 1000 多亿美元、间接经济损失 5000 多亿美元。中共中央党史研究室组织开展的课题调研，旨在全面详尽调查有关抗日战争时期中国人口伤亡和财产损失的具体事实，为这组基本数据提供强有力的史实支撑，并不是简单地做数据统计。

---

① 本课题亦简称为抗战损失课题或抗损课题。因为抗日战争时期及抗战胜利后国民政府统计人口伤亡和财产损失多采用"抗战损失"等概括性提法，其中将人口伤亡也称作抗战损失之一种，与财产损失并提，故沿用这一表述。

课题调研的基本任务是：按照实事求是的原则，经过广泛、全面、深入细致的调查研究，包括查阅搜集档案资料、对统计数据进行分析等，获得更多的证据，以更加全面和准确地揭露日本帝国主义侵略中国的罪行及其对中国人民造成的伤害。

课题调研的主要内容包括：(1)各个省、自治区、直辖市在抗战中的人口伤亡和财产损失情况；(2)历次重大战役战斗中中国军队伤亡的情况；(3)日本从中国掠走各种资源的情况；(4)日本从中国掠走和破坏文物的情况；(5)日军在中国制造的一系列重大惨案；(6)中国劳工的损失情况；(7)中国妇女遭受日军性侵犯的情况，包括"慰安妇"的情况；(8)日军在中国使用细菌武器、化学武器及其造成伤害的情况；(9)日本侵略在其他方面给中国造成破坏的情况；等等。

二、课题调研的方式和方法

主要是组织有关人员查阅和搜集档案馆、图书馆和其他文博单位以及民间保存的有关中国抗战人口伤亡和财产损失的档案资料、报刊杂志、历年出版的专题资料集和发表的研究成果。对一些特殊、重大的事件如重大惨案，则走访当事人、知情人和有关研究人员，进行录音录像，整理和保存证人证言，有条件的还进行司法公证，努力使这些调查材料成为在法律上可以采信的证据。有些省份的课题组还到境外的有关机构查阅相关档案资料，作为对大陆保存的档案资料的丰富和补充。这次课题调研的整体布局，实行块块和条条相结合。每个省、自治区、直辖市党史研究室在负责开展地区性的广泛调研的同时，也从实际出发开展一些专题性调研。一些重要的、涉及多个地方的带有全局性的专题，则另组织专家进行调研。

三、对搜集档案资料的要求

1. 明确搜集档案资料的范围。搜集档案资料是本课题调研工作的基础，调研成果的质量也主要决定于档案资料是否翔实，是否尽可能完整和全面。所以，凡相关内容的档案资料，不论是直接反映人口伤亡和财产损失的，还是间接反映的（如关于人口状况、财产状况、生产能力、各类资源情况等资料），都尽量搜集，作为撰写调研报告的客观的历史依据。搜集的要件有：档案、报刊、史志、时人日记、专著专论、实地调查报告、图片、影像资料以及出版、发表的研究成果等。

2. 认真整理原始档案和资料。对于搜集到的档案资料，不论是来自原始的档案，还是来自报刊、史志、日记、图书、专题论文等，都认真整理，每份每件都注明保存的地点、单位，文件卷号、出版或发表处等，然后分类汇总，妥善保存。档案资料使用时一律保持原貌，必要时作注释说明，不允许对原件内容增改、涂抹。对搜集到的档案资料要在分门别类整理的基础上进行必要的考证、鉴别和研究。整理后的档案资料，不仅是有关课题承担者撰写课题调研报告的重要依据，其主要内容也作为附件收入有关的调研成果之中。

四、有关数据统计中的几个问题

1. 根据搜集、掌握资料的情况，抗日战争时期中国的人口伤亡分为直接伤亡和间接伤亡两大类。直接伤亡，一般是指日本侵略中国的战争直接导致的中国方面人员的死、伤、失踪等；间接伤亡，一般是指在日本侵略中国的战争包括特定战争环境中造成的中国方面被俘捕人员、灾民、难民、劳工等的伤亡。抗战期间，被俘捕人员、灾民、难民、劳工等伤亡很大，但由于其流动性大等复杂原因，很难形成具体数据资料，统计起来十分困难。因此，本课题调研中，将已确定属于死、伤或失踪的被俘捕人员、灾民、难民、劳工的数据归入有关地方间接伤亡统计数据；无法确定是否伤亡失踪的，可视情况单列相关数据并加以说明。需要补充说明的是，在战争中失踪者，按通常惯例归为死亡。

2. 抗日战争时期中国的财产损失分为直接损失和间接损失两大类。直接损失，一般是指在日军攻击、轰炸或掠夺中直接造成的社会财产损失。居民财产损失列为直接损失。间接损失，一般包括：(1)政府机关等因抗战需要而增加的费用，如迁移费、防空设备费、疏散费、救济费、抚恤费等；(2)各种营业活动可获利润额的减少及由于成本上升等增加的费用；(3)有关伤亡人员的医药、埋葬等费用；(4)为抗战捐献的物资和钱财；(5)有关人力资源的损失。总之，一切因战争造成的间接财产损失均包括在内。

3. 在财产损失中所列的人力资源类损失，包括了被俘捕人员、劳工等在财产方面的损失。中国各级政府所组织的劳役，例如为战争修筑公路、机场、军事工事等抽调民工，都算作人力资源损失。但中国方面征用民工和日本侵略军强征劳工有所区别。日军强征劳工的伤亡率很高，和中国方面征用民工民夫的情况区别很大，因此要分别统计和说明，不能混淆。

4. 中国军队在重大战役战斗中的人员伤亡，分别情况加以统计处理。此次课题调研以统计平民伤亡为主。有关省（自治区、直辖市）如发现有本地发生过军队人员伤亡的重要资料，可以搜集整理并在调研报告中说明，但不计入本地人口伤亡总数。若是本地籍军人的伤亡，则计入本地人口伤亡总数。

5. 海外华侨拥有中国国籍，因此在计算抗日战争时期中国人口伤亡和财产损失时，华侨人口伤亡和财产损失均计算在内。各有关地方在计算本地人口伤亡和财产损失时，视情况可以将本地籍华侨的伤亡、损失计入统计数据总数，亦可单列数据并加以说明。

6. 工厂、学校、机关团体等由于战争原因搬迁造成的损失，算作间接损失，原则上由工厂、学校、机关团体等原所在地方统计。如果原所在地方缺少相关资料，新迁移处具备资料条件，也可由后者统计。为避免交叉和重复，遇到这类情况须特别加以说明。

7. 政党、政府机构的财产损失，归入公用事业的社会团体类财产损失一并计算。

8. 被日军、日本占领当局无偿征用、占用的中国耕地，按农作物的产量及其价值计算财产损失。

9. 伪军、伪政府的人员伤亡和财产损失，一般计入中国人口伤亡和财产损失。

10. 由战争原因导致的如黄河花园口决堤一类重大事件所造成的人口伤亡和财产损失，计算在间接人口伤亡和财产损失中。

11. 重大的财产损失，均以相应数额的货币反映价值。反映财产损失的货币一般要注明币种。

12. 通常用于抗日战争时期财产损失统计的货币（主要是法币），币值问题非常复杂。本课题调研中，涉及财产损失统计的货币数据，有条件进行折算的，一般按1937年即全国抗战爆发当年通用货币法币的币值进行折算，并说明折算的方式方法。因条件不具备，保留原始数据未作折算的，则注明有关数据中用以反映财产损失的货币系何种货币、何年币值。

五、关于撰写课题调研报告的要求

本次课题调研，有关课题组和承担专门课题的专家均按要求撰写出调研报告。

1. 各省、自治区、直辖市课题组撰写调研报告，内容大致分为概述、主体、结论三部分。

概述部分主要包括：介绍课题调研工作的基本情况，如：投入多少力量，到过什么地方查阅搜集档案资料，搜集了多少档案资料等。反映本地的自然地理概况，抗战爆发前的经济社会发展和人口状况，以及在抗战时期是重灾区还是大后方，是沦陷区还是根据地等。叙述日本侵略者在本地的主要罪行。还可简略回顾以往相关课题的资料和研究情况。

主体部分主要包括：分析说明本地人口伤亡和财产损失情

况。根据现掌握资料，将本地抗战时期人口伤亡分为直接伤亡和间接伤亡，将本地财产损失分为直接损失和间接损失，并分别说明主要的史料依据和分析结果。

结论部分，汇总本地人口伤亡数据、财产损失数据。据实说明迄今所掌握资料的局限性、本地遭受人口伤亡和财产损失的特点、影响等。

撰写调研报告依据的主要资料以及调研中同步完成的专题研究报告等，作为调研报告的附件，纳入课题调研成果中。

2. 由一批专家承担的全局性专门课题，如抗日战争时期重大惨案、劳工问题、"慰安妇"问题、细菌战、化学战、文化损失、海外华侨人口伤亡和财产损失、中国军队伤亡、重要战役战斗伤亡等，其调研报告的撰写和附件的收录，参照以上要求进行。

六、对调研成果的验收

在各省、自治区、直辖市课题调研工作结束后，完成的包括课题调研报告在内的省级调研成果和市、县等调研成果，要装订成册，通过审阅和验收，逐级上报，送交各省、自治区、直辖市党史研究室和中共中央党史研究室分别保存。

为确保质量，在调研过程中形成的各省、自治区、直辖市A、B两个系列书稿（省级调研成果为A系列书稿，市、县等调研成果为B系列书稿），要分别通过验收。其中，省级调研成果要通过由地方到中央的四级验收，市、县等调研成果则在有关省、自治区、直辖市内验收。

省级调研成果上报验收前，课题组先认真进行自审，以保证内容的完整准确，特别是调研报告和有关专题研究报告、资料、大事记的内容和数据要互相补充、印证，不能互相矛盾。课题组完成自审后，省级调研成果首先报送省级抗战损失课题领导小组验收。省级课题领导小组审查通过后，送省级专家验收组验收。省级专家验收组参加验收的专家一般为3—5人，人选来自党史系统、社会科学院和社科联系统、档案史志部门、高等院校等方面，为较有影响力、权威性的专家。省级专家验收组在本省（自治区、直辖市）课题领导小组的指导下，按照学术规范的严格要求和有关规定审读、验收本省（自治区、直辖市）拟提交中共中央党史研究室的省级调研成果。验收的主要标准和目的是确保调研成果的准确性、可靠性。对于验收中指出的问题、提出的意见和建议，各省（自治区、直辖市）课题组须采取有效措施解决和落实。对一次验收不合格的，修改、完善之后进行第二次以至多次验收，直到合格为止。省级专家验收组验收合格后，填写《A系列书稿验收报告表》。填写的报告表和书稿同时报送中共中央党史研究室课题组。

中共中央党史研究室课题组收到经省级专家验收组验收合格的省级调研成果后，先进行验收。认为合格后，再聘请国内知名专家进行验收，并填写《A系列书稿验收报告表》。验收中所提修改意见，由有关省、自治区、直辖市课题组予以逐条落实，对调研成果做出相应修改或者说明相关情况。

由一批专家承担的全局性专题研究成果，最后形成的书稿也纳入A系列，其验收也参照上述程序和要求，由中共中央党史研究室课题组组织有关专家进行。对于验收中提出的意见，承担课题的专家要逐条落实，对调研成果进行修改完善直至合格为止。

最后，中共中央党史研究室课题组对经过反复修改形成的省级调研成果和全局性专门课题调研成果进行复核。完成各项程序并符合要求的调研成果，包括通过四级验收的A系列书稿和由有关省、自治区、直辖市党史研究室组织验收并合格的B系列书稿，分批次送交中共党史出版社付印出版。

中共中央党史研究室课题组

《甘肃省抗日战争时期人口伤亡和财产损失》编委会

1941年5月21日，侵华日军飞机在兰州市东部投弹轰炸之惨景（甘肃省档案馆编：《档案》2005年第2期）。

抗战时期被征调修建机场的甘肃民工（甘肃省档案馆编：《档案》2005年第2期）。

被击落的日军轰炸机残骸（《兰州晚报》2005年5月9日）。

甘肃古丝绸之路——抗战时期苏联援华物资运输交通线（《甘肃日报》2005年8月18日）。

抗战时期的
甘肃民众《兰州
晚报》2005年5
月9日特刊）。

1937年，苏联派出
空军志愿队来华参加对
日作战（《甘肃日报》
2005年8月18日）。

1939年，日军轰炸机在
兰州上空投弹轰炸（甘肃省
地方史志编纂委员会：《甘
肃省志·军事志·人民防
空》，甘肃人民出版社2000
年版）。

抗战时期日军轰炸机群飞抵兰州上空（甘肃省地方史志编纂委员会：《甘肃省志·军事志·人民防空》，甘肃人民出版社2000年版）。

在空战中被中国空军打断左翼的日机（《百年甘肃》，敦煌文艺出版社2001年版）。

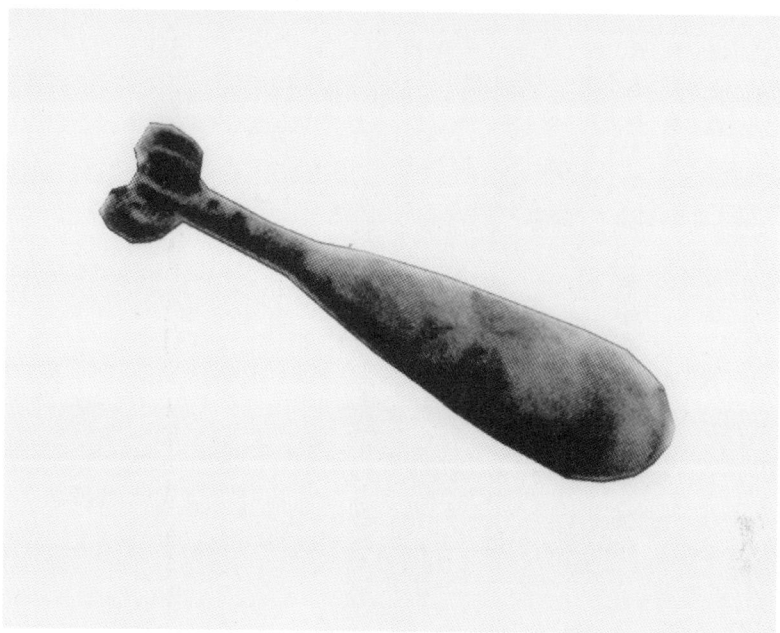

2008年3月21日下午，在兰州市中山桥下发现战时日军飞机轰炸遗留的未爆航空炸弹，长约40厘米、重约10公斤（《兰州晨报》2008年3月27日）。

兰州市特警支队排爆队员正在排除上图被发现的炸弹（《兰州晨报》2008年3月27日）。

甘肃省档案馆馆藏
抗战损失档案（1）。

甘肃省档案馆馆藏
抗战损失档案（2）。

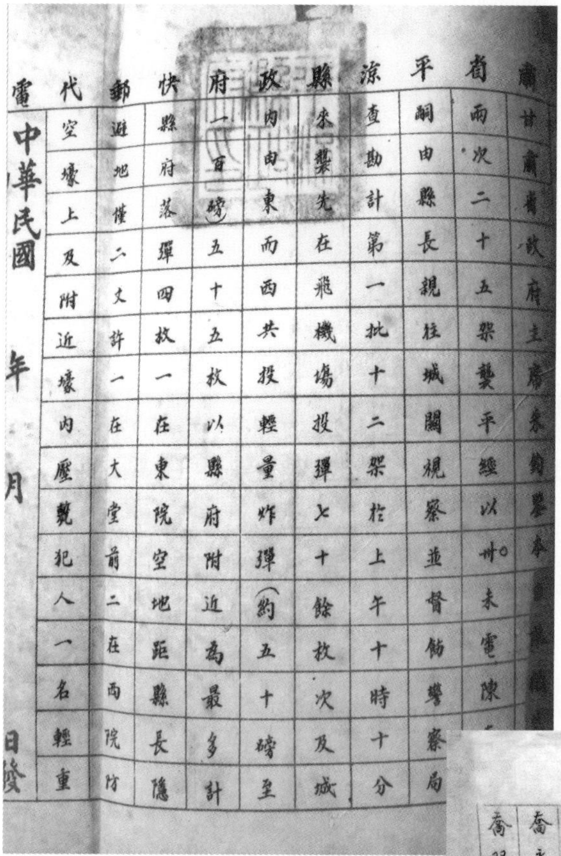

甘肅省平涼縣政府快郵代電

甘肅省政府主席朱鈞鑒本[illegible]兩次二十五架襲平經以卅。未電陳[illegible]嗣由縣長親往城關視察並督飭警察局查勘計第一批十二架於上午十時十分來襲先在飛機場投彈七十餘枚次及城內由東而西共投輕量炸彈（約五十磅至一百磅）五十五枚以縣府附近為最多計縣府落彈四枚一在東院空地距縣長隱避地僅二丈許一在大堂前二在西院防空壕上及附近壕內壓斃犯人一名輕重

中華民國　年　月　日發

甘肃省档案馆馆藏抗战损失档案（3）。

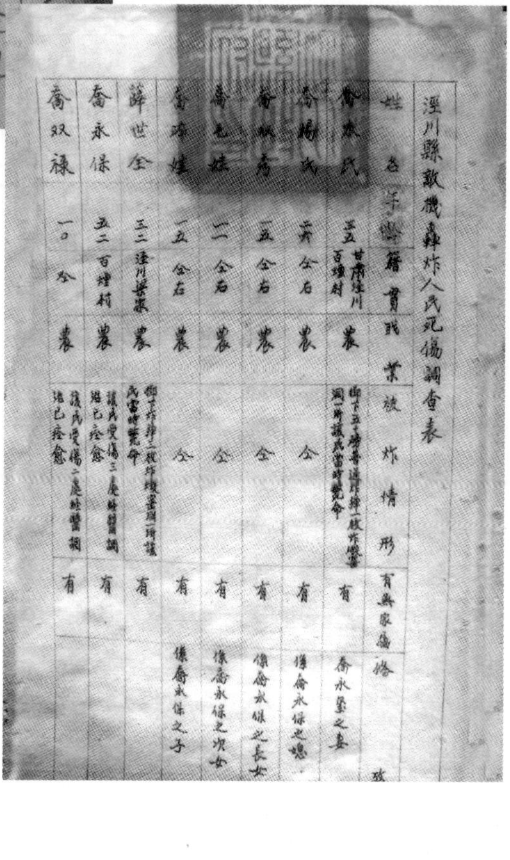

涇川縣敵機轟炸人民死傷調查表

姓名	年齡	籍貫	職業	被炸情形	有無家屬	備考
喬[illegible]氏	三五	甘肅涇川百煙村	農	御下五十磅炸彈一枚炸毀窯洞一所該氏當時斃命	有	喬永[illegible]之妻
喬楊氏	二六	仝右	農	仝	有	係喬永保之媳
喬双秀	一五	仝右	農	仝	有	係喬永保之長女
喬毛娃	一一	仝右	農	仝	有	係喬永保之次女
喬[illegible]娃	一五	仝右	農	仝	有	係喬永保之子
薛世全	三二	涇川[illegible]	農	御下炸彈二枚炸毀窯洞一所該氏當時斃命	有	
喬永保	五二	百煙村	農	該氏受傷三處經醫調治已痊愈	有	
喬双祿	一〇	仝	農	該氏受傷二處經醫調治已痊愈	有	

甘肃省档案馆馆藏抗战损失档案（4）。

蘭州市敵機轟炸人民財產損失調查表

地號	戶長姓名	不動產數	動產數	總數	財產損失情形
山字石 1	楊世臣		1000元	2000元	
石全 9	牛孝威	1000	200元	1200元	
10	楊思	300		300	
12	火燦	400	100	500	
14	馬進得	4400	26000	31400	
17	鍾筠祿	20	100	120	
16	丁敬忠	50	100	150	

甘肃省档案馆馆藏
抗战损失档案 (5)。

蘭州市敵機轟炸人民死傷調查表 第一分局

姓名	年齡	籍貫	職業	被炸情形	有無家屬備攷
何興平	二六	四川	賣水	在會館巷壓死	無住會館巷23號
易中興	四五	全	全	全	全
老胡六〇		衆蘭說書	全	全	有住會館巷19號
倪忠信	二一四	四川	賣水	全	無住會館巷子號
宋米	一七四	四川	全	全	照住會館巷19號
榮海山	五〇	全	全	全	全住會館巷19號
榮春祥	三七	全	全	全	全
雷福俊	五〇	陝西	手部受傷		有傷已愈金17號

甘肃省档案馆馆藏
抗战损失档案 (6)。

甘肃省档案馆馆藏
抗战损失档案（7）。

甘肃省会警察局第五分局散机轰炸人民财产损失调查表	地点户长姓名	财产损失情形	
		催婚失情 不动产数 勋产数额	
	下满街四三号 曹希寿	一百八十元	五百元
	四四号 宋彩臣	一百四十元	七百元
	四七号 宋伍亭	二百四十元	二百元
	一号 李金山	六百六十元	八百六十元
	一号 罗金琨	一百二十元	二百元
	六号 任炳信	一百二十元	三百五十元
	八号 王怀玉	二百四十元	五百四十元
	九号 唐梅峯	九百十元	一千元
	四号 陈子清	二百十元	一百九十五元
	四号 钟德卿	四百四十元	七百四十元

甘肃省档案馆馆藏
抗战损失档案（8）。

甘肃省会警察局第四分局散机轰炸死伤人民调查表	姓名	年龄	籍贯	职业	就状情形有无衣物		
	史锡波	二五	河北	工人	死亡无		
	姜延明	二三	山东		全	全	全
	赵世林	二七	河北	先生	全	全	全
	赵吉深	二七	山东	工人	全	全	全
	王国元	二六	甘肃		全	全	全
	郑居正	三三	河南		全	全	全
	王云祥	二六	甘肃		全	全	全
	李盈	姓二一	军属		全	全	全

甘肃省档案馆馆藏
抗战损失档案（9）。

职别姓名	损失概况	拟发救济实费 款项来源	备考
专科视导员 魏懐谦	属于中和旅馆炸燬物什约六百餘元	七〇	
科员 李天煥	房屋震倒	七〇	
田淮	房屋震坏甚多	七〇	
陈宗儒	房屋什物炸燬	七〇	
康作新	房屋器具均被炸燬	七〇	
办事员 王文美	房屋器具均被燬	七〇	
马绳武	住宅震坏器具被燬	八〇	
唐宇礼	损失货物四千餘元	八〇	

甘肃省档案馆馆藏
抗战损失档案（10）。

甘肃省各机关呈报救济破炸员役损害表 二十九年六月十日第三次情

机关职别姓名	损失概况 金数额	备考
民政厅工友魏建魁	三〇	
兰州师范学校事务员刘希贤	四〇	
师管区工校主任王佐贤	一五〇三〇	
银行 工友吴华	四〇	
辦事员马淑文	八〇八〇三五	
辦事员魏仁甫	四五七〇四〇	
助理员窦仪庭	三五七〇四〇	

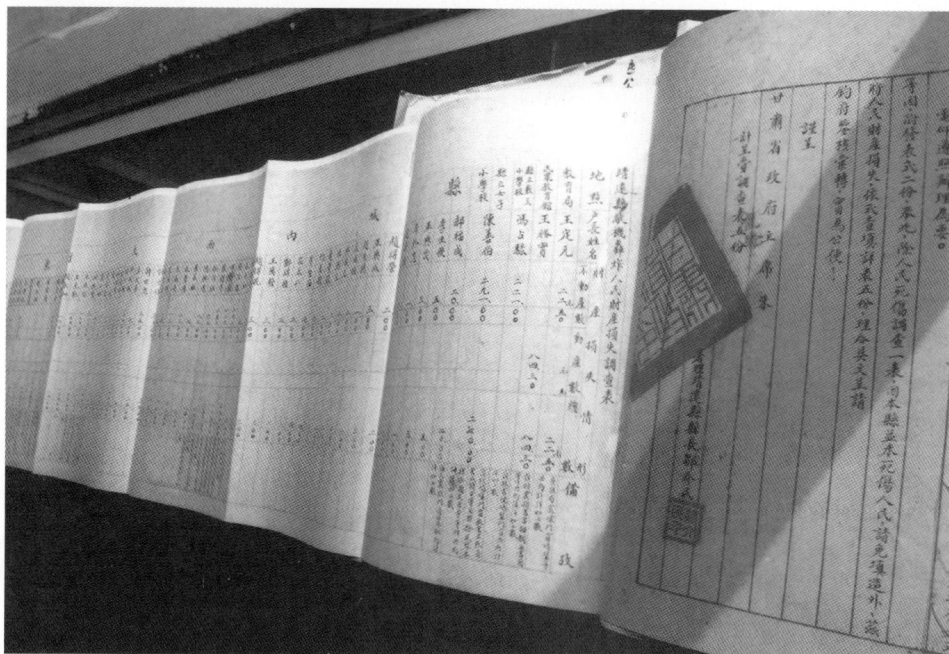

甘肃省档案馆馆藏
抗战损失档案（11）。

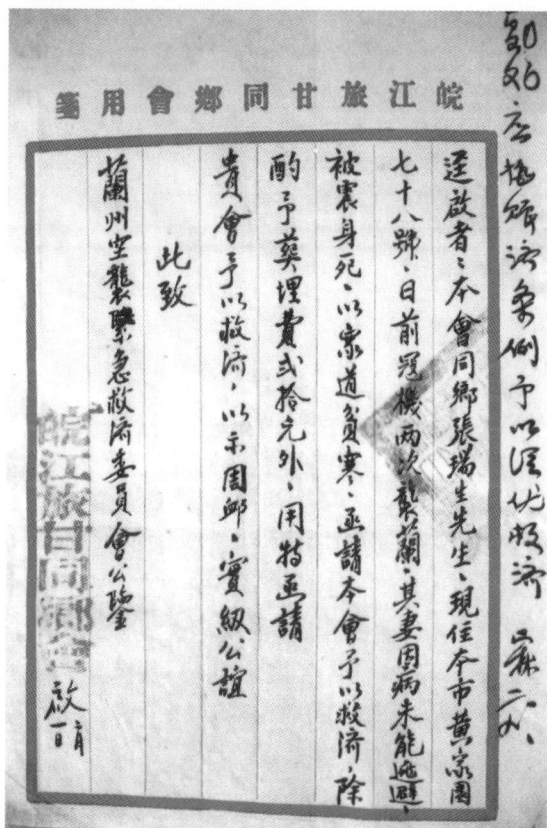

甘肃省档案馆馆藏
抗战损失档案（12）。

甘肃省档案馆馆藏抗战损失档案（13）。

甘肃省档案馆馆藏抗战损失档案（14）。

目　　录

一、甘肃省抗日战争时期人口伤亡和财产损失调研报告

甘肃省委党史研究室

（一）调研工作概述

　　20 世纪三四十年代，日本发动的侵华战争，给中华民族造成了巨大人口伤亡和财产损失。开展抗战时期中国人口伤亡和财产损失状况的调查研究，对于中华民族勿忘历史，振奋民族精神，发扬爱国主义精神，揭露侵略者的战争罪行，有着十分重要的意义。2004 年年底，中共中央党史研究室下发了《关于开展抗战时期中国人口伤亡和财产损失课题调研的通知》，甘肃省党政领导对此项工作高度重视，指示省委党史研究室牵头抓好调研工作。省委党史研究室于 2005 年 3 月中旬向全省党史系统下发了通知，对开展《抗战时期甘肃人口伤亡和财产损失》课题调研工作进行部署并提出了具体要求。省、市（州）两级党史部门专门召开会议，指派专人，组成 14 个调研小组，迅速开展工作。之后，各调研组分别赴南京中国第二历史档案馆、甘肃省档案馆、省（市）图书馆、方志馆，共计查阅档案 600 余卷，查阅文史、方志、省情等书籍 100 余种，复印资料 2000 余页，走访目击证人 30 余人，获得访谈笔录、回忆录 30 余份，征集到大量抗战时期日军飞机轰炸甘肃给甘肃人民造成重大伤亡和巨大财产损失的资料。通过对这些资料和其他相关资料的进一步研究整理，使我们对抗战时期甘肃省人口伤亡和财产损失的情况有了基本的掌握。在本次大范围调研和吸收前人调查成果的基础上，我们撰写了此调研报告。本次调研的工作范围，以现在的甘肃省行政区划为准。

（二）全国抗战前甘肃的自然条件和社会经济状况

甘肃地处黄河上游，位于黄土高原、内蒙古高原和青藏高原的交汇处，西秦岭山地边缘，地形有若蚕身，东西狭长而两端较大。东邻陕西、宁夏，南邻四川，西南及西部与青海、新疆连接，北面同内蒙古自治区及蒙古人民共和国接壤，全省土地面积据 1940 年国民政府陆地测量局统计为 58.8 万平方公里（新中国成立后由于行政区划变动，现为 45.5 万平方公里），其中耕地面积约为 4000 万亩，占全省国土面积的 4.3%；全年产粮约 4000 万石。全省总人口 1935 年为 6401471 人。九一八事变前，全省共设置 68 县、1 市（兰州市，1933 年撤市，1941 年正式建市）、4 个设置局（拉卜楞、康乐、卓尼、洮西）。除西南部草地纯畜牧区牧民及各城市工商从业人口外，农民约 401 万余人，占全省人口的 73%；省内农业主产小麦、马铃薯、谷子、糜子、高粱、玉蜀黍、青稞、豌豆等。抗战前，甘肃因兵燹、天灾及水利设施失修等诸多原因，耕地锐减，农民破产现象日益严重，农业技术及农具亦无明显改进。

全国抗战前，甘肃工业一直处于停滞阶段，工厂略有可称者，如甘肃造币厂、甘肃制造局、兰州电厂、兰州织呢总局、兰州印刷局等，大多生产不景气，呈半停产状态。近代能源工业几乎为空白，轻工业各行业中均为极落后的手工生产。交通运输业更为落后，抗战以前甘肃的货物运输主要靠黄河筏运、驼运及大车运。民航，涉及货物者仅有钱商以飞机密运金块至津沪。商业也主要以日用杂货、药材、皮货为主，且规模较小，资金不过万元者居多。

（三）侵华日军空袭甘肃的主要罪行

全国抗战时期，甘肃是中国抗战的重要战略后方，是连接中、苏两大国的重要交通运输孔道，是中国空军的重要训练基地，是中国抗战的后方物资供应基地和兵员补充基地。鉴于甘肃在抗战时期的重要战略地位和作用，省会兰州及其周边的武威、靖远、平凉、陇西、天水等城市就成为侵华日军进行空袭破坏的重要目标，连续数年遭到日军飞机的疯狂轰炸，造成了大量的人员伤亡和财产损失，使甘肃人民蒙受了空前的灾难。日军犯下的残暴罪行，从以下事实可见一斑：

从年度来看[①]：

1937 年度，日机共空袭 2 次，出动飞机 20 架次，投弹 26 枚，造成 12 人死伤，其中死亡 6 人、受伤 6 人；损毁房屋 33 间。

1938 年度，日机共空袭 1 次，出动飞机 2 架次，投弹 9 枚，造成 2 人死伤，其中死亡 1 人、受伤 1 人；损毁房屋 47 间。

1939 年度，日机共空袭 43 次，出动飞机 746 架次，投弹 3069 枚，造成 675 人死伤，其中死亡 385 人、受伤 290 人；损毁房屋 21397 间。

1941 年度，日机共空袭 25 次，出动飞机 313 架次，投弹 988 枚，造成 737 人死伤，其中死亡 429 人、受伤 308 人；损毁房屋 2647 间。

从地区来看：

日机空袭甘肃兰州市共 36 次，出动飞机 670 架次，投弹 2738 枚，共造成 215 人死亡，191 人受伤；损毁房屋 21669 间。

日机空袭甘肃靖远共 11 次，出动飞机 63 架次，投弹 255 枚，共造成 3 人死亡，31 人受伤；损毁房屋 233 间。

日机空袭甘肃平凉共 8 次，出动飞机 87 架次，投弹 516 枚，共造成 153 人死亡，106 人受伤；损毁房屋 656 间。

日机空袭甘肃固原（现属宁夏回族自治区管辖）共 2 次，出动飞机 80 架次，投弹 51 枚，共造成 5 人死亡；损毁房屋 38 间。

日机空袭甘肃永昌 1 次，出动飞机 12 架次，投弹 40 枚，共造成 22 人死亡，11 人受伤；损毁房屋 35 间。

日机空袭甘肃泾川 1 次，出动飞机 26 架次，投弹 4 枚，共造成 6 人死亡，2 人受伤；损毁房屋 3 间。

日机空袭甘肃武威共 6 次，出动飞机 83 架次，投弹 355 枚，共造成 257 人死亡，199 人受伤；损毁房屋 765 间。

日机空袭甘肃天水共 3 次，出动飞机 36 架次，投弹 75 枚，共造成 98 人死亡，52 人受伤；损毁房屋 497 间。

日机空袭甘肃陇西 1 次，出动飞机 11 架次，投弹 47 枚，共造成 61 人死亡，12 人受伤；损毁房屋 228 间。

日机空袭甘肃临洮 1 次，出动飞机 4 架次，投弹 9 枚，共造成 1 人死亡，1

[①] 甘肃省政府向国立中央研究院社会科学研究所呈送：《甘肃省境内遭受敌机空袭损害统计表》（1944 年 1 月 19 日），甘肃省档案馆馆藏民国档案，卷宗号 14—2—566，第 96 页。

人受伤。

从轰炸的惨烈程度来看：

1939 年 2 月 9 日，平凉两次遭受 11 架日机空袭。是日正值农历腊月二十一，年关将至，平凉城内街头巷尾车水马龙、熙熙攘攘，群众纷纷赶集置办年货。上午 10 时许，一阵隆隆的轰鸣声由远而近，漫天响成一片，约有 11 架日机飞临平凉城上空。由于人们事先没有经历过轰炸，一时不知所措，有的人还抬头数着飞机。突然，一颗颗炸弹拖着刺耳的啸声从天而降，顿时爆炸声震天动地，浓烟滚滚，扬尘四起，满街一片嚎哭惨叫之声。而日机又一次次俯冲下来，射杀四散惊逃的人群，霎时间全城血肉横飞，尸体遍地，火光冲天。日机轰炸、扫射后，又在平凉城上空盘旋了约半个小时才逍遥东去。此次轰炸给平凉人民造成了深重的灾难。共死伤群众近 200 人，炸毁房屋 200 多间。集贤巷一保安人员的新婚妻子，尚未度完蜜月就被炸死了。该巷子一位卖肉的吴老三和妻子儿子三口均被炸死。藏在报恩寺内避难的三名群众全部遇难。东大街平济医院东边的王家大坑落下 2枚炸弹，炸死了土窑里的两名群众。东城门的一家礼帽店铺，被一枚炸弹夷为平地，家毁人亡。城南有位名医叫常恒源，早晨出门为人诊病，闻警报后匆匆回家，刚进家门，院内落下一弹，老人腰部被弹片击穿，当即身亡。北后街有一户居民叫谢佐唐，本人在兰州工作，回家准备过年，闻敌机声响，忙携十二岁次子由屋内奔出躲避，刚到大门口，大儿子由外面奔回，此时一枚炸弹落下，三人同时遇难，脑浆、头发涂于山墙。柳树巷有很多驼店，内蒙、宁夏等地驼队常云集这里，因疏散不及，被炸死的骆驼数十峰，驼血淌出店外。伤亡最惨者要数北沙石滩的粮食和牲口市场，由于两市挨得很近，人畜蜂拥，加之出口狭小，敌机轰炸时，一时人挤马惊，粮食重物难以搬动，人畜伤亡十分严重。轰炸过后，但见满场弹坑累累，尸体、粮食和口袋碎片遍地都是，有的人肠子被炸出，有的人胳膊、腿被炸断；被射杀的牛、驴、骡、马难以计数，有的牲口半个身子被炸掉了，头还吊在拴马桩上[①]。同年 3 月 15 日，日机 26 架轰炸泾川县阳保乡百烟村，其中一枚炸弹落在了村民乔永保家的院墙外，当时他家的几个人，只顾向天上看，还未反应过来就倒在了血泊中。邻居们只听炸声如雷，硝烟弥漫，土雾升腾，哭叫声乍起，跑过去一看，乔永保的儿媳、次子和两个女儿以及隔壁其弟媳乔永玺等 5 人已被炸死，炸伤2 人。邻村川梁村薛存德家落一枚炸弹，薛存德被炸死，还引燃了薛家的麦草垛。此

---

① 郭继泰：《记日军飞机轰炸平凉的暴行》，载甘肃省政协文史资料研究委员会编：《甘肃文史资料选辑》第 41辑，甘肃人民出版社 1996 年版。

次轰炸共炸死6人，2男4女；炸伤2人①。

　　1939年2月23日，日机38架分三批空袭兰州，日机投弹于市区和黄河沿一带，投弹最多的是市内中山市场（今兰园）、黄家园、中央广场（今省政府门口）、木塔巷、贡元巷、东关正街（今庆阳路）、学院街（今武都路）、南关、东城壕和黄河沿。这次轰炸，炸毁民房780多间，炸死炸伤30余人。位于兰园的兰州佛教名刹——普照寺，被毁于一旦。普照寺也叫"千佛阁"，又称"藏经楼"，是当时兰州最大的古刹。它建于唐代，经历代扩建，寺址宽阔，院落层接，殿阁宏伟，钟亭高畅，悬有金代泰和年间铸造的万斤大钟；寺内法轮殿安装有可自动旋转的嘛呢法轮，高三丈许，六层八面，每层每面塑佛像一尊，计48尊，巍巍壮观；藏经阁二层五楹，内藏佛经6358卷，分别为唐藏5048卷，明藏1000余卷。这些法器、经书均在日机轰炸中被焚毁②。寺院建筑也化为一堆堆瓦砾，寺内的名僧众诚（俗称蓝大师）为了守护藏经楼而殉难。与之相邻的"中山市场"其中百货云集，商贾如织，各种店铺鳞次栉比，每天来此购物的人们熙熙攘攘，热闹非凡，但这个当时省会唯一的规模巨大的综合性市场，亦在此次轰炸中被炸成一片废墟。幸亏提前发出了空袭警报，人们都及时疏散躲避，所以人员伤亡不大。此次轰炸还焚毁了唐贞观九年修建的嘉福寺（又称木塔寺）、宋代建筑东华观（又名元妙观，内有二十八宿法轮像）等文物。

　　上述古迹和文物凝聚了中华建筑文化和佛教、道教文化之精华，是不可再生的无价之宝，却惨遭日机轰炸焚毁，其损失之巨大，无不令国人扼腕痛惜！

　　1939年12月底，日本陆海军航空兵决定联合实施以西北重镇、交通枢纽——兰州为打击目标的"百号"作战行动，即日军"对中国内地的第二次大规模攻击"。日军集中了陆军航空兵约50多架飞机，以山西运城机场为基地；海军中攻机60余架，以武汉为出发点，连续3天对兰州实施了狂轰滥炸：26日出动飞机99架分3批袭兰；27日出动飞机99架分3批袭兰；28日出动飞机97架分2批袭兰。此次连续3天的大轰炸，共投弹1660余枚，轰炸的主要目标是兰州市中心、黄

---

① 泾川县政府填报：《泾川县敌机轰炸人民财产损失及人民死伤调查表》（1947年3月），甘肃省档案馆馆藏民国档案，卷宗号4—2—11，第35—36页。但据平凉市2005年的抗战损失调查报告称，此次轰炸发生在1942年2月。同一件事，两种说法，我们认为1939年3月15日比较可信，因为有关档案记载日军最后一次轰炸甘肃发生在1941年8月31日。1941年12月7日太平洋战争爆发后，日军再无暇轰炸甘肃。所以，1942年2月日机轰炸百烟村属误记。

② 甘肃省政府填报：《甘肃省佛教会、普照寺财产直接损失汇报表》（1948年10月），甘肃省档案馆馆藏民国档案，卷宗号4—2—174，第100—102、116、125页。

河铁桥及东郊机场，落弹最多的地方是黄河沿、桥门街、水北门（今永昌北路）、西关、举院（今兰大二医院）、北园（雷坛河东民宅区）、小西湖、张掖路、学院街、炭市街（今中山路）、安定门外、道升巷、后侯街、古楼南（今陇西路）及拱星墩机场等街区。而且敌机投下了大量的燃烧弹，金城兰州一片火海，到处黑烟滚滚，大火 3 天不灭，小火 10 天不熄，烧毁房屋 2 万余间。炸后市内满目残垣断壁，瓦砾成堆，全城焚毁房屋过半，惨象实难形容。市民被炸身亡者 75 人，伤者 45 人，无家可归者 570 多户。幸我防空情报准确迅速，市民避难适当，否则伤亡会更加惨重。[①]

1941 年 6 月 22 日下午 2 时许，甘肃武威一如往常，市井街道到处是人们为生计而忙碌奔波的身影。人们哪能料到一场灾难正在悄悄降临。突然空袭警笛声打破了往日的平静，慌乱中的市民纷纷扶老携幼出城避难。随着摄人心魄的警笛声一阵紧似一阵，26 架日军轰炸机已飞临城市上空，紧接着盘旋俯冲，呼啸的炸弹倾泻而下，武威全城顿时陷入浓烟和火海之中。日机轰炸过后，城市陷于瘫痪，大火连天，交通中断，民众财产化为灰烬。政府官员、警察分赴各处，组织民众灭火，并连夜将炸死的平民尸体抬到城外掩埋，将伤员送到各医院救治，将日机撒下的许多传单收缴后集中焚烧。

这次日机轰炸，共投炸弹 162 枚，其中燃烧弹 20 余枚。据轰炸过后 5 天县警察局的报告称，炸死平民 228 名，重伤 90 名，轻伤 64 名[②]；但据《甘肃省境内遭受敌机空袭损害统计表》记载，死 249 人，伤 178 人，炸毁房屋 718 间。因此统计表是在事发一年后统计的，我们认为减少了遗漏，比较可信。

1941 年 8 月 5 日上午 10 时，一阵刺耳的紧急防空警报声在天水县城骤然响起，市民们一阵恐慌，匆忙去城外躲避。大家躲在防空洞和山沟里不敢出来，时间一分一秒地过去，未见炸弹落下，原来日机路过天水去轰炸兰州。下午 1 时许，天水的百姓在防空洞和山沟里已躲避数小时，个个酷暑难耐，饥渴难忍。许多人已麻痹大意，大家有的跑回家去找水喝，有的在中山公园树荫下纳凉，等候解除警报。就在这时，由远而近传来飞机的轰鸣声，日军 27 架飞机从天水西北上空向城区扑来。人们还未来得及躲避，炸弹便在身边炸开。随着震耳欲聋的爆炸声，天水的街头巷尾顿时陷入一片恐怖之中，爆炸声与人们的哭喊声连成一片。日机

① 甘肃省政府呈报：《甘肃省境内遭受敌机空袭损害统计表》（1944 年 1 月 19 日），甘肃省档案馆藏民国档案，卷宗号 14—2—566，第 96 页。

② 《武威县警察局呈报敌机袭凉经过详细情形》（1941 年 6 月 27 日），甘肃省档案馆藏民国档案，卷宗号 15—8—365，第 12—16 页。

疯狂地向街道、公园等人群密集的地方扫射、投弹,仅仅一刻钟时间,天水古城便遭遇了一场罕见的人间灾难,城市面目全非,一片狼藉,随处可见坍塌的房屋、燃烧的物体、模糊的血肉。有一家主妇和孩子同时被炸死,尸体也找不全,只好把几具残缺的遗体七拼八凑放在一个棺材里。有一个女人让弹片削去了半个屁股和半截腿。还有一家居民正在盖新房,被一炸弹击中,一家炸死好几口。空袭后,据县政府统计,中山公园死亡 14 人;大城学街死亡 2 人,伤 7 人;上庵沟死亡 5 人,伤 4 人;中城下河里死亡 16 人,伤 3 人;杂货巷死亡 3 人,伤 3 人;枣树台子死亡 2 人,伤 1 人;西关后街死亡 5 人,伤 4 人;葛家楼、石头巷、刬家巷、赵家大院、姚家巷、李家巷 6 处死亡 18 人,伤 8 人;古人巷、二郎巷等处共死亡 8 人,伤 5 人;同时,在大街上被炸死 28 人。此次轰炸共炸死平民 98 人,炸伤 52 人[①],炸毁汽车一辆,房屋 497 间。被毁的其他财产难以准确统计。

1941 年 8 月 5 日上午 10 时许,11 架日机突然侵入陇西县城上空,向城区投下大量炸弹和燃烧弹,城区顿时硝烟四起,房倒屋塌,人喊马嘶。遭轰炸的地点有县门、南门、文庙街、新街、万寿街、南街、鼓楼街。此次轰炸共造成 61 人死亡,12 人受伤,损毁房屋 228 间,财产损失按当时价值估算在 17 万元(法币)以上。在死难者当中,年龄最大的 65 岁,最小的 3 岁,他们的职业有农民、小商小贩、中学工友、厨师、卖水夫等,商人居多[②]。

(四) 人口伤亡情况

1.空袭轰炸造成伤亡人数

根据 1944 年 1 月 18 日甘肃省政府上报国立中央研究院社会科学研究所的《甘肃省境内遭受敌机空袭损害统计表》[③]记载:1937 年 7 月—1941 年 9 月,日机空袭甘肃各市、县共 71 次,出动飞机 1081 架次,投弹 4090 枚,共造成 1426 人死亡、受伤,其中死亡 821 人(男 578 人、女 243 人),受伤 605 人(男 444 人、女 161 人)。另据 1947 年 10 月甘肃省政府上报行政院赔偿委员会的报告称:"抗战期间,本省人民因轰炸而死亡 663 人,伤 680 人"[④],共计伤亡 1343 人。两次

---

① ② 甘肃省政府呈报:《甘肃省境内遭受敌机空袭损害统计表》(1944 年 1 月 19 日),甘肃省档案馆藏民国档案,卷宗号 14—2—566,第 96 页。

③ 《甘肃省境内遭受敌机空袭损害统计表》,甘肃省档案馆藏民国档案,卷宗号 14—2—566,第 96 页。

④ 《甘肃省政府统计处关于抗战人口伤亡和财产损失的呈文》,甘肃省档案馆藏民国档案,卷宗号 4—2—174,第 60—61 页。

报告相比较，我们认为前次报告比较具体，所以采信了前者。至于 1942 年 7 月 20 日《甘肃全省防空司令部空袭死亡人数统计表》[①]所列死伤总数为 1093 人，经比较研究，我们认为有疏漏，以往资料都未采纳，本报告也未采纳。1941 年 12 月太平洋战争爆发后，日军飞机已无暇轰炸甘肃，此后，甘肃虽未再遭受空袭，但日机空中侦察活动仍延续至 1943 年 10 月。

2.甘肃籍前线阵亡将士人数

日机对甘肃兰州及兰州周边的城市进行疯狂轰炸，其目的，既是为了摧毁交通、机场、桥梁等设施，破坏通往苏联的国际通道；同时，对人烟稠密的闹市区进行轰炸，造成重大人员伤亡，也是为了摧毁和瓦解后方人民的抗日意志，迫使后方人民屈服。但敌人的轰炸，不但没有能够使甘肃人民屈服，反而激起了他们对敌人的刻骨仇恨，更加坚定了抗战的决心。甘肃人民不畏强暴，奋起反抗侵略，保卫自己的家国。有 36 万余（国民党统治区 354778 人＋陕甘宁边区 6722 人＝361500 人）青壮年踊跃报名应征，参军参战，近 70 万人参加地方自卫组织和防护团。据甘肃省档案馆馆藏民国档案记载，抗战期间，先后有 4746 名陇原儿女血洒抗日疆场[②]。其中兰州市 29 人，皋兰县 20 人，临洮县 155 人，和政县 3 人，宁定县 336 人，永靖县 6 人，会川县 21 人，临夏县 8 人，康乐县 46 人，渭源县 56 人，定西县 67 人，榆中县 20 人，会宁县 49 人，陇西县 5 人，民乐县 28 人，漳县 126 人，平凉县 15 人（名单 95 人[③]），秦安县 112 人（县报 234 人），静宁县 102 人（名单 191 人），庆阳县 23 人，固原县 38 人，海原县 13 人，镇原县 35 人，泾川县 55 人（名单 47 人），通渭县 22 人，宁县 32 人，隆德县 241 人，灵台县 37 人，清水县 136 人，西吉县 10 人，岷县 553 人，化平县 200 人，华亭县 155 人（名单 108 人），崇信县 85 人（名单 94 人），庄浪县 47 人（名单 17 人），临泽县 7 人，天水县 237 人（名单 203 人），武都县 123 人，甘谷县 25 人（名单 87 人[④]），徽县 14 人，成县 265 人，礼县 52 人，文县 108 人，康县 44 人，武山县 239 人，西和县 60 人，两当县 61 人，西固县 34 人，武威县 56 人，张掖

---

① 甘肃省档案馆馆藏民国档案，卷宗号 14—2—567，第 5 页。

② 郝英：《陇原儿女血洒抗战疆场》，载甘肃省档案馆编：《档案》2005 年第 2 期，第 50—52 页。

③ 名单指平凉市地方志编纂委员会编：《国民军平凉抗日阵亡将士名录》，中华书局 2012 年版，第 2264—2276 页。

④ 中共甘谷县委党史办公室抗战损失调查报告：《抗日前线阵亡甘谷籍官兵名单》（2005 年 4 月）。

县 61 人，酒泉县 42 人，靖远县 23 人，永登县 49 人，景泰县 68 人，民勤县 29 人，永昌县 6 人，高台县 36 人，古浪县 40 人，山丹县 25 人，安西县 3 人，金塔县 18 人，鼎新县 3 人，环县 6 人……

上述统计数字多有疏漏，且随着县域的变化，数字多少也有出入，如民国档案中《甘籍抗战阵亡（病故）将士人数表》中统计为 4746 人，而各县统计的阵亡将士名单统计为 4829 人，相差 83 人。用 4829 人减去现属宁夏自治区管辖的固原、海原、西吉、隆德、化平（泾源）5 县阵亡人数 507 人，余 4322 人，再加上漏报的敦煌、夏河、临潭、卓尼、合水、正宁、玉门、肃北等 8 县及哈民局、湟惠渠乡公所阵亡将士估计数 400 人，总计与档案中全省汇总起来的统计数 4746 人基本相符。有的县报数字如泾川县报：亡 1500 人，灵台县报：亡 389 人，由于没有名单也无法认定。所以，阵亡人数仍采信了 4746 人的数字不变。伤残人数则无资料统计，只能按阵亡人数 1:1 的数字估计。该估计数参考了孟国祥教授发表在《抗日战争研究》杂志 1995 年第 3 期上的论文《关于抗战时期中国军民伤亡数字问题》。

3.中苏空军在甘作战牺牲人数

在甘肃的空中保卫战中，自 1937 年 11 月 5 日至 1941 年 10 月 4 日，中国空军和苏联援华航空志愿队及中国地面高射炮兵部队密切配合，在甘肃兰州上空共击落日军飞机 47 架，击伤数架，对日军给予了有力的打击，减少了公私财产的损失和人民群众的伤亡，为保卫甘肃、保卫兰州、保卫国际交通线作出了不可磨灭的贡献。我空军许多飞行员血洒长空，英勇牺牲。据史料记载，在上百次空战中，阵亡及死难的中苏飞行员共有 63 名[1]。他们中间现在能说出名字的苏联飞行员就有：空军队长库里申科，飞行员斯切帕诺夫、罗曼诺夫、雅士、古力芝、郭尔捷耶夫、波拉巴诺夫、马特、伊萨耶夫等，还有许多不知名的烈士。这些苏联飞行员比陈纳德的"飞虎队"更早地来到中国，他们为了中华民族的解放，为了世界和平及反法西斯战争的胜利，长眠在了中国的土地上，我们将永远纪念他们。

---

[1] 魏宏举：《寻访消失的陵园》，载甘肃省档案馆编：《档案》2005 年第 2 期，第 31—33 页。

4.民工伤亡人数

抗战时期，甘肃因修建甘新、甘川、西兰、天兰等公路，修建皋兰、临洮、天水、西固等机场，承担军队给养运输等支前劳务，征调的民工达 1713.8 万人次[①]，因饥饿、疾病、劳累、工程塌方等原因死伤者众多。其中死亡 8000 多人[②]，受伤 15416 人[③]。

5.灾民死亡人数

抗战时期，日机疯狂轰炸甘肃省的兰州、靖远、平凉、永昌、泾川、武威、天水、陇西、临洮等 10 余座城市，炸毁房屋 24124 间，造成 10 余万人无家可归，流落街头。加之民国甘肃省政府为应战时之需，税赋征募日重，人民苦不堪言。1943 年 1 月，甘肃南部爆发农民大起义，起义军席卷甘肃南部的临洮、康乐、陇西、宕昌、会川、渭源、临潭、卓尼、武都、岷县、礼县、和政、洮沙、舟曲、定西、榆中、皋兰、武山、通渭等 20 余县。起义军鼎盛时期发展到 12 万之众，后被国民党军队残酷镇压。1944 年，甘肃 50 余县又遭大旱，夏禾无收，重灾区有临洮、康乐、洮沙、陇西、漳县、临潭、武山、通渭、武都、渭源、榆中、皋兰、定西等县，灾民近百万[④]。抗战结束后，民国甘肃省政府统计战时兰州、天水等 14 市（县）流亡人数为 115905 人[⑤]。综上所述，甘肃民众因战祸、饥荒、冻饿、疾病等导致非正常死亡者至少在 10 万人以上。

下表为甘肃省抗战时期人口直接、间接伤亡汇总表：

类 别	直 接			间 接			总 计
	死 亡	受 伤	合 计	死 亡	受 伤	合 计	
空袭轰炸	821	605	1426				
空战伤亡	63	63	126				
前线伤亡	4746	4746	9492				
灾民伤亡				100000		100000	
民工伤亡				8000	15416	23416	

---

① 甘肃省地方志编纂委员会编：《甘肃省志·民政志》，甘肃人民出版社 1994 年版，第 469 页。

② 甘肃省地方志编纂委员会编：《甘肃省志·民政志》，甘肃人民出版社 1994 年版，第 334 页。

③ 甘肃省地方志编纂委员会编：《甘肃省志·民政志》，甘肃人民出版社 1994 年版，第 342 页。

④ 甘肃省政协文史资料研究委员会编：《甘肃文史资料选辑》第十辑，甘肃人民出版社 1981 年版，第 229 页。

⑤ 甘肃省政府统计室：《甘肃省流亡人力损失汇报表》（1947 年 10 月 6 日），甘肃省档案馆藏民国档案，卷宗号 4—2—174，第 46 页。

续表

类　别	直　接			间　接			总　计
	死　亡	受　伤	合　计	死　亡	受　伤	合　计	
总　　计	5630	5414	11044	108000	15416	123416	134460

说明：1. 表中"空袭轰炸"一栏含固原县死亡5人。"前线伤亡"一栏含固原县38人、海原县13人、西吉县10人、隆德县241人、化平县200人，共507人，以上5县现属宁夏自治区管辖。

2. "空战伤亡"一栏，内含至少10名苏联飞行员。

3. "空战受伤"、"前线受伤"人数按死亡人数1:1估算而来。估算依据：孟国祥《关于抗战时期中国军民伤亡数字问题》，见中国社会科学院近代史研究所、中国抗日战争史学会主办：《抗日战争研究》1995年第3期。

4. 陕甘宁边区陇东6县的伤亡情况不详，故不包含在内。

（五）财产损失情况

日军轰炸甘肃兰州及周边城市，不仅给甘肃造成了重大人员伤亡，而且也造成了重大财产损失，全国抗战八年，甘肃人民承受了沉重的战争负担。据民国甘肃省政府1947年10月上报行政院的报告称：按1947年8月兰州市物价指数为标准，直接损失折合法币（亦称为国币——下同）为6478928956502元，间接损失折合法币为2964280636281元[①]。（陕甘宁边区政府领导的陇东分区所辖华池、环县、庆阳、合水、新正、新宁6县损失情况未统计在内，有关损失的资料也在内战中被焚毁。）

1. 直接损失

直接损失是指遭受敌机空袭、轰炸造成的财产损失，主要包括房屋建筑、器具、现款、服着物、古物、书籍等。但由于60多年前统计不够详细、不够全面，没有留下多少具体的分类数据，有的对衣着、器物、粮食、牲畜、商品只进行了折价统计，有的只统计了寺庙的财产损失，而对寺庙的文物损失没有准确统计或估价不足，有的对轰炸损失只进行了大致的估算，而估算的数字则远远小于当时的实际损失数字。现将有记载的敌机轰炸直接财产损失整理如下：

---

① 《甘肃省政府统计处关于抗战人口伤亡和财产损失的呈文》，甘肃省档案馆馆藏民国档案，卷宗号4—2—174，第60—61页。

区 域	损 失 类 别（折合法币元）						合 计
	房屋	器具	现款	服着物	古物、书籍	其他	
兰州市	11150800	910704	408690	1575211	588475	1230358	15864238
天水	1575000	185000	136680	26920	16775	51672	1992047
武威	360600	106300	87600	15800	34000	2879160	3483460
平凉	265000	64000	——	22000	5000	23811	379811
靖远	96400	6916	——	13000	3680	360	120356
固原	700	120				80	900
永昌	48000	12000	28700	32000	175000	8700	146900
泾川	5000	5900	3000	1800	——	41926	57626
陇西	120622	67873		86760	20140	5522	300917
总计	13622122	1358813	664670	1773491	685570	4241589	22346255

注：1. 此表参照 1945 年 8 月 30 日甘肃省临时参议会上报国民政府参议会的《甘肃省历年遭受敌机空袭损害统计表》[1]填写。

2. 财产损失价格依照当时市、县报表分析为 1938—1941 年物价。

3. 固原县现属宁夏回族自治区管辖。

上表所列各项损失，虽远不能反映出当时的全部直接损失，但也可通过此表了解各市、县损失的程度。

另外，在兰州市内各机关，被日机轰炸所受的损失也很严重。如中央经济部所属的兰州电厂，因日机轰炸造成的电讯设备损失，1939 年 12 月为 7131.59 元（法币），1941 年 5 月为 15067.80 元（法币）[2]。

还有兰州住户的直接财产损失整理卡片。分别为（1）甘肃学院杨钟文等户，1939 年 11 月在兰州被敌机轰炸，损失项目如下：建筑物 2023220 元（法币），器具 235552 元（法币），图书 10360802 元（法币），服着物 1100835 元（法币），古物书籍 395000 元（法币），其他 1351428 元（法币），共计 15466837 元（法币）。（2）兰州住户宋希尚，1939 年 12 月被敌机轰炸，损失项目如下：建筑物 350000 元（法币），器具 680000 元（法币），图书 90000 元（法币），服着物 260000 元（法币），古物书籍 350000 元（法币），现金 5000 美元。共计 1730000 元（法币），美元 5000 元。（3）皋兰县住户梅成章，1940 年 1 月被敌机轰炸，损失项目如下：器具 2696 元（法币），服着物 2000 元（法币），共计 4696 元（法币）[3]。目前尚不能确认以上几项损失是否已列入甘肃省当年的直接财产损失总统计之内，为

---

① 甘肃省档案馆馆藏民国档案，卷宗号 16—2—459，第 74 页。

② 甘肃省皋兰县报《直接损失》（1940 年 1 月），台北"国史馆"藏，档案目录 305，案卷 853。

③ 甘肃省皋兰县报《直接损失》（1940 年 1 月），台北"国史馆"藏，档案目录 305，案卷 853。

了尊重史实，照录于此。

下表为甘肃省战时财产直接损失统计表：

年　度	损失时价值	折合 1947 年 8 月份价值	折合 1945 年 9 月份价值	折合 1937 年 7 月份价值
二十六年（1937 年）	21000	556500000	42062370	21000
二十七年（1938 年）	15960	330882720	24035640	12000
二十八年（1939 年）	464104409	6458476955644	390582861503	195001853
二十八年（1939 年）	（145552）	2025500000	122493633	61156
二十九年（1940 年）	19414	144654614	16338226	8157
三十年（1941 年）	6922804	15057098700	938806060	468707
三十一年（1942 年）	95918	96397590	3819664	1907
三十三年（1944 年）	20188894	2240967234	202267923	100984
总　　计		6478928956502	391932685019	195675764
备　　注	1. 此表参照民国甘肃省政府 1947 年 10 月上报的《甘肃省战时财产直接损失汇报总表》[①] 填写，币值为法币元。 2. 1947 年 8 月份价值 以 1947 年 8 月兰州市零售物价指数为标准折算而成。 3. 1937 年 7 月和 1945 年 9 月的价值均参照《抗战期间全国零售物价总指数表》（载《中华民国统计年鉴》，中华民国三十七年主计部统计局印）的倍数折算而成。			

（二）间接损失

间接损失主要包括防空设备费、疏散费、救济费、抚恤费、迁移费、输力费、副秣费、生产减少、盈利减少、人力损失、过往军队供应费、战时紧急征调物资等。

下表为甘肃省抗战时期财产间接损失统计表，参照甘肃省政府统计室 1947 年 10 月关于《甘肃省战时财产间接损失汇报总表》[②]填写：

年度	损失时价值	折合 1947 年 8 月价值	折合 1945 年 9 月价值	折合 1937 年 7 月价值
1937 年	759380	20123570000	1521015359	759380
1938 年	89600286	1857593129352	134937356848	67368636
1939 年	8031700	111769137200	6759350752	3374664

① 甘肃省档案馆馆藏民国档案，卷宗号 4—2—174，第 83 页。

② 甘肃省档案馆馆藏民国档案，卷宗号 4—2—174，第 88 页。

年度	损失时价值	折合 1947 年 8 月价值	折合 1945 年 9 月价值	折合 1937 年 7 月价值
1940 年	11179170	83295995670	3801621036	1897992
1941 年	25561036	74842713408	3466349897	1730605
1942 年	367999811	369839810055	14651014496	7314645
1943 年	719844214	203722138562	7212015963	3600661
1944 年	1759240270	195275669970	12900731179	6440801
1945 年	1494327252	47818472064	1494327252	746056
总计		2964280636281	186743782782	93233440
备注	1. 币值为法币元；2. 1937 年 7 月和 1945 年 9 月的价值均参照《抗战期间全国零售物价总指数表》(载《中华民国统计年鉴》，中华民国三十七年主计部统计局印)的倍数换算而成。3. "损失时价值"的物价倍数均以当年 9 月份的物价倍数为准。			

防空费损失。1937 年 11 月 5 日，日机第一次对兰州实施轰炸后，于 1938 年初又把空袭目标扩大到全省各地。根据航空委员会的指示，甘肃省成立了全省防空司令部，武威、酒泉、天水、平凉等地设立了防空指挥部和防空情报分所。此外，还在全省各地主要城镇普遍建立了防护团、防护队、防空监视队和监视哨等防空组织，并举办了防空情报训练班，对防空工作人员进行培训。省会兰州就设有汽警笛两处、手摇报警器两台、电动报警器一台、警钟 400 多口、消防汽车 4 辆，还筹资 10 多万元（法币）修造了机关、个人地下室 120 个，防空洞 100 多个，露天防空壕 258 个，可供 5 万余人防空避难。对于当时只有 10 多万人的兰州市来说，这些防空措施的施行，对市民的及时躲避、减少伤亡起了很大作用。全省抗战时期防空设备费，共支出 910931175 元（法币）（系损失时价值）。

另外，国民政府资源委员会甘肃油矿局 1945 年 9 月 30 日上报的《国营事业财产损失报告表》中，1941 年度该局防空费 20378.26 元（法币），救济费 21489.50 元（法币）。1942 年度该局防空费 138807.71 元（法币）。1943 年度该局的防空费，为 124509.60 元（法币）[①]。1945 年度的其他间接损失费用为 502205.97 元（法币）。因为有以下因素，没有把上述费用纳入甘肃省的数据内。（1）不能确认油矿局的这些费用是否全在甘肃当地产生。（2）不能确认中央政府驻当地机构的防空费用是否已算入所在省份的防空费用之中。（3）资料不完整。有的年份有资

---

① 台北"国史馆"藏，档案目录 301，案卷 108，109。

料，有的没有。缺 1941 年前和 1944 年的资料。所以，我们没有把上面的数据简单加在甘肃省的数据内。但为保留线索，将其保存于此。

救济费损失。为收容救济难民、医治伤员、掩埋死者，1940 年 1 月 6 日，兰州空袭紧急救济联合办事处正式成立。办事处下设总务股、医治股、掩埋抚恤股、难民收容股、救济股等。1941 年 8 月，天水、平凉、陇西、武威、临洮、酒泉等地也设立了空袭紧急救济联合办事处。政府曾拨发专款救济被炸难民，苏皖商会、西北日报社、驻兰空军等社会各界也纷纷给兰州灾民捐款捐物。1941年 5 月 23 日，甘肃省政府主席谷正伦致电重庆赈济委员会，恳请速拨巨款，以便转发救济。重庆赈济委员会于同年 6 月 9 日的复电中称："马、养两日被炸伤亡人民，请参照《修正空袭紧急救济办法》第三条死亡每名发给恤金 60 元，重伤 40 元，轻伤 15 元之规定，公务就余存空袭救济准备金，先行发放"。每遇敌机轰炸之后，便见防护队队员冒着硝烟踏勘灾情，进行救护和损失调查，以便政府根据受灾轻重情况及时实施救济。此外，甘肃还负担了不少由华东、华中各省逃难来甘的难民的救济，仅甘肃镇原一县，1943 年就收容了由河南尉氏等县逃来的难民包括老幼共计 752 人，发放救济粮 148500 余斤，按当时粮价折合 51.9万余元（法币）[①]（若按每担 100 斤计，折合粮 1485 担，每担折价 349 元法币）。据抗战后省政府统计，抗战时期甘肃共支出各项救济费含县、市库及慈善团体救济金支出数额为 30915694 元（法币）（系损失时价值）。

副秣补给及输力损失。抗战时期，外援物资除了通过安南、滇缅两条公路可运入国内外，还有西北的甘新公路，每月有上千吨苏联援华物资通过汽车、马车、驼运沿此路运到兰州，再向中国腹地周转。甘新公路于 1938 年 5 月开工，河西人民为修路作出了巨大牺牲。不少人因修路丧失家园，沿途村民房屋大量被拆除，椽子檩子用于工程建设，工程需要土方、石料、砂子均摊派给沿途各县的农民，农民的大车、骆驼、骡马等等都被征用修路，许多民工被派套上自己的牛车、毛驴车到杳无人烟的星星峡一带施工。牛烂牛死，许多民工冻、饿、累死在筑路工地上。在兰州，政府设立了西北公路运输管理局、甘肃省驿运管理处，组建汽车、人力、畜力等各种运输队。仅甘肃河西走廊的民乐一县，就征用大车 30 辆，牛

[①] 镇原县政府上报：《镇原县财产间接损失报告表》（1947 年 10 月），甘肃省档案馆馆藏民国档案，卷宗号 15—11—118，第 54 页。

车 30 辆，毛驴 130 头，牛 25 头，骡马 39 匹，输力耗资 236912452 元（法币）[①]。甘肃还组建了羊皮筏子水运队，沿黄河顺流而下向宁夏、绥远、陕坝等地的抗日部队运送物资、弹药，沿嘉陵江向重庆运送汽油。

抗战时期，驻甘肃河西走廊马步青骑兵师、驻陇南鲁大昌第一六五师、驻天水马青宛师，分别开往抗日前线，沿途各县犒劳过往军队，补给粮秣，开支巨大。有"陇东粮仓"之称的庆阳老区人民，尽管自己的生活还十分艰辛，但还是积极地向边区政府交公粮 1360 万斤，交公草、马料 319.2 万斤[②]，还组织了数以万计的担架及运输人员支援前线。据统计，甘肃各县抗战时期军队过往副秣补给及输力损失共计 4306004335 元（法币，系损失时价值）[③]。

迁移费、疏散费、动员费、抚恤费等损失。 为了减少轰炸损失，将一些位于中心城市的机关、学校、工厂等迁移至偏僻山区，将居民疏散至远离城市的郊区、乡村，动员人力、物力支前，临时紧急支出，修建避难所，安置遭受轰炸无家可归的难民，各地为纪念在抗战中牺牲的将士修建忠烈祠，为抗战牺牲军人家属发放抚恤金，以及其他战时特别支出耗资甚巨。其大致数目为：迁移费 1200298元；疏散费 354105 元；动员费 51790 元；抚恤费 46000 元（此项费用明显少计，全省阵亡军人 4746 人，参照贫民被炸死亡 1 人抚恤 60 元推算，就按每名军人200 元抚恤费计算，也应有 949200 元）；临时修建费、战时特别紧急支出及其他开支 23018844 元[④]。以上各项费用均系损失时价值，币种为（法币）。

征调、捐献物资。 抗战时期，甘肃人民激于爱国热情，节衣缩食，尽最大努力支援前线。1938 年 8 月，凉州（今武威市）举行了河西各县（原文如此）献金总动员大会，仅半个月就募得献金 126460 元（法币）[⑤]。"兰州市动员募捐抗日支前，仅 3 个月群众就捐献现洋 10 多万元（法币）。"[⑥] 甘肃各界还踊跃认购"救国公债"、"建设公债"、"同盟胜利公债"等，仅"同盟胜利公债"全省认购

① 民乐县政府上报：《民乐县财产间接损失汇报表》（1948 年 5 月），甘肃省档案馆藏民国档案，卷宗号 15—11—121，第 85 页。
② 瞿学忠、陈露：《抗战中的甘肃民众力量》，载《兰州晚报》2005 年 9 月 18 日特刊。
③ 甘肃省政府呈报：《甘肃省抗战期间副秣补给暨输力损失报告表》（1947 年 10 月），甘肃省档案馆藏民国档案，卷宗号 4—2—174，第 45 页。
④ 甘肃省政府呈报：《甘肃省战时财产间接损失汇报表》（1947 年 10 月），甘肃省档案馆藏民国档案，卷宗号 4—2—174，第 88—93 页。
⑤ 丁焕章：《甘肃近现代史》，兰州大学出版社 1989 年版，第 416 页。
⑥ 丁焕章：《甘肃近现代史》，兰州大学出版社 1989 年版，第 412 页。

额，1942 年为 22868580 元（法币）；1943 年达 71087500 元（法币）。1942 年，甘肃夏河拉卜楞保安司令黄正清带领拉卜楞寺教区的 50 名上层人士，千里迢迢奔赴重庆，向国民政府捐献了价值 30 架飞机的金银财宝（每架飞机折价 15 万元法币）[①]。全国抗战八年，甘肃人民在国民政府征购和征借名义下献纳的军粮，每年都有几十万石，仅在 1943—1945 年三年中，就献纳了 11801 匹战马[②]，2000根电杆。以下为甘肃人民捐款捐物统计表：

年　度	类　别	数　量	单　价	合　计（法币）
1938 年	河西各县捐现金			126460 元
1938 年	兰州市各界捐现洋			100000 元
1942 年	认购同盟公债			22868580 元
1943 年	认购同盟公债			71087500 元
1942 年	甘南捐珠宝	购飞机 30 架	150000 元	4500000 元
1938—1945 年	粮食	40 万担×8 年	320 万担×349	1116800000 元
1943—1945 年	战马	11801 匹	53333 元	629382733 元
1943 年	电杆	2000 根	1000 元	2000000 元
总　计				1846865273 元
注：本表所列捐献，仅为有记载的数据。粮食价格参照 1943 年镇原县粮食价格（见本书第 15 页），电杆、马匹价格参照《正宁县财产间接损失报告表》的价格（见本书第 108 页）。				

动员人力损失。抗战时期，甘肃人民同仇敌忾，奋起抵抗，用血肉之躯拼死报国，国民党统治区先后有 354778 人参军（又一说 41.16 万人[③]），有 598373人参加地方自卫组织，有 107821 人参加防护团（陇东分区的庆阳、环县、华池、合水、新正、新宁 6 县有 6722 人参加八路军，4773 人参加抗日自卫队[④]，未计入），共损失人力工资 3851482743 元（法币）[⑤]。

---

① 张玉香：《甘南藏区各族人民支援抗战》，见中共甘肃省委党史研究室《时代风》（期刊），2005 年第 4 期，第 17 页。

② 丁焕章：《甘肃近现代史》，兰州大学出版社 1989 年版，第 416 页。

③ 张克复：《甘肃史话》，甘肃文化出版社 2007 年版，第 209 页。

④ 庆阳军分区：《军事志》（内部刊物）2004 年 5 月印行，第 270 页。

⑤ 甘肃省政府呈报：《甘肃省动员人力损失汇报表》（1947 年 10 月），甘肃省档案馆馆藏民国档案，卷宗号 4—2—174，第 47 页。

（六）结论

　　根据截至目前所掌握的资料和进行的相关研究，我们得出了甘肃省抗日战争时期人口伤亡和财产损失的以上若干数据。由于年代久远、搜集资料困难等客观原因，应该说，我们得出的这些数据还只是初步的和尚不完整的数据，并不是研究的最终结果。今后，我们将继续推进本课题调研工作，以期在掌握更多资料和取得研究新成果的基础上对有关数据再做出修订和补充。

　　以下，对本课题调研结论做三方面简要的归纳。

　　1.甘肃人口伤亡、财产损失特点

　　一是空袭损失为主。抗战时期甘肃人口伤亡和财产损失主要是日军空袭轰炸造成的。甘肃地处祖国大西北，日本侵略军未能从陆路直接侵入甘肃，而主要依靠空军对甘肃进行空袭轰炸，造成的直接人口伤亡为 1426 人，直接财产损失按照 1947 年 8 月兰州零售物价指数折算为 6478928956502 元（法币）。二是战争负担沉重，间接财产损失巨大。甘肃省在抗战八年中间接财产损失包括防空费、迁移费、救济抚恤费、国防动员费、人力输力损失、副秣补给、战争债券等，按照 1947 年 8 月兰州零售物价指数折算合计为 2964280636281 元（法币）。仍按 1947 年 8 月兰州零售物价指数折算，直接和间接财产损失共计为 9443209592783 元（法币）[①]。

　　2.日军飞机轰炸后果严重

　　日军飞机疯狂轰炸甘肃兰州、天水、平凉、武威等城市，除直接造成人员伤亡和财产损失外，轰炸造成无数市民无家可归，流离失所，衣食尽丧，沦为难民。加之战争负担和自然灾害，人民处于饥寒交迫、水深火热之中，生存条件恶化，人口锐减。在全国抗战前的 1930—1935 年 6 年中，甘肃人口由 300 万人（又一说 4350053 人 [②]）增至 6401471 人，全省净增人口 340 万，平均每年增长 56.7

---

① 《甘肃省政府统计处关于抗战人口伤亡和财产损失的呈文》（1947 年 10 月 30 日），甘肃省档案馆馆藏民国档案，卷宗号 4—2—174，第 60—61 页。此数据与国民政府主计处 1941 年至 1944 年统计的有关甘肃省在抗战中的财产损失数据有所不同。参见中央党史研究室第一研究部、中国第二历史档案馆编：《国民政府档案中有关抗日战争时期人口伤亡和财产损失资料选编》(1)，中共党史出版社 2014 年版，第 248、263、312、354、369 页。

② 方荣：《甘肃人口史》，甘肃人民出版社 2007 年版，第 449 页。

万人，年均增长率达 134.64‰[①]。这其中有内迁的因素，但人口高速增长是不争的事实。而到了 1945 年抗战结束时，甘肃人口则减至 6209722 人[②]，战争使甘肃人口出现了负增长[③]。由此可见，日本侵华战争给甘肃人民造成了深重的灾难。

3.对甘肃省经济社会发展造成的影响

全国抗战八年，甘肃省消耗的财力物力巨大，工业、农业、财政、金融、商业等都陷入深深的危机。沉重的战争负担使农民失去扩大再生产的能力，甚至大多数农民连简单再生产的能力也不能维持。1945 年，全省粮食产量还不足本省消费的 60%[④]，许多饥民以草籽树皮麸糠充饥，结队乞讨者比比皆是。由于资金短缺，导致工厂关闭，工人失业，物价飞涨，市场萧条，民不聊生。日本侵华战争对甘肃省经济社会发展造成了巨大破坏和灾难性的后果。

（执笔：王亚民）

---

① 甘肃省地方史志编纂委员会编：《甘肃省志·人口志》，甘肃文化出版社 2001 年版，第 190 页。

② 甘肃省地方史志编纂委员会编：《甘肃省志·人口志》，甘肃文化出版社 2001 年版，第 192 页。

③ 据葛剑雄：《中国人口史》第 6 卷（复旦大学出版社 2000 年版，第 579 页，表 14—1），"1936 年至 1946 年，甘肃人口平均年增长率为－3.68‰"。

④ 丁焕章：《甘肃近现代史》，兰州大学出版社 1989 年版，第 496 页。

二、资　　料

（一）档案资料^①

1. 甘肃省会警察局关于发放 1939 年 2 月 20 日、23 日敌机袭兰^②被灾难民救济费情况给甘肃省政府的呈文

呈赍发放敌机袭兰被灾难民救济费单据请鉴核由

甘肃省会警察局呈

民国二十八年三月六日发

行字第一二八八号

本年二月二十二日奉：

钧府财三特丑字第四九九号训令以本年二月二十日敌机袭兰，市区被炸，钧长关怀灾民，恩拨救济死亡及倒塌房屋费一千五百元，当遵照规定办法，令行政科长戴云林分饬该科主任科员刘翼程、户籍股主任鲁珑、保甲股主任何学谦督同各保甲长亲往灾区履勘，星夜发放。计查明死亡男女三十五丁口，内有一名自行掩埋外，其余三十四名共发掩埋费六百八十元。倒塌房屋一百四十间，计十五家，共发救济费六百元。共一千二百八十元。尚余二百二十元。正拟具报间义奉。

钧府民一财三丑字第三四四号训令以二月二十三日敌机二次袭兰拨发救济费三千元遵即具领，将第一次余款加入仍饬原承办员星夜散放。计梗日遭空袭死亡人民十一名，内有无主死尸一名，由第二保甲公所十一保五甲甲长李永才雇人

---

① 以下档案资料中，涉及财产损失的货币统计数据，凡未标明币种者均为法币（亦称为国币），凡未标明货币单位者拟以"元"为单位。原始档案中辨别不清的字体，均用"□"号代替。特此说明。

② 兰，指兰州市。

掩埋，需费二元。其余十名均各发掩埋费二十元共二百零二元，计倒塌房屋一百零三户共五百四十一间，除十七户由空军将士捐款救济项下仍照。

钧府规定散放余八十五户，共发救济费三千零一十八元，统计两次共发放四千五百元，除取具灾民领款单据、保甲长眼同付款盖印证明外，理合造册连同单据一并呈赍钧府鉴核备查。

谨呈

甘肃省政府主席朱

附赍清册四本（单据四束另归）

甘肃省会警察局局长：马志超

（甘肃省档案馆馆藏民国档案，卷宗号 15—8—2，第 34—36 页）

2．甘肃省会警察局救济 1939 年 2 月 20 日被炸死亡民众花名册

甘肃省会警察局救济二十八年二月二十日被炸死亡民众花名册

死亡者姓名	住址	发救济金数目	领款人姓名	与死者之关系	备考
杨徐氏	磨沟沿三二号	二〇.〇〇	杨国宾	丈夫	
杨宋氏	同	二〇.〇〇	同	夫兄	
杨 小	同	二〇.〇〇	同	父亲	
达英环儿	磨沟沿二七号	二〇.〇〇	达成文	父亲	
谢立成	北园街二九号	二〇.〇〇	孟繁书	家主	
孟玉莲	同	二〇.〇〇	同	义父	
郭徐氏	白云观九号	二〇.〇〇	郭宏达	丈夫	
郭斤子	同	二〇.〇〇	同	父亲	
隆王氏	西园街二九号	二〇.〇〇	隆延瑞	胞弟	
滕王氏	磨沟沿三二号	二〇.〇〇	滕上行	夫弟	
滕招兄儿	同	二〇.〇〇	同	父亲	
张之忠	木塔巷六一号	二〇.〇〇	陈石瑛	主官	
武秉和	学院街四六号	二〇.〇〇	武贵肃	侄子	
王天玉	北门街一三一号	二〇.〇〇	周海峯		该王天玉因无家属由乡保主任周海峯代领
张梅轩之妻	同	二〇.〇〇	同		该张梅轩外出由乡保主任周海峯代领
张兰英	同	二〇.〇〇	同		同
龚有福	磨沟沿二七号	二〇.〇〇	龚子寿	侄子	
牟徐氏	磨沟沿二八号	二〇.〇〇	牟作宝	丈夫	
全尕女	白云观九号	二〇.〇〇	全元璋	父亲	
饶才娃子	白云观五号	二〇.〇〇	饶永福	父亲	
马伯老	袖川街二七号	二〇.〇〇	马热海	父亲	
马马氏	同	二〇.〇〇	同	同	
马马氏	袖川街二七号	二〇.〇〇	马玉堂	丈夫	
冯唐氏	西岳庙巷二号	二〇.〇〇	冯涵瀛	子	
刘宗氏	北门街一号	二〇.〇〇	刘处卿	丈夫	
王刘氏	火药局六号	二〇.〇〇	王克兴	丈夫	
罗堃	火药局六号	二〇.〇〇	罗弟娃	子	
罗小娃	同	二〇.〇〇	罗大兴	父亲	
王福奎	同	二〇.〇〇	罗道仁	妻弟	

死亡者姓名	住址	发救济金数目	领款人姓名	与死者之关系	备考
王罗氏	同	二〇.〇〇	同	胞弟	
王小孩	同	二〇.〇〇	同	舅父	
崔陈氏	磨沟沿二九号	二〇.〇〇	崔子忠	丈夫	
梁胡氏	同	二〇.〇〇	梁炳炎	丈夫	
郭莲喜	白云观九号	二〇.〇〇	郭宏远	义父	
丁氏					自埋未发不受救济
合计	三五名	六八〇.〇〇元			

（甘肃省档案馆馆藏民国档案，卷宗号 15—8—2，第 56—59 页）

3. 甘肃省会警察局救济1939年2月20日被炸倒塌房屋民众花名册

甘肃省会警察局救济二十八年二月二十日被炸倒塌房屋民众花名册

房屋被炸受损失者姓名	街巷门牌	间数	发救济金数目	备考
高得禄	火药局六号	三	四〇.〇〇	
崔陈氏	菜市二四号	三	四〇.〇〇	
周梅轩	北门街一号	二〇	四〇.〇〇	本户户主张梅轩外出由保甲主任周海峯代领
王伯勋	北园街二九号	九	四〇.〇〇	
赵培基	北门街一〇一号	四	四〇.〇〇	
陈凤合	桥门街三八号	一五	四〇.〇〇	
王鲁氏	火药局七号	四	四〇.〇〇	
张景星	火药局六号	一〇	四〇.〇〇	
罗大兴	火药局六号	六	四〇.〇〇〇	
陈润生	火药局五号	二	四〇.〇〇	
王朝宗	西大街七六号	二〇	四〇.〇〇	
马润身	西大街七五号	二〇	四〇.〇〇	
张旺子	西大街七四号	二〇	四〇.〇〇	
石玺	西大街五三号	三	四〇.〇〇	
陈本森	火药局五号	一	四〇.〇〇	
合计		一四〇	六〇〇.〇〇	

（甘肃省档案馆馆藏民国档案，卷宗号15—8—2，第52—53页）

4. 甘肃省会警察局救济 1939 年 2 月 23 日被炸死亡民众花名册

甘肃省会警察局救济二十八年二月二十三日被炸死亡民众花名册

死亡者姓名	住址	发救济金数目	领款人姓名	与死者之关系	备考
权德庵	中山市场三一号	二〇.〇〇	张德利	号伙	
陈德明	同	二〇.〇〇	同	伙友	
尹 湘	中山市场三〇号	二〇.〇〇	尹陈氏	其妻	
王刘氏	黄家园一二号	二〇.〇〇	王春喜	子	
张邸氏	黄家园八六号	二〇.〇〇	张学诗	子	
众 诚	中山市场大佛寺	二〇.〇〇	王月庵	师弟	
蓝尕娃	同	二〇.〇〇	同	师爷	
显 凼	同	二〇.〇〇	同	师祖爷	
朱鸡换子	黄家园七六号	二〇.〇〇	朱朝堂	父亲	
黄金仓		二〇.〇〇	省会防护团	主官	
无主一名		二.〇〇	李永才	甲长	
合计	——	二〇二.〇〇			
		款由第一次余款项下发给			

（甘肃省档案馆馆藏民国档案，卷宗号 15—8—2，第 62—63 页）

5. 1939年3月6日，甘肃省会警察局救济1939年2月23日被炸倒塌房屋民众花名册

甘肃省会警察局救济二十八年二月二十三日被炸倒塌房屋民众花名册

房屋被炸受损失者姓名	街巷门牌	间数	发放救济金数目	备考
张锡三	中山街二八号	一八	四〇.〇〇	
王文轩	中山街八号	二六	六〇.〇〇	
何玉丰	东大街九三号	一五	六〇.〇〇	
张化南	东大街九〇号	五三	六〇.〇〇	
鲁仲迈	东大街九四号	四八	六〇.〇〇	
马俊元	东大街九五号	一二	四〇.〇〇	
陈景义	县门街七九号	七	二〇.〇〇	
李芝茂	县门街八〇号	二	四〇.〇〇	
姚福	县门街七八号	一	二〇.〇〇	
董福堂	东大街八七号	一七	六〇.〇〇	
魏得禄	黄家园一二号	二	二〇.〇〇	
荣虎臣	黄家园一二号	三	二〇.〇〇	
王春喜	同	一	二〇.〇〇	
邢李氏	同	二	二〇.〇〇	
赵鹤琴	同	三	二〇.〇〇	
陈宝泉	同	一	二〇.〇〇	
芮吉祥	黄家园六五号	一	四〇.〇〇	
朱子山	黄家园六四号	一	二〇.〇〇	
欧阳居	黄家园六三号	一	二〇.〇〇	
芮吉祥	黄家园六三号	七	二〇.〇〇	
薛刚	黄家园六四号	一	二〇.〇〇	
魏震寰	中山市场一一二号	二	四〇.〇〇	
王悦鑫	中山市场一八号	二	六〇.〇〇	
樊顺义	中山市场二〇号	三	六〇.〇〇	
尹陈氏	中山市场三〇号	七	四〇.〇〇	
张得利	中山市场三一号	一〇	六〇.〇〇	
张巨波	中山市场四九号	三	六〇.〇〇	
赵玉良	中山市场五〇号	五	六〇.〇〇	

房屋被炸受损失者姓名	街巷门牌	间数	发放救济金数目	备考
史金龙	中山市场五一号	六	六〇.〇〇	
赵璧泉	中山市场九五号	三	二〇.〇〇	
刘馨祖	中山市场九六号	六	二〇.〇〇	
李正德	中山市场九八号	二	六〇.〇〇	
柳树立	中山市场一〇三号	二	二〇.〇〇	
王定臣	中山市场一〇五号	一	二〇.〇〇	
张宝珊	中山市场一〇六号	五	四〇.〇〇	
康继尧	中山市场一〇七号	七	六〇.〇〇	
杨茂森	中山市场一〇八号	三	二〇.〇〇	
闵树忠	中山市场一二二号	一	二〇.〇〇	
周赞臣	中山市场一二三号	二	二〇.〇〇	
李玉坤	中山市场一二五号	二	四〇.〇〇	
杨宗炳	中山市场一一五号	二	二〇.〇〇	
吴兆瑞	中山市场一一六号	二	四〇.〇〇	
唐景轩	中山市场一一七号	二	六〇.〇〇	
李生华	中山市场一一九号	一	二〇.〇〇	
王福东	中山市场一二六号	二	四〇.〇〇	
杨蕴璋	中山市场一二七号	二	四〇.〇〇	
赵永俭	中山市场一二九号	三	二〇.〇〇	
蒲春生	中山市场一三〇号	二	四〇.〇〇	
王荫南	贡元巷一九号	七	六〇.〇〇	
王松林	同	九	四〇.〇〇	
陈天印	同	六	六〇.〇〇	
万永顺	贡元巷一五号	八	六〇.〇〇	
陈德林	中山市场一四〇号	四	二〇.〇〇	
王作声	中山市场一八号	一	二〇.〇〇	
李延寿	中山市场四九号	一	二〇.〇〇	
王彦升	中山市场八三号	二	四〇.〇〇	
陈生华	中山市场一二四号	一	二〇.〇〇	
于桂芳	黄家园一二号	二	二〇.〇〇	
冯以煜	黄家园六六号	一	四〇.〇〇	
李岱文	中山市场九七号	二	二〇.〇〇	

房屋被炸受损失者姓名	街巷门牌	间数	发放救济金数目	备考
王德儒	中山市场戏院	棚四座	四〇.〇〇	曾姓魏姓杨姓棚塌茶具全毁共发如上数作一户
王月庵	中山市场大佛殿	一三	六〇.〇〇	
佛教会	中山市场观音堂	三	四〇.〇〇	
杨殿魁 罗增祥	黄家园七六号	二	四〇.〇〇	罗杨二姓作一户
岳朝贵	黄家园二六号	一	二〇.〇〇	
史振武	东大街九七号	四	四〇.〇〇	
李克青	曹家巷二号	六	六〇.〇〇	
王有贵	东大街九一号	二	二〇.〇〇	
王孟氏	东大街九一号	二	二〇.〇〇	
郭俊	同	一	二〇.〇〇	
冉李氏	同	二	二〇.〇〇	
毛清彦	学院街五一号	二	二〇.〇〇	
王光华	同	二	二〇.〇〇	
林福昌	同	一	二〇.〇〇	
方振武	同	五	二〇.〇〇	
黎福 廖学义	小仓子街七号	四	四〇.〇〇	黎廖二姓作一户
唐益三	黄家园七一号	四	四〇.〇〇	
李云亭	新关街五号	七	四〇.〇〇	
段锡亭	新关街五四号	三	二〇.〇〇	
张维新	黄河沿前街三三号	二〇	六〇.〇〇	
梁刘氏	曹家巷二号	六	六〇.〇〇	
王茂堂	横街子一三号	四	二〇.〇〇	
周永泰	横街子一一号	四	二〇.〇〇	
朱星桥	横街子四一号	一〇	二〇.〇〇	
王发贤	东城壕一三七号	二	四〇.〇〇	
陈世英 陆氏	曹家巷一号	四	一八.〇〇	陈陆二姓作一户
合计	八六户（九五户）		三,〇一八.〇〇	此款由钧府第二次拨款三千元内开支不敷之十八元由第一次钧府拨款账余项下支讫

房屋被炸受损失者姓名	街巷门牌	间数	发放救济金数目	备考
陶得福	东城壕一三八号	二		
田子秀	东城壕一六五号	三		
王英年	东城壕二〇号	三		
李心林	东城壕二二号	二		
杜元庆	东城壕一二五号	三		
张念祖	曹家巷一二号	八		
周汉樵	曹家巷五号	二一		
张百秀	曹家巷六七号	二		
赵国玺	同	一		
孙万有	同	一		
徐有福	同	一		
彭文华	同	一		
文聚海	同	一		
薛守成	黄家园三七号	五		
薛万有	黄家园八八号	一		
任盛治	贡元巷一五号	一五		
李永安	贡元巷八号	三		
合计	一七户			此款由空军司令部将士奖金移拨赈款内发放讫款数另案呈核
总计	一〇三户	五四一		

中华民国二十八年三月六日

（甘肃省档案馆馆藏民国档案，卷宗号 15—8—2，第 39—50 页）

6. 1939 年 3 月 11 日，甘肃省会警察局代发空军司令部救济被炸死伤及房屋倒塌民众花名册

甘肃省会警察局代发空军司令部救济被炸死伤及房屋倒塌民众花名册

被难人姓名	情况	住址	发救济金数	备考
陈金文	伤	丰黎义仓	二〇.〇〇	
保正午	伤	同	二〇.〇〇	
周正明	伤	同	二〇.〇〇	
冯金柱	伤	同	二〇.〇〇	
徐家和	伤	木塔巷 61	二〇.〇〇	
常子仁	伤	同	二〇.〇〇	
王刘氏	死	黄家园 12	一〇.〇〇	
蓝众诚	死	中山市场大佛寺	一〇.〇〇	
蓝尕娃	死	中山市场大佛寺	一〇.〇〇	
显囚	死	同	一〇.〇〇	
尹湘	死	中山市场 30	一〇.〇〇	
权德庵	死	31	一〇.〇〇	
陈德明	死	31	一〇.〇〇	
张邸氏	死	黄家园 86	一〇.〇〇	
王天玉	死	北门街 1	一〇.〇〇	
张氏	死	1	一〇.〇〇	
张兰英	死	1	一〇.〇〇	
刘宗氏	死	1	一〇.〇〇	
朱鸡唤子	死	黄家园 76	一〇.〇〇	
郭生华	伤	横街子 41	二〇.〇〇	
郭岳氏	伤	同	二〇.〇〇	
马文才	重伤	东城壕	二〇.〇〇	
吴涌泰	同	23	二〇.〇〇	
杨福	伤	135	一〇.〇〇	
何家林	重伤	121	二〇.〇〇	
靳子秀	同	20	二〇.〇〇	

被难人姓名	情　况	住　址	发救济金数	备　考
王生禄	同	黄家园36	二〇.〇〇	
金海运	同	77	二〇.〇〇	
崔得胜 梁鸿运	重伤	黄家园77	四〇.〇〇	
李得荣	同	77	二〇.〇〇	
陈钱氏	同	同	二〇.〇〇	
王家恒	同	同	二〇.〇〇	
张百秀	倒塌	69	二〇.〇〇	
彭文华	同	同	二〇.〇〇	
赵国玺	同	同	二〇.〇〇	
孙万有	同	同	二〇.〇〇	
文聚海	同	同	二〇.〇〇	
徐有福	同	同	二〇.〇〇	
曾志远	重伤	黄家园71	二〇.〇〇	
薛守成	倒塌	37	二〇.〇〇	
解子东	重伤	77	二〇.〇〇	
蒲得泉	伤	小仓子街7	一〇.〇〇	
陈大士	重伤	黄家园68	二〇.〇〇	
黄金仓	死	防护团员	一〇.〇〇	
苏万有	倒塌	黄家园88	一〇.〇〇	
任盛治	同	贡元巷15	四〇.〇〇	
马马氏	死	袖川街27	一〇.〇〇	
马热海之子	死	同	一〇.〇〇	
马热海之子媳	死	神川街27	一〇.〇〇	
王福元	伤	西岳巷6	五.〇〇	
工张氏	伤	同	五.〇〇	
王福滋	伤	同	五.〇〇	
李永玉	重伤	2	一五.〇〇	
冯唐氏	死	2	一〇.〇〇	
陈周氏	伤	6	五.〇〇	
李淑梅	伤	白云观街9	一〇.〇〇	
郭小兰	伤	同	五.〇〇	

続表

被难人姓名	情况	住址	发救济金数	备考
杜黄氏	伤	同	五.〇〇	
仝苗氏、小孩	重伤、死		二〇.〇〇	
张焦氏	同	白云观街9	一〇.〇〇	
饶才娃子	死	5	一〇.〇〇	
李祖师保	伤	同	五.〇〇	
谢礼成	死	北园街29	一〇.〇〇	
孟玉莲	死	同	一〇.〇〇	
赵张氏	重伤	同	一〇.〇〇	
王有才	伤	小西湖同生公司	五.〇〇	
王寿山	伤	磨沟沿27	五.〇〇	
龚有福	死	同	一〇.〇〇	
达银环	死	同	一〇.〇〇	
隆王氏	死	西园街29	一〇.〇〇	
管苏氏	伤	磨沟沿27	五.〇〇	
梁冬梅	伤	同	一〇.〇〇	
崔陈氏	死	磨沟沿29	一〇.〇〇	
梁胡氏	死	同	一〇.〇〇	
杨徐氏	死	磨沟沿32	一〇.〇〇	
杨孙氏	死	同	一〇.〇〇	
杨小女	死	同	一〇.〇〇	
滕王氏	死	同	一〇.〇〇	
滕招兄	死	磨沟沿32	一〇.〇〇	
滕胡氏	伤	同	一〇.〇〇	
杨唐氏	伤	同	一〇.〇〇	
刘瞿氏	伤	同	一〇.〇〇	
武秉和	死		一〇.〇〇	
郭徐氏	死	白云观街9	一〇.〇〇	
郭六斤	死	同	一〇.〇〇	
郭莲香	死	同	一〇.〇〇	
李永安	倒塌	贡元巷8	一〇.〇〇	
刘得恩	同	东大街89	一〇.〇〇	

·32·

被难人姓名	情　况	住　　址	发救济金数	备　　考
张冠三		下东关豫陇商栈	一五.〇〇	
陶德福	倒塌	东城壕138	四〇.〇〇	
田子秀	同	165	二〇.〇〇	
王英年	同	20	二〇.〇〇	
李心林	同	22	二〇.〇〇	
杜元庆	同	125	二〇.〇〇	
张念祖	同	曹家巷12	四〇.〇〇	
周汉樵	同	5	六〇.〇〇	
合计			一四〇〇.〇〇	

中华民国二十八年三月十一日

（甘肃省档案馆馆藏民国档案，卷宗号15—8—2，第5—15页）

7. 1939年10月30日平凉县政府就日机空袭及受损情形给甘肃省政府的电报

甘肃省平凉县政府快邮代电

甘肃省政府主席朱钧鉴:

本日敌机先后两次二十五架袭平,经以卅未电陈在案。嗣由县长亲往城关视察并督饬警察局查勘,计第一批十二架于上午十时十分来袭,先在飞机场投弹七十余枚。次及城内由东而西共投轻量炸弹(约五十磅至一百磅)五十五枚,以县府附近为最多。计县府落弹四枚:一在东院空地距县长隐避地仅二丈许,一在大堂前,二在西院防空壕上及附近壕内。压毙犯人一名,轻重伤五名。在县府后门外空地防空壕上及北城墙根落弹六枚。一距电话机仅丈许最为危险,压毙民人男女六名口。保安队分队长王治安指挥避难人民奋不顾身,竟在壕内被压殉难,情殊可悯,胆勇可嘉。至县府房屋仅门窗震毁多处,余无损失。平凉中学落弹五枚,毁房四间,人无损伤。文庙驻九七师医院落弹四枚,毁房十数间,人无损伤。又在北门外投弹九枚,防空洞内压毙男女四名口。合计第一次在城内及北门外投弹六十四枚,死十二名口,伤六名口。第二批十三架于正午十一时三刻来袭,先在机场投弹八十枚,死男女四名,轻重伤五名。继在宝塔城附近投弹数枚,伤三人。前后两次共投弹二百一十余枚,共死十六人,伤十四人,毁房一百二十六间。东关繁盛地带幸无损失。迨空袭过后,经县长亲行巡视,抚慰被难民众并将分队长王治安暂行埋瘗。所有本日空袭情形理合代电续陈。至被难民众暨殉难队长如何抚恤应请示遵。再北路慰劳团各长官随员均平安无恙,合并陈明。

平凉县县长孙振邦叩卅戌印

(甘肃省档案馆馆藏民国档案,卷宗号15—7—253,第77—80页)

8. 甘肃省政府主席朱绍良就敌机于 1939 年 12 月 26、27、28 日连续三天轰炸兰州给重庆行政院长的电报及防护总团损失情况报告

贾秘书登记　一月三日

特急

重庆行政院长蒋建密：本月二十六日敌机 99 架分三批袭兰。第一批 27 架于（9：20）在机场投弹后东逸，第二批 36 架于（10：07）在城内外及机场投弹后东逸，第三批 36 架于（10：30）在市中心区投弹（烧夷弹居多）后东逸。二十七日敌机 99 架又分三批袭兰。第一批 36 架于（12：13）在城关投弹后东逸，第二批 27 架于（12：53）在机场轰炸后东逸，第三批 36 架于（13：08）在机场轰炸后东逸。二十八日敌机分二批袭兰。第一批 61 架于（11：34）达市空，第二批 36 架于（11：58）达市空，均在市中心区投弹（烧夷弹居多）后东逸。查敌机共八批计 295 架连日在城内外滥施轰炸，共投重磅炸弹约在二千左右，全城已毁房舍过半，惨象实难形容，幸我防空情报迅确，人民避难适当，伤亡甚微。又敌机每批临上空时，我空军及高射部队均勇猛攻击。先后见敌机受伤甚多，已在城东获敌机一架，人机俱毁，余搜查中。谨电先闻，损失详情容再查报。

职朱〇〇防秘体印

抄交翁秘书长已发，原稿已另存，此稿呈翁秘书长以存。

十二月卅一日

报告元月十二日于防护总团

窃查上年十二月份宥沁勘等日敌机迭次轰炸，所有职团所属各段内损失情形业经报告，钧座鉴核抚恤在案。兹据第五分团报告，续由四墩坪被炸山洞挖出压毙民人男五女十一并查得炸毁房屋八十四间请予转呈等情：查该分团前报炸死及压毙民人男十三女九，毁房六十二间现既挖出被炸压毙男女十六，共计炸死及压毙男女三十八名，毁房共一百四十六间。报请钧座电鉴并案救济实为公便。

谨报告主席朱

职马志超代谨呈

兹谨将去年十二月二十六七八三日敌机轰炸损失情形报请鉴核：

一、死市民男女七十五名伤市民男女四十五名

二、毁房屋七千零五十三间（略被震损者未在其内）

三、现在兰州被炸无家可归贫苦市民计五百十七户，内大口一千五百十四名，小口三百二十一名，合计一千八百三十五名（被炸后疏散他处者未在其内）。

四、职局殉职人员计死警士一，防护团队长一，团员二，看守警一，伤警士四，防护团三看守警。

五、职局总局及第一分局消防队、清洁队被炸毁一部，拘留所、济良所、及第二分局被炸全毁。

谨呈主席朱

职马志超代谨呈

元月六日

（甘肃省档案馆馆藏民国档案，卷宗号 40—1—13，第 1—5 页）

9. 甘肃省会警察局第一分局敌机轰炸人民死伤调查表

兰州市敌机轰炸人民死伤调查表第一分局

姓 名	年 龄	籍 贯	职 业	被炸情形	有无家属	备 考
何兴平	二六	四川	卖水	在会馆巷压死	无	住会馆巷 23 号
易中兴	四五	同	同	在会馆巷压死	同	
老胡	六〇	皋兰	说书	在会馆巷压死	有	住址会馆巷 19 号
倪忠信	二一	四川	卖水	在会馆巷压死	无	住址会馆巷 3 号
宋米	一七	四川	同	在会馆巷压死	同	
荣海山	五〇	同	同	在会馆巷压死	同	住址会馆巷 4 号
荣春祥	三七	同	同	在会馆巷压死	同	同
雷福俊	五〇	陕西		手部受伤	有	伤已愈同 19 号
马顺如	二九	河南	洋车夫	塌死	无	住址山字石 102 号
张永太	六〇	皋兰		同	有	同 110 号
蒲国章	四〇	同	水夫	头腿部受伤	无	同 56 号
蒲丑丑	八	同		在山字石 61 号压死	有	同 56 号
刘义如	未详	未详	未详	左腿受伤	未详	在贤后街 47 号受伤
赵师	同	同	同	手部受伤	同	住中山路 102 号
陆思敬	二四	山西	同	在中山林塌死	有	住址北门街 46 号
陆韩氏	一八	同		同	同	同
周英仁	一九	皋兰	西北公路局勤务	同	同	同 131 号
高杨氏	三七		厨子	同	同	住址火药局 6 号
高十字保	七	皋兰		同	同	同
高领兄儿	六	同		同	同	同
高孕女	三	同		同	同	同
刘丰	二一	同	未详	同	同	同 10 号

姓　名	年　龄	籍　贯	职　业	被炸情形	有无家属	备　　考
陈马氏	七二	武山		在上水巷五号压死	同	住址上水巷 5 号
马得福	四八	皋兰	车夫	头部受伤	同	住官沟沿 40 号
马陈氏	三六	同		乳部受伤	同	同
雷张氏	二五	同		胸部受伤	同	住会馆巷 19 号
陈福禄	六一	同		头部受伤	同	住山字石 102 号
李乃福	四一	河南	车夫	腿部受伤	无	同
李旺	二〇	河南	洋车夫	头腿部受伤	无	同
荣耀南	二六	四川	水夫	压死	同	住会馆巷 4 号
周信五	二六	同	同	同	同	同
高永龙	三六	湖南	闲	在中山林压死	同	住址黄家园 92 号
高王氏	二六	皋兰		同	同	同
高平哇	八	同		同	同	同
高生全	六	同		同	同	同
高孖女	三	同		同	同	同
赵金渭	五四	天水		同	同	同
赵郭氏	三四	同		同	同	同
赵秀连	一〇	同		同	同	同
赵秀英	九	同		同	同	同
马王氏	五五	皋兰		在曹家厅压死	有	住址曹家厅 38 号
马张氏	六〇	四川		同	同	同 39 号
汪明新	四五	陕西		在本院受伤	同	同 38 号
汪孖女	二	同		同	同	同
崔王氏	五六	皋兰	洗衣	在中山林压死	无	住道门街
崔孖女	一四	同		同	同	同
崔保哇	一二	同		同	同	同
甘应福	六七	永登	小商	在家中压死	有	住址马坊门 38 号

姓　　名	年　　龄	籍　　贯	职　　业	被炸情形	有无家属	备　　考
蔺赵氏	七〇	皋兰		在家中压死	有	同
李新民	一八	陕西	唱戏	同	同	住址县门街 72 号
张田义	二八	皋兰	苦工	同	同	住址侯府街 11 号
鲁国华	九	山西		在本院压死	同	住址南府街 68 号
侯国璋	四四	同	经商	同	同	同
侯金翠	一三	同		受伤	同	同
陈瑞卿	五八	皋兰	小商	在本院压死	同	住址南府街 69 号
陈淑媛	一六	同		同	同	同
冯祥盛	二九	同	面商	在中山林压死	同	住址县门街 31 号
王如兰	三六	同		同	同	住址卅门什字 16 号
张殿清	五八	陕西		同	同	同
张邱氏	三五	同		同	同	同
张狗哇	一一	同		同	同	同
方得福	未祥	未祥		同	无	住址横巷子 4 号
方刘氏	同	同		同	同	同
刘陈氏	三七	皋兰		在本院受伤	有	住曹家厅 37 号
马王氏	二八	同		同	同	同 39 号
马吉三	八	同		同	同	同
合计	六六					

中华民国二十九年一月二十二日

分局长陈宜生

（甘肃省档案馆馆藏民国档案，卷宗号 4—2—11，第 112—119 页）

10. 甘肃省会警察局第二分局敌机轰炸人民死伤调查表

甘肃省会警察局第二分局敌机轰炸人民死伤调查表

姓名	年龄	籍贯	职业	被炸情形	有无家属	备考
王贞之	56	皋兰	小商	头部	有	死
袁吉清	45	同	泥水匠	同右	同	死
袁杨氏	40	同		右臂	同	死
薛金喜	42	凉州	收旧衣	头腿部	无	死
彭星垣	43	皋兰	烧石炭	同右	有	死
廖苏氏	52	同	针工	两腿	无	死
廖平姓	21	同	小贩	头腿部	同	死
廖尕女	17	同	针工	小腹	同	死
俞魏氏	50	皋兰	针工	头腿部	有	死
赵俊卿	63	同	菜贩	同右	有	死
环环子	20	同	针工	同右	有	死
魏义忠	45	同	菜贩	腹部	有	死
魏马氏	18	同	针工	腿臂部	有	死
余金氏	30	同	同	腹部	有	死
马尕女	10	同		腿部	有	死
余担扒	12	同		头部	有	死
苏子成	35	四川	木匠	腿部	无	死
石作安	60	皋兰	木匠	腿部	有	死
李金堂	40	皋兰		腰腿部	有	死
马金山	36			腹腿部	同	死
朱发堂	28			头臂部	同	死
马成福	30	临夏		腰腿部	无	死
张应相	37	皋兰		同右	有	死
李牛根	21	河南	洋车夫	腰腿无	无	死
史作如	35	皋兰		头臂部	有	死
陈作栋	60	同		腹部	同	死
马转转	12	同		头腰部	同	死
马拴姐	23	同		臂腿部	同	死
李女女	8	同		腰足部	有	死

姓名	年龄	籍贯	职业	被炸情形	有无家属	备考
张马氏	四二	同	针工	臂部	有	重伤
张换换	一二	同	针工	腿部	有	同
赵李氏	三八	同	同	腿部	有	同
合计	死亡			受伤		
	二九			三		

中华民国二十九年元月十八日

分局长孙人杰

（甘肃省档案馆馆藏民国档案，卷宗号 4—2—11，第 136—140）

11. 甘肃省会警察局第三分局敌机轰炸人民死伤调查表

甘肃省会警察第三分局敌机轰炸人民死伤调查表　民国二十九年元月二十三日

姓名	年龄	籍贯	职业	被炸情形	有无家属
严克勤	二一	皋兰	工	当时毙命	有家属
无名氏					
罗得成	三二	皋兰	商	头部炸破	无有家属
贺斌	二三	湖南	军	当即毙命	无家属
无名氏					
马主麻	三二	河州	工	当场毙命	有家属
戴梁氏	二十	皋兰		腰部炸断	无家属
赛娃子	十一	皋兰		头部炸破	有家属
张子俊	七十	皋兰	商	腰腿炸断	有家属
韩国瑞	二三	北平	防护团员	头部炸破	无家属
龙苗氏	二二	皋兰		腿部炸断	有家属
龙尕娃	一岁	皋兰			
陆文炳	三八	皋兰	公干	当时炸碎	有家属
陆娃氏	三八	皋兰		当时即毙	有家属
无名氏					
合计	共死亡一十五名				

（甘肃省档案馆馆藏民国档案，卷宗号4—2—11，第171—172页）

12. 甘肃省会警察局第四分局敌机轰炸人民死伤调查表

甘肃省会警察局第四分局敌机轰炸人民死伤调查表　民国二十九年元月

姓名	年龄	籍贯	职业	被炸情形	有无家属	
史锡波	二五	河北	工人	死亡	无	
姜延明	二三	山东	同	同	同	
赵世林	二七	河北	先生	同	同	
赵吉深	二七	山东	工人	同	同	
王国元	二六	甘肃	同	同	同	
郑君臣	三三	河南	同	同	同	
王云祥	二六	甘肃	同	同	同	
李盈娃	二一	皋兰	磨房	同	同	
周赵氏	二三	皋兰	饼铺	死亡	有	
王荀节	二〇	山东	军士	同	无	巡过教育班
马登魁	八三	皋兰	肉铺	死亡	有	
鲁英生	三九	皋兰	铜匠	死亡	有	
王佐禄	二五	皋兰	小贩	同	同	
王张氏	五六	同	同	同	同	
王忠勇	三六	天水	防护团	右臂受伤	无	兴盛通彩计
高振云	二六	隆德	车户	受伤	有	
合计	死亡十四名　受伤二名计十六名					

（甘肃省档案馆馆藏民国档案，卷宗号 4—2—11，第 180—181 页）

13.甘肃省会警察局第五分局敌机轰炸人民死伤、财产损失调查表

甘肃省会警察局第五分局敌机轰炸人民死伤调查表　民国二十九年元月

姓　　名	年　　龄	籍　　贯	职　业	被炸情形	有无家属	备　　考
许海国	四〇	行宫巷一三号	不详	避难所倒塌压毙	有	
朱全德	七	义学巷二号	不详	避难所倒塌压毙	有	
聂存孝	八	安定门七号	不详	避难所倒塌压毙	有	
李存孝	三〇	安定门七号	不详	避难所倒塌压毙	有	
刘承祖	六一	南关三益店	商	避难所倒塌压毙	有	
王子安	三〇	安定门一号	不详	避难所倒塌压毙	有	
朱女孩	四	义学巷二号	不详	避难所倒塌压毙	有	
韩九爷	五〇	行宫巷一三号	不详	避难所倒塌压毙	有	
郭　氏	三七	上沟街八八号	不详	避难所倒塌压毙	有	
郭小女	四	上沟街八八号	不详	避难所倒塌压毙	有	
崔　氏	三〇	上沟土窑	不详	避难所倒塌压毙	有	
崔三德	五	上沟土窑	不详	避难所倒塌压毙	有	
张邱氏	三七	州门什字	不详	避难所倒塌压毙	有	

姓　名	年　龄	籍　贯	职　业	被炸情形	有无家属	备　考
张女孩	一一	州门什字	不详	避难所倒塌压毙	有	
刘中全	二五	清洁队	清道夫	避难所倒塌压毙	有	
鲁虎臣	二八	炭市街二一〇号	不详	避难所倒塌压毙	有	
鲁赵氏	三八	炭市街二一〇号	不详	避难所倒塌压毙	有	
赵女孩	六	炭市街二一〇号	不详	避难所倒塌压毙	有	
崔　氏	三〇	上沟土窑	不详	避难所倒塌压毙	有	
崔小孩	四	上沟土窑	不详	避难所倒塌压毙	有	
黄女孩	一〇	西大街关帝庙	不详	避难所倒塌压毙	有	
吴亮才	六一	西大街关帝庙	不详	避难所倒塌压毙	有	
崔王氏	五七	南府街	不详	避难所倒塌压毙	有	
崔女孩	一四	南府街	不详	避难所倒塌压毙	有	
崔女孩	一七	北门湾	不详	避难所倒塌压毙	有	
崔　氏	二八	炭市街	不详	避难所倒塌压毙	有	
崔世哇	四五	崔家滩	不详	避难所倒塌压毙	有	
张立贞		防护第三分团	防护团员	避难所倒塌压毙	有	
王　氏		州门什字	不详	避难所倒塌压毙	有	

姓　名	年　龄	籍　贯	职　业	被炸情形	有无家属	备　考
王　师		口袋巷	不详	避难所倒塌压毙	有	
王　氏		口袋巷	不详	避难所倒塌压毙	有	
许汝泮	二二	警察第五分局	警士	避难所倒塌压毙	有	
韩女孩	七	上沟土窑	不详	避难所倒塌压毙	有	
张王氏		上沟土窑	不详	避难所倒塌压毙	有	
张姐儿		上沟土窑	不详	避难所倒塌压毙	有	
张建清	五八	西大街八一号	不详	避难所倒塌压毙	有	
朱许长			不详	避难所倒塌压毙	有	
高女孩		黄家园九二号	不详	避难所倒塌压毙	有	
崔老四	四五	上沟土窑	不详	避难所倒塌压毙	有	
冯积礼	三〇	防护第五分团	防护团员	炸弹破片炸伤左肩	有	
张廷栋	二四	甘肃省军管区军官大队	学员	炸弹破片炸伤右肩	有	
刘邦国	二八	警察第五分局	警士	炸弹破片炸伤头部	有	
合计	死三十八名伤四名共四十二名					

甘肃省会警察局第五分局敌机轰炸人民财产损失调查表　民国二十九年元月

地　　点	户长姓名	财 产 损 失 情 形			备　　考
		不动产数	动 产 数	总 　 数	
下沟街四三号	曹希寿	一百八十元	五百元	六百八十元	
四四号	李彩臣	二百四十元	七百元	九百四十元	
四七号	宋伍亭	二百四十元	二百元	四百四十元	
一号	李金山	六百六十元	二百元	八百六十元	
一号	罗琨	一百二十元	一百元	二百二十元	
安定门六号	任炳信	一百二十元	二百元	三百二十元	
八号	王怀玉	二百四十元	三百元	五百四十元	
九号	唐梅峰	九百一十元	一千元	一千九百一十元	
四〇号	陈子清	二百一十元	二百元	四百一十元	
四一号	钟德卿	三百二十元	四百五十元	七百七十元	
四二号	钟玉卿	三百二十元	五百元	八百二十元	
四五号	朱义	一百四十元	二百元	三百四十元	
三三号	谭凤明	六百六十元	四百元	一千零六十元	
二八号	金子元	二百元	一百元	三百元	
行宫巷五四号	周凤辉	二千元	五百元	二千五百元	
	宋希尚	一百二十元		一百二十元	
傅家巷二号	邱发源	一百四十元	六十元	二百元	
	侯子祥	五百元	六百元	一千一百元	
耿家巷二号	安子州	三百元	六十元	三百六十元	
妮姑巷七号	刘吉保	六十元	一百元	一百六十元	
温家巷六号	刘雨民	三百元	二百元	五百元	
	刘朴	八百元	三百元	一千一百元	
上沟街三八号	刘子文	六百元	一百元	七百元	
一号	李子才	三百二十元	四百元	七百二十元	
雷坛河七号	柴保子	一百二十元	六十元	一百八十元	
合计		九千八百二十元	七千四百三十元	一万七千二百五十元	

（甘肃省档案馆馆藏民国档案，卷宗号 4—2—11，第 183—187 页）

14．甘肃省会警察局第六分局敌机轰炸人民死伤、财产损失调查表

甘肃省会警察局第六分局造赍敌机轰炸人民死伤调查表　民国二十九年元月二十日

姓　　名	年　　龄	籍　贯	职　业	被炸情形	有无家属	备　　考
邵泽甫	二七	四川	中央警校特训班书记	被炸弹破片刺伤头部（轻微）	无	
张乃云	二五	陕西	中央警校特训班译电员	被炸弹破片刺伤手部（轻微）	无	
陈如南	二一	皋兰	中央警校特训班助理员	被炸弹破片刺伤臂部（轻微）	有家属住横街子13号	
张冬晨	一九	山东	中央警校特训班学员	被炸弹破片刺伤背部（轻伤）	无	
洪荒	二三	吉林	同上	被炸弹破片刺伤头（轻微）	同	
张耀三	二三	皋兰	中央警校特训班传令兵	被炸弹破片刺伤臂足两部亦属轻微	有家属住石头巷15号	
邓海元	三三	甘肃	中央警校特训班警卫长	被炸弹破片刺伤手臂两部	无	
罗友公	二八	河南	一九一师五七一团二营五连中士班长	被炸弹破片刺伤头（微轻）	同	
陈俊豪	二七	河北	中央警校特训班学员	被破片伤烂头部立时炸毙	同	
陈修吾	二三	河南	同上	被破片伤烂背部立时炸毙	同	
罗友善	二八	皋兰	中央警校特训班传令兵	被破片伤烂头部立时炸毙	同	
附记　合计死三名伤八名共十一名						

甘肃省会警察局第六分局造赍敌机轰炸人民财产损失调查表　民国二十九年元月二十日

地　　点	户长姓名	财 产 损 失 情 形			备　　考
		不动产数	动 产 数	总　　数	
桥南街	陈吉如	一五〇元	一〇元	一六〇元	
同上	马正孔	四〇〇	二〇〇	六〇〇	
同上	步荣祥	二〇,〇〇〇	一〇,〇〇〇	三〇,〇〇〇	
同上	同上	二〇,〇〇〇	一〇,〇〇〇	三〇,〇〇〇	
同上	张益三	一〇,〇〇〇	九,〇〇〇	一九,〇〇〇	
同上	韩来福	六,〇〇〇	一,〇〇〇	七,〇〇〇	
同上	马宗银	八,〇〇〇	三,〇〇〇	一一,〇〇〇	
同上	赵克昌	一五〇	五〇	二〇〇	
同上	马宗银	八〇〇	二〇〇	一,〇〇〇	
同上	保有成	七〇	五〇	一二〇	
同上	马有哇	一四〇	一〇〇	二四〇	
同上	朱成德	一五六	六〇	二一六	
同上	马得林	五六	二〇	七六	
北门湾子	罗占魁	五六〇	三〇〇	八六〇	
同上	马万才	二四〇	一五〇	三九〇	
同上	唐文福	二〇〇	一〇〇	三〇〇	
同上	喜得福	一五〇	一〇〇	二五〇	
同上	马彦福	五〇〇	二五〇	七五〇	
同上	马彦寿	三〇〇	一五〇	四五〇	
凤林关	马得有	八〇〇	六〇	八六〇	
同上	同上	七〇〇	六〇	七六〇	
庙滩子	张保如	四〇〇	一〇〇	五〇〇	
同上	马得才	一五〇	五〇	二〇〇	
凤林关	孙先文	一二〇	三〇	一五〇	
烧盐沟	达仁仓	六〇〇	二〇〇	八〇〇	
凤林关	侯子发	三〇〇	一五〇	四五〇	
马场巷	马恭章	一,〇〇〇	五〇〇	一,五〇〇	
同上	张国栋	三〇〇	五〇	三五〇	
金城关	韩耀三	二,五〇〇	一,三〇〇	三,八〇〇	
同上	贾明有	一〇〇	七〇	一七〇	
附　共计一〇八,七三二元					

（甘肃省档案馆馆藏民国档案，卷宗号 4—2—11，第 188—191 页）

15. 甘肃省政府民政厅员工遭受空袭损失救济费额表

甘肃省政府民政厅员工遭受空袭损失救济费额表　民国二十九年元月二十二日

职　别	姓　　名	遭受损害情形	损失金额	拟发救济金额	备　　考
视察	程道	住百子楼华盛旅馆于二十八年十二月二十六日被炸毁衣物等件	二〇〇.〇〇	三〇.〇〇	
科员	李向荣	住道陛巷二十九号于二十八年十二月二十六日被炸毁房屋十四间及衣物等件	五〇〇〇.〇〇	五〇.〇〇	
科员	丁昌绪	住北门湾二十三号因夫妇均在城内服务无法疏散二十八年十二月二十八日被炸毁所有一切衣物	六二一.〇〇	五〇.〇〇	
办事员	张毓俊	住窟沱街卅四号于上年十二月二十八日因左右房屋被炸本室内衣物遭劫甚多	四三三.〇〇	四〇.〇〇	
办事员	李毓麟	住赐福巷二十三号于上年十二月二十八日房屋被炸毁室内物件均焚坏	五〇〇.〇〇	五〇.〇〇	
办事员	郭应祺	住候后街十五号震毁房屋二间损坏家具等件	一一〇.〇〇	一〇.〇〇	
雇员	史增辉	住中街子九号被炸毁房屋拾间及衣物等件	一五〇〇.〇〇	五〇.〇〇	
雇员	耿荣庭	忠信街九号炸毁房四间震坏房甚多	五〇〇.〇〇	五〇.〇〇	

（甘肃省档案馆馆藏民国档案，卷宗号 15—16—438，第 3 页）

16. 甘肃省教育厅公务员、雇员、工友空袭损失调查表

甘肃省教育厅公务员雇员工友空袭损失调查表

职　别	姓　名	损失概况	拟发救济费数目	款项来源	备　考
专科视导员	魏怀谦	寓中和旅馆炸毁物件约六百余元	七〇元	无	
科员	李天煐	房屋震倒	七〇		
	田淮	房屋震坏甚多	七〇		
	陈宗儒	房屋器具均被炸毁	七〇		
办事员	王文美	房屋什物炸毁	七〇		
	康作新	房屋震坍器具被毁	七〇		
	马绳武	住屋震坍器具被毁	八〇		
	唐守礼	损失货物四千余元	八〇		
	王传岩	房屋被炸器具被毁	八〇		
	李蕴春	房屋震坏器具损失甚多	八〇		
雇员	王树棠	房屋什物炸毁	八〇		
	魏贵勤	房屋震坍	八〇		
工友	徐怀璋	房屋什物炸毁	四〇		
	唐有义	房屋什物炸毁	四〇		

中华民国二十九年三月二十五日厅长郑通和（代）

（甘肃省档案馆馆藏民国档案，卷宗号 15—8—171，第 34—35 页）

17. 国立甘肃学院敌机轰炸财产损失报告单

国立甘肃学院

财产损失报告单

填送日期三十四年七月　　日

损失年月日	事件	地点	损失项目	购置年月	单位	数量	价值（国币　元）		证件
							购置时价值	损失时价值	
二十八年十二月二十八日	被炸		房屋墙壁屋顶					6,693.00	二十九年二月十五日呈请省府拨款补修未奉指令
二十八年十二月二十八日	被炸		教职员宿舍全院					4,500.00	被炸次日呈请省府
三十年八月三十一日	被炸		办公室全院中山堂教室墙壁屋顶					101,500.00	由省府拨给经呈奉核府三十一年六月四日4068号准收
			仪器图书					硬币20,000元	经报由审计部甘肃省审计处核销有案

受损失者　　　　国立甘肃学院　　　填报者　　　　　国立甘肃学院院长宋恪

（甘肃省档案馆馆藏民国档案，卷宗号 32—1—87，第 75 页）

18. 甘肃省机器厂函送省财政厅敌机轰炸损失报告表的呈文

案准

贵厅财一金<34>申字第八九三三号代电，为调查敌人罪行，嘱将抗战期间敌机炸毁情形填报等由准此。查本厂占用莘英门内房屋曾于三十年八月卅一日被敌机轰炸，相应填列损失报告表函送。

贵厅查照汇办为荷。

此致

甘肃省政府财政厅

附送财产损失报告表一份

资源委员会甘肃省政府甘肃机器厂　启

九月廿八日

财产损失报告表

填送日期 34 年 9 月 28 日

损失年月日	事件	地点	损失项目	购置年月	单位	数量	价值（国币　元）		证件
							购置时价值	损失时价值	
30 年 8 月 31 日	日机轰炸	兰州本厂	厂房		间	56		697,365.00	修理费
同上	同上	同上	用具仪器图表					147,955.00	
同上	同上	同上	汽车		辆	1	53,800.00	540,000.00	
							共计	1,385,320.00	

受损失者　甘肃械器厂

填报者　甘肃械器厂　　　通讯地址：甘肃兰州

（甘肃省档案馆馆藏民国档案，卷宗号 16—2—459，第 9—11 页）

19. 甘肃省立兰州师范学校敌机袭兰^①损失调查表

甘肃省立兰州师范学校敌机袭兰损失调查表　　民国二十九年四月二十四日

职别	姓名	损失概况	原支薪金	救济费来源	备考
事务员	刘希贤	文俱书箱	五十七元二角		
		红毡一条			
		棉被一条			
		毛毡一条			
		脸盆一个			
		茶壶一把			
		茶碗四个			
公役	吴华	国币四十五元	二十八元		
		织贡呢棉被二床			
		蓝石布衫子一件			
		礼服呢鞋一双			
		毡棉鞋一双			
		白面一袋	九十斤		
		小麦两斗			
		白毡两条			

（甘肃省档案馆馆藏民国档案，卷宗号 15—8—172，第 80 页）

---

① 兰，指兰州市。

20. 李朱氏、庄廷贤、芮吉祥呈甘肃省政府主席朱绍良为全家被炸灾情惨重乞救济由

李朱氏呈为全家被炸灾情惨重乞救济由

具呈人官园前街一百一十九号难民李朱氏，为敌机肆虐，全家被难情况愁苦哀求救济事，缘去年十一月三十日晨七时日寇炸兰，民妇全家八口防避于下官园小庙内，不意敌人向该庙连投炸弹两枚，当时将民妇丈夫李广业立时炸毙，其余长儿李多材、媳妇李何氏及女儿玉兰、孙儿天福、玉凤翠、凤连同民妇等均受重伤。当时无家可归，只得搬移西乡安宁堡庙内暂宿。兹值严冬寒天，一家十口非老即幼，养生送死一筹莫展。伏念我主席一再主甘，对于难民特加爱护，况当年关末日无法生活，不得已爱具艰苦实情，泣恳我主席俯念灾黎且属妇孺无力之辈，特加体恤，恩予救济，则感再造之德于无涯矣！

谨呈甘肃政府主席朱

民妇朱李[李朱]氏　　谨呈

中华民国二十九年元月二十九日

呈为房屋被炸请予救济由

具恳情人庄廷贤，情因敌机狂炸，贤住的房屋完全被炸，刻下无吃无住。夜住场院，欲[与]难民相同，又兼天寒，痛苦之情一言难禀。屡相告借，离乡背井，目无亲眷，现下有生命之忧，日夜忧思，束手无策，只得呈明下情，恳求钧座大发仁慈，偿洋若干，以救蚁命。如蒙允诺则氏生生世世不忘。

谨呈主席朱

民国二九年二月二日

恳情人庄廷贤，住道陛巷十九号

恳禀为惨遭轰炸食绝居失乞救济由

为惨遭轰炸房院货物悉数毁灭，劫后孑遗绝食失居，聊生困顿，恳求主席俯念被灾较重，陋穷无度，恩准优先施恤，补救微命。事查商民由陕寓兰营估衣及古董业务，积三十余年咨啬俭约血汗苦劳，创置得黄家园门牌自六三至六五止房屋铺面楼舍一全院计十六间，妻子四口安身成家。恰值春节，关于货物整集齐放，有名人字书、玉器仪物、古铜古磁、炉镜碗盏、石砚笔墨、衣服木器皆属代价之昂贵，正系商民终世之血汗，要关全家之命脉，其内有友人寄置之货，价为五佰多元，凡家中一切生活之需米面柴炭，屋内摆设银元各色无所不在其内，确于古历正月初五日敌机轰炸正当其弹，可怜房院木折墙倒化成块片粉碎之粪土，货物存币已作无影无形之消亡，厥恶者勺面半粒尚无存在，立罹饿殍之境，更惨痛者赤身空口且无楼居之地，恶狼强盗残虐已极，酷害顿丧家庭，苦竟鸣饥号寒甚而惊悸难堪，备蒙钧座关切民灾，积极护救，详勘筹赈，自有相当慈惠实力普及，曷敢晓渎劳烦。

聪听要之，商民被害出众，罄有全灭，反之作客还乡无门呼伯，刻下家口鹄形如丐，日卧败残瓦砖堆侧，面面对泣，流涕之苦，伤惨之悲，无如商民厄困之痛者也，哀鸿无度，唵唵无聊，祗有吁求慈恩宽加格外垂恤灾痛，怜惜数命。准予优先赐拯俾得一线生路，免劫后之灾。商民有生之日，正为颂德之年，切求恩准，不禁悲痛血泪待命之至。

谨恳

甘肃省政府主席朱

被炸灾民芮吉祥

年五十一岁陕西（籍）仍守黄家园败堆之侧

保十：欧阳居（章）

民国二十八年三月九日

（甘肃省档案馆馆藏民国档案，卷宗号158—8—171，第88—90页；卷宗号15—8—2，第76页）

21. 平凉县遭受敌机轰炸人口死伤及财物损失清册
（1947年3月填报）

平凉县遭受敌机轰炸人口死伤及财物损失清册　三十六年三月　日

被灾人姓名	人口死伤数	牲畜伤亡数	房屋损失数	其他财产损失	备考
马克夫	死				
时维俭	重伤				
薛作堂	死				
薛尔健	死				
薛尔杰	死				
薛王氏	重伤				
薛玉英	重伤				
薛五娃	重伤				
张明月	重伤				
张自道	重伤				
魏子荣	死				
王文英	重伤				
靳王氏	死				
谢子平	死				
谢梅娃	死				
丁德仁	死				
陈马氏	死				
张有仁	死				
赵鄂氏	死				
老　马	死				
申燕清	死				
麻存樑	重伤				
老　徐	死				
刘汉英	重伤				
安义发	重伤				
安义海	重伤				
高崇禄	死				
张刘氏	死				

被灾人姓名	人口死伤数	牲畜伤亡数	房屋损失数	其他财产损失	备考
赵　氏	死				
孙陶氏	死				
孙史氏	死				
孙　喜	死				
季建才	重伤				
王有才	同上				
张有才	重伤				
赵锁鼎	死				
赵兴天	重伤				
刘　蟲	死				
赵春燕	重伤				
刘　氏	死				
胡张氏	重伤				
张刘氏	死				
孟王氏	重伤				
禹乘门	重伤				
朱别别	死				
王狗娃	死				
史炳章	重伤				
李光俊	死				
李朱氏	死				
田东喜	死				
容三成	同				
容六娃	同				
李香莲	同				
魏庆林	同				
李志公	同				
曹守吉	同				
王丁氏	同				
王玉贞	死				
王烈烈	死				
李　喜	重伤				
赵林山	重伤				
赵　氏	死				

被灾人姓名	人口死伤数	牲畜伤亡数	房屋损失数	其他财产损失	备考
赵生娃	重伤				
赵让子	死				
赵护信	死				
赵苏氏	重伤				
全李氏	死				
张建业	死				
左胡氏	重伤				
仇荣贵	死				
何生辉	轻伤				
王平元	死				
云 娥	轻伤				
刘 氏	死				
马应祥	死				
马麻子	重伤				
马核梨	死				
刘 姓	死				
刘建青	重伤				
杜瀛清	重伤				
李刘氏	重伤				
魏 氏	死				
者天荣	重伤				
米发云	重伤				
丁万格	死				
丁小何	死				
杨于氏	死				
马杨氏	死				
于 氏	死				
杨占娃	轻伤				
党 成	重伤				
郭康氏	轻伤				
宋三太	死				
张第仓	死				
魏吉有	死				
翟炳五	重伤				

被灾人姓名	人口死伤数	牲畜伤亡数	房屋损失数	其他财产损失	备考
杨春秀	死				
禹福江	重伤				
王永昌	轻伤				
白　狗	同上				
陈老三	死				
吕　官	死				
杨　师	轻伤				
朱　氏	轻伤				
高连升	死				
高天寿	轻伤				
王德清	轻伤				
秦　海	轻伤				
郭振江	轻伤				
刘德荣	重伤				
张　氏	轻伤				
张小女	轻伤				
杨生春	轻伤				
刘亮海	重伤				
张占春	同上				
高王氏	同上				
王德成	同上				
明　亮	重伤				
朱　氏	轻伤				
李王氏	重伤				
王王氏	轻伤				
孙王氏	重伤				
马瀛泰	死				
庞泰来	轻伤				
李占魁	重伤				
王贵元	死				
袁生海	轻伤				
马王氏	死				
杜秋娃	轻伤				
杜韩氏	轻伤				

被灾人姓名	人口死伤数	牲畜伤亡数	房屋损失数	其他财产损失	备考
王　相	轻伤				
韩玉庭	死				
荣茂林	轻伤				
荆耀庭	死				
杨子恒	死				
赵黑娃	死				
刘绍安	死				
海杨骆	死				
王　氏	重伤				
马卿云	死				
杨永庭	同				
魏占有	同				
杨兆明	同				
郭当成	同				
杨宗善	同				
魏海利	重伤				
李黑牛	重伤				
许　其	死				
蔡青业	死				
马进祥	死				
丁　狗	重伤				
徐耀卿	重伤				
史祺娃	死				
何　氏	死				
马福林	死				
马　虎	轻伤				
高清荣	轻伤				
陶　女	死				
张鸿德	死				
施廷俊	死				
马义士	死				
葛崇礼	死				
郑　师	重伤				
郭成英	重伤				

被灾人姓名	人口死伤数	牲畜伤亡数	房屋损失数	其他财产损失	备考
戴三罗	重伤				
张存拴	死				
刘子东	死				
马虫样	轻伤				
袁德荣	死				
李自新	死				
马哈儿	死				
马油補	死				
李兴世	重伤				
刘生贵	死				
王和璧	死				
李俊補	重伤				
秦明月	死				
马成儿	死				
朱年儿	重伤				
郭全忠	死				
贾德明	同				
马福昌	同				
郭建唐	同				
胡世昌	同				
陈全德	同				
蓝登科	同				
马孝德	同				
王正仓	死				
王继魁	死				
赵长喜	同				
赵花苟	同				
薛智礼	同				
张志远	轻伤				
沙有责	死				
张彦彪	死				
于福德	轻伤				
周振西	死				
杨化福	死				

被灾人姓名	人口死伤数	牲畜伤亡数	房屋损失数	其他财产损失	备考
罗金祥	死				
秦德有	死				
王老五	死				
何　氏	轻伤				
毛朱氏	重伤				
刘九贵	死				
张　臣	死				
高维中	重伤				
吕团团	重伤				
秦子金	死				
李可喜	死				
罗成娃	同				
薛　英	同				
韩秉麟	同				
李　福	同				
蓝麦城	同				
蓝老虎	轻伤				
傅花氏	死				
孟顾氏	死				
刘全效	死				
杨五受	死				
萧长春	同				
赵家西	同				
赵家西之子	同				
赵　氏	重伤				
张云生	死				
阿刘氏	重伤				
朱朱氏	死				
李怀德	重伤				
翟生恒	死				
李杨氏	死				
马陈氏	轻伤				
李宣氏	同上				
王　师	死				

被灾人姓名	人口死伤数	牲畜伤亡数	房屋损失数	其他财产损失	备考
张子杰	重伤				
张李氏	同上				
郭万忠	死				
李治福	死				
张宏有	死				
杨建廷	死				
陈任氏	轻伤				
杨德明	死				
朱　氏	轻伤				
余老四	死				
袁　英			二间		
于寿昌			二间		
梁　师			二间		
刘老四			一间		
张　师			一间		
马金花			一间		
郑自成			二间		
李成伯			五间		
筛金端			二间		
高发奎			四间		
伍贵喜			一三间		
安成福			六间		
王　根	伤一		一间		王文在腿部
王自成			三间		
郝　姓			一七间		
马民兴			五间		
焦同武			十间		
诸景福			五间		
王　姓			九间		
蒙　玉			三间		
胡　师			十二间		
晃大夫			四间		
朱　姓			四间		
李东春			四间		

被灾人姓名	人口死伤数	牲畜伤亡数	房屋损失数	其他财产损失	备考
陈　师	死萧姓一名		五间		
范　义					
陈　师			三间		
老　赵			三间		
王家皮房			三间		
同丰源			六间		
李木匠			十三间		
刘　姓			二间		
裴子风			五间		
汪　师			三间		
闫　师	伤一年老人		一间		
薛甲长			九间		
张文福	死				
刘老四	死				
孙　师	死				
尚银海			八间		
关岳庙			三间		
佛教会					
城隍庙					
花外香			六间		
集贤巷			三间		
北极宫	死				公安局
张荣丞			二一间		
张国瑞	伤一死一		一二间		
朱成炳			八间		
曹云龙			二一间		
周祥亭		牲畜一四头	八间		
马耀廷			楼四间		
土德安			一五间		
马子勤			三间		
刘子元			一二间		
王儒卿			一二间		
马乾山			七间		
张寿轩	死		四间		

被灾人姓名	人口死伤数	牲畜伤亡数	房屋损失数	其他财产损失	备考
胡瑛妥万永			五间		
哈金奎			六间		
张　祥			二六间		
车　和			三间		
李玉村			一二间		
安老四			三间		
苏南存			二间		
陈福安			二间		
清和馆			六间		
杨春本			六间		
马老四			七间		
罗生奎			二间		
北页巷			六间		
合　计	死一五三人 重伤六一人 轻伤三三人		四〇六间		牲畜率多为各乡枭粮之农民无法统计

（甘肃省档案馆馆藏民国档案，卷宗号 15—11—116，第 29—60 页）

22. 泾川县被敌机轰炸人民财产直接损失报告表
（1947 年 3 月填报）

泾川县二十八年三月十五日被敌机轰炸人民财产直接损失报告表

资料时期：26 年 7 月 7 日至 31 年 12 月 31 日

填送日期：36 年三月　　日

损失分类	损失时之价目（国币元）	重要物品项目及其数量
共计	40700 元	
房屋	25000 元	当日上午八时五二分在本县阳保乡炸毁土窑 5 只每只价值 5000.00 元
器具	5900 元	零星家俱共损失约 5900.00 元
现款	3000 元	
服着物	1800 元	炸死男 2 名女 4 名每人所着以 200（300）元计算
古物书籍	：	
其他	5000 元	驴二头约值 5000 元

（甘肃省档案馆馆藏民国档案，卷宗号 15—11—116，第 19 页）

23．永昌县敌机轰炸损失调查表

被害人姓名	性　　别	被害地点	被害详细情形	被害日期	备　　考
杜鸿才	男	云川镇九保	该民赶驴二头前往南门外向朋友处驮草，适逢敌机十二架飞过投弹一枚，躲避不及中弹而死并炸死驴二头。	二十八年农历元月十七日	
王廷候	男	云川镇四保	该民之妻王孙氏及子女各一因度用困难向伊戚家告借，不幸遇敌机投弹在伊戚院内中弹而死，共男女三人。	同	
关吉昌	男	云川镇二保	该民院中被敌投弹两枚，炸死男女四人，毁院落一处及房屋三十八间以及家财器物等估计价值伍佰万元。	同	
孟加保	男	云川镇四保	该民之妻被弹炸死	同	
南春山	男	云川镇三保	该民之妹往孙玉霖家探亲被敌炸死。	同	
张九功	男	云川镇一保	该民之妻往孙玉霖家探亲被敌机炸死。	同	
闫发魁	男	云川镇四保	该民之母中敌弹伤命。	同	
王连	男	云川镇九保	该民之妻被敌机炸死于家中	同	
孙玉霖	男	云川镇二保	该民在关姓院内居住，被敌投弹两枚，炸死，其子女五人均遇难，财物被炸一空，损失约计八万百元。	同	
萧长德	男	云川镇二保	该民之妻往关姓家探亲被敌机投弹毙命。	同	
萧荣祖	男	云川镇二保	该民之弟因事往孙玉霖家因被敌机炸死。	同	
合计					

民国三十六年三月十九日

（甘肃省档案馆馆藏民国档案，卷宗号15—11—116，第21页）

24. 靖远县敌机轰炸损失表（1946 年 1 月填报）

填报者：　　　　　　　　靖远县敌机轰炸损失表　　　　　填报日期三十五年元月

分类	损失时价值（国币 元）	重要物品项目及其数量
共计	叁拾玖万捌仟捌佰贰拾元	
店房	贰万玖仟元	砖修铺面贰拾伍间、住宅叁拾捌间、客室壹座
器具	壹万贰仟玖佰元	货架拾贰付、铺柜拾贰个、货柜捌个、药柜壹座、木箱拾伍个
现款	捌万伍仟贰佰柒拾元	
存货	拾肆万陆仟零伍拾元	砖茶壹佰贰拾页、僧腊伍拾陆箱、老布叁佰捌拾尺、药材伍佰伍拾斤、呢绒缎绸壹佰捌拾伍板
运输工具		
其他	拾贰万伍仟陆佰元	零碎用具及衣帽鞋袜、手巾、茶壶、茶杯等

附（1）事件：表列损失系日机轰炸兰州时沿黄河上飞路遇所轰炸之损失

　　（2）日期：二十九年九月二十八日

注（3）地点：靖远县城内东大街及靖远简师学校

（甘肃省档案馆馆藏民国档案，卷宗号 15—11—116，第 27 页）

25．泾川县敌机轰炸人民财产损失及人民死伤调查表

泾川县敌机轰炸人民财产损失调查表　　　民国三十六年三月填报

地　　点	户长姓名	财　产　损　失　情　形			备　　考
		不动产数	动　产　数	总　　数	
甘肃泾川百烟村	乔永玺	窑洞一所约值五百元	零星家俱什物约值二百元	七百元	
同上	乔永保	同上	同上	同上	
泾川梁家村	薛世全	窑洞一所约值四百元	零星家俱什物约值二百元	六百元	
附记					

泾川县敌机轰炸人民死伤调查表

姓　　名	年　　龄	籍　贯	职　业	被炸情形	有无家属	备　　考
乔朱氏	三五	甘肃泾川百烟村	农	掷下五十磅普通炸弹一枚炸毁窑洞一所该民当时毙命	有	乔永玺之妻
乔杨氏	二六	同上	农	同	有	系乔永保之媳
乔双秀	一五	同上	农	同	有	系乔永保之长女
乔毛娃	一一	同上	农	同	有	系乔永保之次女
乔碎娃	一五	同上	农	同	有	系乔永保之子
薛世全	三二	泾川梁家	农	掷下炸弹三枚炸毁窑洞一所该民当时毙命	有	
乔永保	五二	百烟村	农	该民受伤三处经医调治已痊愈	有	
乔双禄	一〇	同	农	该民受伤二处经医调治已痊愈	有	

（甘肃省档案馆馆藏民国档案，卷宗号4—2—11，第35—36页）

26. 皋兰县敌机轰炸人民财产损失调查表

皋兰县敌机轰炸人民财产损失调查表　　民国二十九年四月十六日填报

地点	户长姓名	财产损失情形			备考
		不动产数	动产数	款数	
小拱星墩	段子琳	房屋五间	烟叶价二千一百元	二千六百五十元	
同	段牛子	房屋一十二间	烟叶价四百元小麦谷子一石之斗	一千八百元	
同	马文铨	房屋二间	烟叶价二百元	四百元	
同	段平敬	房屋二间	烟叶价六百元	八百元	
同	陈得福		烟叶价八百元	八百元	
同	段生福	房屋三间		三百元	
同	王更喜	房屋三间		三百元	
同	陈国福	房屋二间		二百元	
同	田育德	房屋三间		三百元	
同	段文蔚	房屋三间		三百元	
同	段更娃		烟叶价四百元	四百元	
同	段四老	房屋二间		二百元	
同	马文钰	房屋一间		一百元	
同	段亭头	房屋一间		一百元	
李家坪	氏人	前门一间		一百元	
东川	胥全万	门窗五间		二百五十元	
同	苏润	房屋四间	食粮一石九斗	七百七十元	
同	山东义园	房屋十间		九百五十元	
同	魏玉林	房屋五间		五百元	
同	宋发福	门窗五间		二百五十元	
合计	二十户	六十九间	四千五百元二石九斗	一万一千四百七十元	

（甘肃省档案馆馆藏民国档案，卷宗号 4—2—10，第 107 页）

27. 武威县警察局 1941 年 6 月 27 日为呈报敌机袭凉^① 经过详细情形及被炸伤亡人数报告表

由　　事	批　　办		呈为呈报事：窃查本月二十二日上午十一时发出警报，市民皆出城避难，至下午二时许，发出紧急警报，旋有敌机二十六架，侵入本市上空，滥行轰炸，查悉共投弹百七十余枚，内有燃烧弹二十余枚，同时并撒下荒谬传单甚多，业已收集付焚。损伤情形，计死亡平民二百二十八名，重伤九十名，轻伤六十四名，倒塌房屋七百一十八间，在敌机猛炸下，职局官警，均能奋勇，尽忠职守，努力执行职务，致站岗警士李建成一名不幸炸亡，并伤职员警士五名，敌机空袭后，城内起火三处，当即经职遣派官警分赴各处督促极力扑救，九时熄灭，并连夜将炸死平民尸体抬往城外掩埋，一面又将重伤人民抬送各医院疗治，幸炸后市面仍复常态，刻励行人货疏散，赶办善后事宜，惟各处落有未爆炸弹，其危险性较小者，业已分别挖出，而危险性较大掘取困难者，尚有多枚，拟寻谙练技术人员后再行挖取，所有敌机此次轰炸凉州经过情形，理合具文呈报。 钧府电鉴备查！ 谨呈甘肃省政府主席谷、民政厅厅长郑 附呈敌机撒下传单一纸、被炸伤亡人数报告表一纸 **武威县警察局局长金耀坛**
为呈报敌机袭凉经过详细情形请电鉴备查由			
附　　件	拟　　办		
表一纸 单一纸		武威县警察局呈 民国三十年六月二十七日	

---

① 凉，指平凉。

甘肃省武威县三十年度遭受空袭伤亡人数报告表

被炸月日	被炸地点		伤亡人数			炸毁房间	投弹数目	备考
	镇	保甲	死亡	重伤	轻伤			
六月二十二日	凤台镇	第一保	三〇	八	一〇	四九	六	
		第二保	一二	七	五	四四	五	
		第三保	二二	二	二	一七	六	
		第四保	七	六	五	一九	六	
		第五保				九八	五	内燃烧弹二个烧北街铺面二处
		第六保	二八	二〇	三	三二	六	
		第七保	二四	二	三	三九	九	
		第八保	一八	一〇		二二	一八	内燃烧弹三个
		第九保			三	七三	七三	内未发一个
		第十保		一	二	九	四	
		第十一保	三		一〇	一六	六	内未发二个
		第十二保	一一	六	六	一〇	一八	内未发一个
		第十三保	一八	五	七	三七	一二	内燃烧弹三个
		第十四保	八	六	四	六五	二九	内燃烧弹五个
		第十五保	二二		四	七	八	内未发二个
合计			二〇三	七三	六四	五三七	一四四	
	龙门镇	第一保	二					
		第二保	二			二七	三	
		第三保				七二	九	内燃烧弹三个
		第四保				三		内燃烧弹二个
		第五保		二		二	一	
		第六保					一	
		第七保	一	一				
		第八保	二	四		一〇	二	内
		第九保	三					
		第十保		二				
		第十一保						
		第十二保	一					
		第十三保	一〇	六		二〇	四	内燃烧弹三个
		第十四保	三	二		三二		
		第十五保				一八	四	
合计			二五	一七		一八一	二七	
总计			二二八	九〇	六四	七一八	一七一	
附计								

（甘肃省档案馆馆藏民国档案，卷宗号 15—8—365，第 12—16 页）

28．甘肃全省防空司令部 1941 年 8 月 15 日为呈请天水、陇西空袭死伤惨重情实可怜拨款救济由

事　由	批　办	案据天水防空指挥官胡受谦鱼参电称：该晨敌机二十七架分向天水县城各处投弹，计西关四十枚、中城十枚、大城一枚、北关八枚、中山公园九枚、共七十五枚，炸死二十六补训处军官一员、防护团员一名、民众死六十一名，重伤十七名，轻伤四十八名，骡马五头。炸毁军训部汽军一辆、民房三百五十七间。以西关被炸最多，受伤最惨，死伤最重。敌机甫离市空即由警察局长吴生玉指挥防护团员分向被炸地点抢救，于日没前即将伤者裹伤疗治，死者分别掩埋棺殓，现已继续搜挖压毙之尸身。查天水向未遭受轰炸，人民防空知识缺乏，事前多方开导仍属漫不小心以致死伤惨重，损失甚巨，虽经散款救济，惟杯水车薪。钧座痌瘝在报应悬续拨巨款惠赐救济云云是为至祷"又据陇西县县长丁玺微电称上午十二时，敌机二十七架盘旋陇城上空，旋以十一架实施投弹四十六枚，四枚未发，死士兵未详，男女民众五十二人，监犯一人，受伤民众十二人。县府及监狱房屋炸毁八十余间，中学教室大墙均被毁，民众商店房屋炸毁亦在五十间以上，请拨款救济云云，未发炸弹地段内禁止人民通行外，因此间无工程师挖取应如何处理乞电示"。各等情据此，查天水陇西两地初次遭受空袭，死伤惨重，情实可悯，除令行该指挥官、县长先行分别安慰外，理合具文呈请钧府拨款救济，实深公感！谨呈
为呈请天水陇西空袭死伤惨重情实可悯拨款救济由		
附　件	拟　办	
	甘肃全省防空司令部呈 防消　字第九七三二号民国三十年八月十五日发	
		甘肃省政府主席兼司令谷正伦 副司令严武

（甘肃省档案馆馆藏民国档案，卷宗号 15—8—365，第 85—86 页）

29. 甘肃省天水县 1941 年度遭受空袭伤亡人数报告表

甘肃省天水县三十年度遭受空袭伤亡人数报告表

被炸月日	被炸地点	伤亡人数			备考
		死亡	重伤	轻伤	
八月五日	中山公园后街南河堤	一四	无	无	
	大城学街	二	四	三	
	北关聚宝门	无	无	无	
	西湖嘴	无	无	无	
	大庆门	无	无	无	
	上庵沟	五	三	一	
	中城下河里	一六	一	二	
	杂货巷	三	二	二	
	枣树台子	二	无	一	
	猪羊市	无	无	无	
	西关后街	五	无	四	
	葛家楼	无	一	二	
	石头巷	无	一	无	
	剡家巷	三	无	无	
	赵家大院	六	无	无	
	姚家巷	四	一	一	
	李家巷	五	无	二	
	古人巷	六	无	二	
	空院子	无	无	无	
	关公巷	无	无	无	
	二郎巷	二	无	一	
	董家巷	无	无	无	
	庞家巷	无	无	无	
	大街	二八	无	无	
	西门外	无	无	无	

（甘肃省档案馆馆藏民国档案，卷宗号 15—8—365，第 101—102 页）

30. 陇西县政府 1941 年 8 月 10 日电报被敌机轰炸灾情及人民死伤、财产损失调查表

甘肃陇西县政府快邮代电

兰州省政府主席谷钧鉴:

敌机轰炸陇西,灾情惨重,共计死难民众六十一人,房屋货物钱财等损失估计在十柒万元以上。县长以职责攸关,痛切骨髓。当轰炸时,中学附近起火,即派警察往救,一面亲自督率警察救护受伤民众,邀请驻县二六补训处一、三两团医官义务服劳并施医药确实疗治。因此,一班受伤民众现均免予死亡。复商同党部分头募捐,先由县长捐助百元以资提倡。现此项募捐工作尚未办竣,估计结果当在千元以上,惟被难各人因地方力量仍属不济,另文呈请核发赈款在案。本日召集有关机关法团,按照奉颁救济办法组织救济办事处筹划一切救济事宜,并令本县警察队队长负责办理消防、一切工具、设备关于夜间之警炮及白天之警钟等均负专责。此系职县防护工作经过事实也。谨电呈明备查并遵照前颁表式填造陇西县人民死亡调查表及人民财产损失调查表各五份,理合一并电赍钧府鉴核备查,实为公便。陇西县长丁玺叩未压印,附呈表十份。

中华民国三十年八月十日发

陇西县敌机轰炸人民死伤调查表

姓 名	年 龄	籍 贯	职 业	被炸情形	有无家属	备 考
赵 家	三十七	漳县	卖水	炸毙	无	军人三名未列入此表
路 家	三十八	陕西	厨子	同	无	
张 师	四十	天水	厨子	同	无	
牛 氏	三十六	陇西		同	有	
赵夺魁	十岁	漳县		同	有	
马 氏	五十六	陇西		同	有	
王 氏	三十三	同		同	有	
刘魏氏	二十二	同		同	有	
刘张氏	十七	同		同	有	
禄 铭	十二	同		同	有	
禄 林	三岁	同		同	有	
禄 魁	九岁	同		同	有	
何张氏	三十	同		同	有	
双 瑚	三岁	同		同	有	

姓 名	年 龄	籍 贯	职 业	被炸情形	有无家属	备 考
张汪氏	三十二	陇西		炸毙	有	
张王氏	二十三	同		同	有	
吕万氏	三十一	同		同	有	
薛 海	六十三	同	商	同	有	
薛王氏	三十三	同		同	有	
薛引引	十二	同		同	有	
薛旺狗	七岁	同		同	有	
马 氏	六十五	同		同	有	
郭岁娃	二岁	同		同	有	
汪庹川	二十七	同	商	同	有	
王福大	二十七	甘谷	商	同	无	
王耀杰	四十一	甘谷	商	同	无	
谢 大	三十一	甘谷	商	同	无	
蔡孟氏	四十七	陇西		同	有	
林永秀	五十二	礼县		同	有	
刘 天	三十四	甘谷	商	同	无	
岁 梅	十岁	陇西		同	有	
二 梅	五岁	同		同	有	
三 梅	二岁	同		同	有	
牟赵氏	四十五	同		同	有	
司王氏	四十五	同		同	有	
司祁氏	二十	同		同	有	
老 赵	五十二	河北	小商	同	无	
李 家	六十	陇西	小商	同	无	
陈国栋	三十五	同	农	同	有	
女 子	十三岁	同	农	同	有	
杨杜氏	三十五	同		同	有	
董王氏	三十	同		同	有	
闫 氏	十八	同		同	有	
李海娃	二十三	同	中学工友	同	有	
金老汗	六十五	同	乞丐	同	有	
张柴氏	三十八	同		同	有	
汪登甲	三十五	同	农	同	有	
汪刘氏	三十五	同		同	有	
汪 氏	二十三	同		同	有	
女 子	三岁	同		同	有	
陈杨氏	二十二	同		同	有	
秀 子	四岁	同		同	有	
张老汗	五十二	同	农	同	有	
张万成	四四	甘谷	小商	同	有	
宋兴娃	十三	陇西		同	有	
宋顺顺	七岁	同		同	有	
张顺过	九岁	同		同	有	
陈耀华	二十岁	同	小贩	同	无	

陇西县敌机轰炸人民财产损失调查表

地点	户长姓名	财产损失情形			备考
		不动产数	动产数	总数	
县门	何姓	贰千元	伍百元	贰千伍百元	
南门	陈福	伍千元	壹千元	陆千元	
同	陈国栋	伍千元	贰千元	柒千元	
同	董平		贰千元	贰千元	
文庙巷	张济生	贰千元	壹千元	叁千元	
同	张二娃	壹千捌百元	贰千元	叁千捌百元	
同	王正堂	贰千壹百元	壹千伍百元	叁千陆百元	
同	严双有	玖百元	壹千元	壹千玖百元	
同	王正忠	壹千贰百元	贰千柒百元	叁千玖百元	
同	李桂生	陆百元	壹千元	壹千陆百元	
同	胡志成	陆百元	陆百元	壹千贰百元	
同	海发元	叁百元	伍千元	伍千叁百元	
新街	孟维中	玖百元	贰千陆百元	叁千伍百元	
同	王发俊	陆百元	叁千贰百元	叁千捌百元	
同	杨发俊	陆百元	伍千肆百元	陆千元	
同	汪清	玖百元	叁千贰百元	肆千壹百元	
同	蔡殿元	陆百元	伍千元	伍千陆百元	
同	赵福元	玖百元	贰千贰百元	叁千壹百元	
万寿街	合顺堂	陆千元	贰万柒千元	叁万叁千元	
南街	黄鸡娃	叁百元	叁千元	叁千叁百元	
同	杨国杰	叁百元	壹千元	壹千叁百元	
同	莫品臣	叁百元	伍百元	捌百元	
同	黄孝石	叁千陆百元	伍百元	肆千壹百元	
同	县立中学	壹万捌千叁百元		壹万捌千叁百元	
同	县政府监狱	贰万肆千陆百元		贰万肆千陆百元	
鼓楼街	陛积永	陆千元	壹万贰千元	壹万捌千元	

（甘肃省档案馆馆藏民国档案，卷宗号 15—8—365，第 25—29 页）

31. 皋兰县政府电报 1941 年 8 月 31 日被敌机轰炸详情及丰乐乡小干沟村民伤势、财产损失报告表

皋兰县政府快邮代电

甘肃省政府主席谷钧鉴:

本年八月二十二日被我方炮伤敌机一架落于县属小干沟地方,炸伤人民及房屋甚多。县长即派警佐邵儒成前往调查并会同西古城空站人员起运敌机残骸。去后兹据该员报称,案奉钧谕饬即率警前往丰乐乡小干沟,缉捕敌机降落人员及调查被炸民众,以便救济并协助运输敌机残骸事宜等因,奉此职即率警星夜前往。查敌机于当日在空中已受炸弹爆发,一翼及机头落于小干沟村东一里许,余则落于村民张明辉、张廷凯院内,及落地时又爆发一弹,所有机中人员枪械均炸粉碎。在已死尸肉中细查可辩者为五人头,尚有一尸身较完全然亦无头。总详死者定在六人以上。是日乡民及山中牧羊者声称,并未见有由机中降落人员,想系均已炸碎。计乡民受伤者十人及被炸衣物等如附表,检出炸坏机枪零件约五架及坏降落伞等物,均为防空司令部及防空三十二站人员分别带去,并由防空司令部派去机工数人,因拆卸器俱不适用现已回部。职已派定壮丁数十名并留警士二名听候搬运。理合连同原函两件、被炸人物表一份呈报县长鉴核等情据此除呈报甘肃全省防空司令部外,理合缮具小干沟被炸伤人民暨财产损失详表一份,电报钧座鉴核,俯准转饬空袭紧急联合救济办事处迅予救济,以恤灾黎实为公便。

代理皋兰县县长龚心齐叩

申文附表一份。

皋兰县丰乐乡小干沟被炸乡民伤势及房屋器物牲畜表

户长	被 炸								
	姓名	年岁	部份	伤势	房屋	粮食	衣物	排书	银钱
张明星	张尕娃	一	右足	轻	十间	粮石九斗 杂面二斗	全部损坏		
张明辉	张如祥	七	两腿	重	十九间 磨方一处	粮石五斗 杂面二斗	同上	驴一头	
同上	张氏	四〇	头部	重					
同上	孔繁敏	五六	头部	重					
张明璞	张吉仓	五	身体	轻	十二间	粮石五斗 杂面三斗 六升	同上		
同上	张狗旦	五	左腿	重					
同上	张猪猪	九	右肘	轻					
同上	马存女	六	头部	重					
同上	张孔氏	二五	下身	重					
张廷凯	罗氏	四四	右肘 头部	危险	十五间	粮石一斗 五升杂面 七升	同上		

（甘肃省档案馆馆藏民国档案，卷宗号 15—8—365，第 53—57 页）

32. 甘肃机器厂筹备处呈本处被炸财产直接损失汇报表
(1941年9月11日填报)

资（卅）收第18416号9月22日

事　由	拟　办	决定办法	资源委员会甘肃省政府甘肃机器厂筹备处呈甘字第441号中华民国三十年九月十一日发	查本处于八月三十一日下午一时许敌机袭兰时被投弹四枚，所有厂房及机器物料损失情形业经电报在案，兹将直接损失财产分别估价开列表单并厂房毁像片随文呈赍。仰祈鉴核备查！
呈赍本处被炸财产直接损失汇报表及厂房炸毁像片，仰祈鉴核备查由	拟汇各厂被炸损失案办理并指复			

谨呈

主任委员翁

副主任委员钱

计呈国营事业财产直接损失汇报表四份　厂房炸毁像片十张

甘肃机器厂筹备处主任阎树松　谨呈

甘肃机器厂财产损失报告单

国营事业财产直接损失汇报表

事件：被敌机轰炸

地点：兰州萃英门内本厂

日期：30年8月31日

分类	价值
共计	80,941.00
厂房	68,200.00
现款	
制成品	
原料	
机械及工具	4018.00
运输工具	4870.00
其他	3853.00

附财产损失报告单四纸

灾情像片十份

报告者阎树松

<h1 style="text-align:center">甘肃机器厂财产损失报告单</h1>

事件：被敌机轰炸

日期：8月31日

地点：兰州萃英门内本厂

损 失 项	单 位	数 量	价 值
熔铜厂房屋	间	2.5	9000.00
医务股房屋	间	3	600.00
总办公厅房屋	间	5	6000.00
工务课房屋	间	5	8000.00
会计课房屋	间	10	2500.00
机器厂房屋	间	1	3500.00
设计课房屋	间	6	5000.00
业务课及新厂工程处房屋	间	5	3500.00
工具管理室及储藏室房屋	间	4	2500.00
铸工厂房屋	间	10	18000.00
司机宿舍房屋	间	3	2600.00
勤务宿舍房屋	间	1	1000.00
其他房屋	间		6000.00
砂箱	付	75	2250.00
钳子	把	1	80.00
坩泥锅	个	110	88.00
碾子	个	1	780.00
大花瓶火炉	只	1	280.00
小花瓶火炉	只	1	220.00
金鱼式火炉	只	1	320.00
四屉桌	张	1	78.00
四屉长桌	张	1	104.00

损 失 项	单 位	数 量	价 值
长桌子	张	1	40.00
二屉柜	张	1	52.00
矮柜	张	1	45.00
铁木椅	张	5	390.00
靠背木椅	张	2	50.00
羊皮公文袋	个	2	40.00
洋皮公文箱	个	3	105.00
按铃	个	1	8.00
脸盆架	个	1	6.00
脸盆	个	1	40.00
书架	个	2	100.00
棕床	个	1	150.00
铺板	付	1	20.00
矮长板凳	个	13	130.00
小条凳	个	1	7.00
小椅	个	1	52.00
木橱	个	1	65.00
讲台	个	1	150.00
总理像框	个	2	10.00
元橙	个	4	32.00
四方凳	个	10	150.00
木床凳	个	12	30.00
水牌	个	1	2.00
面柜	个	2	70.00
大磁盘	个	3	64.00
会议桌单子	个	1	33.00

损 失 项	单 位	数 量	价 值
铜壶	把	3	51.00
水缸	个	7	56.00
茶壶	把	1	30.00
茶碗	个	12	36.00
文具盘	个	2	6.00
痰盂	个	2	10.00
锁子	个	2	10.00
被子	个	1	50.00
瓷茶碟	个	3	9.00
青纺	个	1	18.00
电灯泡	个	24	144.00
工具厨	个	1	65.00
工具箱	个	1	35.00
火风箱	个	2	98.00
白布单	个	1	12.00
大车子	辆	1	1200.00
固特异 32×6 内外胎	只	3	4350.00
刹车来令	块	1	120.00
风扇皮带	根	1	30.00
挡风玻璃	块	2	120.00
前灯玻璃	块	1	50.00
千斤顶	只	1	200.00

（甘肃省档案馆馆藏民国档案，卷宗号 16—2—459，第 9—11 页）

33. 甘肃油矿筹备处 1940 年 7 月 12 日呈送 1939 年 12 月 27 日 在兰州被敌机轰炸财产损失报告表及证明书

经济部资源委员会甘肃油矿筹备处呈

民国二十九年七月十二日发

事由：呈送二十八年十二月二十七日在兰州被敌机轰炸材料损失报告表及证明书请鉴核由

查职处于上年十二月二十七日由西安购买材料一批在兰被敌机炸毁一部份一案业经于本年一月以（1087）电呈在案，兹经将损失情形调查清楚，遵照二十八年八月十一日资渝秘字第九〇八八号训令颁发抗战损失查报须知第二条第三项及第三条第一项之规定，并依照颁发附表第七式（查财产损失报告单应遵照规定填报第三式，惟第三式表格未奉颁发故填第七式）填造国营事业财产直接损失汇报表二份，并检同兰州华茂号出具证明书二纸，备文赍请鉴核。

谨呈

主任委员翁

副主任委员钱

附呈财产损失汇报表二份

兰州华茂号证明书二份

主任严爽

国营事业财产直接损失汇报表（表式 7）

（矿业部份）

事件：敌机轰炸

日期：28 年 12 月 27 日

地点：兰州南关街 26 号

填送日期：29 年 1 月 12 日

分　类	价　值
共计	1888.53
房屋	
器具	358.50
矿坑	

分　类	价　值
现款	
矿产品	
机械及工具	
运输工具	
其他	五金材料 1530.03 元

附财产损失报告单　　　张

报告者：甘肃油矿筹备处主任严爽

说明 1. 如为国营应于营字前只写一"国"字省营则填"省"字市营填"市"字县营填县"字"
　　　　民营填"民"字并于其前填明该省市县名称

　　　2. 应由汇报机关长官署名并加盖机关印信

兰州华茂号证明书

　　为证明事甘肃油矿筹备处由西安运至兰州器材一批，暂时寄存本号候车续运，不料于二十八年十二月二十七日兰州市被敌机轰炸，本号亦被炸以致油矿筹备处寄存之上项材料同时一并被炸，所有此项损失器材列表于后，本号愿为证明，立此存证。

被炸损失器材表

名称	单位	重量	单价	共价	附注
生铁活及熟铜活	六件		每件约计六元六角	三十九元六角	
三寸大砂轮	一只			九十元正	
三星五金	十四块	一百一十磅	每磅三元三角	三百六十三元正	
老车轮五金	一块	三十八磅半	每磅八元五角	三百二十七元二角五分	
打字机	一架			二百八十元正	
一寸半元铁	九条	三百三十三市斤	每市斤七角	二百三十三元一角	
三寸三角铁	六根	六百九十六市斤半	每市斤五角五分	三百八十三元零八分	
一寸二分八角元钢		三十二磅半	每磅二元正	六十五元正	
13 号铅丝		五市斤	每市斤二元二角	十一元正	

名称	单位	重量	单价	共价	附注
十号铅丝		十市斤	每市斤一元八角	十八元正	
打字带	一盒			八元五角正	
麻袋	五十条		每条一元四角	七十元正	
共计国币壹仟捌百捌拾捌元伍角叁分					

证明者　华茂号

经理　王炳炎

被炸时原地址兰州南关街二十六号　　　现在地址兰州南关街二百十三号

中华民国二十九年二月一日

（甘肃省档案馆馆藏民国档案）

34. 甘肃省战时省营事业财产直接损失汇报总表

甘肃省战时省营事业财产直接损失汇报总表

填送日期 37 年 3 月　　日

年度	厂名	损失时价值		折合现在价值	
28 年	兰州制呢厂	1,550,739	00	102,139,424,235	00
28 年	甘肃省机器厂	1,049,100	00	69,098,971,500	00
28 年	甘肃省卫生材料厂	21,052,560	00	1,386,626,864,400	00
28 30 年	甘肃省煤矿厂	120,000 406,000	00 00	7,903,800,000 4,180,176,000	00 00
30 年	甘肃省造纸厂	45,476,000	00	468,220,796,000	00
30 年	甘肃省化工材料厂	41,490,000	00	427,181,040,000	00
30 年	兰州制革厂	4,880,000	00	50,244,480,000	00
31 年	甘肃省水泥公司	213,947	71	1,017,749,256	47
合计				2,516,613,301,391	47

说明：（1）现在价值系以本年元月份兰州市趸售物价指数为标准计算折合而成。（2）附直接损失汇报表八份财产损失报告单八份。

（甘肃省档案馆馆藏民国档案，卷宗号 27—5—268，第 87 页）

35. 甘肃省历年遭受敌机空袭损害统计表

甘肃省历年遭受敌机空袭损害统计表　民国二十六年十二月至三十年八月

县市别	空袭地点	空袭次数	敌机架数	投弹枚数	死伤人数						财产损失（元）						
					合计	死			伤			合计	房屋	器具	现款	服着物	古物书籍	其他
						计	男	女	计	男	女							
	总　计	71	1,081	4,090	1,426	821	578	243	605	444	161	22,346,255	13,622,122	1,358,813	664,670	1,773,491	685,570	4,241,589
兰州市	城内外及拱星墩古城等机场	36	670	2,738	406	215	191	24	191	162	29	15,864,238	11,150,800	910,704	408,690	1,575,211	588,475	1,230,358
天水	城内外	3	36	75	150	98	70	28	52	38	14	1,992,047	1,575,000	185,000	136,680	26,920	16,775	51,672
武威	城内外及机场	6	83	355	456	257	137	120	199	125	74	3,483,460	360,600	106,300	87,600	15,800	34,000	2,879,160
平凉	城内外	8	87	516	259	153	117	36	106	70	36	379,811	265,000	64,000		22,000	5,000	23,811
靖远	城内外	11	63	255	34	3	3	—	31	29	2	120,356	96,400	6,916		13,000	3,680	360
固原	城内外	2	80	51	5	5	5	—	—	—	—	900	700	120	—	—	—	80
永昌	城外	1	12	40	33	22	20	2	11	10	1	146,900	48,000	12,000	28,700	32,000	17,500	8,700
泾州	城外百烟村	1	26	4	8	6	2	4	2	2	—	57,626	5,000	5,900	3,000	1,800	—	41,926
陇西	城内外	1	11	47	73	61	32	29	12	7	5	300,917	120,622	67,873		86,760	20,140	5,522
临洮	城内外	1	4	9	2	2	2	—	—	—								
武都	城外青天镇机场	1	9	—														

附注：一、历次空袭共损毁房屋24124间（兰州市21669间，天水497间，武威765间，平凉656间，靖远233间，固原38间，永昌35间，泾川3间，陇西228间）

二、财产损失依照市县报表分析显为二十七年至三十年三月间之现时物价之现时数字按之现时物价指数其差价当在二百倍以上。

三、空袭临洮青天镇落空地，空袭武都未投弹故场无损失。

（甘肃省档案馆馆藏民国档案，卷宗号 16—2—459，第 54 页）

36．1944年3月21日兰州市政府呈报战时公私 财产损失报告表

事　由	批　示		案查前奉
据呈赍财产损失报告表四份请鉴核一案呈请鉴核由	汇　办 3.27	兰州市政府呈秘一寅字第4843号 民国三十三年三月二十一日	钧府上年十二月二十四日民统三亥字第七四〇号令发战时公私财产损失报告表式等件饬查填报核等因遵即令据本市警察局填具报告表四份到府理合检同原表一并具文转呈 鉴核 谨呈 甘肃省政府主席谷 附检呈报告表四份 兰州市市长蔡孟坚
附　件	拟　办		

兰州市警察局财产直接损失报告表

资料日期二十六年七月七日至三十一年十二月三十一日

填送日期三十三年一月

损失分类	价值
共计	二万四千元
建筑物	房屋三十间约值二萬一千元
器俱	约值三千元
现款	无
图书	无
仪器	无
文卷	
医药用品	无
其他	无

报告机关兰州市警察局

兰州市警察局公务员役私人财产损失报告表

资料时期二十六年七月七日至三十一年十二月三十一日

填送日期三十三年一月

损失分类	价值
共计	六千元
房屋	无
器俱	约值二千元
现款	无
服着物	约值三千元
古物书籍	约值一千元
其他	无

报告者兰州市警察局

兰州市人民财产直接损失报告表

资料时期二十六年七月七日至三十一年十二月三十一日

填送日期三十三年一月

损失分类	价值
共计	四百三十四万一千八百九十元
房屋	（一万一千九百三十六间）
器俱	
现款	
服着物	
古物书籍	
其他	

（甘肃省档案馆馆藏民国档案，卷宗号 14—2—579，第 36—40 页）

37. 甘肃省政府卫生处财产直接损失报告表

（甘肃省政府卫生处）财产直接损失报告表

资料时期 26. 7. 7 至 31. 12. 31 至　　　　　填送日期 33. 3.24

损失分类	价值 46,184.00	（单位:国币元）
共计		
建筑物	全被炸毁者图书室同医疗室厕所二间大门一间半以上四间全毁，大门一间半技术室三间半毁坏，厨房二间倒塌外，职工宿舍及大礼堂、所有门窗板壁顶篷均损坏，价值　13,364.00	
器具	电灯泡四十五盏震坏，玻璃大橱二个、方桌、长凳、靠背椅各一张、大玻璃缸一个，以上价值 70.00	
现款		
图书	小儿科学、细菌学、豪慈乳婴及小儿科学汉英医药辞典、当代名人传记、五本全被炸毁 50.00	
仪器		
文卷		
医药用品	被炸药品共五十箱价值 1,532.00 器械共十四种价值 1,630.00	
其他	表列价值系按照三十年八月三十一日损失时价格填列	

甘肃省政府卫生处　　　　　　　　处长杨树信

全国卫生事业机关抗战损失估计

1. 凡损失不详及无损失之机关名称均须罗列表末

2. 损失种类计分房屋药品器械家具图书其他等六类

3. 教会所办卫生事业应专项罗列

4. 中央与省市及县之卫生事业机关应分页列具中央者由卫生署汇集省市者由省市卫生处局造送卫生署县市者由省市卫生处局汇报卫生署。

填报日期三十五年七月　　日

机关名称	当时所在地点	损失类别	损失数量及主要物件名称	就廿六年物价估计总值	损失事件及年月
甘肃省卫生处	兰州萃英门内	建筑物	全数炸毁者图书室同医疗室厕所二间大门一间半又大门一间技术室三间半		民国三十年八月三十一日敌机袭兰时本处被炸

机关名称	当时所在地点	损失类别	损失数量及主要物件名称	就廿六年物价估计总值	损失事件及年月
			毁厨房二间倒塌职工宿舍大礼堂储藏室、门窗板壁顶蓬	价值壹万叁仟叁百陆拾四元	民国三十年八月三十一日敌机袭兰时本处被炸
		器具	损坏电灯泡四十五盏、震坏玻璃大厨两个、方桌长凳靠背椅各一张、大玻璃缸一个	价值柒拾元	同上
		图书	小儿科学、细菌学、豪慈乳婴小儿科学汉英医学辞典、当代名人传记五种全炸毁	价值伍拾元	同上
		药品	五十种（附单）	价值壹千伍百叁拾四元	同上
		器械	十四种（附单）	价值壹千捌百陆拾陆元	同上
	主管长官　许世瑾		复核	造报	
损失情形不详之机关名称					
无损失机关名称					

（甘肃省档案馆馆藏民国档案，卷宗号 14—2—579，第 60—61 页）

38．甘肃省教育厅及所属机关财产直接损失报告表

甘肃省教育厅及所属机关财产直接损失报告表

资料时间：26 年 8 月　日至 32 年 12 月　日

填送日期：　年　月　日

损失分类	价值（单位：国币元）
共　　计	4,296,166.00
建　筑　物	3,612,692.70
器　　具	161,215.30
现　　款	
图　　书	21,236.00
仪　　器	1,012.00
文　　卷	
医药用品	
其　　他	500,000.00

报告机关：甘肃省教育厅

说明：1. 各机关对上级机关报告该机关损失或上级机关汇报该机关及所属机关损失时均用汇报时应该填某机关及所属机关等字样如某省市政府汇报该省市政府及所属机关时应该写某某省政府或某某市政府及所属机关等字。

2. 即表列损失资料之起讫月日例如二十年九月十八日至二十六年七月七日或二十六年七月七日至三十一年十二月三十一日。

3. 文卷损失之价值难以估计只须填写毁损及遗失之卷宗数。

4. 报告或汇报机关应加盖机关印信。

5. 此处所谓损失包括毁损没收或占用等项，其损失种类如有本表未列者概归"其他"入类。

6. 本表各类价值如不能根据登记之正确数字填入时可用估计数字填入。

（甘肃省档案馆馆藏民国档案，卷宗号 14—2—579，第 62 页）

39．1944 年 4 月皋兰县政府呈报抗战期间财产损失报告表

事由：呈赍抗战期间财产损失报告表请鉴核备查由

附件：如文

皋兰县政府呈　　　统卯字第 22 号　　　　　　三十三年四月

案奉

钧府统三寅字第九二三号训令略开："令催速报抗战期间公私损失以便汇编"等因：奉此遵即按照前颁表式，查填人民财产损失报告表五份，公务员役损失报告表二份，理合具文呈赍。

钧府鉴核备查，惟本府寄居兰州市区，前被日机炸毁情形，已由省会警察局办理合并陈明。

谨呈

甘肃省政府主席谷

附呈报告表七份

代理皋兰县县长马元凤（公出）

府派代理县长滕秉枢

皋兰县人民财产直接损失报告表

资料时期：民国 26 年 7 月 7 日至 31 年 12 月 31 日止

填送日期：33 年 4 月 8 日

损失分类	数　量	单　位	价　值（元）		说　明
共计			71,267	00	
房屋	271	间	68,400	00	26 年 12 月 21 日郭东焦家湾大拱星墩被炸
器具		件			
现款		元			
服着物					
古物书籍					
其他	2300	斤	2,300	00	烟叶
	2	口	300	00	猪
	1	匹	150	00	马
	50	市斗	110	00	小麦

报告者：皋兰县政府

皋兰县人民财产直接损失报告表

资料时期：民国 26 年 7 月 7 日至 31 年 12 月 31 日止

填送日期：33 年 4 月 8 日

损失分类	数　量	单　位	价　值（元）		说　明
共计			27,220	00	
房屋	60	间	24,000	00	26 年 12 月 4 日郭外拱星墩被炸
器具		件			
现款		元			
服着物					
古物书籍					
其他	1,100	市斤	1,320	00	烟叶
	900	市斗	1,900	00	小麦

报告者：皋兰县政府

皋兰县人民财产直接损失报告表

资料时期：民国 26 年 7 月 7 日至 31 年 12 月 31 日止

填送日期：33 年 4 月 8 日

损失分类	数量	单位	价值（元）	说明
共计			11,960.00	
房屋	112	间	11,470.00	28 年 12 月 26,27,30 日敌机分三次袭兰第一日 120 架，第二日 98 架，第三日 99 架，县属西古城、董家湾被炸
器具		件		
现款	490	元	490.00	
服着物				
古物书籍				
其他				

报告者：皋兰县政府

皋兰县人民财产直接损失报告表

资料时期：民国 26 年 7 月 7 日至 31 年 12 月 31 日止

填送日期：33 年 4 月 8 日

损失分类	数量	单位	价值（元）	说明
共计	189		48,300.00	
房屋	98	间	39,200.00	30 年 5 月 22 日大拱星墩共投炸弹 8 枚
器具		件		
现款		元		
服着物				
古物书籍				
其他	91	间	9,100.00	房屋门窗震坏者

报告者：皋兰县政府

皋兰县人民财产直接损失报告表

资料时期：民国 26 年 7 月 7 日至 31 年 12 月 31 日止

填送日期：33 年 4 月 8 日

损失分类	数量	单位	价值（元）	说明
共计			33,740	
房屋	56	间	22,400.00	30 年 8 月 31 日击落敌机一架,落县属丰乐乡小干沟张明辉、张延凯院内,炸伤农民 10 人
器具		件		
现款	150	元	150.00	
服着物				
古物书籍				
其他	746	市斗	11,190.00	小麦

报告者：皋兰县政府

皋兰县公务员役私人财产损失报告表

资料时期：民国 26 年 7 月 7 日至 31 年 12 月 31 日止

填送日期：33 年 4 月 8 日

损失分类	数量	单位	价值（元）	说明
共计			22,000.00	
房屋	21	间	20,000.00	28 年 12 月 28 日本府职员白峻峰住屋被炸，住水塔巷
器具			2,000.00	
现款				
服着物				
古物书籍				
其他				

报告者：皋兰县政府

皋兰县公务员役私人财产损失报告表

资料时期：民国 26 年 7 月 7 日至 31 年 12 月 31 日止

填送日期：33 年 4 月 8 日

损失分类	数量	单位	价值（元）	说明
共计	4		500.00	
房屋	4	间	200.00	28 年 12 月 28 日本府职员龚自真住屋被炸，住北门街
器具			300.00	
现款				
服着物				
古物书籍				
其他				

报告者：皋兰县政府

（甘肃省档案馆馆藏民国档案，卷宗号 14—2—579，第 50—58 页）

40. 榆中县人民财产直接损失报告表

榆中县人民财产直接损失报告表

资料时期：二十六年七月七日至三十年十二月三十日

填送日期：三十三年二月十日

报告者：榆中县政府

损失分类	价（元）值
共计	5,500
房屋	300
器具	200
现款	
服着物	
古物书籍	
其他	5,000

（甘肃省档案馆馆藏民国档案，卷宗号 14—2—579，第 34 页）

41．1944年6月11日武威县政府呈报抗战期间本县公私财产损失报告表

为呈赍抗战期间本县公私财产损失报告表请鉴核汇转由

三十三年六月十一日

查核官卷内案奉

钧府三十二年十二月二十四日民统三亥字第七四零号及三十三年三月二十五日统三寅字第九二三号训令饬以遵照本府发抗战期间公私财产损失查报原则暨表式从速补填呈赍汇转等因，附查报原则一份、表式四份，奉此遵查。查报原则关于第一期（民国二十年九月十八日起二十六年七月七日止）本县并未遭损失，至第二期（民国二十六年七月七日起至三十一年十二月三十一日止）仅在民国三十年重遭寇机轰炸，财产损失颇钜。惟公众财产未详，采用登记实难填报。兹据当时实际遭损情形估计约数依式详填报表四份，理合具文一并呈赍钧府鉴核汇转。

谨呈

甘肃省政府主席谷

附呈赍　抗战期间公私财产损失报告表四份

代理武威县县长吴毓灵

甘肃私立武威青云学校校董会公务员役私人财产损失报告表

资料时期：民国二十六年七月七日至三十一年十二月三十一日

填送日期：三十三年六月　日

损失分类	价值（单位：国币元）	表列各类价值系据当时被炸后实际情形估计约数填入。
共计	39,500.00	
房屋	8,600.00	
器具	1,300.00	
现款	6,000.00	
服着物	3,600.00	
古物书籍	7,000.00	
其它	13,000.00	

报告者：武威县政府统计室

武威县城内西北民人财产直接损失报告表　（表式 4）

资料时期：民国二十六年七月七日至三十一年十二月三十一日

填送日期：三十三年六月　日

损失分类	价值（单位：国币元）	表列各类价值系据当时被炸实际情形估计填入
共计	150,800	
房屋	72,000	
器具	36,000	
现款	5,600	
服着物	12,200	
古物书籍	2,000	
其它	23,000	

报告者：武威县（市）

武威县警察局财产直接损失报告表

资料时期：民国二十六年七月七日至三十一年十二月三十一日

填送日期：三十三年六月　日

损失分类	价值（单位：国币元）	
共计	655,800	1. 查三十年六月二十二日敌机二十六架于午后三时侵入本县市空投弹约二百余枚，内掺有燃烧弹。两处起火经驻军及防护人员扑救，登时救灭。计死伤贫民二百余名，烧房四百余间。同年八月三十一日午后一时敌机亦二十六架掠过市空，在飞机场、汽车站附近轰炸投弹约一百余枚，计死伤贫民约七十余名，毁房屋约百余间。此年共被炸两次合并财产直接损失价值如表列。
建筑物	280,000	
器具	69,000	
现款	76,000	
图书	25,000	
仪器	67,000	2. 表列财产直接损失报告机关系轰炸后清查报告机关，各被焚机关未登记无法填列。表列数字系以两次全县市被炸者填报矣。
文卷	2,800	
医药用品	2,000	
其它	134,000	

报告机关：武威县政府统计室

（甘肃省档案馆馆藏民国档案，卷宗号 14—2—579，第 42—46 页）

42. 陇西县人民财产直接损失报告表 1-3

陇西县政府及所属南安镇中心学校、慈善院国民学校、

陇西中学校、监狱

财产直接损失报告表

资料时期：民国三十年八月五日至三十一年十二月三十一日

填送日期：民国三十三年元月十日

损失分类	价值（单位：国币元）
共计	90147.00 元
建筑物	77772.00 元
器具	8723.00 元
现款	无
仪器	1012.00 元
文卷	12 宗
图书	2640.00 元
医药用品	无
其它	无

陇西县地方法院看守所附设监狱

公务员役私人财产损失报告表

资料时期：民国三十年八月五日至三十一年十二月三十一日

填送日期：民国三十三年元月十日 　　（表式3）

损失分类	金额（单位：国币元）
共计	6500.00 元
房屋	无
器具	1500.00 元
现款	无
服着物	3000.00 元
古物书籍	1000.00 元
其它	1000.00 元

陇西县万寿新街、文庙巷、鼓楼街、通达巷、种家巷、大井巷、提督巷

人民财产直接损失报告表

资料时期：民国三十年八月五日至三十一年十二月三十一日

填送日期：民国三十三年元月十日　　　　　　（表式4）

损失分类	金额（单位：国币元）
共计	200760.00 元
房屋	42850.00 元
器具	57650.00 元
现款	无
服着物	83760,00 元
古物书籍	16500.00 元
其它	无

（甘肃省档案馆馆藏民国档案，卷宗号 14—2—579，第 15—17 页）

43．平凉县市区人民财产直接损失报告表

甘肃省平凉县市区人民财产直接损失报告表

资料时期：二十六年七月七日至三十二年十二月三十日

填送日期：三十三年元月十五日

损失分类	金额（单位：国币元）
共计	362,000
房屋	265,000
器具	64,000
现款	
服着物	22,000
古物书籍	3,000
其它	6,000

（甘肃省档案馆馆藏民国档案，卷宗号 15—11—118，第 29 页）

44. 天水县政府人民财产直接损失报告表

天水县政府人民财产直接损失报告表

资料时间：二十六年七月七日至三十一年十二月三十一日

填送日期：三十三年一月十二日

损失分类	金额（元）	备注
共计	1,759,625 元	
房屋	1,491,000 元	
器具	99,400 元	加汽车一辆计价 8 万元
现款	124,300 元	
服着物	23,870 元	
古物书籍	15,375 元	
其它	5,680 元	

报告者：天水县政府

天水县政府及所属机关公务员役私人财产损失报告表

资料时间：二十六年七月七日至三十一年十二月三十一日

填送日期：三十三年元月十二日

损失分类	金额（国币元）
共计	107,400 元
房屋	84,000 元
器具	5,600 元
现款	12,380 元
服着物	3,050 元
古物书籍	1,400 元
其它	970 元

报告机关：天水县政府

财产直接损失汇报表

事件：日机轰炸

日期：民国

地点：

填报者：天水县政府　　　　　　　　　填报日期：民国三十五年元月二十日

分类	损失时价值（国币：元）	重要物品项目及其数量
共计	75,001,814 元	
建筑物	59,973,204 元	城关三镇居民住宅房院五十余处
器具	2,043,900 元	城区公用及私人所需各种器物等
现款	1,623,500 元	城街住商及行商各人所蓄
图书	无	
仪器	无	
文卷	无	
医药用品	456,780 元	城内私人医院及野战医院等处
衣物	1,509,830 元	城关三镇居民及行客
粮食	394,600 元	城内西关食粮市上出粜小麦、高粱等
其他	无	

商业同业公会之会员（公司行号）商会直辖之商业公司行号及损费暨一般合作社用民营商业及交通运输业财产直接损失汇报表

事件：日机轰炸

日期：民国三十年八月五日

地点：天水县城西关

填报者：天水县政府　　　　　　　　　填报日期：民国三十五年元月二十日

分类	损失时价值（国币：元）	重要物品及其数量
共计	6,405,800 元	
店房	3,650,000 元	楼房十一间厦房四十二间
器具	545,000 元	全部损失
现款	270,800 元	
存贷	1,940,000 元	各种药料五百余斤棉花六千余斤小麦六十石
运输工具		
其它		炸毙店伙十一人马一头驴三头

（甘肃省档案馆馆藏民国档案，卷宗号 14—2—579，第 25—26 页；
卷宗号 14—11—111，第 7—8 页）

45. 1944年4月3日永昌县政府补造抗战期间公私财产损失报告表

年　　月　　日收文　　　　第 1776 号

事由	电赍补造抗战期间公私财产损失报告表一份请汇办由	附件	
批办	汇编。四月十二日	拟办	

永昌县政府代电　　　　　　　　　　　　　　　　统卯字第 2 号

民国三十三年四月三日发

兰州省政府主席谷钧鉴：统三寅字第九二三号训令饬将补造抗战期间公私损失报告表，遵查此表业于二月三日统上字第一号呈报在案。兹奉前因理合补报上项报告表一份，随电附呈鉴核汇报。永昌县县长李兆瑞叩。即附表一份

永昌县人民财产直接损失报告表

资料时期：二十八年二月二日至三十一年二月二十七日

损失分类		附注
共计	价值　146,900 元	表内各项数字均
房屋	48,000 元	按损失财产估计
器具	12,000 元	数字填列
现款	28,700 元	
服着物	32,000 元	查此项调查系二十八年
古物书籍	17,500 元	二月间敌机轰炸永昌民间
其它	8700 元	民房财产牲灵等理合登明

报告机关永昌县政府

（甘肃省档案馆馆藏民国档案，卷宗号 14—2—579，第 48—49 页）

46．1947 年 9 月正宁县抗战损失财产总报告表

对日抗战损失财产总报告表

甘肃省正宁县政府 　　　　　　　　　　　　　　中华民国三十六年九月

损失项目	单位	数量	损失价值（元）	损失原因	损失时间	损失地点
民地	市亩	700	210,000	挖掘交通沟	三十二年十一月十日起至同年十二月二十日止	山河、永和、平子等地
民房	间	23	120,000	改筑碉堡	二十八年十一月七日至三十三年底	山河、永和
窑洞	只	89	251,000	因筑工事致损坏	二十八年十二月十三日起三十三年四月七日止	山河、永和
民车	辆	14	28,000	运送军需军队	三十一年元月六日起至三十三年底止	全县
农具	个	700	150,000	因筑防御工事	三十二年十一月九日起至三十三年底止	永和、山河、平子
树木	株	3,985	119,550	建筑碉堡	二十九年十一月六日起至三十二年六月底止	永和、山河等处
法币	元	52,600,000	52,600,000	因补助军需	二十八年十月起至三十四年三月底止	全县
木料（板）	丈	860	460,000	修筑碉堡	二十九年十月起至三十三年三月底止	山河、永和、永正、平子
木料（椽）	根	1970	877,600	同上	同上	同上
鹿柴	斤	500,000	1,500,000	同上	同上	同上
抵丁马骡	匹	90	4,800,000	以马代丁	三十一年十月至三十三年底止	全县
战时特别费	元	2,815,300	2,815,300	补给战时军需	三十一年元月至三十四年元月止	全县
征集电杆	根	1200	1,200,000	准备战时通讯	三十二年十月起三十三年底止	全县
合计			65,383,150			

（甘肃省档案馆馆藏民国档案，卷宗号 15—11—118，第 68 页）

47. 海原县人民财产直接损失报告表

海原县人民财产直接损失报告表

资料时期：二十年九月十八日至二十六年七月七日

填送日期：三十三年七月十八日

损失分类	价值
共计	520,000 元
房屋	100,000 元
器具	20,000 元
现款	250,000 元
服着物	150,000 元
古物书籍	无
其他	无

海原县政府

海原县公私名役私人财产损失报告表

资料时期：二十年九月拾捌日至二十六年七月七日

填送日期：三十三年七月拾捌日

损失分类	价值
共计	27000 元
房屋	5000 元
器具	3000 元
现款	无
服着物	8000 元
古物书籍	5000 元
其他	无

海原县政府

（甘肃省档案馆馆藏民国档案，卷宗号 14—2—579，第 21—22 页）

48．甘肃省佛教会、普照寺等财产直接损失汇报表

甘肃省佛教会、普照寺财产直接损失汇报表

事件：敌机轰炸

日期：二十八年十月、十二月

地点：兰州

填送日期：三十七年十月

分类	价值（国币元）
共计	11,929,850
建筑物	2,208,550
器具	51,000
现款	19,100
图书	2,700,000
其它	6,951,200

附财产损失报告单 2 张

报告者甘肃省政府

财产损失报告表

填送日期　三十七年十月　日

损失年月日	事件	地点	损失项目	购置年月	单位	数量	价值（国币元）		证件
							购置时价值	损失时价值	
二十八年十月及十二月	敌机轰炸	兰州普照寺	大雄佛殿等	唐代	间	36		1,700,000	
			禅房	唐代	间	32		500,000	
			硬币		枚	9550		19,100	
			经典	明代	部	1		2,700,000	
			唐塑佛像	唐代	尊	55		2,000,000	
			镏金铜像		尊	6		1,000,000	
			吴道子壁画	唐代	尊	32		3,950,000	
			活动法轮		座	1		50,000	

损失年月日	事件	地点	损失项目	购置年月	单位	数量	价值（国币元）		证件
							购置时价值	损失时价值	
二十八年十月	敌机轰炸	兰州市三圣庙	厢房	明代	间	10		2,000	
二十八年十一月	敌机轰炸	兰州市北火神庙	抱厦	明代	间	1		100	
			禅院	明代	间	7		750	
			大殿	明代	间	1		300	
			陪殿	明代	间	3		900	
			禅院	明代	间	3		600	
二十八年末月	敌机轰炸	兰州市重新寺	大殿	明代	间	3		900	

直辖机关学校团体或事业 受损失者
名称　　　　印信　　填报者姓名
服务处所与所任职务　与受损失者之关系　通讯地址　盖章

财产损失报告单

填送日期：三十七年十月　　日

损失年月日	事件	地点	损失项目	购置年月	单位	数量	价值（国币元）		证件
							购置时价值	损失时价值	
			陪殿	明代	间	6		1,200	
			抱厦	明代	间	3		300	
			观音殿	明代	间	3		300	
			禅院	明代	间	6		1,200	
二十八年末月	敌机轰炸	兰州重新寺	正殿神像	明代	尊	3		300	
			陪殿神像	明代	尊	6		600	
			菩萨神像	明代	尊	3		300	
			经典法器及供器	明代	件	10		1,000	

直辖机关学校团体或事业 受损失者
名称　　　　印信　　填报者姓名
服务处所与所任职务　与受损失者之关系　通讯地址　盖章

（甘肃省档案馆馆藏民国档案，卷宗号 4—2—174，第 100—102 页）

49. 甘肃省财政厅日机轰炸财产损失报告表

甘肃省财政厅财产损失报告表

填送日期 36 年 6 月 30 日

损失年月日	事件	地点	损失项目	购置年月	单位	数量	价值（国币元）		
							购置时价值	损失时价值	
30 年 12 月 22 日	日机轰炸	兰州本厅	厅房		间	50		10,000 元	
			文具及器具等					24,520 元	
								共计 34,520 元	

受损失者 甘肃财政厅　　　　　　　　　　　　　通讯地址 甘肃财政厅
填 报 者 甘肃财政厅

（甘肃省档案馆馆藏民国档案，卷宗号 16—2—459，第 63 页）

50. 甘肃省建设厅敌机轰炸损失呈文及省政府统计处的回函

甘肃省建设厅关于财产损失给甘肃省政府统计处的呈文

本案关于依照审查各点重新填造军政部制呢厂第一分厂财产损失报告表等一节，业已填妥，检同原表呈请查照办理为荷！

此致

统计处

建设厅

十二日

（甘肃省档案馆馆藏民国档案，卷宗号 4—2—174，第 94 页）

甘肃省政府统计处给甘肃省建设厅的回函

查关于该厂二十八年敌机炸毁之厂房机件等损失因当时未经呈报价值，本年办理时经贵厅以三十六年八月份现价估计为二，〇二五，五〇〇，〇〇〇元，已于本年十一月一日以秘民统戍字第二八七号电送行政院赔偿委员会汇办在案。相应移请查照办理为荷！

此致

建设厅

统计处

中华民国三十七年

十一月二十九日

（甘肃省档案馆馆藏民国档案，卷宗号 4—2—174，第 1 页）

51．甘肃省会商人被敌机炸毁损失调查表 [①]

甘肃省会商人被敌机炸毁损失调查表							
被炸商号	住址	被炸情形	被炸月日	损失房屋	损失货物	损失器具	价值合计
永益德何洁亭	南关街西口 136 号	敌机投弹	廿八年十二月二十八日	上楼房两篽水十二间、东西厦房十七间			八千七百元
	南关街西口 122 号	因隔壁投弹	廿八年十二月二十八日	西厦房六间损坏东厦房门窗四间			二千元
	学院街 26 号 30 号	燃烧被焚	廿八年十二月二十六日	铺楼两篽水共二十三间半			八千元
	小北后街 12 号	隔壁投弹	廿八年十二月二十八日	南北两厦门窗八间东北角棚房二间			一千元
	官茶库	燃烧被焚	廿八年十二月二十六日		官茶七百四十封		七千零三十元

（甘肃省档案馆馆藏民国档案）

---

① 原件无填报时间。

52．甘肃油矿局国营事业财产直接损失汇报表

甘肃油矿局国营事业财产直接损失汇报表（矿业部分）

事件　香港沦陷未及内运

日期　三十年十二月一日

地点　香港

填送日期　34 年 9 月 30 日

甲（一）

分类	价值
共计	265,209.37
房屋	
器具	
矿坑	
现款	
矿产品	
机械及工具	
运输工具	265,209.37
其它	

附财产损失报告单 1 张

资源委员会甘肃油矿局总经理（盖章）

国营事业财产直接损失汇报表

事件　仰光、腊戌、畹町沦陷未及内运

日期　三十一年二月二十日至五月

地点　仰光、腊戌、畹町

填送日期　三十四年九月三十日

甲（二）

分类	价值
共计	9,327,775.77
房屋	
器具	
矿坑	
现款	

分类	价值
矿产品	
机械及工具	3,767,423.91
运输工具	775,327.98
其他	4,795,023.88

附财产损失报告单 5 张

资源委员会甘肃油矿局总经理（盖章）

国营事业财产直接损失汇报表（矿业部分）

事件：畹町、腊戍撤退

日期：三十一年四月

地点：畹町

填送日期：34 年 9 月 30 日

甲（三）

分类	价值
共计	45,824.00
房屋	
器具	
矿坑	
现款	
矿产品	
机械及工具	
运输工具	45,824.00
其他	

附：财产损失报告单 1 张

资源委员会甘肃油矿局总经理（盖章）

国营事业财产直接损失汇报表（矿业部分）

事件：黔桂撤退失陷

日期：三十三年十二月四日

地点：南丹

填送日期：34 年 9 月 30 日

甲（四）

分类	价值
共计	2,526,850.00
房屋	
器具	
矿坑	

分类	价值
现款	
矿产品	
机械及工具	
运输工具	2,000,000.00
其他	526,850.00

附财产损失报告单 3 张

资源委员会甘肃油矿局总经理（盖章）

随车工具损失报告单

甲（四）—1　　　　　　　　　　　　　　填送日期：34 年 8 月　日

损失年月日	事件	地点	损失项目	购置年月	单位	数量	购置时价值	损失时价值	备注
33,4/12	黔桂撤退失陷	南丹	6 件扳手	29,4/12	付	2	460.00	30,000.00	
33,4/12	黔桂撤退失陷	南丹	1P 鎯头	29,4/12	只	2	21.50	1,400.00	
33,4/12	黔桂撤退失陷	南丹	$1\frac{1}{2}$p 鎯头	29,4/12	只	1	12.40	800.00	
33,4/12	黔桂撤退失陷	南丹	摇手	29,4/12	根	1	10.80	700.00	
33,4/12	黔桂撤退失陷	南丹	撬腿棒	29,4/12	根	1	7.00	450.00	
33,4/12	黔桂撤退失陷	南丹	千斤顶	29,4/12	只	1	49.50	3,200.00	
33,4/12	黔桂撤退失陷	南丹	3/4"橡皮管	29,4/12	尺	10	15.50	1,000.00	
33,4/12	黔桂撤退失陷	南丹	轮胎套筒	29,4/12	只	1	14.60	950.00	
33,4/12	黔桂撤退失陷	南丹	打气筒	29,4/12	个	1	340.00	22,000.00	
33,4/12	黔桂撤退失陷	南丹	九件套筒	29,4/12	付	1	615.00	40,000.00	
33,4/12	黔桂撤退失陷	南丹	1/2"套筒	29,4/12	只	1	7.00	450.00	
33,4/12	黔桂撤退失陷	南丹	凿子	29,4/12	把	2	4.60	300.00	
33,4/12	黔桂撤退失陷	南丹	火星塞套筒	29,4/12	只	1	2.40	800.00	
33,4/12	黔桂撤退失陷	南丹	9"活动扳手	29,4/12	把	1	49.50	3,200.00	
33,4/12	黔桂撤退失陷	南丹	管子钳	29,4/12	只	1	54.00	3,500.00	
33,4/12	黔桂撤退失陷	南丹	4"白金锉	29,4/12	只	1	23.20	1,500.00	
33,4/12	黔桂撤退失陷	南丹	8"园锉	29,4/12	只	1	24.60	1,600.00	
33,4/12	黔桂撤退失陷	南丹	14"平锉	29,4/12	把	1	43.00	2,800.00	
33,4/12	黔桂撤退失陷	南丹	12"平锉	29,4/12	把	1	34.00	2,200.00	
33,4/12	黔桂撤退失陷	南丹	14"半园锉	29,4/12	把	1	43.60	2,800.00	
33,4/12	黔桂撤退失陷	南丹	8"平锉	29,4/12	把	1	38.50	1,600.00	
33,4/12	黔桂撤退失陷	南丹	$6\frac{1}{2}$"鲤鱼钳	29,4/12	把	1	15.40	2,500.00	
33,4/12	黔桂撤退失陷	南丹	8"起子	29,4/12	把	1	10.80	1,000.00	
33,4/12	黔桂撤退失陷	南丹	6"起子	29,4/12	把	1	500.00	700.00	
33,4/12	黔桂撤退失陷	南丹	53 加仑大空桶	29,4/12	只	2		14,000.00	
合计							2,420.90	140,050.00	

受损失者　资源委员会甘肃油矿局

随车材料损失报告表

损失年月日	事件	地点	损失项目	购置年月	单位	数量	价值		备注
							购置时价值	损失时价值	
33,4/12	黔桂撤退失陷	南丹	凝电器	29,4/12	只	1	46.00	3,000.00	
33,4/12	黔桂撤退失陷	南丹	沙布	29,4/12	张	4	18.50	1,200.00	
33,4/12	黔桂撤退失陷	南丹	$1\frac{1}{2}$ "皮碗	29,4/12	只	2	9.25	600.00	
33,4/12	黔桂撤退失陷	南丹	10m/m 火星塞	29,4/12	张	6	23.00	1,500.00	
33,4/12	黔桂撤退失陷	南丹	汽缸床	29,4/12	张	1	12.30	8,000.00	
33,4/12	黔桂撤退失陷	南丹	发电机	29,4/12	只	1	460.00	30,000.00	
33,4/12	黔桂撤退失陷	南丹	总邦皮圈	29,4/12	只	1	4.60	300.00	
33,4/12	黔桂撤退失陷	南丹	总邦皮碗	29,4/12	只	3	14.00	900.00	
33,4/12	黔桂撤退失陷	南丹	连杆	29,4/12	只	3	460.00	30,000.00	
33,4/12	黔桂撤退失陷	南丹	风扇皮带	29,4/12	根	1	46.00	3,000.00	
33,4/12	黔桂撤退失陷	南丹	白金	29,4/12	付	1	61.50	4,000.00	
33,4/12	黔桂撤退失陷	南丹	克拉片总成	29,4/12	付	1	230.00	15,000.00	
33,4/12	黔桂撤退失陷	南丹	汽油	29,4/12	加仑	53	1,300.00	84,800.00	
33,4/12	黔桂撤退失陷	南丹	软木纸	29,4/12	张	1	46.00	3,000.00	
33,4/12	黔桂撤退失陷	南丹	胶布	29,4/12	卷	1	23.00	1,500.00	
33,4/12	黔桂撤退失陷	南丹	轮胎	29,4/12	只	1	3,100.00	200,000.00	
合计							5,854.15	386,800.00	

受损失者　资源委员会甘肃油矿局

财产损失报告单

甲（四）—3 　　　　　　　　　　　　　　　　　　　填送日期：34 年 8 月　　日

损失年月日	事件	地点	损失项目	程式			购置年月	单位	数量	价值		备注
				国牌照号	引擎号码	车型				购置时价值	损失时价值	
33,4/12	黔桂撤退失陷	南丹	雪佛兰卡车	国照809	13F-17161	M5	29,4/12	辆	1	国币7,223.74	国币2,000,000元	遵租借法案于廿九年十二月四日拨支本局，由大会运输处代接收，三十年五月二十日拨还本局

受损失者　资源委员会甘肃油矿局

（台北"国史馆"藏，目录 301，案卷 109）

119

53. 中央经济部所属兰州电厂敌机轰炸直接损失卡片 [①]

直接损失整理卡片　　　　收文字号：抗369　　　　承办人编号：147

损失主体	（类名）机关	（经办营业主体）中央经济部所属	（名称）兰州电厂	损失原因	日机轰炸	损失时期 卅年五月
						损失地点 甘肃省兰州

	共计	15,067.80	机器及工具		船只	
	建筑物		运输工具		机场设备	
	器具		制成品		飞机	
	现款		原料		油料	
	图书		存货		其他材料	
	仪器		生金银		邮票	
产	农产品		保管品		邮件	
	林产品		抵押品		古物	
品	水产品		有价证券		经典	
	畜产品		路线设备		法物	
工	农具		审讯设备	15,067.80	械弹	
	渔具		车辆		积谷	
具	其他		材料		服着物	
	医药用品		修理机械及工具		古物书籍	
	矿坑		货物		牲畜	
	矿产品		码头及囤船设备		其他	

---

① 原件无填报时间。

直接损失整理卡片　　　　　收文字号：抗369　　　　承办人编号：146

损失主体	（类名）机关	（经办营业主体）中央经济部所属		（名称）兰州电厂	损失原因	日机轰炸	损失时期	二十八年十二月
							损失地点	甘肃省兰州
共计	7,131.59	机器及工具			船只			
建筑物		运输工具			机场设备			
器具		制成品			飞机			
现款		原料			油料			
图书		存贷			其他材料			
仪器		生金银			邮票			
产品工具	农产品	保管品			邮件			
	林产品	抵押品			古物			
	水产品	有价证券			经典			
	畜产品	路线设备			法物			
	农具	审讯设备	7,131.59		械弹			
	渔具	车辆			积谷			
	其他	材料			服着物			
医药用品		修理机械及工具			古物书籍			
矿坑		货物			牲畜			
矿产品		码头及囤船设备			其他			

（台北"国史馆"藏，目录305，案卷853）

54. 1942 年 7 月 20 日甘肃全省防空司令部向甘肃省政府报送抗战损失各项统计表的呈文

31 年 7 月 20 日收文　　　　字第 282 号

事由	为奉令造赍各项统计表祈鉴核汇转由	附件
批办	汇办。七月廿一日一股	拟办

甘肃全省防空令部呈　　　　　　　　　　　防消字第　　2041 号

民国三十一年七月二十日发

案奉

钧府本年五月十二日统辰字二一九号训令节开：为准中央研究院社会科学研究所函以进行估计我国抗战损失令仰将抗战以来所受损失情形依示查报以凭汇转等因，附发空袭死伤人数统计表、空袭死伤人数调查表、空袭所受之财产损失统计表各一份，奉此遵即依式填造上项表各一份，理合备文呈赍，伏祈鉴核汇转。

谨呈

甘肃省政府

附呈空袭死伤人数统计表、空袭死伤人数调查表、空袭所受之财产损失统计表各一份

甘肃全省防空兼司令谷正伦

兼副司令严武

甘肃全省防空司令部空袭死伤人数统计表

中华民国三十一年七月二十日　　　　　（格式一）

项别 / 日期	空袭次数	敌机架数	投弹枚数	死亡人数 合计	死亡 男	死亡 女	死亡 小计	受伤 男	受伤 女	受伤 小计	备考
总数	64	1023	3990	1093	555	28	583	480	30	510	
二十六年十二月四日	1	11	12	5	3		3	2		2	
二十六年十二月二十一日	1	9	14	7	3		3	4		4	
二十七年十一月十五日	1		10					10		10	
二十八年二月九日	2	11	73	177	120	6	126	47	4	51	
二十八年二月九日	1	9	24								
二十八年二月十二日	1	9	44	32	2		2	28	2	30	
二十八年二月十二日	2	21	100	7	4		4	3		3	
二十八年二月二十日	3	30	100	45	25	3	28	15	2	17	

日期＼项别	空袭次数	敌机架数	投弹枚数	死亡人数 合计	死亡 男	死亡 女	死亡 小计	受伤 男	受伤 女	受伤 小计	备考
二月二十三日	1	20	58	30	4		4	23	3	26	
二月二十三日		35	30	11	1		1	10		10	
三月七日		15	60	8	7		7	1		1	
三月七日		12	40	33	20	2	22	10	1	11	
三月十五日	1	26	70	8	6		6	2		2	
十月十五日	1	26	4								
十月三十日	2	25	286	38	17		17	17	4	21	
十一月二十七日	8	51	200								
十一月二十七日	1	9	40	11	10		10	11		11	
十一月二十九日	3	57	122	38	20	2	22	14	2	16	
十二月一日	2	48	130								
十二月二十六日	4	99	620	39	23		23	16		16	
十二月二十七日	3	99	620	31	21		21	10		10	
十二月二十八日	2	97	420	50	31		31	18	1	19	
三十年五月二十一日	1	28	100								
五月二十二日	1	39	130								
五月二十七日	3	38	100								
六月十八日	3	43	100	14				14		14	
六月二十二日	5	50	100	242	104	8	112	126	4	130	
六月二十三日	2	9									
八月五日	1	27	122	199	116	6	122	72	5	77	
八月二十五日	1	8									
八月三十一日	3	10	65	17	7		7	10		10	
八月三十一日	1	27	193	29	10	1	11	16	2	18	
八月三十一日	1	4	4	2	1		1	1		1	
八月三十一日	1	9									
八月三十一日	1	4									

123

甘肃全省防空司令部空袭所受之财产损失统计表

中华民国三十一年　月　日　（格式三）

项目 日期	空袭次数	敌机架数	投弹枚数	遭受损失之机关（商号）名称或人名	估价合计	动产 名称	动产 数量	动产 估价	不动产 名称	不动产 数量	不动产 估价	备考
总数	64	1023	3990		2,547,000		3	13,000		23,012	13,800	
年月日												
26、12、4	1	11	12	兰州拱星墩机场	900				房屋	3	300.0 元	
26、12、21	1	9	14	兰州拱星墩机场	9000				房屋	30	300 元	
27、11、15	1	2	4	靖远县东湾堡子								
28、2、9	2	11	73	平凉县城内	78,000				房屋	156	500 元	
28、2、9	1	9	24	固原县城内								
28、2、12	1	9	44	靖远县城内	12,500				房屋	25	500 元	
28、2、12	2	21	100	兰州拱星墩机场	5,500				房屋	11	500 元	
28、2、20	3	30	100	兰州城内外拱星墩西古城机场	178,500	汽车	2	50,000	房屋	157	500 元	
28、2、23	1	20	58	兰州城内外	394,000				房屋	780	500 元	
28、2、23		35	30	平凉县城内	5,000				房屋	10	500 元	
28、3、7		15	60	平凉县城内	170,000				房屋	340	500 元	
28、3、7		12	40	永昌县城内外	17,500				房屋	35	500 元	
28、3、15	1	26	70	平凉县飞机场								
28、3、15	1	26	4	泾川县百烟村	1000				房屋	2	500 元	
28、10、30	2	25	286	平凉县城内外	74,000				房屋	148	500 元	

124

日期	项别 空袭次数	敌机架数	投弹枚数	遭受损失之机关（商号）名称或人名	损失财产种类及估价							备考
					估价合计	动产			不动产			
						名称	数量	估价	名称	数量	估价	
28、11、27	8	51	200	靖远县城内	50,000				房屋	100	500元	
28、11、27	1	9	40	兰州城内外								
28、11、29	3	57	122	兰州城内外及拱星墩机场	670,500					1341	500元	
28、12、1	2	48	130	兰州拱星墩机场及西古城机场	3000				房屋	6	500元	
28、12、26	4	99	620	兰州拱星墩机场及城内外西古城机场					房屋	7130		
28、12、27	3	99	620	兰州拱星墩机场及城内外西古城机场					房屋	4070		
28、12、28	2	97	420	兰州城内外					房屋	6800		
30、5、21	1	28	100	兰州拱星墩机场及南山沟中								
30、5、22	1	39	130	兰州城内外拱星墩中川村机场	56,000				房屋	700	800元	
30、5、27	3	38	100	兰州拱星墩机场								
30、6、18	3	43	100	兰州拱星墩机场								
30、6、22	5	56	100	武威县城内	19,200				房屋	240	800元	
30、6、23	2	9		兰州天水								
30、8、5	1	27	122	天水泷西	539,200	汽车	1	80000	房屋	574	800元	
30、8、25	1	8		兰州								
30、8、31	3	10	65	兰州城内外	320,000				房屋	400	800元	
30、8、31	1	27	193	武威飞机场	43,200				房屋	54	800元	
30、8、31	1	4	9	临洮青天镇								
30、8、31	1	9		武都成县								
30、8、31	1	4		天水								

（甘肃省档案馆馆藏民国档案，卷宗号14—2—567，第1—6页）

55．1944年1月19日甘肃省政府向国立中央研究院社会科学研究所呈送本省空袭损害等统计表的函

公函统字第40号

案准

贵所总字第一五二〇号函，以本所近受军事委员会参事室之委托从事估计我国战时损失，现正广为征集资料以备进行。为明瞭抗战以来贵省所受损失详情并经敌寇侵扰后在经济方面所生之影响起见，拟请贵省府将各县损失情形分别就后开各项详为赐示，并将贵省及所属各厅处抗战前后编印各种经济调查表后尽数检寄一份以供参考，而便从事估计。相应□□□□希惠予查照，并能早日见复等由，附填复项目清单一纸准此，查本省地处边远后方，抗战以来除受敌机空袭外，并未遭遇敌人之陆上侵袭，故所嘱办各项自当按照本省抗战来之实际情形详为奉覆。现已将本省自七七事变至三十一年底所受敌机空袭损害调查完竣，按照敌机空袭年次及地域，分制空袭损害统计表三种连同各县最近人口统计、土地面积及各县等级与分级标准表一并函送查照为荷。此致

国立中央研究院社会科学研究所

附：甘肃省境内遭受敌机空袭损害统计表

甘肃省境内历年遭受敌机空袭损害统计表

甘肃省各县市遭受敌机空袭损害统计表

甘肃省各县市户口分布概况统计表

甘肃省各县县等表各一份

监印：扬文

校对：马文轩

甘肃省政府公函（草稿）

　　事由为函送本省空袭损害暨户口等统计表请查照由

　　案准

　　贵所总字第一五二〇号函开：

　　"本所近受军事委员会参事室之委托——（原文）——此致。"等由，附填复项目清单一纸，准此：查本省自抗战以来除受敌机空袭外并未遭遇敌人陆上侵袭，故所嘱办各项目当按照本省抗战来之实际情形详为奉覆。现已将本省自七七事变至卅一年底所受敌机空袭损害调查完竣，经依照敌机空袭年次及地域分制空袭损害统计表三种连同各县最近人口统计、土地面积及各县等级与分级标准表一并函送查照为荷

　　此致

国立中央研究院社会科学研究所

附：甘肃省境内遭受敌机空袭损害统计表

　　甘肃省境内历年遭受敌机空袭损害统计表

　　甘肃省各省市遭受敌机空袭损害统计表

　　甘肃省各省市户口分布概况统计表

　　甘肃省各县县等表各一份

元月十八日

主任张行一月十九日

主任：张行

一月十九日

甘肃省境内遭受敌机空袭损害统计表
七七事变至三十一年底

年	月	日	区域别	投弹地点	空袭敌机次数	敌机架数	投弹枚数	死亡 合计	死亡 小计	死亡 男	死亡 女	受伤 小计	受伤 男	受伤 女	财产损失 估价合计	动产 名称	动产 数量	动产 估价	不动产 名称	不动产 数量	不动产 估价	附注
			总计		71	1,081	4,090	1,426	821	578	243	605	444	161	16,237,262			2,910,312 元		24,124 间	13,326,950 元	
26	12	4	兰州市	拱星墩飞机场	1	11	12	5	3	3		2	2		900 元				房屋	3 间	900 元	根据防空司令部查报
26	12	21	兰州市	拱星墩飞机场	1	9	14	7	3	3		4	4		9,000				房屋	30	9,000	根据防空司令部查报
27	11	15	靖远	东湾堡子	1	2	7	2	1	1		1	1		15,960	小麦	18.5 石	360	房屋	47	15,600	根据靖远县府查报
28	2	9	平凉	城内	2	11	73	150	80	57	23	70	48	22	78,000				房屋	156	78,000	死伤人数根据平凉县府查报，余系根据防空司令部查报
28	2	9	固原	城内	1	9	50	3	3	3					750	家畜	26 只	50	房屋	38	700	根据固原县府查报
28	2	12	靖远	城内	1	9	44	32	2	2		30	28	2	12,500				房屋	25	12,500	根据防空司令部查报
28	2	12	兰州市	拱星墩飞机场	2	21	100	7	4	3	1	3	2	1	5,500				房屋	11	5,500	根据防空司令部查报
28	2	20	兰州市	城内外及拱星墩西古城机场	3	30	100	45	28	25	3	17	15	2	178,500	汽车	2 辆	100,000	房屋	157	78,500	根据防空司令部查报

续表

时期别 年	月	日	区域别	投弹地点	空袭次数	敌机架数	投弹枚数	死伤人数 合计	死亡 小计	死亡 男	死亡 女	受伤 小计	受伤 男	受伤 女	财产损失 估价合计	动产 名称	动产 数量	动产 估价	不动产 名称	不动产 数量	不动产 估价	附注
28	2	23	兰州市	城内外	1	20	58	30	6	5	1	24	22	2	394,000				房屋	780	394,000	死伤人数根据市政府调查报余系根据防空司令部查报
28	2	23	平凉	城内	2	10	33	13	8	6	2	5	5		4,607	器物		357	房屋	64	4,250	根据平凉县政府查报
28	3	7	平凉	城内	1	15	79	32	24	24		8	2	6	19,518	器物		518	房屋	204	19,000	根据平凉县政府查报
28	3	7	永昌	城内外	1	12	40	33	22	20	2	11	10	1	17,500	器物		518	房屋	35	17,500	根据防空司令部查报
28	3	15	平凉		1	26	47	33	23	19	4	10	5	5	9,691	器物		391	房屋	106	9,300	根据平凉县政府查报
28	3	15	泾川	百烟村			4	8	6	2	4	2	2		2,000	器物	(600)	600	房屋	3	1,400	所受损害据泾川县政府查报余系根据防空司令部查报
28	10	30	平凉	城内外	2	25	284	31	18	11	7	13	10	3	13,790	器物		1,440	房屋	126	12,350	根据平凉县政府查报
28	11	27	靖远	城内外	8	51	200	26	15	14		11	10	1	50,000				房屋	100	50,000	根据防空司令部查报
28	11	27	兰州市		1	9	40								92,000				房屋	184	92,000	所受损害据市府查报余系根据防空司令部查报
28	11	29	兰州市	城内外及拱星墩飞机场	3	57	122	109	69	51	18	40	24	16	670,500				房屋	1341	670,500	死伤人数系根据市府查报余系根据防空司令部查报

续表

年	月	日	区域别	投弹地点	空袭次数	敌机架数	投弹枚数	合计	死亡小计	死亡男	死亡女	受伤小计	受伤男	受伤女	估价合计	动产名称	动产数量	动产估价	不动产名称	不动产数量	不动产估价	附注
28	12	1	兰州市	拱星墩及西古城飞机场	2	48	130	1				1	1		3,000				房屋	6	3,000	死伤人数据市府查报系余根据防空司令部查报
28	12	1	靖远	城内	1	1	4								41,896	器物		23,596	房屋	61	18,300	根据靖远县府查报
28	12	26	兰州市	城内外及拱星墩西古城机场	4	99	620	39	23	23		16	16		3,565,000				房屋	7,130	3,565,000	根据防空司令部查报
28	12	27	兰州市	城内外及拱星墩西古城机场	3	99	620	31	21	21		10	10		2,035,000				房屋	4,070	2,035,000	根据防空司令部查报
28	12	28	兰州市	城内外	2	97	420	50	31	31		19	18	1	3,400,000				房屋	6,800	3,400,000	根据防空司令部查报
28	12	28	固原	城内	1	71	1	2	2	2												根据固原县府查报
30	5	21	兰州市	拱星墩机场及南山沟中	1	28	100															根据防空司令部查报
30	5	22	兰州市	城内外拱星墩机场中心及脑泉	1	39	130	14	4	4		10	10		560,000				房屋	700	560,000	死伤人数据市府查报系根据防空司令部查报
30	5	27	兰州市	拱星墩飞机场	3	38	100															根据防空司令部查报
30	6	18	兰州市	拱星墩飞机场	3	43	100	14				14	14									根据防空司令部查报

续表

时期别			区域别	投弹地点	空袭次数	敌机架数	投弹枚数	死伤人数							财产损失							附注
年	月	日						合计	死亡			受伤			估价合计	动产			不动产			
									小计	男	女	小计	男	女		名称	数量	估价	名称	数量	估价	
30	6	22	武威	城内外	5	56	162	427	249	136	113	178	110	68	2,800,000	货物		2,548,700	房屋	718	257,300	空袭次数敌机架数根据防空司令部查报余系根据武装处县府查报
30	6	23	兰州市		1	4																根据市政府查报
30	6	23	天水		1	5																根据防空司令部查报
30	8	5	天水		1	27	75	150	98	70	28	52	38	14	1,571,000	汽车	一辆	80,000	房屋	497	1,491,000	根据防空司令部及天水县府查报
30	8	5	陇西		1	11	47	73	61	32	29	12	7	5	171,250	什物		76,300	房屋	228	94,950	根据陇西县府查报
30	8	25	兰州市		1	8	7															根据市政府查报
30	8	31	兰州市	城内外	3	10	65	28	8	8		20	14	6	365,400	什物		28,000	房屋	457	337,400	根据防空司令部及兰州市政府查报
30	8	31	武威	飞机场武车站	1	27	193	29	8	1	7	21	15	6	150,000	器物牲畜		50,000	房屋	47	100,000	根据武威县府查报
30	8	31	临洮	菁天镇	1	4	9	2	1	1		1	1									根据防空司令部查报
30	8	31	武威		1	9																根据防空司令部查报
30	8	31	天水（清远）		1	4																根据防空司令部查报

甘肃省境内历年遭受敌机空袭损害统计表
七七事变至三十一年底

年度别	空袭次数	敌机架数	投弹枚数	死伤人数 合计	死亡 小计	死亡 男	死亡 女	受伤 小计	受伤 男	受伤 女	估价合计	财产损失 动产 名称	动产 数量	动产 估价	不动产 名称	不动产 数量	不动产 估价
总计	71	1081	4090	1426	821	578	243	605	444	161	16,237,262			2,910,312 元	房屋	24,124 间	13,326,950 元
26年	2	20	26	12	6	6	—	6	6	—	9,900				房屋	33	9,900
27年	1	2	7	2	1	1	—	1	1	—	15,960	小麦	18.5 石	360	房屋	47	15,600
28年	43	746	3069	675	385	319	66	290	228	62	10,593,752			126,952	房屋	21,397	10,466,800
30年	25	313	988	737	429	252	177	308	209	99	5,617,650			2,783,000	房屋	2,647	2,834,650

甘肃省各县市遭受敌机空袭损害统计表

七七事变至三十一年底

县市别	空袭次数	敌机架数	投弹枚数	死伤人数							估价合计	财产损失					
				合计	死亡			受伤				动产			不动产		
					小计	男	女	小计	男	女		名称	数量	估价	名称	数量	估价
总计	71	1,081	4,090	1,426	821	578	243	605	444	161	16,237,262 元			2,910,312	房屋	24,124 间	13,326,950 元
兰州市	36	670	2,738	406	215	191	24	191	162	29	11,278,800	器物		128,000	房屋	21,669	11,150,800
靖远	11	63	255	34	3	3	—	31	29	2	120,356	什物		23,956	房屋	233	96,400
平凉	8	87	516	259	153	117	36	106	70	36	125,606	器物		2,706	房屋	656	122,900
固原	2	80	51	5	5	5	—	—	—	—	750	家畜	26 只	50	房屋	38	700
永昌	1	12	40	33	22	20	2	11	10	1	17,500				房屋	35	17,500
泾川	1	26	4	8	6	2	4	2	2	—	2,000	器物		600	房屋	3	1,400
武威	6	83	355	456	257	137	120	199	125	74	2,950,000	什物		2,598,700	房屋	765	351,300
天水	3	36	75	150	98	70	28	52	38	14	1,571,000	汽车	1 辆	80,000	房屋	497	1,491,000
陇西	1	11	47	73	61	32	29	12	7	5	171,250	什物		76,300	房屋	228	94,950
临洮	1	4	9	2	1	1	—	1	1	—	—	—		—	—	—	—
武都	1	9	—	—	—	—	—	—	—	—	—	—		—	—	—	—

甘肃各县等级统计表

等级	县数	县名
一等	6	皋兰　临洮　临夏　武威　张掖　天水
二等	41	靖远　会宁　临潭　榆中　陇西　定西　夏河　永登　古浪　民勤　永昌　岷县　静宁　隆德　固原　镇原　泾川　灵台　化平　海原　宁县　礼县　文县　徽县　成县　武都　武山　甘谷　西和　清水　秦安　通渭　平凉　庆阳　敦煌　安西　高台　玉门　酒泉　山丹　临泽
三等	20	景泰　洮沙　渭源　宁定　漳县　和政　永靖　民乐　金塔　鼎新　华亭　庄浪　正宁　崇信　环县　合水　西固　两当　康县

（甘肃省档案馆馆藏民国档案，卷宗号 14—2—566，第 91—99 页）

二十年甘肃民政厅统计股制

56．甘肃省政府统计室 1945 年 8 月 30 日向甘肃省临时参议会咨送《甘肃省历年遭受敌机空袭损害统计表》的公文

甘肃省政府稿

类别	咨	送达机关	参谦会	附件	公文		呈判	第 219 号	
事由		咨送本省战时各种损失统计表请查照由				承办			
						程序	中华民国卅四年	盖章
						拟稿	八月卅日下午三时	
秘书长	九、一	主任秘书秘书		科长主任科员		缮写	月日午时	
						校对	月日午时	
		主席谷正伦　九月三日				盖印	九月五日下午五时	
统计主任	八、三〇、	专员股长		科员办事员		封发	月日午时	
会稿		发文　　字第　　号				归档	月日午时	
		归档　　类目第　　号						

咨　　　统三<34>申字第 741 号

民国卅四年九月四日

案准

贵会本年四月廿三日谦卯字第 728 号咨开（入原文）等由：附栏字第六七号大会谦案乙份准此,查战时敌机空袭损害各项调查本府业制成甘肃省历年遭受敌机空袭损害统计表乙份，随咨附送，即请查照为荷！

此咨

甘肃省临时参谦会

附统计表一份

甘肃省历年遭受敌机空袭损害统计表（1945 年 8 月 30 日填报）

民国二十六年至三十年八月

县市别	空袭地点	空袭次数	敌机架数	投弹枚数	死伤人数 合计	死 计	死 男	死 女	伤 计	伤 男	伤 女	财产损失（元） 合计	房屋	器具	现款	服着物	古物书籍	其他
	总计	71	1,081	4,090	1,426	821	578	243	605	444	161	22,346,255	13,622,122	1,358,813	664,670	1,773,491	685,570	4,241,589
兰州市	城内外及拱星墩西古城等机场	36	670	2,738	406	215	191	24	191	162	29	15,864,238	11,150,800	910,704	408,690	1,575,211	588,475	1,230,358
天水	城内外	3	36	75	150	98	70	28	52	38	14	1,992,047	1,575,000	185,000	136,680	26,920	16,775	51,672
武威	城内外及机场	6	83	355	456	257	137	120	199	125	74	3,483,460	360,600	106,300	87,600	15,800	34,000	2,879,160
平凉	城内外	8	87	516	259	153	117	36	106	70	36	379,811	265,000	64,000	——	22,000	5,000	23,811
靖远	城内外	11	63	255	34	3	3	——	31	29	2	120,356	96,400	6,916	——	13,000	3,680	360
固原	城内外	2	80	51	5	5	5	——	——	——	——	900	700	120	——	——	——	80
永昌	城内外	1	12	40	33	22	20	2	11	10	1	146,900	48,000	12,000	28,700	32,000	17,500	8,700
泾川	城外百练村	1	26	4	8	6	2	4	2	2	——	57,626	5000	5900	3000	1800	——	41,926
陇西	城内外	1	11	47	73	61	32	29	12	7	5	300,917	120,622	69,873	——	86,760	20,140	5522
临洮	城外青天镇机场	1	4	9	2	1	1	——	1	——	1							
武都	城外青天镇机场	1	9															

附注：一、历次空袭共损毁房屋 24124 间（兰州市 21669 间、天水 497 间、武威 765 间、平京 656 间、靖远 233 间、固原 38 间、永昌 35 间、泾川 3 间、陇西 228 间）。

二、财产损失依照市县报表分析显为二十七年至三十年之物价按之现时物价指数其差价当在二百倍以上。

三、空袭临洮青天镇落空地空袭武镇落空都未投弹故场无损失。

表附送省参谦会卷　十、甘六

（甘肃省档案馆馆藏民国档案，卷宗号 14—2—579，第 71—74 页）

57. 甘肃省兰州空袭紧急救济联合办事处1940年2月29日关于救济费发放标准给省会警察局的训令

甘肃省兰州空袭紧急救济联合办事处稿

发文	文别	训令	送达机关	省会警察局	事由		附记	
			主任委员朱阅					月日时 收文
								月日时 交办
								二月廿九日 时拟稿
								月日时 核鉴
兼总干事 张			股长		股员书记		中华 民国 二十 九年	月日时 判行
								月日时 缮写
								月日时 校对
								月日时 盖印
								月日时 封发

全衔训令字　　第　　　　　　　　　　　　　　号

　　令省会警察局局长马志超查本市被炸受灾难民登记调查手续业经办理完竣，兹按市民受灾轻重及目前生活状况分甲乙丙三等发给救济费。计甲等发四十元，乙等发三十元，丙等发廿元。至公务员役被炸受灾者依甘肃省公务员役空袭救济条例第十条之规定由各主管机关负责办理。除布告市民周知外，兹将市民领发救济费应行须知事项分列如次：1、发放日期（照布告底写）。以上各节仰即知照并转饬各分局各联保主任一体遵照按时协同办理，此令。

　　（甘肃省档案馆馆藏民国档案，空袭急救办事处卷，第22—23页）

58．甘肃省兰州空袭紧急救济联合办事处 1940 年 9 月 14 日拨发兰州市公共防空工程费字据

今收到

甘肃省空袭紧急救济联合办事处拨交兰州市区公共防空工程费伍万圆整此据

甘肃省政府兰州市区建设委员会主任委员朱绍良

   经领人徐中岳

    中华民国二十九年九月　日

   批示：照发，九月十四日

（甘肃省档案馆馆藏民国档案，空袭急救办事处卷，第 19 页）

59. 甘肃省兰州空袭紧急救济联合办事处救济股 1941 年 2 月 1 日就救济费使用有关问题的呈文

卅年二月一日收文总字第 16 号

签呈

案奉总字第九号密令，饬将对于主管事务积极准备、妥为计划、报处备查等因，遵将本股应行计划事务照依办理经过情形拟具如次：

一、事前准备。由总务股支付本股救济备用金数千元，以便空袭后凭照难民所持总务股调查表第三联，发放临时救济费每人每日约计壹元，按被灾日起以五日为限。

二、事后准备。照依二十八年十二月份举办经过由本股会同其他各股凭照总务股三联调查表第二联确定各项救济费数目发放振款，计人口死亡每大口发恤金四十元，小口二十元，重伤三十元，轻伤二十元。至炸毁房屋之救济均按屋主及住户之困难情形，本救贫不救富原则，分极贫四十元，次贫三十元，贫者二十元分别发放。以上计划是否有当，理合签呈鉴核施行。再正股长韩澍恩因公赴陕，暂由韩声武代理合并陈明。

谨呈

主任委员谷

救济股　正股长韩澍恩　韩声武暂代

副股长马维岳　　拟

中华民国三十年二月一日

（甘肃省档案馆馆藏民国档案，空袭急救办事处卷，第 45—46 页）

60. 甘肃省赈济会 1941 年 9 月 19 日关于兰州市派员备据领取救济费的函

事由	函请派员备据来领本市被炸死伤人员救济费七百三十元一案希派员具领由	附件	
批办		拟办	备据领取归垫 九月二十日

甘肃省振济会函　　　　　振救字第 34 号

民国三十年九月十九日发

案准

贵处函开

　　"查本年八月三十一日本市遭受空袭后，经调查死亡九人、重伤四人、轻伤二人，本处当于九月二日按照修正空袭紧急救济办法第三条之规定：死亡六十元、重伤四十元、轻伤十五元共计发放救济费七百叁拾元相应造送灾民清册，函请查照拨发以资归垫实级公宜"等由，附遭受空袭伤亡人员姓名清册一份，准此，除转赍中央振济委员会核销外，相应函请查照。希派员备据来领为荷。

　　　　　此致

甘肃兰州空袭紧急救济联合办事处

　　　　　主任委员谷正伦

　　　（甘肃省档案馆馆藏民国档案，空袭急救办事处卷，第 44 页）

61．兰州市抗战时期建筑防空设备工程费表
（1947 年 7 月 7 日填报）

兰州市抗战时期建筑防空设备工程费表			
工程名称	金　　额	建筑年月	备考
郊外疏散住宅工程	一三七,一七〇.九一	民国廿九年二月	十里店骆驼巷等处共建将甲乙丙丁种房屋共六十四幢
郊处疏散商场	一六四,四一六.〇〇	民国廿九年九月	上西园周家庄庙滩子梁家庄等处建筑甲乙商场共八十四幢
各种防空洞工程	三七三,九七〇.〇八	民国廿九年十二月	
红泥沟警备指挥防空洞	三五,七九四.〇三	民国卅年十月	以上各项工程
增辟曹家巷百子楼木塔巷中山路等处防空豁口工程	一七六,五一八.四一	民国卅年十二月	本府经办
补修城郊防空洞及设备沙袋费	八,八七九.〇〇	民国卅一年八月	本府经办
合计	八九六,七四八.四三		

（甘肃省档案馆馆藏民国档案，卷宗号 27—5—268，第 64 页）

62. 甘肃油矿局财产间接损失报告表乙（1945 年 9 月 30 日填报）

国营事业财产间接损失报告表

乙（一）　　　　三十年度　　矿业部分

填送日期：34 年 9 月 30 日

分类		数额（单位：国币元）
可能生产额减少		
可获纯利额减少		
费用之增加	拆迁费	
	防空费	20,378.26
	救济费	21,489.50
	抚恤费	

附表 10 张

资源委员会甘肃油矿局总经理

国营事业财产间接损失报告表

乙（二）　　　　三十一年度　　矿业部分

填送日期：34 年 9 月 30 日

分类		数额（单位：国币元）
可能生产额减少		
可获纯利额减少		
费用之增加	拆迁费	
	防空费	138,807.71
	救济费	
	抚恤费	

附表 1 张

资源委员会甘肃油矿局总经理

国营事业财产间接损失报告表

乙（三）　　　　三十二年度　　矿业部分

填送日期：34 年 9 月 30 日

分类		数额（单位：国币元）
可能生产额减少		
可获纯利额减少		
费用之增加	拆迁费	
	防空费	124,509.60
	救济费	
	抚恤费	

附表 1 张

资源委员会甘肃油矿局总经理

国营事业财产间接损失报告表

乙（四）　　　　三十四年度　　矿业部分

填送日期：34 年 9 月 30 日

分类		数额（单位：国币元）
可能生产额减少		
可获纯利额减少		
费用之增加	防空费	
	救济费	
	其　他	502,205.97
备注	查此项损失为本局向美国订购器材 2037 吨 950 公斤因缅境事变损失之运费	

附表　　张

资源委员会甘肃油矿局总经理

（台北"国史馆"藏，目录 301，案卷 109）

63. 甘肃省第四行政督察专员兼保安司令署财产间接损失报告表

财产间接损失汇报表

民国二十六年七月七日起至三十四年八月十日

填报者：甘肃省第四区行政督察专员兼保安司令公署　　　填报日期：三十五年五月　日

分类	实际价值估计	摘要说明
共计	二百五十万元	
迁移费	无	
防空设备费	一百五十万元	野外设置防空窑洞周费如左数
疏散费	一百万元	避免敌机轰炸预先疏散公物文卷器材等费如左数
救济费	无	
抚恤费	无	
生产减少	无	
盈利减少	无	

（甘肃省档案馆馆藏民国档案）

64. 兰州市警察局财产间接损失报告表

兰州市警察局财产间接损失报告表

资料时期二十六年七月七日至三十一年十二月三十一日

填送日期三十三年一月

损失分类	价值（单位：国币元）
共计	四千五百元
迁移费	二千元
防空设备费	此项费用由建设委员会支付
疏散费	无
救济费	无
抚恤费	二千五百元

收文统字 4366 号

（甘肃省档案馆馆藏民国档案，卷宗号 14—2—579，第 41 页）

65. 甘肃省教育厅及所属机关财产间接损失报告表

甘肃省教育厅及所属机关财产间接损失调查表报告表　　　　　　　（省府发）

资料时期：26 年 8 月　日至 32 年 12 月　日

填送日期：年　月　日

损失分类	金额　　单位（国币元）	
共计	199,336	
迁移费	80,308	
防空设备费	106,728	
疏散费	10,300	
救济费	2,000	
抚恤费		

报告机关：甘肃省教育厅

说明：1. 各机关对上级机关报告该机关财产间接损失及该机关汇报所属各机关财产间接损失时均用此表，但汇报时应填"某某机关及所属机关等字"。

2. 即表列资料之起讫月日例如二十年九月十八日至二十六年七月七日至三十一年十二月三十一日。

3. 为本机关或本机关及所属机关支出者。

4. 报告或汇报机关应加盖机关印信。

收文统字 47 号

（甘肃省档案馆馆藏民国档案，卷宗号 14—2—579，第 63 页）

66．甘肃省物价管制委员会财产间接损失报告表

甘肃省物价管制委员会财产间接损失报告表

资料时期：三十一年四月　　日

填送日期：三十三年元月十七日

损失分类	
共计	陆千贰百元
迁移费	
防设费	大箱捌个四十元中皮箱三个壹千贰百元手提箱四个壹千元
疏散费	
救济费	
抚恤费	
其他	

报告机关：甘肃省物价管制委员会

收文统字 3746 号

（甘肃省档案馆馆藏民国档案，卷宗号 14—2—579，第 64 页）

67. 甘肃省农业改进所财产间接损失报告表

甘肃省农业改进所财产间接损失报告表

资料时期：26 年 7 月 7 日至 31 年 12 月 31 日

填送日期：33 年 6 月 10 日

损失分类	金额 （单位：国币元）
共计	15,000 元
迁移费	
防空设备费	15,000 元
疏散费	
救济费	
抚恤费	

收文统字 446 号

（甘肃省档案馆馆藏民国档案，卷宗号 14—2—579，第 66 页）

68. 榆中县政府财产间接损失报告表

榆中县政府财产间接损失报告表

资料时期：二六年七月七日至三十一年十二月三十一日

填送日期：三十二年二月十日

报告机关：榆中县政府

损失分类	金（元）额
共计	1050 元
迁移费	
防空设备费	1050 元
疏散费	
救济费	
抚恤费	

收文统字 3966 号

（甘肃省档案馆馆藏民国档案，卷宗号 14—2—579，第 35 页）

69．武都县政府为呈赍财产损失报告表祈由及财产间接损失报告表

年　月　日收文　　　第 968 号

事由	为呈赍财产损失报告表祈　　鉴核汇转由		附件	
批办	汇办　　　元月卅一日	拟办		

武都县政府呈　　　　　　　　　　　民统子字第 279 号

民国三十三年元月十五日发

案奉

钧府三十二年十二月二十四日民统三亥字第七四〇号训令开：

"案准内政部渝统未巧代电称：

'案准国民政府主计处三十二年六月十八日渝统字第二二号公函略开「准外交部公函以战后外交资料整理研究委员会第五次会议决议关于我国公私财产损失调查中之''日方毁损没收或占用我国公私企业或财产之损失''及日方境内我国公私财产被没收或占用之损失'两项目之研究办法及程序由本处召集参加研究机关会商拟定一案经本处于本年六月二日函请各有关机关会议商定：（一）查报之原则；（二）各机关分认调查登记估计之资料；（三）拟由外交部委托调查登记或估计之机关及其资料之范围；（四）各机关于七月底以前将初步报告送外交部并复写一份送主计处以备汇编等项纪录在卷检同抗战损失资料研究办法及程序讨论会第一次会议纪录函请查照办理」等由准此查本部所分认调查登记或估计资料之范围为：（1）地方政府机关如县市政府等财产之被毁损没收或占用；（2）人民财产之被毁损没收或化用；（3）内政部及所辖各机关公务员役私人财产之被毁损没收或占用。兹根据上项范围并参照院颁修正抗战损失查报须知制定表式，请于本年八月底以前依照查报原则将贵省及所属县市局直接间接及公务员役私人与人民财产被损毁没收或占用之损失迅速填报，以凭汇转为荷，等由，附查报原则一份表式四份。准此合行印发该项原则及表式令仰遵照于文到十日内详查填报以凭汇转为要"等因；附查报原则一份、表式四份奉此。经查本县只有间接损失一项，遵即依式查填间接损失报告表理合备文呈赍

鉴核汇转！谨呈

甘肃省政府主席谷

附财产间接损失报告表一份

代理武都县县长丁玺

武都县政府财产间接损失报告表

资料时期：30 年元月 1 日至 31 年 12 月 31 日

填送日期：33 年元月　日

损失分类	金额（单位：国币元）
共计	11,802.00 元
迁移费	
防空设备费	5,332.00 元
疏散费	
救济费	5,870.00 元
抚恤费	600.00 元

说明：1. 防空设备费系包括防空监视哨防护团等机关之开办费以及负责人员之薪金。

2. 救济抚恤费系指难民伙食费及前方将士家属之养老金。

3. 表内所填金额均依县预算核定数目填列。

报告机关：武都县政府

（甘肃省档案馆馆藏民国档案，卷宗号 14—2—579，第 1—5 页）

70. 定西县财产间接损失报告表

定西县财产间接损失报告表

资料时期：二十七年七月七日至三十一年十二月三十一日

填送日期：三十二年三月七日

损失分类	金额（单位：国币元）
共计	20720 元
迁移费	
防空设备费	20000 元（31 年）
疏散费	
救济费	360 元（28 年）360 元（29 年）
抚恤费	

定西县政府

（甘肃省档案馆馆藏民国档案，卷宗号 14—2—579，第 9 页）

71. 古浪县财产间接损失报告表

甘肃省古浪县财产间接损失报告表

资料时期：32 年 1 月 1 日至 32 年 12 月 31 日

填送日期：33 年 3 月 24 日

损失分类	金额（单位国币元）
共计	17,796
迁移费	
防空设备费	查本县计设防空监视哨四处　防空队一队全年开支计如上数
疏散费	
救济费	
抚恤费	

（甘肃省档案馆馆藏民国档案，卷宗号 14—2—579，第 13 页）

72. 陇西县财产间接损失报告表

陇西县财产间接损失报告表

资料时期：民国三十年八月五日至三十一年十二月三十一日

填送日期：三十三年元月十日　　　　　　（表式2）

损失分类	金额（单位：国币元）
共计	3510.00 元
迁移费	无
防空设备费	无
疏散费	无
救济费	3510.00 元
抚恤费	无

收 3694 号

（甘肃省档案馆馆藏民国档案，卷宗号 14—2—579，第 18 页）

73．平凉县政府财产间接损失报告表

平凉县政府财产间接损失报告表

资料时期：二十六年七月七日至三十二年十二月三十日

填送日期：三十三年元月十五日

损失分类	金额（单位：国币元）
共计	17,811
迁移费	
防空设备费	
疏散费	
救济费	13,799
抚恤费	4,012

报告机关：平凉县政府　　　　收文统字 3763 号

（甘肃省档案馆馆藏民国档案，卷宗号 14—2—579，第 30 页）

74. 武威县防空救济委员会财产间接损失报告表

武威县防空救济委员会财产间接损失报告表

资料时期：民国二十六年七月七日至三十一年十二月三十一日

填送日期：三十三年六月　日

损失分类	金额（单位：国币元）	表端财产间接损失报告机关系
共计	$　88,660.00	敌机轰炸后县府召集各界组织
迁移费	4,000.00	空袭紧急救济联合办事处所改
防空设备费	11,200.00	立机关；所列各类损失乃以炸后
疏散费	7,400.00	各级机关长官捐献及发动各界
救济费	6,060.00	募捐交该会亲赴灾区分别给予
抚恤费	60,000.00	抚恤者为标准。

报告机关：武威县政府统计室　　　　　收文统字 4474 号

（甘肃省档案馆馆藏民国档案，卷宗号 14—2—579，第 47 页）

75. 国立甘肃学院财产间接损失报告表

国立甘肃学院财产间接损失报告表

（份）　　　　　　　　　　　　　　　　填送日期：34 年 7 月　日

分类	数额（单位：国币元）	
共计		
迁移费	6,302.20	二十八年七月十三日省府教一午字第 2720 号指令拨发
防空设备费	12,000.00	由本院二十六年由办公费结存款项建筑防空洞
疏散费	30,000.00	三十二年九月七日省府会教财一申字第 690 号指令拨
救济费	40,000.00	系奉教育部三十一年一月十七日子兑字 02218 号训令拨款
抚恤费		

附表　张

报告者院长□□

（甘肃省档案馆馆藏民国档案，卷宗号 32—1—87，第 75 页）

76．泾川县政府及所属各机关财产间接损失汇报表

泾川县政府及所属各机关财产间接损失汇报表

自二十六年七月七日起至三十四年底止

填报者：泾川县政府　　　　　　　　　填报日期：三十六年七月二十日

分类	实际价值估计	摘要说明
共计	3692600 元	
迁移费		
防空设备费	3692600 元	系泾川县政府各学校之防空设备费
疏散费		
救济费		
抚恤费		
生产减少		
盈利减少		

填报机关：泾川县政府

（甘肃省档案馆馆藏民国档案，卷宗号 15—11—118，第 7 页）

77．通渭县政府抗战财产间接损失汇报表

通渭县政府抗战财产间接损失汇报表

民国二十六年七月七日起至三十四年底止

填报者：通渭县政府　　　　　　　　　　　填报日期：民国三十六年七月　　日

分类	实际价值估计	摘要说明
共计	214,160,418 元	
迁移费	600,000 元	居民迁移费损失估计
防空设备费	500,000 元	野外设置防空窑洞损失估计
疏散费	500,000 元	疏散人口公私器材损失估计
生产减少	1,500,000 元	各种营业生产减少估计
盈利减少	1,000,000 元	各种营利减少估计
副秣差价	4,638,650 元	供应来往部队及驻军副秣差价
输力差价	41,702,821 元	运送军粮运费差价及来往军队所需伕驴膳宿鞍鞯等费
参加防护团损失工资	5,470,000 元	
参加地方自卫组织损失工资	98,580,000 元	
临时捐款	19,239,914 元	
马乾费	40,429,033 元	

（甘肃省档案馆馆藏民国档案，卷宗号 15—11—111，第 10 页）

78．天水县财产间接损失汇报表

财产间接损失汇报表

甘肃省天水县　　　　　　民国二十六至三十四年十二月

填报天水县政府　　　　　　填报日期：民国三十六年十二月二十五日

分类	实际价值估计	摘要说明
共计	43,136,269	
迁移费	2,880,328	此项迁移费用系指抗战当中一般流亡人民迁移用费
防空设备费	1,425,748	
疏散费	3,160,890	当二十九年三十年敌机时扰炸天水人民疏散城外或他县之疏散费用
生产减少	8,400,520	当二十九年三十年敌机时炸天水使一般轻工业被迫停工致生产减少利益损失数字如此
盈利减少	16,485,200	当抗战二十九年三十年敌机时炸天水致商业停顿盈利方面所受损失如此
抚恤费	8,885,800	当三十年八月五日敌机轰炸天水致炸死六十一人转重伤六十五人房屋炸毁三百五十七间曾由县府及地方慈长用款救济抚恤者
救济费	93,443	抗战期间地方人民受战争威胁被迫流亡天水由县府及慈善团体所支出之救济金数目
过往军队供应费	1,804,340	抗战期间过境军队由人民供应数目

（甘肃省档案馆馆藏民国档案，卷宗号 15—11—111，第 6 页）

79. 天水县人民团体机关公司行号合作社及私人通用财产间接损失汇报表

天水县人民团体机关公司行号合作社及私人通用财产间接损失汇报表

民国二十六年七月七日至三十四年八月十日

填报者：天水县政府　　　　　　　　　填报日期：民国三十五年元月二十日

分类	实际价值估计	摘要说明
共计	8,093,750 元	
迁移费	57,520 元	城内居民及机关学校等
防空设备费	987,600 元	野外设置防空窑洞及警钟等
疏散费	598,730 元	城内公私物品文卷器材等
救济费	785,800 元	城区受伤军民等
抚恤费	643,750 元	防护团团员伤亡等费
生产减少	3,976,380 元	附郭农田及城区各工厂等
盈利减少	1,043,970 元	城区各公司行号以及公营厂号等

（甘肃省档案馆馆藏民国档案，卷宗号 15—11—111，第 9 页）

80. 徽县人民团体机关公司行号合作社及私人通用财产间接损失汇报表

人民团体机关公司行号合作社及私人通用财产间接损失汇报表

（甘肃省徽县）　　　　　（民国二十六年七月至三十四年十二月）

填报者：徽县县政府　　　　　　填报日期：民国三十六年七月三十一日

分类	实际价值估计	摘要说明
共计	21,670,000	
迁移费	1,580,000	城内居民及机关学校等
防空设备费	320,000	野外设置防空窑洞及警钟等
疏散费	170,000	城内公私物品文卷器材等
生产减少	8,800,000	城区各工厂
盈利减少	5,000,000	城区各公司行号及公营厂号等
抚恤费	3,900,000	由地方筹发出征家属之抚恤金
救济费	500,000	沦陷区之流离来县者之救济费等
过往军队供应费	1,400,000	过往军队之补给差价及输力损失等

（甘肃省档案馆馆藏民国档案，卷宗号 15—11—111，第 54 页）

81. 镇原县财产间接损失汇报表

财产间接损失汇报表

甘肃省镇原县　　　　　　　　（民国二十六年至三十四年十二月）

填报者：镇原县政府　　　　　　　　填报日期：民国三十六年十月　日

分类	实际价值估计	摘要说明
共计	1,015,159 元	
迁移费		
防空设备费	495,215 元	设备电话机电池电线望远镜指南针钟表地名布板空白仪器具情报记录簿以及防空洞等费用按当时市价估列
疏散费		
生产减少		
盈利减少		
抚恤费		
救济费	519,944 元	三十二年由河南尉氏等县逃来难民大小共计七五二口由乡镇收容寄养三个月共需麦面壹拾肆万捌千伍百伍拾伍斤按当时市价计列
过往军队供应费		

（甘肃省档案馆馆藏民国档案，卷宗号 15—11—118，第 54 页）

82. 正宁县财产间接损失汇报表

财产间接损失汇报表

（民国二十六年至三十四年十二月）

甘肃省正宁县　　　　　　　　　　　　　　　填报日期：民国三十六年十二月　　日

分类	实际价值估计	摘要说明
共计	65,383,150	本表所列各项价值均系照战时计算
迁移费	1,100,000	在抗战期间为减少牺牲人民迁移费用如左
防空设备费	2,700,000	为减少牺牲计修筑防空工事费用款项如左数
疏散费	877,600	人民因战时逃命疏散费用如左数
生产减少	14,800,000	因战事致各项生产之减少价值如左数
盈利减少	12,815,300	因战争而致全县一切盈利之减少计如左数
抚恤费	1,744,750	因战事伤亡官兵发给抚恤计如左数
救济费	12,460,000	因战争致人民破产不能营生发之救济款计如左数
过往军队供应费	18,785,500	过往参战之军队过境之一切费用计如左数

（甘肃省档案馆馆藏民国档案，卷宗号 15—11—118，第 70 页）

83. 武山县抗战期间各项损失调查总报告表

甘肃省武山县抗战期间各项损失调查总报告表

自二十六年七月份至三十四年底止

填报者：武山县政府　　　　　　　　　　填报日期：三十六年七月

分类	金额（国币元）	备考
迁移费	750,000,000 元	所列数字均系间接损失由历年损失指数与现时币值加成造列
防空设备费	300,000,000 元	
救济费	40,000,000 元	
生产减少	2,400,000,000 元	
盈利减少	1,200,000,000 元	
流亡人力损失	83,282,400 元	
动员人力损失	3,386,131,992 元	
公私损失	18,663,681,547 元	
作战时之一切供应数	16,725,836,925 元	
共计	43,548,932,864 元	

（甘肃省档案馆馆藏民国档案，卷宗号 15—11—111，第 51 页）

84. 武山县人民团体机关公司行号合作社及私人通用财产间接损失汇报表

武山县人民团体机关公司行号合作社及私人通用财产间接损失汇报表

民国二十七年七月七日至三十四年七月三十一日

填报者　武山县政府　　　　　　　　填报日期民国三十五年三月二十六日

分类	实际价值估计	摘要说明
共计	三万万一千四百万元	
迁移费	伍千万元	二十八九两年因日机在各地轰炸本县县城及各市镇之公司行号均迁移于偏僻乡村或因之停止营业
防空设备费	二千万元	二十八九两年全县民众均修造防空洞
疏散费		
救济费	四百万元	自二十七年七月份起至三十四年七月份止救济各地逃亡难民
抚恤费		
生产减少	一万万六千万元	自二十七年七月份至三十四年七月份止各公司行号及合作社私人等之损失
盈利减少	八千万元	

（甘肃省档案馆馆藏民国档案，卷宗号 15—11—111，第 49 页）

85. 灵台县财产间接损失汇报表

甘肃灵台县财产间接损失汇报表　　　　民国二十六年至三十四年十二月

填报者：灵台县政府　　　　　　　　　填送日期：中华民国三十七年元月

分类	实际价值估价	摘要说明
共计	134,383,391,000 元	
迁移费	40,021,860,000 元	自三十一年至三十四年共运送长武西峰镇平凉镇原等地军粮捌万肆仟零叁拾伍石共耗人力运费如左数
防空设备费	8,426,140,000 元	设立防空队哨需用设备器材及修筑防空工事国防工事需用人力及材料等费如左数
疏散费	无	无
生产减少	55,000,000,000 元	自二十六年至三十四年止本县共征去青年壮丁捌仟柒百伍拾叁名减少农工生产价格如左数
盈利减少	25,000,000,000 元	抗战八年当中敌机各处轰炸影响工商业之营业减少盈利如左数
抚恤费	643,841,000 元	抗战八年阵亡将士三百八十九名先后发给其家属恤金及实物折价共计如左数
救济费	752,500,000 元	三十二年由豫省拨来难民一仟五百零五人由本县供给食需四月有余共需集粮壹仟捌百捌拾壹石贰斗伍升折合价款如左数
过往军队供应费	4,539,050,000 元	自二十六年至三十四年供应来往军差差价及军事运输并人民负担各种实物折价共计如左数

（甘肃省档案馆馆藏民国档案，卷宗号 15—11—118，第 94 页）

86. 华亭县财产间接损失汇报表

财产间接损失汇报表　　　　　民国二十六年至三十四年十二月

甘肃省华亭县　　　　　　　　　填报日期民国三十七年四月　日

分类	实际价值估计	摘要说明
共计	228,989,100,000.00	
迁移费	493,000,000.00	因受敌机扰乱致使生活不安迁移他地耗费估计如左数
防空设备费	41,438,000,000.00	购置防空器材修筑防空工事及设备并增防空人员耗费估计如左数
疏散费	912,000,000.00	廿八九年间敌机猛烈轰炸兰州平凉等地本县居民向乡间疏散耗费如左
生产减少	93,863,500,000.00	在抗战期间受敌机扰乱及出征壮丁故农工商等生产力减少计如左数
盈利减少	4,408,600,000.00	受抗战影响各工商场相继歇业者甚多盈利减少估计如左数
抚恤费	7,108,000,000.00	抚恤运输军粮军械死亡民伕及抗敌阵亡军人等耗费如左数
救济费	8,714,000,000.00	历年救济沦陷区难民及出征军人家属耗费如左数
过往军队供应费	72,052,000,000.00	抗战期间军队调迁频繁供应过境军队副食马干及伤病兵军需军械等耗费如左数

（甘肃省档案馆馆藏民国档案，卷宗号 15—11—121，第 70 页）

87．文县1940～1943年财产间接损失汇报表

财产间接损失报告表

文县县政府二十九年度

填送日期　三十七年四月　日

分类	数（单位…国币元）额
共计	13,980
迁移费	无
防空设备费	1,480
疏散费	无
救济费	无
抚恤费	12,050

报告者　　文县县长王泽勉

说明：1. 查上项所列防空设备费系廿九年本县城关碧口两防空哨经费食粮合计数

　　　2. 查上项抚恤费系省拨费用

　　　3. 查本县地处偏僻在抗战期间距沦陷区遥远并未遇有敌机轰炸所有迁移费疏散费救济费等均无开支

财产间接损失报告表

文县政府三十年度

分类	（单位国币元）
共计	359,204 元
迁移费	无
防空设备费	2,984 元
疏散费	无
救济费	无
抚恤费	356,220 元

报告者　　文县县长王泽勉

说明：1. 查上项所列防空设备费系三十年本县城关碧口两防空哨经费食粮合计数

　　　2. 查上项抚恤费系省拨费用

　　　3. 查本县地处偏僻在抗战期间距沦陷区遥远并未遇有敌机轰炸所有迁移费疏散费救济费等均无开支

财产间接损失报告表

三十一年度

分类	数额（单位：国币元）
共计	12,966,004 元
迁移费	无
防空设备费	12,966,004 元
疏散费	无
救济费	无
抚恤费	无

报告者　　文县县长王泽勉

说明：1. 查上项所列防空设备费系卅一年本县城关碧口两防空哨经费食粮合计数

2. 查上项抚恤费系省拨费用

3. 查本县地处偏僻在抗战期间距沦陷区遥远并未遇有敌机轰炸所有迁移费疏散费救济费等均无开支

财产间接损失报告表

文县政府卅二年度

填送日期三十七年四月　　　日

分类	数额（单位：国币元）
共计	12,968,536 元
迁移费	无
防空设备费	12,968,536 元
疏散费	无
救济费	无
抚恤费	无

报告者　　文县县长王泽勉

说明：1. 查上项所列防空设备费系卅二年本县城关碧口两防空哨经费食粮合计数

2. 查上项抚恤费系省拨费用

3. 查本县地处偏僻在抗战期间距沦陷区遥远并未遇有敌机轰炸所有迁移费疏散费救济费等均无开支

（甘肃省档案馆馆藏民国档案，卷宗号 15—11—121，第 95—98 页）

88. 西和县政府财产间接损失汇报表

西和县政府财产间接损失汇报表　　　　　　　　　　三十五年四月三十日填

分类	实际价值估计	摘要说明
共计	66,250,000 元	本表所填数字系指抗战起至抗战终止期间所受各项财产间接损失而言
迁移费	8,650,000 元	
防空设备费	5,600,000 元	
疏散费	5,000,000 元	
救济费	25,000,000 元	
抚恤费	25,000,000 元	
生产减少		
盈利减少		

（甘肃省档案馆馆藏民国档案，卷宗号 15—11—121，第 23 页）

89. 西和县抗战期间公私所受损失调查表

西和县抗战期间公私所受损失调查表　　　　　　　民国三十六年三月十九日填报

类别		数字	备考
补给差价		一四,二二五,三六五元	上列差价系三十一年起查计之数以前因当时并未调查有器材已过多年无法估计
财产间接损失		六六,二五〇,〇〇〇元	包括迁移防空设备疏散救济抚恤等项以三十四五年间币制情形估计
流亡人力		四一五人	
动员人力		一五,〇〇二人	
流亡人力及动员人力损失工资数		四八六,七四二,四五一元	
合计	人	一五,四一七	
	财	五六七,二一七,八一六	

（甘肃省档案馆馆藏民国档案，卷宗号 15—11—111，第 24 页）

172

90. 庆阳人民团体机关公私行号合作社及私人通用财产间接损失汇报表

庆阳县人民团体机关公私行号合作社及私人通用财产间接损失汇报表

民国二十六年七月七日至三十四年八月十日

填报者庆阳县政府　　　　　　　　　　填报日期：民国三十七年四月　日

分类	实际价值估计	摘要说明
共计	602,540,656.00	查各项统计数字均系按照当时物价估计如以现在市价估价则不止此数字谨此注明
迁移费	755,235.00	日机于民国二十七年在西北大肆轰炸之时人民为求安全计纷纷由城市迁到乡村去
防空设备费	1,892,369.00	日机在民国二十六年至二十八年期间时来上空侵扰凡住城市人民及各机关均设置防空洞
疏散费	2,792,965.00	在民国二十七八年日机时来上空侵扰凡人烟稠密地方均向空地疏散以免敌机轰炸
救济费	53,698,255.00	沦陷区域迁来难民予以救济
抚恤费	28,560,000.00	出征抗敌军人家属优待及阵中伤亡人口医药埋葬抚恤等费
生产减少	13,638,200.00	抗战伊始人民全力用于输将以致主产额逐年减少
盈利减少	58,385,250.00	在抗战期中各种营业因交通蔽塞畅销力弱故于可能生产额及可获纯利之减少及其费用之增加
税收减少	75,385,632.00	抗战期间交通蔽塞市面萧条各种营业消沉本县又毗连奸匪受封锁线之限制
军事供应	293,231,250.00	在抗战期中增设兵团修筑工事军队过往供应等项费及民伕驴骡伤亡遗失等费
其他	72,193,500.00	各种募捐战时特别费及正常以外之支出各机关学校经费之增加

机关长官张国桢　　　　　　　　　　　主管科长贺文川

主办统计人员席文选

（甘肃省档案馆馆藏民国档案，卷宗号 15—11—121，第 74 页）

91. 清水县政府财产间接损失汇报表

甘肃省清水县财产间接损失统计汇报表

26年7月25日起至34年8月15日止

填报者刘福祥 填报日期：35年3月1日

分类	实际价值估计	摘要说明
共计	32,881,163 元	
迁移费	2,681,500 元	因受抗战影响迁出外方谋生人民给费如左数
防空设备费	4,477,423 元	各防空哨需用器材及挖凿防空壕洞各用费如左数
疏散费	969,000 元	避免敌机轰炸计预先疏散人民用费如左数
救济费	4,902,400 元	救济老弱孤寡废疾赤贫药费如左数
抚恤费	4,827,840 元	抚恤抗属奖助从军青年等费如左数
生产减少	8,508,000 元	受抗战影响
盈利减少	6,515,000 元	因交通受阻

（甘肃省档案馆馆藏民国档案，卷宗号 15—11—10，第 57 页）

92. 民乐县政府财产间接损失汇报表

甘肃省民乐县财产间接损失汇报表

民国二十六年七月至三十四年十二月

填报者　民乐县政府　　　　　　　　　　　　填报日期　三十七年五月　　日

分类	实际价值估计	摘要说明
共计	236,984,452 元硬币 980,160 元 23,844,772,000,000 元	以现时物价指数十倍折合共计 23,844,772,000,000 元
迁移费		
防空设备费	72,000 元	自二十七年二月至三十四年八月止本县防空人员十人每人每月依八十元支薪七年六月合计各 72,000 元
疏散费		
生产减少		
盈利减少		
抚恤费		
救济费		
过往军队供应费	236,912,452 元硬币 980,160 元	过往军队副秣供应及输力损失合计为 236,912,452 元，26 年至 30 年供应骑兵一营人 260 名马 240 匹共计供应硬币 980,160 元

（甘肃省档案馆馆藏民国档案，卷宗号 15—11—121，第 86 页）

93. 会川县政府财产间接损失汇报表

财产间接损失汇报表

甘肃省会川县　　　　　　　　民国三十三年五月至三十四年十二月

填报者　会川县政府　　　　　　　填报日期　民国三十七年三月　日

分类	实际价值估计		摘要说明
年度	33 年	34 年	
共计	393,288,720 元	949,609,400 元	
迁移费	54,450,000 元	94,480,000 元	
疏散费	15,422,000 元	27,385,000 元	
防空设备费	23,214,420 元	44,225,400 元	
生产减少	223,442,000 元	613,505,000 元	
盈利减少	32,212,000 元	63,220,000 元	
抚恤费	22,233,300 元	52,465,000 元	
救济金	1,203,000 元	3,105,000 元	
过往军队供应费	21,112,000 元	51,224,000 元	

（甘肃省档案馆馆藏民国档案，卷宗号 15—11—121，第 105 页）

94. 兰州市政府战时防空迁移及供应等临时费用清单

兰州市政府战时防空迁移及供应等临时费用清单

支用年度	费别	金额	备注
三十年	战时业务费	五七〇.〇〇	
三十一年	制防空公文箱款	三四五.〇〇	
三十一年	视察防空洞旅费	八〇.〇〇	
三十一年	冬防费	一,〇〇〇.〇〇	
三十一年	代管军人残废队员至十二月份增加薪饷	一,九五八.四〇	
三十二年	捐助伤兵之友社社费	五〇〇.〇〇	
三十二年	筹募同盟胜利公债经费	三〇,〇〇〇.〇〇	
三十二年	端节劳军款	五〇〇.〇〇	
三十二年	元旦扩大慰劳运动捐款	三〇〇.〇〇	
三十二年	委座赴兰视导军务侍从人员招待费	八,二五〇.四〇	
三十三年	知识青年从军慰劳金	二〇,〇〇〇.〇〇	
三十三年	供应驻军马乾组织军民合作站开办费	五,〇〇〇.〇〇	
三十三年	元旦劳军捐款	三〇〇.〇〇	
三十三年	忠烈祠经费	五,七〇〇.〇〇	
三十四年	优待出征抗战军人家属委员会经费	一四四,四八〇.〇〇	
三十四年	印制国民兵名单工本费	二八,〇〇〇.〇〇	
三十四年	军事科扩组经费	二九二,九八七.五〇	
三十四年	防护团遣散费	六二,三〇六.〇〇	
三十四年	防护团经费	三三七,六八〇.〇〇	
三十四年	防护团设备等费	五〇,〇〇〇.〇〇	
三十四年	忠烈祠经费	九,一五〇.〇〇	
三十四年	中秋节慰劳抗属费	一〇,〇〇〇.〇〇	
三十四年	印制抗属证工料费	一一,五〇〇.〇〇	
	合计	一,〇二〇,六〇七.三〇	

（甘肃省档案馆馆藏民国档案，卷宗号 15—11—121，第 62—64 页）

95．皋兰县战时防空迁移军队过往供应等费用调查表

皋兰县战时防空迁移军队过往供应等费调查表

民国三十七年十月八日填报

时间 类别	防空费	各机关迁移费	临时紧急支出	军队过往及一切供应	备注
二十六年度				卷宗炸毁无法凭填	查本府于战时防空迁移县属杨家桥办公往返迁移费因其文卷放存防空洞内被敌机炸毁无存故无法计算填报特此备注
二十七年度	380 元	366.12万元			
二十八年度	350 元				
二十九年度					
三十年度					
三十一年度					
三十二年度					
三十三年度					
三十四年度					
合计	730 元	366.12万元			

（甘肃省档案馆馆藏民国档案，卷宗号 15—11—121，第 65 页）

96. 靖远县战时防空迁移军队过往供应等费用调查表

靖远县战时防空迁移军队过往供应等费调查表

民国三十八年二月　日填报

类别\时期	防空费	各机关迁移费	临时紧急支出	军队过往及一切供应	备注
二十六年度				5,000 元	
二十七年度				12,000 元	
二十八年度	3,000 元			40,000 元	
二十九年度	7,000 元			70,000 元	
三十年度	12,000 元			100,000 元	
三十一年度	30,000 元			300,000 元	
三十二年度	80,000 元			400,000 元	
三十三年度				600,000 元	
三十四年度				1,300,000 元	
合计	132,000 元			2,827,000 元	表列数字以各年度国币元为单位

（甘肃省档案馆馆藏民国档案，卷宗号 15—11—121，第 66 页）

97. 永登县战时防空迁移军队过往供应等费用调查表

永登县战时防空迁移军队过往供应等费调查表

民国三十七年十一月五日　　填报

类别 时间	防空费	各机关 迁移费	临时紧 急支出	军队过往及一切供应	备注
二十六年度	120 元			8,936 元	
二十七年度	120 元			28,668 元	
二十八年度	160 元			85,854 元	
二十九年度	160 元			351,242 元	
三十年度	200 元			540,537 元	
三十一年度	240 元			693,636 元	
三十二年度	380 元			1,630,369 元	
三十三年度	420 元			3,580,969 元	
三十四年度	600 元			6,926,769 元	
合计	2,400 元			13,846,980 元	

（甘肃省档案馆馆藏民国档案，卷宗号 15—11—121，第 67 页）

98. 陇西县战时防空迁移军队过往供应等费用调查表

甘肃省陇西县抗战期间防空及军队过往费支出报告表

类别	支出数额	年次	备考
防空费	二一,一八五元	三十年度	
军队过往费	一,〇〇〇,〇〇〇元	三十二年度	
合计	一,〇二一,一八五元		

（甘肃省档案馆馆藏民国档案，卷宗号 15—11—121，第 68 页）

99．漳县抗战期间防空临时紧急支出等费统计表

漳县抗战期间防空及临时紧急支出等费统计表

类别	年度	支出经费及小麦数目	折合国币数目	备考
防空费	三十年	二,〇〇〇元		
仝	三十一年	一,八一五元		
仝	三十二年	三,一八八元		
仝	三十三年	四,〇〇〇元		
仝	三十四年	六,〇〇〇元		
驻军供应	二十六年	一〇,〇〇〇石	二,五〇〇,〇〇〇,〇〇〇元	查每石小麦
	二十七年	四,〇〇〇石	一,〇〇〇,〇〇〇,〇〇〇元	以二百五十
	二十八年	五〇〇石	一二,五〇〇,〇〇〇元	万元折合计
	二十九年	六〇〇石	一五〇,〇〇〇,〇〇〇元	算特此注明
	三十年	四〇〇石	一〇〇,〇〇〇,〇〇〇元	
	三十一年	六〇〇石	一五〇,〇〇〇,〇〇〇元	
	三十二年	五〇〇石	一二五,〇〇〇,〇〇〇元	
合计		一七,〇〇〇元 一六,六〇〇石	四,一五〇,〇〇〇,〇〇〇元	

（甘肃省档案馆馆藏民国档案，卷宗号 15—11—111，第 69 页）

100．庄浪县抗战时防空迁移供应等费数目报告表

甘肃省庄浪县抗战时间战时防空迁移供应等费数目报告表

年度别	战时用途	款目数	备考
二十六年	作筑碉堡战时应用物质费	二,八〇〇,〇〇〇.〇〇	
二十七年	开支防空哨所费用军差消耗	四,二〇〇,〇〇〇.〇〇	
二十八年	防空设备充实电线及运输消耗折价	五,〇五〇,〇〇〇.〇〇	
二十九年	补修城防供应过军防空经费	五,八五五,〇〇〇.〇〇	
三十年	筹发安家费恤劳金及临时不在预算之开支而加防空费	七,〇〇〇,〇〇〇.〇〇	
三十一年	防空及过去临费	三,九五二,〇〇〇.〇〇	
三十二年	防空经临各费及紧急支出等费	六,五〇〇,〇〇〇.〇〇	
三十三年	军队过经杂费	三,〇一二,〇〇〇.〇〇	
三十四年	输力搬运费	一,一五〇,〇〇〇.〇〇	
合计		二九,五一九,〇〇〇.〇〇	上列各项款费均系本县抗战期间防空及临时紧急过军部队等关系负担应即赔偿

（甘肃省档案馆馆藏民国档案，卷宗号 15—11—121，第 72 页）

101．天水县办理抗战期间防空迁移及紧急临时支出等费调查表

天水县办理抗战期间防空迁移及紧急临时支出等费调查表

供应名称	时间	钱或实物数量	备考
本府因防空迁移卷宗	民国三十年四月	贰仟万元	
营建被难人民住宅	民国二十八年七月	壹亿元	
本府因防空迁移电话总机	民国二十九年五月	贰仟万元	

（甘肃省档案馆馆藏民国档案，卷宗号 15—11—121，第 76 页）

102. 秦安县战时供应过往军差费用数目表

秦安县战时供应过往军差费用数目表　中华民国三十七年六月　　日

年度	副秣款数	军差款数	备考
贰拾陆年	七〇,六七〇.五六元	一三一,八二七.三〇元	
贰拾柒年	三〇四,一四〇.八六	三八二,五四四.八一	
贰拾捌年	五四六,九三七.八九	五三七,二一〇.九〇	
贰拾玖年	一,二四三,六三七.〇〇	七一七,二八七.六〇	
叁拾年	二,四四九,九三七.一九	一,二五九,二四八.五〇	
叁拾壹年	一,九一八,二二五.八〇	一,六七四,一〇六.〇〇	
叁拾贰年	四,三一二,六七八.二〇	一,八九四,三五九.〇〇	
叁拾叁年	八,〇〇七,七〇八.五〇	四,一五八,二七九.〇〇	
叁拾肆年	四三,六〇九,三一三.〇〇	四,九八五,五七七.〇〇	
叁拾伍年	一九一,八八二,三九〇.〇〇	三,四四六,二〇〇.〇〇	
合计	二五四,三四五,六三七.〇〇	一九,一八六,六四〇.一一	

（甘肃省档案馆馆藏民国档案，卷宗号 15—11—121，第 77 页）

103. 武山县抗战损失调查数目报告表

甘肃省武山县抗战损失调查数目报告表

自二十六年七月起至三十四年年底止

填报者　武山县政府　　　填报日期　三十七年三月

分类	款数	备考
共计	20,441,135,688 元	所列数字均系战时币值依三十六年七月间呈报币值加成计算并未依战时及现值计算合并声明
各机关迁移费		本县无此费
防公[空]费	200,000,000 元	
军队过往	1,048,164,538 元	
临时紧急之支出	2,467,134,225 元	
作战时之供应数	16,725,836,925 元	

（甘肃省档案馆馆藏民国档案，卷宗号 15—11—121，第 78 页）

186

104. 甘谷县战时防空迁移军队过往供应等费调查表

甘谷县战时防空迁移军队过往供应等费调查表

民国三十七年十二月二十四日填报

类别时期	防空费	各机关迁移费	临时紧急支出	军队过往及一切供应		备注
二十六年度				11,281 元	71	查本表
二十七年度	2,400 元			2,309,183 元	30	所列数
二十八年度	3,356 元			3,317,581 元	25	字系按
二十九年度	3,356 元			6,384,211 元	40	该年度
三十年度	5,576 元			15,348,190 元	80	当时所
三十一年度	8,476 元			7,250,303 元	60	支法币
三十二年度	15,638 元			4,972,040 元	15	计算之
三十三年度	1,339 元			2,856,671 元	40	
三十四年度	6,000 元			3,404,078 元	00	
合计	46,141 元			45,853,541 元	61	

（甘肃省档案馆馆藏民国档案，卷宗号 15—11—121，第 81 页）

105. 武威县战时防空迁移军队过往供应等费调查表

武威县战时防空迁移军队过往供应等费调查表

民国三十七年十一月　日填报

类别 时期	防空费	各机关 迁移费	临时紧急 支出	军队过往及 一切供应	备注
二十六年度				4,845 元	
二十七年度				3,836 元	
二十八年度				3,963 元	
二十九年度				3,542 元	
三十年度	7,692 元	460 元	1,746 元	3,367 元	表列数字以金 圆券为单位
三十一年度	2,845 元		1,378 元	4,586 元	
三十二年度	3,960 元		1,560 元	8,924 元	
三十三年度	4,042 元		1,784 元	8,460 元	
三十四年度	7,630 元		1,546 元	7,523 元	
合计	26,169 元	460 元	8,014 元	52,646 元	

（甘肃省档案馆馆藏民国档案，卷宗号 15—11—121，第 82 页）

106. 古浪县战时防空迁移军队过往供应等费调查表

古浪县战时防空迁移军队过往供应等费调查表

三十七年十月

时期 \ 类别	防空费	各机关迁移费	临时紧急支出	军队过往及一切供应	备考
二十六年度	无案可稽	无	无	3,321 元	供应骑五军马秣费
二十七年度	同	同	同	3,967.8 元	同
二十八年度	同	同	同	4,000 元	同
二十九年度	同	同	同	4,400 元	同
三十年度	同	同	同	6,348.7 元	同
三十一年度	9,850 元	同	同	9,704.6 元	供应过军及驻军马秣等费
三十二年度	17,796 元	同	修碉堡 1,060,000 元	536,268 元	供应过军及驻军马秣建修碉堡等费
三十三年度	直接发给	同	64,700 元	82,463.4 元	供应军队马秣及修理碉堡等费
三十四年度	4,403 元	同	同	65,799,800 元	供应军队马秣及运输等费
合计	32,049 元		1,124,700 元	66,450,611 元	以上三宗共计法币六千七百六十万零七千三百六十元以十倍计算陆亿柒仟六百零七万三仟六百元

（甘肃省档案馆馆藏民国档案，卷宗号 15—11—121，第 83 页）

107. 山丹县战时防空迁移供应各费表

山丹县战时防空迁移供应各费表

款项数	粮秣数	柴草数	备考
四,一三七,三五一元	一五七四斤	七八七七四	
附记	1. 本县所列各费均由各乡临时征集未列入县预算内		
	2. 所列各项数目抗战开始起胜利后止		
中华民国三十七年五月五日			

（甘肃省档案馆馆藏民国档案，卷宗号 15—11—121，第 87 页）

108. 民乐县抗战期间供应各部队副株输力损失统计表

甘肃省民乐县抗战期间供应各部队副株输力损失统计表

民国三十七年四月　日

年度种类	副株			输力			损失			备考
差价数量种类	种类	数量	差价	种类	数量	差价	种类	数量	差价	
二十六年至三十年	小麦	七〇二〇石	一七五,五〇〇元							
	豌豆	一二六〇〇〇斤								
	荞皮	一二六〇〇〇斤								
	麦草	四三二〇〇〇〇斤	六二〇四八,八〇〇元							
三十年				大车	三〇辆	一一〇,八〇〇元	牛	一五头	七五〇元	
				牛车	三〇辆	三六,一三五元	车	三六辆	六,一八〇元	
				驴子	一三〇头	三五,一〇〇元	骡	一九匹	一,一〇〇元	
							马	二二匹	六,〇〇〇元	
							驴	三〇头	一,六一五元	
三十一年				运酒泉军粮		四九三〇,五〇〇元				
三十二年				运武威军粮		一二九九九,〇一〇元				
三十三年				运张掖军粮		三二五,一〇〇元				
三十四年		八〇〇,四〇二元		运高台军粮		六五,一六九,七四〇〇元				
三十五年		一,〇二七,〇五〇六〇元		运高台军粮		五六,一二五〇〇元				
				运张掖军粮		五六,七一九〇,五六〇元				
合计										

二十六年至三十年止副株输力损失差价银币九八〇,一六〇〇元

三十一年至三十五年止副株输力差价二六,九……四〇元

（甘肃省档案馆馆藏民国档案，卷宗号 15—11—121，第 85 页）

109. 张掖县战时防空迁移军队过往供应等费调查表

张掖县战时防空迁移军队过往供应等费调查表

民国三十七年八月　日填报

类别 时期	防空费	各机关迁移费	临时紧急支出	军队过往及一切供应	备注
二十六年度	1,713,870 元	无	2,100,000 元	8,201,200 元	
二十七年度	2,102,001 元	无	2,314,200 元	14,121,600 元	
二十八年度	无	无	3,823,160 元	19,821,167 元	
二十九年度			4,934,260 元	31,321,671 元	
三十年度			11,852,671 元	42,851,720 元	
三十一年度			19,556,170 元	44,956,701 元	
三十二年度			22,671,710 元	31,716,000 元	
三十三年度			41,112,000 元	63,121,020 元	
三十四年度			71,202,100 元	76,059,500 元	
合计	3,815,871 元		179,566,771 元	332,170,559 元	

（甘肃省档案馆馆藏民国档案，卷宗号 15—11—121，第 88 页）

110. 永昌县抗战期间防空迁移供应及临时紧急支出等费表

永昌县抗战期间防空迁移供应及临时紧急支出等费表

永昌县政府　　　　　　　　　　　　　　　　　　　填报日期　民国三十七年八月

年度损失额分类	二十六	二十七	二十八	二十九	三十	三十一	三十二	三十三	三十四	备考
共计	820,000	1,949,000	2,594,000	2,682,000	3,240,000	3,490,000	4,694,000	5,047,000	5,998,000	
迁移费	340,000	350,000	560,000	400,000	430,000	590,000	740,000	782,000	900,000	
防空设备费	40,000	50,000	62,000	68,000	70,000	76,000	85,000	85,000	90,000	
疏散费	30,000	35,000	52,000	42,000	48,000	45,000	50,000	55,000	65,000	
抚恤费	70,000	98,000	140,000	126,000	124,000	129,000	131,000	135,000	140,000	包括荣军阵亡将士抚恤及征属优待等费
救济费	140,000	196,000	280,000	243,000	248,000	250,000	268,000	270,000	283,000	包括筹济外省难民及本县各种救济事业等费
过往军队供应费	1,800,000	1,000,000	1,200,000	1,500,000	2,000,000	2,100,000	3,000,000	3,200,000	4,000,000	补给国军过往住马乾运输工具等费
其他紧急支出	120,000	220,000	300,000	300,000	320,000	300,000	420,000	520,000	520,000	包括招待所设备供应及临时紧急支出等费

（甘肃省档案馆馆藏民国档案，卷宗号 15—11—121，第 89 页 ）

111. 洮沙县抗战期间防空迁移供应及临时紧急支出款额表

洮沙县抗战期间防空迁移供应及临时紧急支出款额表　三十七年四月　日

年次别	防空迁移费	军屯粮	军队过往供应费	地方自卫力充实费	伤病兵及难民救济费	抗战军人家属抚恤费	临时杂费	说明
二六年	58,000,000元		1,350,000,000元	1,250,000,000元	91,000,000元	25,000,000元	15,000,000元	
二七年	55,000,000元		1,780,000,000元	1,554,000,000元	35,000,000元	32,000,000元	25,500,000元	历年支出款项及粮价按现在经济状况折算
二八年	65,000,000元		2,450,000,000元	2,505,000,000元	42,500,000元	38,000,000元	32,500,000元	
二九年	82,000,000元		2,875,000,000元	2,500,000,000元	45,500,000元	41,500,000元	38,500,000元	
三〇年	74,000,000元		3,542,000,000元	3,000,000,000元	52,000,000元	43,500,000元	42,400,000元	
三一年	63,000,000元	8,862,000,000元	3,640,000,000元	3,255,000,000元	55,000,000元	45,200,000元	50,500,000元	
三二年	50,800,000元	8,861,800,000元	2,950,000,000元	4,552,000,000元	52,000,000元	51,000,000元	47,000,000元	
三三年	55,000,000元	8,291,540,000元	3,564,000,000元	3,524,000,000元	48,000,000元	50,540,000元	50,500,000元	
三四年	36,000,000元	2,737,060,000元	3,215,000,000元	9,054,000,000元	51,000,000元	55,400,000元	51,000,000元	
合计	598,800,000元	28,752,400,000元	25,366,000,000元	25,194,000,000元	412,000,000元	382,140,000元	352,900,000元	总计 80,998,240元

（甘肃省省档案馆藏民国档案，卷宗号15—11—121，第101页）

112. 渭源县战时防空等费报告表

甘肃省渭源县战时防空等费报告表

民国三十七年四月　日填报

年度	防空费		供应费		临时费		紧急费	价值估计	总计	摘要说明
	价值估计		价值估计		价值估计					
26	100,000		120,000		400,000			420,000	1,040,000	1. 设置防空哨伪装显著目标
27	150,000		180,000		400,000			450,000	1,180,000	挖掘防空壕洞
28	150,000		200,000		400,000			500,000	1,250,000	2. 设置过往军人招待所供应
29	200,000		280,000		480,000			580,000	1,540,000	骡马柴草豆料
30	200,000		300,000		500,000			510,000	1,510,000	3. 抚恤伤亡军人及家属
31	200,000		320,000		500,000			500,000	1,520,000	4. 救济过境难民及伤亡军民
32	200,000		400,000		500,000			700,000	1,800,000	
33	250,000		400,000		800,000			600,000	2,050,000	
34	350,000		400,000		500,000			500,000	1,750,000	
合计	1,800,000		2,600,000		4,480,000			4,760,000	13,640,000	

（甘肃省档案馆馆藏民国档案，卷宗号 15—11—102，第 102 页）

113．临洮县抗战期间防空迁移供应及紧急支出费 [①]

甘肃省临洮县战时防空迁移供应及紧急支出费

分类	实际价值估计	摘要说明
迁移费	20,000,000	（一）本县开辟滦家坪西河滩飞机场两处拨给当地居民 50 户迁移费。 （二）本县公共住户因避免空袭迁移乡村等费。
防空设备费	56,000,000	本城附近挖掘防空洞装置沙袋水桶警钟设备防空哨及开辟城门等费
疏散费	12,000,000	县城及青天镇尧间镇店子街等人口较密集地方为减除空袭目标酌令发给疏散费用如估计数。
军队供应费	1,016,000,000	（一）本县位居陇南交连要冲每年每乡镇供应双套铁轮大车 15 辆支持抗战八年计 120 辆全县 13 乡镇合计 1560 辆每双套往兰州按现时运费估计最低数 60 万元（34 年时价估计数）共 936,000,000 元 （二）柴草马乾代买军用品差价计 80,000,000 元
合计	1,104,000,000	
备考	以上各项系按照 34 年物价估计	

（甘肃省档案馆馆藏民国档案，卷宗号 15—11—121，第 100 页）

[①] 原件无填报时间。估计填报时间在 1947 年 3 月至 1948 年 12 月之间。

114．高台县战时防空迁移军队过往供应等费调查表

甘肃省高台县战时迁移军队过往供应等费调查表

民国三十七年九月一日　填报

时　别 类 期	防空费	各机关 迁移费	临时 紧急支出	军队过往及 一切供应	备考
二十六年度	无	无	无	37,900.00	
二十七年度	200 元	无	无	70,600.00	
二十八年度	150 元	无	无	78,750.00	
二十九年度	无	无	无	89,890.00	
三十年度	无	无	无	666,000.00	
三十一年度	1,200 元	无	无	1,742,000.00	
三十二年度	无	无	无	4,553,000.00	
三十三年度	无	无	11,020,000.00	10,540,000.00	
三十四年度	无	无	无	84,744,000.00	
合　　计	1,550		11,020,000.00	102,522,140.00	各年度价格均按当 时市面物价计算

（甘肃省档案馆馆藏民国档案，卷宗号 15—11—121，第 91 页）

115．武都县抗战损失调查表

甘肃省武都县   材料时期：民国二六年至三十四年

填报者：武都县政府   武都县抗战损失调查表   填报日期民国三十七年四月   日

分类		实际价值估计（元）	摘要说明	备考
总计		90,607,592		本县二十六年度各项支出无从查考故未列入特此注明
二十七年	小计	45,589		
	迁移费			
	防空设备费	13,525	防空监视哨经费	
	疏散费			
	抚恤费			
	救济费			
	过往军队供应费			
	临时紧急支出	18,064	防护团经费及其他临时捐款	
二十八年	小计	44,757		
	迁移费			
	防空设备费	14,325		
	疏散费			
	救济费			
	抚恤费	14,000		
	过往军队供应费			
	临时紧急支出	16,432		
二十九年	小计	20,150		
	迁移费			
	防空设备费	15,800		
	疏散费			
	抚恤费			
	救济费			
	过往军队供应费			
	临时紧急支出	4,350	防护团经费动员委员会及壮丁训练等费	
三十年	小计	68,840		
	迁移费			
	防空设备费	13,000	防空监视哨经费	
	疏散费			
	救济费	8,500		
	抚恤费			
	过往军队供应费	9,640		
	临时紧急支出	39,400		

分类		实际价值估计（元）	摘要说明	备考
三十一年	小计			
	迁移费			
	防空设备费	49,800	防空监视哨经费食粮折合之款	
	疏散费			
	抚恤费	650		
	救济费	450		
	过往军队供应费	86,094	过往军队办理补给及差役折合之价款	
	临时紧急支出	8,500	防护团经费	
三十二年	小计	29,940		
	迁移费			
	防空设备费	24,600		
	疏散费			
	抚恤费	1,500		
	救济费			
	过往军队供应费			
	临时紧急支出	3,840		
三十三年	小计			
	迁移费			
	防空设备费	5,332		
	疏散费			
	抚恤费	600		
	救济费	5,870		
	过往军队供应费	305,000	军用代办所所办之补给折合价款	
	临时紧急支出	509,000	各项献金捐款	
三十四年	小计	89,427,000		
	迁移费			
	防空设备费	2,852,000		
	疏散费			
	抚恤费	28,000,000	抚恤本县阵亡将士遗族所需之款本县共伤亡二八〇人每人全年以 100,000 元计算	
	救济费			
	过往军队供应费	58,575,000	办理各项补给及差役工价折合之款	
	临时紧急支出			

填造员

（甘肃省档案馆馆藏民国档案，卷宗号 15—11—121，第 92—93 页）

116. 成县战时供应防空迁移费统计表 [1]

甘肃省成县战时供应防空迁移费统计表

年度	类别	供应款额		备考
二十八年度	防空迁移费	五〇〇元	〇〇	飞机一架坠落本县机场全部损坏零件抬运江洛镇计支人伕五〇〇名每名工资一元合计费款如左数
二十九年度	仝	六五〇	〇〇	由江洛镇抬运飞机养气桶至本县机场计支人伕五〇〇名每名工资一元三角合计费款如左数
三十年度	仝	四〇〇	〇〇	抬运养气桶及其他零件计支人伕二〇〇名每名工资二元合计费款如左数
三十一年度	仝	一,五〇〇	〇〇	抬运本县机场汽油至江洛镇支人伕五〇〇名每名工资三元合计费款如左数
三十二年度	仝	四,〇〇〇	〇〇	抬运汽油支人伕五〇〇名每名工资八元合计费款如左数
三十三年度	仝	一〇,〇〇〇	〇〇	抬运汽油支人伕一,〇〇〇名每名工资十元合计费款如左数
合计		一七,〇五〇	〇〇	

（甘肃省档案馆馆藏民国档案，卷宗号 15—11—121，第 94 页）

---

[1] 原件无填报时间。估计填报时间在 1947 年 3 月至 1948 年 12 月之间。

117. 康县历年供应、防空经费表 [①]

康县战时历年供应防空经费等表

年度及起讫月份	实发各费	金额	实发食粮	备考
三十三年元至十二月份	经费	一五,一一九元	三三,五三一（合）	
三十四年元至十二月份	生活费	六三,二〇〇	二八,九五三	
仝	加成数	二九,七〇〇		
仝	副食费	三〇,六七〇		
仝	薪饷	七,五八〇		
仝	草鞋费	二,〇五〇		
仝	医药	六九		
合计		一四八,三八八	六二,四八四（合）	

（甘肃省档案馆馆藏民国档案，卷宗号 15—11—121，第 99 页）

---

① 原件无填报时间。估计填报时间在 1947 年 3 月至 1948 年 12 月之间。

118．定西县立民教馆、县立中学战时迁移费及防空费报告表

定西县立民教馆抗战期间迁移费及防空费报告表　三十七年十一月二十一日

迁出			迁回		防空			备注
日期	地点	费用	日期	费用	时间	设备	费用	本县抗战期间并无迁移费故未填列
					二十九年十一月	防空洞四座	每座壹万元共四万元	
					三十年十月	购置防空书籍贰拾种	壹拾万零六百元	
					二十九年七月	防空洞十座	每座壹万元共壹拾万元	（县立中学）
					三十年八月	防空洞三座	每座壹万式仟元共叁万陆仟元	（县立中学）

（甘肃省档案馆馆藏民国档案，卷宗号15—11—121，第103—104页）

119. 西和县战时防空等费调查统计表 [1]

甘肃省西和县战时防空等费调查统计表

类别	金额	备考
防空费	四二〇,〇〇〇,〇〇〇元	
迁移费	三八〇,〇〇〇,〇〇〇元	
供应费	七三六,〇〇〇,〇〇〇元	包括临时紧急支出
合计	一,五三六,〇〇〇,〇〇〇元	
说明		

（甘肃省档案馆馆藏民国档案，卷宗号 15—11—121，第 80 页）

---

[1] 原件无填报时间。估计填报时间在 1947 年 3 月至 1948 年 12 月之间。

120. 鼎新县战时防空迁移军队过往供应等费调查表

鼎新县战时防空迁移军队过往供应等费调查表

民国三十七年四月　日填报

时期＼类别	防空费	各机关迁移费	临时紧急支出	军队过往及一切供应	备注
二十六年度		无	无		1.防空费包括防空哨月支经临费及员兵食粮折价 2.军队过往供应包括代征输力及临时供应副秣等物按时估价列造合并申明
二十七年度		无	无		同上
二十八年度		无	无	张掖	同上
二十九年度		无	无	高台	同上
三十年度		无	无	元	同上
三十一年度	438,000 元	无	无	788,000 元	同上
三十二年度	2,640,000 元	无	无	1,250,000 元	同上
三十三年度	2,943,000	无	无	4,724,000 元	同上
三十四年度	4,740,000 元	无	无	9,542,000 元	同上
合计	11,025,000 元			16,750,000 元	

（甘肃省档案馆馆藏民国档案，卷宗号 15—11—121，第 90 页）

121．固原县抗战损失财产目录表

固原县抗战损失财产目录表

机关名称　固原县政府　　　　　　　　　　　编制日期　民国三十六年　月　日

损失项目	单位	数量	损失价值（国币元）	损失原因	损失时间	损失地点	备考
军差差价			54,895.34		26		折合二十六年币值 54,895.34
军差差价			166,079.74		27		103,799.90
军差差价			2,499,734.72		28		249,955.62
军差差价			3,997,877.50		29		199,867.4
军差差价			7,995,745.07		30		199,899.88
军差差价			87,662,760.06		31		547,892.25
军差差价			162,138,873.87		32		405,347.19
军差差价			100,347,760.05		33		125,434.71
军差差价			103,048,505.24		34		64,406.32
总计							

机关长官孙伯泉　　　　　　　　　主办会计人员马世俊

（甘肃省档案馆馆藏民国档案，卷宗号 15—11—118，第 61 页）

122. 化平县抗战期间迁移费及防空费报告表①

甘肃省化平县抗战期间迁移费及防空费报告表

迁出			迁回		防空			备注
日期	地点	费用	日期	费用	时期	设备	费用	
二十九年五月二十一日	北面河	五三〇,〇〇〇元			二十九年三月间	设铜大钟一个以备警报并防毒药品及救护用具等	七,五一〇,〇〇〇	
三十年十月二十七日	惠家台	一,八〇〇,〇〇〇			三十年十二月间	设防护团救护队以便救济	三七〇〇,〇〇〇	
三十一年四月十九日	泾北乡	一,六〇〇,〇〇〇			三十一年五月间	设防护团救护队以便救济	四,八〇〇,〇〇〇	
三十二年十二月三日	百泉镇	二,七〇〇,〇〇〇			三十二年元月间	设防护团救护队以便救济	七,四〇〇,〇〇〇	
			三十四年六月间迁回	四〇〇,〇〇〇				

（甘肃省档案馆馆藏民国档案，卷宗号 15—11—121，第 70 页）

① 原件无填报时间。估计填报时间在 1947 年 3 月至 1948 年 12 月之间。

123. 西吉县战时迁移费、防空费等损失汇报表 [①]

西吉县战时损失汇报表　（民国　年　月）

分类	实际价值估计	摘要说明
共计	1,393,556,700 元	
迁移费	88,370,000 元	为避免敌机轰炸迁移公物
防空设备费	278,560,000 元	购买防空电话机及设备
疏散费	1,983,200 元	为避免轰炸疏散人口之损失
生产减少	31,395,600 元	
盈利减少	3,714,300 元	
抚恤费	68,956,000 元	抚恤抗战家属
救济费	10,312,000 元	救济流亡难民
过往军差供应费	910,260,000 元	过往军队粮秣及输力损失

（甘肃省档案馆馆藏民国档案，卷宗号 15—11—121，第 73 页）

---

① 原件无填报时间。估计填报时间在 1947 年 3 月至 1948 年 12 月之间。

124．崇信县抗战财产间接损失汇报表

甘肃省崇信县抗战财产间接损失汇报表

（二十六年八月一日至三十四年十月三十日止）

填报者崇信县政府　　　　　　　　　　　　　　填报日期三十六年三月廿二日

分类	实际价值估计	摘要说明
共计	8,840,645.4 元	
供给兵差费	55,800 元	代购挽骡二匹除发给外不敷价款共计如左
补给食物差价费	880,784.40 元	副食马乾差价征雇输力赔价费
代丁马匹差价	5,040,000 元	以马代丁共征马七十二匹除发价外每匹尚不敷七万元合计如左数
战时特别费	2,864,061 元	优待出征军人家属之救济费自卫队在服务期间之给养费共计如左数

甘肃省崇信县抗战财产间接损失汇报表

（二十六年八月一日至三十四年十月三十日止）

填报者崇信县政府　　　　　　　　　　　　　　填报日期三十六年三月廿二日

分类	实际价值估计	摘要说明
共计	61,586,415 元	
迁移费		
防空设备费	50,000 元	自二十七年起至三十四年止共支如左数
疏散费		
救济费	459,615 元	三十三年三十四年冬令救济账款共支如左数
抚恤费	36,800 元	自二十七年起至三十四年止共支如左数
生产减少	61,040,000 元	自二十六年八月起共征壮丁一千二百八十名生产减少每人每年以五万元计合计如左数
盈利减少		

（甘肃省档案馆馆藏民国档案，卷宗号 15—11—116，第 66—67 页）

125. 临洮县抗战期间被灾损失情况说明书

甘肃省临洮县抗战期间被灾损失情况说明书　三十七年四月　日

分类	现价估计	说明
迁移费	20,000,000 元	1.本县开辟叶家坪西河滩飞机场两处发给当地居民 50 户 2.本县公共住户因避免空袭迁移乡村等费
防空设备费	56,000,000 元	本城附近挖掘防空洞装置沙袋水桶警钟设立防空哨及开辟城
疏散费	12,000,000 元	县城及青天镇尧甸镇玉井乡之店子街等人口较密集之地方为减除空袭目标起见饬疏散人口其费用如估计数
生产减少	76,544,000,000 元	1.抗战八年农村年富力强从事耕种者均应征入伍农作物每年减少 40,000 公石按二十六年估计每公石价 4 元现价每公石 1,840,000 元 2.因开辟飞机场两处征用民地 800 亩每年减少食粮 1600 公石现在现价 1,840,000 元计两宗合计
盈利减少	2,000,000,000 元	1.本县因抗战交通阻塞原料无法运输一切小型工业出品减少 2.本县出产木油器具卫生香酥糖等因各地购买力薄弱销场全无其利益每年减少 250,000,000 元八年合计如计数
抚恤费	15,000,000 元	本县参加抗战伤亡壮丁领恤金有案可考者 150 余人每人由地方酌筹给家属抚恤费 10 万元合计如估计数
救济费	55,000,000 元	1.由战区逃入本县难民酌给衣食用品及设备居住房屋费 2.士兵流落本县持有证明书者酌给救济费
过去军队供应费	1,328,000,000 元	1.本县每年每乡镇供应铁轮大车 15 辆支持抗战八年全县十三乡镇合计 1560 辆每套往兰州按三十四年运费最低 80 万元计共 1,248,000,000 元 2.柴草马乾代买军用品差价计 80,000,000 元。
共计	211,502,000,000 元	

（甘肃省档案馆馆藏民国档案，卷宗号 14—1—505，第 86 页）

126. 甘谷县抗战期间被灾损失情况表 [1]

甘肃省甘谷县抗战期间被灾损失情况表

项目		数量	项目		数量
面积（单位）	原有面积		在县境内抗战情形	会战	
	沦陷面积			大战	（次数）
	沦陷次数			小战	
	沦陷期间			防御战	
	原有面积与沦陷面积			游击战及其他	
人口	原有人数		轰炸	次数	
	死亡人数			架数	
	受伤人数			投弹数	
	流亡人数				

公私财产损失估计

价值　单位国币元（廿六年七月以前币值）

损失项目	私有			公有			备考
	损失数或数量	直接	间接	损失数或数量	直接	间接	一、查抗战期间本县境内并未发生抗战情形本查面积人口在县境内抗战情形轰炸各栏无法填报 二、本表损失项目栏所填报数字系因抗战致将所应得者间接所受损失致短收估计数字
总计	441,100 元		441,100 元	70,349 元		70,349 元	
农业	146,460 元		146,460 元				
林业							
渔业							
茶业							
畜牧业							
工业							
矿业							
电业							
商业							
金融业							
汽车							
汽船							
渔船							

---

① 原件无填报时间。估计填报时间在 1947 年 3 月至 1948 年 12 月之间。

损失项目	价值　单位国币元（廿六年七月以前币值）						备考
	私有			公有			
	损失数或数量	直接	间接	损失数或数量	直接	间接	
人船							
其他运输场							
政府机关				19,908 元		19,908 元	
人民团体	1,720 元		1,720 元				
学校							
大学							
中学				32,554 元		32,554 元	
小学				17,887 元		17,887 元	
普通住户	292,920 元		292,920 元				
其他							

（甘肃省档案馆馆藏民国档案，卷宗号 14—1—505，第 90 页）

127. 古浪县抗战期间被灾损失情况表 [①]

甘肃省古浪县抗战期间被灾损失情况表

项目		数量	项目		数量
面积（单位方公里）	原有面积		在县境内抗战情形	会战	
	沦陷面积			大战	（次数）
	沦陷次数			小战	
	沦陷期间			防御战	
	原有面积与沦陷面积之比			游击战及其他	
人口	原有人数		轰炸	次数	
	死亡人数	30 人		架数	
	受伤人数	44 人		投弹数	
	流亡人数				

	公私财产损失估计						

损失项目	价　单位国币元（三十六年七月以前币值）						备考
	私有			公有			1. 伤亡人数七四人折合金圆二九六,○○○圆（每人以四○○○金圆计）
	损失户数或数量	直接	间接	损失户数或数量	直接	间接	
总计							
农业							2. 林业损失树木八○○○株折合金圆二四,○○○圆（每株以三圆计）
林业				树 8000 株			
渔业							
茶业							
畜牧业							
工业	石灰厂五处 石灰 100,000 市斤						3. 工业损失石灰一○○,○○○市斤折合金圆一○,○○○圆（每市斤以一角计）
矿业	钱厂两处 钱 20,000 市斤						
电业							4. 矿业损失铁二○,○○○市斤折合金圆三○,○○○圆
商业							
金融业							

---

① 原件无填报时间。估计填报时间在 1947 年 3 月至 1948 年 12 月之间。

损失项目	价　　单位国币元（三十六年七月以前币值）						备考
	私有			公有			
	损失户数或数量	直接	间接	损失户数或数量	直接	间接	
汽车							（每市斤以一.五圆计）5. 运输工具车二〇〇辆牲口一七七九头折合金圆三七七,七九〇圆（牲口每头一〇〇圆车每辆一〇〇〇圆计）6. 以上五宗均为间接损失共计损失财物价值金圆七三七,七九〇圆
汽船							
渔船							
木船							
其他运输工具	车200辆骡马牛驴驼共1779头						
人民团体							
政府机关							
学校							
大学							
中学							
小学							
普通住户							
其他							

（甘肃省档案馆馆藏民国档案，卷宗号 14—1—505，第 91 页）

128. 永昌县抗战期间被灾损失情况表 [①]

甘肃省永昌县抗战期间被灾损失情况表

项目		数量	项目		数量
面积	原有面积		在县境内抗战情形	会战	
	沦陷面积			大战	
	沦陷次数			小战	
	沦陷期间			防御战	
	原有面积与沦陷面积之比			游击战及其他	
人口	原有人数	52200	轰炸	次数	1
	死亡人数	1815		架数	12
	受伤人数	5		投弹数	58
	流亡人数				

公私财产损失估计							

损失项目	价值						备考
	私有			公有			（1）农业损失系包括军粮供给运输军需实物补给之差价及因抗战而增加之各项负担并因征集壮丁民夫牲畜轮送供应军需而可能减少生产之间接损失（2）畜牧业损失系包括被征集及运输死亡之牲畜之直接与间接损失（3）商业之损失系包括慰劳国军抚恤救济抗战军人家属献金献粮各种特捐等因抗战
	损失户数或数量	直接	间接	损失户数或数量	直接	间接	
总计		880.7	708334.4			1888.8	
农业	6300 户		66064.5				
林业							
渔业							
茶业							
畜牧业	554	146.7	42119.5				
工业							
矿业							
电业							
商业	500		4194.5				
金融业							
汽车							
汽船							
渔船							

---

① 原件无填报时间。估计填报时间在 1947 年 3 月至 1948 年 12 月之间。

损失项目	价值						备考
	私有			公有			
	损失户数或数量	直接	间接	损失户数或数量	直接	间接	
木船							可能增加之各项负担之间接损失（4）铁轮车之损失系运输军粮过往军差破坏车粮之间接损失（5）政府机关之损失系包括防空设备迁散等费用之间接损失（6）学校6所之损失系防空设备迁移等费用之损失（7）普通住户之损失系28年春被炸毁之房屋财物（8）本表所填损失价值系以34年之币值依法折回26年7月以前之币值
铁轮车	15		1375.4				
政府机关				7		1637.2	
人民团体							
学校				6		251.6	
大学							
中学							
小学							
普通住户	11	734					
其他							

（甘肃省档案馆馆藏民国档案，卷宗号 15—8—366，第 1 页）

129. 西和县抗战期间被灾损失情况表 [1]

甘肃省西和县抗战期间被灾损失情况表

项目		数量	项目		数量
面积	原有面积	八六三方里一五	在县境内抗战情形	会战	无
	沦陷面积	无		大战	无
	沦陷次数	无		小战	无
	沦陷期间	无		防御战	无
	原有面积与沦陷面积之比	无		游击战及其他	只剿匪三次
人口	原有人数	一〇一八六四口	轰炸	次数	三
	死亡人数	八六人		架数	一五
	受伤人数	一七四人		投弹数	无
	流亡人数	四一五人			

公私财产损失估计							
损失项目	价值						备考
	私有			公有			
	损失户数或数量	直接	间接	损失户数或数量	直接	间接	
总计	30669 户	玖〇亿	7328 亿	25 户		7211.4 亿	表列死亡及受伤人数均系出征伤亡之数
农业	12760 户		3000 亿				
林业							
渔业							
茶业							
畜牧业							
工业	218 户		28 亿				
矿业							
电业							
商业	454 户	玖拾亿	2000 亿				
金融业							
汽车							
汽船							
渔船							
木船							

---

① 原件无填报时间。估计填报时间在 1947 年 3 月至 1948 年 12 月之间。

损失项目	价值						备考
	私有			公有			
	损失户数或数量	直接	间接	损失户数或数量	直接	间接	
政府机关				4		5000 亿	
人民团体				8		叁亿四千万元	
学校							
大学							
中学				1		8 亿	
小学				12		贰仟贰佰亿	
普通住户	1723.7 户		2300 亿				
其他							

（甘肃省档案馆馆藏民国档案，卷宗号 15—8—366，第 2 页）

130．漳县抗战期间征用民工伤亡数目调查表

漳县

抗战期间征用民工暨日人强征民力伤亡数目调查表　民国三十六年四月

类别	征用民工伤亡数			日人强征民工伤亡数			
县市别 项别	征用数	伤数	亡数	强征数	伤数	亡数	备考
漳县	三一四,五二五人	一〇三四人	一七五人	无			查本县并无日人强征特此陈明
合计							

（甘肃省档案馆馆藏民国档案，卷宗号 15—11—109，第 11 页）

218

131. 漳县动员人力调查表

漳县动员人力调查表

民国三十六年四月　日填报

年	月	日	征集常备兵役 人数	损失工资数	参加地方自卫组织 人数	损失工资数	参加防护团 人数	损失工资数	合计 人数	损失工资数	损失工资计算标准
二十六年	九	一	200人	57,600元					200人	57,600元	
二十六年	十二	一			95人	26,505元			95人	26,505元	
二十七年	三	一	150人	40,500元					150人	40,500元	
二十七年	六	一	150人	39,150元					150人	39,150元	
二十七年	九	一	150人	37,800元					150人	37,800元	
二十七年	九	五			180人	45,360元			180人	45,360元	
二十七年	十二	一	150人	36,450元					150人	36,450元	
二十八年	五	一					142人	32,316元	142人	32,316元	查本县损失计算标准按本地二十六年七月份全月份所得工资每人每月以三元计算特此陈明
二十八年	八	一	600人	129,600元					600人	129,600元	
二十九年	九	一			106人	21,624元			106人	21,624元	
二十九年	十	一	600人	106,200元					600人	106,200元	
三十年	十	一	580人	78,040元					580人	78,040元	
三十一年	十一	一	469人	45,024元					469人	45,024元	
三十二年	十一	一	445人	26,700元					445人	26,700元	
三十三年	十二	一	320人	8,640元					320人	8,640元	
三十四年	一	一	369人	8,856元					369人	8,856元	
合计			4183人	614,560元	381人	93,489元	142人	32,316元	4706人	740,365元	

（甘肃省档案馆馆藏民国档案，卷宗号 15—11—109，第 13 页）

132．灵台县抗战期间公私财产损失调查表

灵台县抗战期间公私损失调查表　　三十六年十二月造报

项目	时间	数量	备考
人民死亡	自二十六年七月起至三十四年底止	共计阵亡将士三百八十九名	
修筑国防工事人力及材料费	仝上	需用材料费六千七百八十九万元人力六万三千七百四十一名	
修筑道路民力及负担	仝上	修筑灵泾公路七十华里计需民工五万五仟二百三十八名占用民地一百五十九亩材料及民众负担费共贰万五千一百八十万元	
运送军粮民力及款项	自三十一年起至三十四年底止	运送长武西峰镇第一战区及平凉镇原等地军粮八万四仟零三十五石共需民工一十四万六千零八十九名耗运费四千万二千一百八十六万元	
人民各种负担损失价款	自二十六年七月起至三十四年底止	献金献粮及过境军差差价并一切军事运输等费二万八千四百三十六万元战时特别费县乡保共需一亿五仟四百六十九万元	
附注			

（甘肃省档案馆馆藏民国档案，卷宗号 15—11—118，第 91 页）

133．泾川县抗战期间征用民工及伤亡数与各种负担损失调查表

泾川县抗战期间征用民工及伤亡数与各种负担损失调查表　民国三十六年七月二十六日

项目	时间	数量	备考
人民死亡	自二十六年七月起至三十四年底止	抗战阵亡将士共壹千伍百名	抗战阵亡将士人数根据系由各部队发回证明书统计
修筑国防工事人力及材料费	同上	修筑国防工事所出民工共计六百八十万名材料费共计六千八百万元	全数共修碉堡六十八座阵地十余处围塞八处
修筑道路民力及担负	同上	修筑道路共长一百九十三公里半计出民工二十三万六千四百五十二名共需工资二万万三千六百四十五万二千元	坡道五处共计长六十三公里余属平道均系在抗战期内完成
运送军粮民力及款项	自三十二年起至三十四年止	奉令运至平凉固原等地军粮共计七万七千七百四十二石、共耗运费三百八十七万五千五百二十九元共用民工四十六万六千六百五十二名	
人民各种担负损失价款	自二十六年七月起至三十四年底止	献粮代金二千一百二十八万元献金柒百万元需用军事运输车辆一千九百二十辆每辆计需运费一十二万元共需二万万三千万零四十万元又需运输驮驴二千四百头每头需运费二万元共需柒千二百万元以上总共计负担损失价款三万万三千万零六十八万元战时特别费自二十七年至三十四年底止共八千六百八十五万元	
合计	一、死伤人民一千五百名。 二、人民负担六万万三千九万双零七千五百二十九元。 三、征用民工七百五十万零三千一百零四名。 四、战时特别费八千六百八十五万元。		

（甘肃省档案馆馆藏民国档案，卷宗号15—11—118，第10页）

134．1947 年 4 月 24 日临洮县电復本县战时伤亡民工调查表

临洮县政府快邮代电

民<36>夘字第一三〇六号

事由　电復本县战时伤亡民工调查表已填赍在案请鉴核备查由

兰州甘肃省政府主席郭钧鉴：民二<36>夘真代电奉悉查本县叶家坪飞机场于民国三十年七月间被敌机轰炸伤亡男女民工各一人业以民<36>夘字第一〇二四号呈填赍调查表在案惟损毁麦田二十余亩耕牛二只黑驴三头未曾填入表内兹奉前因理合电请鉴核备查临洮县县长关重义叩民<36>夘回印

存放条款四、廿九

中华民国三十六年四月二十四日发

（甘肃省档案馆馆藏民国档案，卷宗号 15—11—116，第 75 页）

135. 1947 年 10 月 6 日甘肃省政府统计室向甘肃省政府秘书处函送抗战时期本省人口伤亡及直接间接损失汇报表的公函

事由：为函送抗战时期本省人口伤亡及直接间接损失汇报表等希查照办理由

甘肃省政府统计室公函

统二（36）酉字第 735 号

民国三十六年十月六日发

准

贵处六月六日函送日本赔偿本省损失查报讨论会议纪录决议事项第七项规定，各单位于六月底以前将各项有关资料汇集齐全交本室汇办等由，查此项材料于本月上旬始大部送到，兹经本室详加审核，将证明文件汇订四册并编成人口伤亡汇报表一份，直接损失汇报表八张、间接损失报告表十张（财政厅与武山县政府所估计之抗战损失与其他各机关所送资料多有重复未经列入并将原件随函附送），即希查照办理为荷。

此致

秘书处

附送抗战时期敌机轰炸伤亡汇报总表一份，抗战时期财产直接损失汇报总表一份、汇报表七份，抗战时期人口伤亡及财产直接损失报告表一册，抗战时期财产间接损失汇报总表一件汇报表九件、抗战时期财产间接损失报告表三册，财政厅及武山县政府公文各一件。

统计主任　　　　　　　李□禄

（甘肃省档案馆馆藏民国档案，卷宗号 4—2—174，第 36—37 页）

136．甘肃省战时敌机轰炸伤亡汇报总表

（一）甘肃省战时敌机轰炸伤亡汇报总表

填送日期：三十六年十月　　日

年　度	死	伤
共　计	663	680
二十六年	——	8
二十七年	1	1
二十八年	240	207
二十九年	——	178
三十年	422	286

说明：本表所列数字为兰州市皋兰平凉天水武威永昌泾川靖远固原陇西等十市县历年遭受敌机轰炸死伤人数，证明文件见抗战时期人口伤亡及财产直接损失报告表内

（甘肃省档案馆馆藏民国档案，卷宗号 4—2—174，第 82 页）

137. 甘肃省战时财产直接损失汇报总表

（二）甘肃省战时财产直接损失汇报总表

填送日期：三十六年十月　　日

年　度	损失时价值	折合现在价值（元）
总计		6,478,928,956,502
二十六年	21,000	556,500,000
二十七年	15,960	330,882,720
二十八年	464,104,409	6,458,476,955,644
二十八年	——	2,025,500,000
二十九年	19,414	144,654,614
三十年	6,922,804	15,057,098,700
三十一年	95,918	96,397,590
三十三年	20,188,894	2,240,967,234

说明： 1. 现在价值系以本年八月份兰州市趸售物价指数为标准计算折合而成外附直接损失汇
报表七份证明文件一册

2. 军政部制呢厂第一分厂二十八年炸毁之厂房机件因当时未经估计仅以三十六年八月
份现价列入本表

3. 三十三年数字系沦陷区域旅居本省同胞之私人财产损失数字损失时期由二十年起至
三十三年止多系按三十三年估价故列入三十三年内计算

（1）甘肃省战时财产直接损失汇报表

甘肃省政府及所属各机关

事件：敌机轰炸

日期：二十六年

地点：兰州

填送日期：三十六年十月　　日

分　类	价　值
共　计	21,000
建 筑 物	21,000
器　具	
现　款	
图　书	
仪　器	
医药用品	
其　他	

（2）**甘肃省战时财产直接损失汇报表**

甘肃省政府及所属各机关

事件：敌机轰炸

日期：二十七年

地点：兰州靖远

填送日期：三十六年十月　　日

分　类	价　值
共　计	15,960
建　筑　物	15,600
器　具	
现　款	
图　书	
仪　器	
医药用品	
其　他	360

报告者

（3）**甘肃省战时财产直接损失汇报表**

甘肃省政府及所属各机关

事件：敌机轰炸

日期：二十八年

地点：兰州、固原、平凉、靖远、永昌、泾川

填送日期：三十六年十月　　日

分　类	价　值
共　计	464,104,409
建　筑　物	180,804,381
器　具	2,051,523
现　款	35,700
图　书	80,115,630
仪　器	106,595
医药用品	
其　他	200,990,580

（4）甘肃省战时财产直接损失汇报表

甘肃省政府及所属各机关

事件：敌机轰炸

日期：二十九年

地点：兰州

填送日期：三十六年十月　　日

分　类	价　值
共　计	19,414
建　筑　物	18,235
器　具	1,179
现　款	
图　书	
仪　器	
医药用品	
其　他	

报　告　者

（5）甘肃省战时财产直接损失汇报表

甘肃省政府及所属各机关

事件：敌机轰炸

日期：三十年　　月　　日

地点：兰州、天水、陇西、皋兰、武威、泾川

填送日期：三十六年十月　　日

分　类	价　值
共　计	6,922,804
建　筑　物	3,818,536
器　具	459,792
现　款	
图　书	20,314
仪　器	1,012
医药用品	16,950
其　他	2,606,200

（6）甘肃省战时财产直接损失汇报表

甘肃省政府及所属各机关

事件：敌机轰炸

日期：三十一年　　月　　日

地点：兰州

填送日期：三十六年十月　　日

分　类	价　值
共　计	95,918
建　筑　物	55,935
器　具	39,983
现　款	
图　书	
仪　器	
医药用品	
其　他	

报告者

（7）旅居本省之私人财产直接损失汇报表

事件：敌人强占及轰炸等事件

日期：二十年至三十三年

地点：东北及沦陷区域

填送日期：三十六年十月　　日

分　类	价　值
共　计	20,188,894
建　筑　物	6,245,100
器　具	1,953,319
现　款	321,635
图　书	2,196,039
服　着　物	3,570,211
医药用品	
其　他	5,902,590

报告者

（甘肃省档案馆馆藏民国档案，卷宗号 4—2—174，第 83—87 页）

138．甘肃省战时财产间接损失汇报总表

（三）甘肃省战时财产间接损失汇报总表

填送日期：三十六年十月　　日　　　　　　　　　　　　　单位：国币元

年　度	损失时价值	折合现在价值
总　计		2,964,280,636,281
二十六年	759,380	20,123,570,000
二十七年	89,600,286	1,857,593,129,352
二十八年	8,031,700	111,769,137,200
二十九年	11,179,170	83,295,995,670
三十年	25,561,036	74,842,713,408
三十一年	367,999,811	369,839,810,055
三十二年	719,866,214	203,722,138,562
三十三年	1,759,240,270	195,275,669,970
三十四年	1,494,327,252	47,818,472,064

说明：（1）现在价值系以本年八月份兰州市趸售物价指数为标准计算折而来

（2）附间接损失汇报表九份证明文件三册

甘肃省战时财产间接损失汇报表

甘肃省政府及所属各机关

损失时期：民国二十六年　　　　　　　　填送日期：三十六年十月　　　日

分　类	数　额　（单位：国币元）
共　计	759,380
防空设备费	34,135
副秣补给及输力损失	725,245

报告者

甘肃省战时财产间接损失汇报表

甘肃省政府及所属各机关

损失时期：民国二十七年　　　　　　　　　　　　填送日期：三十六年十月　　日

分　　类	数　　额　　（单位：国币元）
共　　计	89,600,286
防空设备费	85,786,081
副秣补给及输力损失	3,814,205

报告者

甘肃省战时财产间接损失汇报表

甘肃省政府及所属各机关

损失时期：民国二十八年　　　　　　　　　　　　填送日期：三十六年十月　　日

分　　类	数　　额　　（单位：国币元）
共　　计	8,031,700
迁　移　费	1,200,298
防　空　设　备　费	629,336
疏　散　费	52,523
救　济　费	106,956
动　员　费	7,612
临　时　修　建　费	408,116
副秣补给及输力损失	5,626,859

报告者

甘肃省战时财产间接损失汇报表

甘肃省政府及所属各机关

损失时期：民国二十九年　　　　　　　　　　　　填送日期：三十六年十月　　日

分　　类	数　　额　　（单位：国币元）
共　　计	11,179,170
防　空　设　备　费	171,296
救　济　费	57,257
动　员　费	13,659
副秣补给及输力损失	10,919,558
其　　他	17,400

报告者

甘肃省战时财产间接损失汇报表

甘肃省政府及所属各机关

损失时期：民国三十年　　　　　　　　　　填送日期：三十六年十月　　日

分　　类	数　　额　　（单位：国币元）
共　　计	25,561,036
防 空 设 备 费	1,193,952
疏　散　费	301,582
救　济　费	108,989
动　员　费	13,659
战时特别预备金	301,200
副秣补给及输力损失	23,616,754
其　　他	24,900

报告者

甘肃省战时财产间接损失汇报表

甘肃省政府及所属各机关

损失时期：民国三十一年　　　　　　　　　填送日期：三十六年十月　　日

分　　类	数　　额（单位：国币元）
共　　计	367,999,811
防空设备费	1,274,096
救济费	980,799
动员费	16,860
战时特别预备金	1,526,389
副秣补给及输力损失	363,547,568
其他	654,099

报告者

甘肃省战时财产间接损失汇报表

甘肃省政府及所属各机关

损失时期：民国三十二年　　　　　　　　　填送日期：三十六年十月　　日

分　　类	数　　额（单位：国币元）
共　　计	719,866,214
防空设备费	1,287,989
救　济　费	567,636
抚　恤　费	20,000
战时特别预备金	5,497,564

分　类	数　　额（单位：国币元）
忠烈祠经费	81,600
副秣补给及输力损失	711,598,613
其　　他	812,812

报告者

甘肃省战时财产间接损失汇报表

甘肃省政府及所属各机关

损失时期：民国三十三年　　　　　　　　填送日期：三十六年十月　　日

分　类	数　额　（单位：国币元）
共　　计	1,759,240,270
防 空 设 备 费	716,290
救 济 费	710,544
抚 恤 费	26,000
战时特别预备金	10,087,915
忠烈词经费	111,780
副秣补给及输力损失	1,744,092,672
其　　他	3,495,069

报告者

甘肃省战时财产间接损失汇报表

甘肃省政府及所属各机关

损失时期：民国三十四年　　　　　　　　填送日期：三十六年十月　　日

分　类	数　额　（单位：国币元）
共　　计	1,494,327,252
防 空 设 备 费	3,504,449
救 济 费	109,609
抚 恤 费	436,400
战时特别预备金	17,273,759
忠烈词经费	157,568
副秣补给及输力损失	1,442,062,860
其　　他	30,782,607

（甘肃省档案馆馆藏民国档案，卷宗号4—2—174，第88—93页）

139. 甘肃省抗战期间副秣补给暨输力损失报告表

甘肃省抗战期间副秣补给暨输力损失报告表

甘肃省政府

填送日期 36 年　月　日

分　　类	数　　额（单位：国币元）
共　　计	4,306,004,335.29
副秣补给及输力损失　26	725,245.37
副秣补给及输力损失　27	3,814,205.12
副秣补给及输力损失　28	5,626,858.94
副秣补给及输力损失　29	10,919,558.00
副秣补给及输力损失　30	23,616,754.43
副秣补给及输力损失　31	363,547,568.39
副秣补给及输力损失　32	711,598,613.14
副秣补给及输力损失　33	1,744,092,671.60
副秣补给及输力损失　34	1,442,062,860.27

附　表　　张

报告者　　主席　　郭寄峤

（甘肃省档案馆馆藏民国档案，卷宗号 4—2—174，第 45 页）

140. 甘肃省流亡人力损失汇报表

甘肃省流亡人力损失汇报表

民国三十六年十月　　日填报

流亡人数及损失\县市别	流亡人数				县市库及慈善团体救济金支出总数	流亡人力工资损失总数
	男	女	幼童	合计		
兰州市	34,150	31,816	12,911	78,877	无	59,472,790
岷县	74	96	48	218	无	78,300
漳县	25	26	9	60	无	61,605
隆德	1362	1394	299	3055	无	10,739,550
崇信	224	210	51	485	235,000	29,100
固原	80	55	52	187	无	
天水	4330	2919	770	8019	93,443	8,936,842,762
武山	4788	3255	1551	9594		41,641,200
西和	254	104	57	415	无	无
民勤	9174	无	无	9174		13,692,195
张掖	1465	118	90	1673	27,546,070	89,448,210
酒泉	48	41	27	116	无	14,769
临洮	445	355	无	800	无	无
渭源	1442	1141	649	3232	无	84,301,945
合计	57,861	41,530	16,514	115,905	27,874,513	9,236,322,426
附	以上各县市流亡人力损失调查表共十四份随将原表附送					

（甘肃省档案馆馆藏民国档案，卷宗号 4—2—174，第 46 页）

141．甘肃省动员人力损失汇报表

甘肃省动员人力损失汇报表　民国三十六年十月填报

县市别	人 数				损 失 工 资 数			合 计
	征服常备兵役	参加地方自卫组织	参加防护团	合 计	征服常备兵役	参加地方自卫组织	参加防护团	
兰州市	4404	6105	4679	15,188	3,742,785	4,957,050	70,185	8,770,020
皋 兰	15,497	1300	175	16,972	68,211,260	62,400,000	31,500,000	162,111,260
靖 远	4084	5040	720	9844	122,520	151,200	21,600	295,320
永 登	7682	1400	1014	10,096	1,296,360	231,000	30,420	1,557,780
景 泰	1427	300	260	1987	937,539	197,100	170,820	1,305,459
湟惠乡	38	60	无	98	4,560	7,200	无	11,760
岷 县	5399	964	20	6383	3,207,300	521,400	16,200	3,744,900
陇 西	8421	365	3590	12,376	12,246,735	657,000	5,277,300	18,181,035
夏 河	41	50	无	91	4,428,000	145,500	无	4,573,500
漳 县	4183	381	142	4706	614,554	93,489	32,316	740,359
平 凉	7,910	699	130	8,739	265,776	244,368	43,680	553,824
隆 德	6,719	192		6911	1,983,622	61,338		2,044,960
崇 信	1097	3475	4480	9252	880,180	2,091,180	403,200	3,374,560
华 亭	3,790	4,870	27,000	35,660	21,686,200	38,862,760	127,127,500	187,676,460
静 宁	15,062	202	无	15,264	406,054	54,540	无	460,594
庄 浪	6084	257	无	6,341	2,079,999	53,064	无	2,133,063
海 原	1201	26,111	1003	28,315	3,603,000	78,333,000	3,009,000	84,945,000
固 原	5092	6060	1200	12,352	366,624	218,460	3,600	588,684
宁 县	584	1444	174	2202	421,940	164,640	20,920	607,500
泾 川	16,661	588	23	17,272	71,105,850	1,881,600		72,987,450
灵 台	7731	1566	4	9301	2,481,588	357,552	1056	2,840,196
镇 原	2998	72,936	49	75,983	3,791,412	91,361,340	6,228	95,158,980
天 水	27,472	426	42,067	69,965				
秦 安	27,000	3,000	1,500	31,500	29,160,000	3,240,000	1,624,000	34,024,000
通 渭	21,540	6,137	9,638	37,315	225,800,000	98,580,000	5,470,000	329,850,000
武 山	12,020	76,549	303	88,872	325,574,496	1,367,371,080	120,420	1,693,065,996

县市别	人 数				损 失 工 资 数			合 计
	征服常备兵役	参加地方自卫组织	参加防护团	合 计	征服常备兵役	参加地方自卫组织	参加防护团	
清 水	9009	1764	1440	12,213	106,820,160	22,061,504	16,652,800	145,534,464
徽 县	7877	1810	2180	11801	4,468,932	308,376	51,120	4,828,428
礼 县	15,130	4,558	538	20,226	35,038,358	11,378,599	769,725	47,186,682
西 和	7,576	8,200	594	16,370	13,953,000	1,702,290	345,918	16,001,208
临 夏	6310	无	810	7120	18,930	无	2,430	21,360
宁 定	1172	246	192	1610				
古 浪	2,507	200	127	2,834	45,120,000	3,600,000	28,860,000	77,580,000
民 勤	2230	467	347	3044	10,745	8945	12,104	31,794
山 丹	1,726	1,326	243	3,295	114,940	190,032	25,898	330,870
民 乐	1,598	无	无	1,598	531,700	无	无	531,700
张 掖	9,028	444	48	9,520	无	无	无	无
临 泽	347	无	6	348	984.7	无	15	984.8
永 昌	2676	1390	270	4336	无	169,300	104,300	273,600
酒 泉	3437	200	182	3819	428,969	21,077	7,941	457,987
敦 煌	95	42	无	137	无	无	无	无
金 塔	999	147	58	1204	190,080	28,226	2,320	220,626
鼎 新	360	30	无	390	388,596,000	65,700,000	无	454,296,000
高 台	3248	183	无	3431	53,619,546	9,504,000	无	63,123,546
武 都	11,179	117	160	11,456	4,802,540	33,930	1,600	4,838,070
成 县	6469	2457	1035	9961	611,006	398,034	15,525	1,024,565
文 县	5692	589	无	6281	82,394,717	34,390,320	无	116,785,037
西 固	4328	342	无	4670	无	1,107,900	无	1,107,900
临 洮	10,721	340,520	无	351,241	无	567,890	无	567,890
洮 沙	1514	794	无	2308	146,838	18,483	无	165,321
定 西	2624	11,043	154	13,821	39,360	185,645	2,310	207,315
榆 中	5755	153	1105	7013	1,521,870	82,620	387,536	1,992,026
渭 源	5568	470	161	6199	178,927,015	17,906,900	1,412,850	198,246,765
会 川	8400	204	无	8604	529,200	12,852	无	542,052
合 计	354,778	598,373	107,821	1,060,972	1,703,286,980	1,921,592,782	226,602,982	3,851,482,743
附 记	以上各县市乡动员人力损失调查表共五十四份随将原表附送							

（甘肃省档案馆馆藏民国档案，卷宗号 4—2—174，第 47 页）

142. 1947年10月30日甘肃省政府统计处向甘肃省政府主席郭寄峤呈送抗战时期甘肃省人口伤亡及财产损失调查结果的呈文

签呈三十六年十月三十日于甘肃省政府统计处

查抗战时期本省人口伤亡及财产损失调查，迭经行政院令催在案。现各种资料已由各单位陆续填送到处，并已统计汇编完成。除将证明文件及汇报一册，送行政院赔偿委员会汇编外，计抗战期间本省人民因轰炸而死亡六六三人，伤六八〇人，直接损失以现值折合约六（万亿），四七八，九二八，九五六，五〇二元；间接损失以现值折合计二（万亿），九六四，二八〇，六三六，二八一元，共计损失九，四四三，二〇九，五九二，七八三元。谨检呈原卷及汇报表一份，一并签请

鉴核

  谨呈

主席 郭

  附呈原卷及汇报表一份

职 王全章

（甘肃省档案馆馆藏民国档案，卷宗号4—2—174，第60—61页）

（二）报刊文献资料

1．日军轰炸兰州及甘肃各地实录

王禄明　陈乐道

抗战期间，日本飞机屡次轰炸兰州及甘肃各地，给人民生命财产造成重大损失。关于当年轰炸的详情，各种说法及传闻不一。根据我馆馆藏档案记载，兹整理转录如下，以还历史本来面目。

甘肃省统计室所造《甘政三年统计提要》之《甘肃省各县市遭受敌机空袭损害统计表》记载：自 1937 年"七七事变"至 1941 年 9 月，日机空袭甘肃各县市共 71 次，出动飞机 1081 架，投弹 4090 枚，共造成 1426 人死亡、受伤，其中死亡 821 人（男 578 人、女 243 人），受伤 605 人（男 444 人、女 161 人），损毁房屋 24,124 间。具体情形如下：

从年度来看，1937 年度，日机共空袭 2 次，出动飞机 20 架，投弹 26 枚，造成 12 人死亡、受伤，其中死亡男 6 人，受伤男 6 人，损毁房屋 33 间。

1938 年度，日机共空袭 1 次，出动飞机 2 架，投弹 9 枚，造成 2 人死亡、受伤，其中死亡男 1 人，受伤男 1 人，损毁房屋 47 间。

1939 年度，日机共空袭 43 次，出动飞机 746 架，投弹 3069 枚，造成 675 人死亡、受伤，其中死亡 385 人（男 319 人、女 66 人），受伤 290 人（男 228 人、女 62 人），损毁房屋 21,397 间。

1941 年度，日机共空袭 25 次，出动飞机 313 架，投弹 988 枚，造成 737 人死亡、受伤，其中死亡 429 人（男 252 人、女 177 人），受伤 308 人（男 209 人、女 99 人），损毁房屋 2647 间。

从地区来看，日机空袭兰州市共 36 次，出动飞机 670 架，投弹 2738 枚，共造成 406 人死亡、受伤，其中死亡 215 人（男 191 人、女 24 人），受伤 191 人（男 162 人、女 29 人），损毁房屋 21,669 间。

日机空袭靖远共 11 次，出动飞机 63 架，投弹 255 枚，共造成 34 人死亡、受伤，其中死亡男 3 人，受伤 31 人（男 29 人、女 2 人），损毁房屋 233 间。

日机空袭平凉共 8 次，出动飞机 87 架，投弹 516 枚，共造成 259 人死亡、受伤，其中死亡 153 人（男 117 人、女 36 人），受伤 106 人（男 70 人、女 36 人），损毁房屋 656 间。

日机空袭固原共 2 次，出动飞机 80 架，投弹 51 枚，共造成男 5 人死亡，损毁房屋 38 间。

日机空袭永昌共 1 次，出动飞机 12 架，投弹 40 枚，共造成 33 人死亡、受伤，其中死亡 22 人（男 20 人、女 2 人），受伤 11 人（男 10 人、女 1 人），损毁房屋 35 间。

日机空袭泾川共 1 次，出动飞机 26 架，投弹 4 枚，共造成 8 人死亡、受伤，其中死亡 6 人（男 2 人、女 4 人），受伤男 2 人，损毁房屋 3 间。

日机空袭武威共 6 次，出动飞机 83 架，投弹 355 枚，共造成 456 人死亡、受伤，其中死亡 257 人（男 137 人、女 120 人），受伤 199 人（男 125 人、女 74 人），损毁房屋 765 间。

日机空袭天水共 3 次，出动飞机 36 架，投弹 75 枚，共造成 150 人死亡、受伤，其中死亡 98 人（男 70 人、女 28 人），受伤 52 人（男 38 人、女 14 人），损毁房屋 497 间。

日机空袭陇西（原文误作"陇南"）共 1 次，出动飞机 11 架，投弹 47 枚，共造成 73 人死亡、受伤，其中死亡 61 人（男 32 人、女 29 人），受伤 12 人（男 7 人、女 5 人），损毁房屋 228 间。

日机空袭临洮共 1 次，出动飞机 4 架，投弹 9 枚，共造成 2 人死亡、受伤，其中死亡男 1 人，受伤男 1 人。

日机空袭武都共 1 次，出动飞机 9 架。

另据甘肃省政府统计处 1947 年 10 月编制的《甘肃省战时敌机轰炸伤亡汇报总表》记载：甘肃所属兰州、皋兰、平凉、天水、武威、永昌、泾川、靖远、固原、陇西等十市县历年遭受日机轰炸共死亡 663 人，受伤 680 人。其中：1937 年受伤 8 人，1938 年死亡 1 人、受伤 1 人，1939 年死亡 240 人、受伤 207 人，1940 年受伤 178 人，1941 年死亡 422 人、受伤 286 人。

朱绍良致重庆行政院蒋中正艳电称，1939 年 12 月 26 日，日机 99 架分三批空袭兰州。第一批 27 架于 9 点 20 分在机场投弹后东逸；第二批 36 架于 10 点 07 分在城内外及机场投弹后东逸；第三批 36 架于 10 点 30 分在市中心区投弹（烧夷弹居多）后东逸。27 日敌机 99 架又分三批袭兰，第一批 36 架于 12 点 13 分在城关投弹后东逸；第二批 27 架于 12 点 53 分在机场轰炸后东逸；第三批 36 架于 13 点 08 分在机场轰炸后东逸。28 日敌机分二批袭兰，第一批 61 架于 11 点 34 分到达市区上空；第二批 36 架于 11 点 58 分到达市区上空，均在市中心区投弹（烧夷弹居多）后东逸。查敌机共八批，计 295 架，连日在城内外滥炸，共投重磅炸弹约 2000 枚左右，全城已毁房舍过半，惨象实难形容，"幸我防空情报迅确，人民避难适当，伤亡甚微。"又，敌机每批临上空时，我空军及高射部队均勇猛攻击，先后见敌机受伤甚多，并在城东获敌机一架，人机俱毁。

1940 年 1 月 6 日甘肃省会警察局马志超呈文称，1939 年 12 月 26、27、28 三日，日机轰炸兰州造成的损失情形如下：

一、炸死市民男女共 75 名，伤市民男女共 45 名。

二、损毁房屋 7053 间（略被震损者，未在其内）。

三、当时兰州被炸无家可归贫苦市民，计 517 户，合计 1835 名（被炸后疏散他处者，未在其内）。

四、其中炸死警士 1 名、防护团队长 1 名、团员 2 名、看守警 1 名、伤警士 4 名、防护团员 3 名、看守警 5 名。

另据同一卷宗的记载，其文字略有差异。1939 年 12 月间，敌机袭兰情形：26 日，99 架，分三批；27 日，99 架，分三批；28 日，95 架，分两批。共计 295 架，毁房屋万余间，死市民男 41 人，女 14 人，伤市民男 39 人、女 3 人。又，防护团员死 4 人、伤 5 人。

1940 年 1 月 19 日《甘肃省会防护总团造赍 28 年 11、12 两月份敌机空袭损失调查表》记载：1939 年 11 月 27、29 日、12 月 1 日，日机在省会防护总团第一、二、三、四、五、六分团所在地及红山根、拱星墩飞机场，共投弹 308 枚，炸死男 63 人、女 19 人，伤男 34 人、女 21 人，损毁房屋 1756 间。

1939 年 12 月 26、27、28 三日，日机在省会防护总团第一、二、三、四、五、六分团所在地，西固城东端、南端及拱星墩飞机场，共投弹 860 枚，炸死男 48 人、女 31 人，伤男 45 人、女 3 人，损毁房屋 7147 间。

1939 年 3 月甘肃全省防空司令部所造成的《敌机空袭统计表》记载：自 1937 年 12 月 4 日至 1939 年 3 月 15 日期间，日机空袭兰州及甘肃各地 26 次，共出动飞机 236 架，投弹 633 枚，炸死 204 人，炸伤 167 人，炸毁房屋 1492 间，震倒房屋 127 间。日机被击落 15 架。其具体情况如下：

1937 年 12 月 4 日 10 点 50 分至 12 点之间，兰州拱星墩飞机场及其附近地区遭受 11 架日机的空袭，共投弹 12 枚，炸死 3 人，炸伤 2 人，炸毁房屋 3 间。

同年 12 月 21 日 11 点至 12 点 45 分之间，兰州拱星墩飞机场及其附近地区又遭受 9 架日机的空袭，共投弹 14 枚，炸死 3 人，炸伤 4 人，震倒房屋 30 间。

1938 年 11 月 15 日 4 点 50 至 8 点 20 分之间，靖远县东湾堡子遭受 2 架日机的空袭，共投弹 4 枚，炸伤 10 人，炸毁房屋 70 间。

1939 年 2 月 9 日 10 点 50 分至 15 点之间，平凉 2 次遭受 11 架日机空袭，共投弹 73 枚，炸死 126 人，炸伤 51 人，炸毁房屋 156 间，骆驼牛马死伤甚多。

同年 2 月 9 日 10 点 50 分至 15 点之间，固原遭受 9 架日机的空袭，共投弹 24 枚，因投在城外荒地，故无损失。

同年 2 月 12 日 11 点 55 分至 14 点 40 分之间，靖原县城内遭受 9 架日机的空袭，投弹 44 枚，炸死 3 人，炸伤 30 人，炸毁房屋 25 间。

同年 2 月 12 日 11 点 55 分至 14 点 40 分之间，兰州拱星墩飞机场附近一带 2 次遭受日机共 21 架的空袭，投弹 100 枚，炸死 4 人，炸伤 3 人，震倒房屋 11 间。

同年 2 月 20 日 13 点 20 分至 16 点 04 分之间，兰州拱星墩及西固城飞机场、城内市区 3 次遭受日机共 30 架的空袭，投弹 100 枚，炸死 25 人，炸伤 17 人，炸毁房屋 100 间，震倒房屋 57 间，并炸毁机场待修理的飞机 3 架。此次，共击落日机 9 架，其中 2 架飞机残骸当时就在榆中、皋兰县境内寻获。

同年 2 月 23 日 11 点 04 分至 14 点 49 分之间，兰州城内外市区遭受 20 架日机的空袭，投弹 58 枚，炸死 4 人，炸伤 26 人，炸毁房屋 780 间，此次，共击落日机 6 架，其中 2 架飞机残骸当时就在洮沙县境内寻获，1 架在皋兰县境内寻获。

同年 2 月 23 日 11 点 04 分至 14 点 49 分之间，平凉县城内及东关 3 次遭受日机共 35 架的空袭，投弹 30 枚，炸死 1 人，炸伤 10 人，炸毁房屋 10 间。

同年 3 月 7 日 10 点 50 分至 15 点 30 分之间，平凉县城内外 2 次遭受日机共 15 架的空袭，投弹 60 枚，炸死 7 人，炸伤 1 人，炸毁房屋 300 间，震倒 40 间，并散发传单。

同年 3 月 7 日 10 点 50 分至 15 点 30 分之间，永昌县城内遭受 12 架日机的空袭，共投弹 40 枚，炸死 22 人，炸伤 11 人，炸毁房屋 35 间，炸死牲畜 17 头。此次日机在回经武威时，用机枪向地面扫射。

同年 3 月 15 日 8 点 39 分之后，平凉飞机场内外遭受 26 架日机的空袭，共投弹 70 枚，因机场附近并无人家，故无损失。

同年 3 月 15 日 8 点 39 分之后，泾川县属第一区遭受 26 架日机的空袭，共投弹 4 枚，炸死 6 人，炸伤 2 人，炸毁房屋（窑洞）2 间。

1939 年 2 月 12 日编制的《甘肃省会防空司令部防护总团空袭损失情况表》记载：同年 2 月 12 日上午 10 点 40 分，平凉发现日机 20 余架。11 点 40 分，第一批日机 8 架轰炸兰州焦家湾一带；12 点 15 分，日机 12 架轰炸飞机场一带，在"陕西义园"投弹 6 枚，炸死民妇王氏 1 名，炸伤 2 名；在飞机场投弹 90 余枚，深沟子投弹 12 枚，炸死小孩 1 名，又将一民妇手臂炸伤，损坏房屋 11 间。又，一九一师机枪连 2 名士兵殉难。

1939 年编制的《甘肃省会防空司令部防护总团空袭损失情况表》记载：同年 2 月 20 日正午 12 时发现日机多架，由东向兰州上空飞来。1 点 30 分，第一批日机 9 架轰炸飞机场、（红）山根、焦家湾附近；1 点 35 分，日机 12 架轰炸飞机场、（红）山根、焦家湾附近；1 点 50 分，日机 9 架自西向东飞来，在防护一分团段内皋兰县投弹 1 枚、高等法院后院投弹 1 枚，无损失；在师管区投弹 1 枚，伤 1 人，炸毁房屋 1 间；在女子职业学校投弹 1 枚，毁房 4 栋；在木塔巷投弹 2 枚，炸毁房屋 2 栋；北门街毁房 12 栋，炸死男女各 1 人，伤 3 人，在北门街 100 号投弹 1 枚，毁房 5 栋。

1939 年 2 月 23 日编制的《甘肃省会防空司令部防护总团空袭损失情况表》记载：同年 2 月 23 日上午 9 点 12 分，正宁县发现敌机 9 架。下午，日机 20 架，从正东侵入兰州上空，在防护一分团段内县门街 1、74、77（即烟酒局）、79 号投弹 5 枚，炸毁房屋 23 间，震倒 13 间；在中苏语文学校投弹 2 枚，炸毁房屋 10 间；在曹家巷 1、2、3、4、5、6、12、13 号投弹 8 枚，炸毁房屋 66 间；在中山市场 4、5、14、30、31、32、49、50、83、84、85、86、96、97、98、99、100、103、104、105、106、107、108、109 号及大殿投弹 6 枚，炸死男 1 人，伤男 2 人，炸毁房屋 200 间；在东大街 90、93、94 号投弹 4 枚，炸伤男 1 人，炸毁房屋 92 间；在贡元巷 8、14、19 号投弹 4 枚，炸伤男 3 人、女 4 人，炸毁房屋 67 间；在禁烟督查处投弹 2 枚，炸毁房屋 48 间；在黄家园 12、13、63、64、65、66、87 号投弹 4 枚，炸伤男 2 人、女 1 人，炸毁房屋 40 余间；在黄家园抗战后援会投弹 1 枚，炸毁房屋 10 余间；在学院街 3、4、49、50 号投弹 6 枚，炸毁房屋 36 间，震倒 15 间；在中山街 8、28 号投弹 2 枚，炸毁房屋 35 间；在防护二分团段内东城壕投弹 1 枚，炸死男 1 人、伤男 9 人，炸毁房屋 10 间；在横街子 41 号投弹 1 枚，炸毁房屋 7 间，炸伤男女各 1 人，又在 11、13 号投弹 1 枚，炸毁房屋 4 间；在新关第一监狱投弹 1 枚，未炸；在新关街 248 号投弹 1 枚，炸毁房屋 6 间，又在 54 号投弹 1 枚，炸毁房屋 4 间，又在 5 号投弹 1 枚，炸毁房屋 8 间；在广武门外后街 12 号投弹 1 枚，未炸，又在 21 号投弹 1 枚，炸毁房屋 4 间；在黄河沿前街 33 号投弹 1 枚，炸毁房屋 23 间，炸伤 3 人；在防护三分团段内南关西华春里投弹 4 枚，房屋全毁，六合祥、长盛栈、慎聚德房屋多震倒，约 50 间。此次日机袭兰，共投弹 58 枚，炸死 3 人，炸伤 24 人，炸毁房屋 780 余间。

兰州市市长蔡孟坚 1941 年 8 月 31 日的报告称，此日上午 10 点 30 分，日机 10 架先后分 3 批侵入兰州市上空，"盲目投弹后逸去"。据《空袭伤亡损失调查表》统计，日机此次空袭，投弹 65 枚，共炸死男 7 人，炸伤男 8 人、女 2 人，炸毁房屋 400 余间。具体情形如下：在省会警察局第一分局所属辖区共投弹 8 枚，其中木塔巷山东会馆 2 枚，木塔巷 10 号 1 枚，玉石巷 7 号 1 枚，学院街 4 号 2 枚，贡元巷 23 号 1 枚，中山市场 1 枚，炸死男 1 人，重伤男 4 人，炸毁房屋 10 间；第二分局所属辖区共投弹 5 枚，其中下东关 145、197 号各 1 枚，东城壕 65 号 2 枚、横街子 71 号 1 枚，炸毁房屋 42 间；第三分局所属辖区共投弹 33 枚，其中萃英门内工业学校 8 枚、甘肃学院 7 枚、盐务局 2 枚、省参议会 4 枚、制造局 4 枚、卫生处 3 枚、桥门街 2 枚、北城壕 2 枚、桥门巷 1 枚、炸死男 3 人，伤男 1 人，炸毁萃英门内房屋 300 余间、北城壕 22 间、桥门街 5 间、桥门巷 5 间；第四分局所属辖区投弹 16 枚，其中第四分局分局对门 1 枚、政治部 2 枚、公教医院 2 枚、东南门外 3 枚、西南门外 3 枚、中山林 5 枚，炸死男 3 人，炸伤男 2 人、女 1 人，炸毁房屋 24 间；第五分局所属辖区之白云观投弹 3 枚，炸死男 1 人、重伤女 1 人。另据皋兰县政府呈报，此次空袭时，有日机 1 架被击落坠毁于该县小干沟境内。

《甘肃省西和县抗战期间被灾损失情况表》记载：抗战期间，该县遭受 3 次共 15 架日机的空袭，但无投弹。

《甘肃省陇西县抗战期间被灾损失情况表》记载：抗战期间，该县共死亡 67 人，受伤 12 人，遭受 1 次共 11 架日机的轰炸，投弹 47 枚。

《甘肃省武威县抗战期间被灾损失情况表》记载：1941 年 6 月 22 日和 8 月 31 日，该县 2 次遭受共 52 架（每次 26 架）日机的轰炸，投弹 300 枚，共炸死 243 人，炸伤 187 人。

（原载甘肃省档案馆编：《档案》2005 年第 2 期，第 7—10 页）

2. 日机空袭兰州纪实

李孔炤

这篇资料是根据笔者二十余年前的《看他日记》所整理。日记以"看他"为名，是因为当时目睹日机轰炸兰州惨状，义愤填膺，即取古人"看他横行到几时"的意思而取名。日前检点旧篋，仍觉赫然如新，请供参考。

东郊机场的不速之客

一九三六年二月二十九日上午十一时左右，兰州市民突然发现天空有一架涂有"太阳"红徽的飞机，大为惊疑，该机绕城飞行数圈后，降落于东郊机场。这时始知是日本"127"号飞机，机内共有六人，由日本军官驾驶，驾驶员是田野初和大理正义，其次还有日本陆军武官羽山嘉郎、小尾哲三、参谋堂协克雄和阿部正直四人。这些人员下机后进城，在大通旅社下榻。下午四时赴省政府谒于学忠主席，谈了二十分钟辞出。据羽山和新闻记者说，他们是游历到此，次日将飞宁夏、包头回北平。第二天日机离去。

事后方知，这是日本飞机未取得我国许可，侵犯我领空，第一次深入内地飞来兰州。这些不速之客显然是借游历之名，行侦察之实，为日后空袭兰州作准备罢了。

关于日机首次来兰这件事，有的同事了解得更具体。据说日机降落以后，机场人员也很紧张，当询问日本机上人员时，日本人先搪塞答道："和省政府主席认识，特来访问"，机场人员当即与于学忠联系，于说明并不认识。机场人员质问："为什么不持护照，擅行入境？"入侵者竟答道："日本与贵国兄弟之邦，日本人到贵国向来不持护照。"随后日机人员又以油尽为借口，要求机场给他们的飞机加油后返回。同时又扬言说："如不加油就要求张家口派若干飞机来接"等等。真是一片胡言乱语，十足的强盗逻辑。

日机屡次空袭兰州

一九三七年十一月五日下午三时许，日机七架首次对兰州空袭，由兰州西面窜至市中心上空，又飞到东郊机场上空投弹数枚而去。这时兰州市防空网尚未设置就绪，当敌机进入市区上空时，未发警报，有的市民还误以为本国飞机，举首仰望，站满街头。事后才知道是敌机来袭。日机空袭时，我正在杨家园程晋三先生寓中，亲见敌机七架，一架在前，分作两队，由西向东飞行，敌机投弹后，房墙震动。晚间还听说机场附近曾炸死一两人。

同年十二月四日上午十二时，日机十一架，侵入兰州市上空，在机场附近投弹九枚，均落郊野，幸无损失。此时，省防空司令部之防空哨已设置就绪，据说当敌机飞过隆德县境六盘山时，防空司令部即发出空袭警报。但一般市民仍缺乏警惕，当敌机飞过市区时，仍有许多人站立街头张望，不知躲避。后来听到敌机投弹的轰炸声，方才惊慌，自此以后，警报一发，都争先恐后，逃避城外。

一九三八年二月二十日上午十一时，日机第一批九架，由北方侵入市区上空，经东郊泥窝庄（今宁卧庄），向飞机场投弹；第二批十二架都从西面侵入市区上空，在北园白云观附近、省立医院（今兰医二院东边）、制造厂、木塔巷、贤侯街、县门街等地均投弹轰炸。当敌机进入市中心上空时，我机起飞迎击，南北山所架设的高射炮齐发，共击落敌机九架。

一九三九年二月二十三日，日机二十架，于上午十二时二十二分由东北侵入市空，我机即起飞迎击。敌机投弹于中山市场（今兰园）、黄家园、东大街、学院街（今武都路）、贡元巷、黄河沿、南关（今中山路）、东城壕一带共有八、九十枚。炸毁民房、公房约五百余间，死伤百余人。兰州名僧众诚（俗呼兰大师）为守护中山市场的普照寺藏经楼而殉难，经典六大部被焚毁。此役我方击落敌机六架。事后将被击落较近的敌机残骸及驾驶员肢体运至本市，在中山林路陈列展览。

同年十一月二十七日夜，日机七十七架（一说百余架）分六批袭甘。晚九时即发空袭警报。日机除一批十五架在半途折回外，二批十二架，三批九架，四、五、六批各十二架都先后侵入兰州上空，投弹多枚窜去。是夜月明如昼，敌机彻夜空袭，至次晨五时，警报解除。受灾区域很大。以东大街（今张掖路东段）、东关（今庆阳路）、河北医院一带及山字石皖江会馆等处落弹最多，炸毁房屋六、七百间。因为警报发后，居民躲避及时，所以死伤只有五、六人。距黄河铁桥东西两旁五、六十米之间各落炸弹一枚，炸裂河底石块，飞上铁桥砸破栏杆一座。

据了解，日机此次空袭，房屋倒塌虽多，而死伤人数较少，还有另外一个原因：过去市民误以为日本人普遍信奉佛教，不炸寺院，因之，一闻警报，率多避于附近寺庙，以为可以保全。此次市民已吸收以前惨痛教训，遂尽力向郊外逃避，因而减少了牺牲。敌机怕我空军迎击，此后多为夜袭。

同年十二月一日，敌机十五架，分二批袭击兰州，第一批飞至静宁折回；第二批十二架于上午十二时四十分从西南方向侵入兰州上空，在东、西飞机场（西飞机场在西固城）投弹多枚，被击落一架。

此次敌机系由青海方面窜入我市上空，敌机变更路线，被我空军识破，派驱逐机由西北，西南两个方向截击，敌机仓皇在东西机场投弹后逸去，未得侵入市中心上空。

同年十二月二十六日，敌机一百零二架，分五批来袭。第一批两架于上午八时五十分侵入市空，纯为侦察性质，未投弹；第二批二十七架，于九时二十分绕道永登进入市区上空，在东郊机场投弹而去；第三批三十六架，于九时三十五分由平凉经榆中直入市空，在城内滥肆轰炸，后在东郊机场投弹而逸；十时二十分第四批三十六架绕道固原、景泰等地侵入市空，在城内投弹多枚而去；第五批二十一架于十一时侵入市空，在东郊盘旋一周而去。此次为日机袭兰以来，出动飞机架数最多的一次。被炸的地方也多。敌机在贤侯街、古楼南（今陇西路）、道陛巷、西大街、西城巷、百子楼（今武都路西口）、安定门外、举院、小西湖、北塔山等地投弹三百余枚，敌机空袭之时，全城烟火弥漫。此役中，敌机被我高射炮击落三架，其中一架的残骸在榆中发现。

同年十二月二十七日，敌机九十八架由晋经陕袭兰。自上午六时四十五分起，敌机分四批侵入。首批三架，第二批三十三架先后侵入市空，向市内投弹最多，大部为燃烧弹；第三批二十七架于上午十时五十分窜入市空投弹；第四批三十五架于正午十二时侵入市空，据说在东、西郊机场投弹三百多枚而去，敌机被我击落四架。

同年十二月二十八日，敌机一百余架分多批穿梭空袭兰州。这是日机连续空袭的第三天。前两天敌机用密集队形，此次改变战术，化整为零，由四面穿梭而过，使我空军不易集中目标。此役敌机所投炸弹最多，空袭延续时间也较历次为长，我空军未获战果。

敌机三日以来，连续轰炸，不仅我空军人员精神疲乏，市民亦疲于奔命。我和家人到水磨沟连避三日，直至第三日警报解除，方收拾还家。路过中山林时，见昏倒而躺卧于道旁的人确实不少。睹此情景不禁令人怆然。事后据官方公布，全市无街不落炸弹，炸毁房屋不计其数，死伤市民达二百五、六十人之多。另外据民间估计，冻饿及染病而死者也不下三、四百人。日寇滥炸和平居民之罪恶，于此可见一斑。

一九四一年五月二十一日，日机二十七架，于上午十一时许，侵入兰州西郊上空，被我空军和地面防空部队痛击，队形立即混乱，一架左翼中弹，当即着火坠地，又有两架尾部中弹，直冒青烟，摇摇而坠。其余敌机向东郊仓皇投弹百余枚而向东逃去。事后据报载，敌机在归途中只剩二十五架，证明一架又坠落于中途。其在兰州市上空击落的一架为重型轰炸机，坠落于焦家湾山根，机身已全部焚毁，仅余钢架及碎片。发现敌尸四具，在残机之旁，肌肤已成焦黑。另外拾得金戒指一枚，上刻"带队轰炸汉口纪念"八字，想此机为带队指挥机了。

同年五月二十七日，日机三十九架，分三批袭兰。空袭警报于上午九时五十五分发出，首批敌机二十四架于上午十一时许侵入本市上空，我高射炮猛烈射击，其中一架被击中尾部，其余敌机立即升入高空。在东郊机场附近投弹后逸去；第二批为驱逐机六架，其中一架中途折回，其余五架在前批进入市区上空十分钟后即侵入市空，在高空盘旋数周后逸去；第三批驱逐机八架、侦察机一架于十二时窜入市空，曾在西郊机场进行扫射。敌机以驱逐机来兰州进行空袭，此为首次。

同年八月十七日，又有日机三批袭兰，首批仅一架，于上午十一时三十分侵入市空，侦察一周后逸去；第二批机数不详，于上午十一时三十分侵入市空，未见投弹而去；第三批三十四架，于十二时五十五分侵入市空，在东郊机场投弹多枚而去。

同年八月二十三日，日机五十架，分四批袭甘，前两批未到兰州，第三批驱逐机五架，于上午十一时四十分侵入兰州市空，用机枪扫射地面；第四批轰炸机二十五架，向西深入到武威。是日，高射炮队彭团副亲自开炮，击毁敌机两架，一架坠于市东段家滩，机身号码为394号，在机中有敌航空员尸体一具，机枪一挺，降落伞两具，还有地图和其他文件。

此日，邓宝珊将军的夫人崔锦琴女士偕子女三人，在河北盐场堡山谷内躲避，因防空洞倒塌而一同遇难。

同年八月二十六日，敌机二十六架，分两批袭兰，首批侦察机一架，于上午九时三十分侵入市空侦察；第二批二十五架于十时十分到兰州上空，未投弹而去。

同年八月三十一日敌机十架，于下午一时侵入市空，在城内举院、桥门街、东关、畅家巷、中山林等地投弹多枚，死伤十余人，甘肃学院、公教医院被炸，损失严重。又一批日机四架，在东郊机场附近投弹后东去。

综观日机空袭兰州，始于一九三七年冬，止于一九四一年秋，四年间空袭数十次。还有一次敌机未到兰州，直赴青海，在西宁投弹东返。日机侵袭地区，除兰州外还有武威、平凉、靖远、天水等地。后来日寇为进行太平洋战争，向南侵犯，将山西运城飞机调走，始停止对兰州的袭击。

1963 年 7 月

（原载甘肃省政协文史资料研究委员会编：《甘肃文史资料选辑》第二十五辑，甘肃人民出版社 1987 年版，第 1—7 页）

3. 敌机袭兰纪略 *

李 恭

民国二十六年十二月四日上午十一时许,敌机十一架袭击兰州,在东川飞机场附近投弹五枚以上。伤水果贩一,行旅一,惨骸狼藉,令人目不忍睹。轻伤者二,余未之见也。巡视炸弹投掷之处五,深皆四尺许。

本年十二月二十一日,敌机九架再袭兰州。防空司令部得讯后,即于十一时四十分发出警报。我空军旋飞升迎敌,十二时许敌机窜入本市西郊上空,绕道皋兰山后,在东川投弹十二枚。据报载,共毁民房三十余间,伤男女各一人,死一猪,伤一马,余无损失。余于月之二十四日旋里时,路过飞机场,在汽车中遥见场中停放之一机,翅上略有创痕,正在修理中。据实书之,以示情实。敌之谰言,不可信也。此次敌机经陕北榆林飞来,与前次同。所不同者,前次掠城而过,此次回避至山背,盖有戒心也。后闻敌机起飞之地,为包头西南某处。自邓宝珊氏驻节榆林后,饬属毁坏之,兰市不闻敌警者,一载有奇。

民国二十八年二月十二日,敌机二十一架由运城起飞,分二批袭兰。据报载,第一批九架,经由靖远进袭兰州,在拱星墩大红沟附近,投弹十余枚,即向东飞去。第二批十二架,飞至靖远后南绕洮沙及西宁边境袭兰,在拱星墩郊外投弹八十余枚,即向东飞去。此次敌机进袭,无甚收获。死二人,伤一人,东郊陕西义园房屋,略有震毁而已。据闻当第一批进袭飞过靖远时,在该县城外南关及乌兰山脚投弹二十余枚,毁民房八间,死三人,伤三十余人云。

我国对日抗战,至二十八年二月间,整十九个月矣。是月也,敌机凡三次袭兰。我空军应之,因有十二日之纵逸。二月十二日空袭时,我空军未显神威,敌机方得逸去,乃建二十日、二十三两日之奇功。当二十日敌机三十架分批袭兰时(第一批九架,第二批十二架,第三批九架),我空军早有准备,列阵以待,敌机先后侵入市空,冒险应战,仓皇投弹,狼狈逃窜。据防空部队报称,敌机返航,仅剩二十一架,队形极为零落,是为我击落者,确有九架。我空军健儿之英勇树绩,于此第四次敌机袭兰时展开矣。有军事家估计:是役敌之损失,约在美金千

---

* 此文录自李恭遗稿《文史别记》,路志霄整理。

元以上。乃贼心不死，于二十三日再度侵扰兰州。据报敌机由晋经陕袭兰，第一批九架，经会宁后即东返；第二批九架，至静宁折回，在平凉投弹二十枚，即向东逸去；第三批二十架，于十二时许侵入兰市上空，被炸地点虽有十余处，中山市场、黄家园、学院街、贡院巷、曹家巷等处，受灾较重，而击落之敌机，实有六架，较衡得失，定有徒呼负负者，非我也。此为敌机第五次之袭兰，我空军战士第二次之大胜利。当五次空战告捷之翌日，余由甘谷启程进省，三月一日路经洮沙，迂道至安家嘴，在李家湾附近，目睹坠落之敌机残骸，幽谷寒岩间，布满铁片布�，令人一则以喜，一则以悲。抵兰后，参观民教馆、中山林两处陈列之战利品，暗淡之太阳旗上，有书"必胜"二字者，有书"武运长久"四字者，乃知皆梦想也；有书"殉皇"二字者，是愚忠也。损毁之无线电机上镂有"昭和十三年八月制"等字，可卜敌机之不久。飞机之残骸，标明意大利制造字样，驾驶员之弃尸，认明非尽属倭奴，于是知别有助纣为虐，毁灭正义者在，殉皇云乎哉。第五次敌机空袭，分作二排，一排八架，一排十二架，我空军某，御铁鸟，翻腾敌机排队中，如喜鹊袭击拙鸠者然。市民见之者，咸服神威云。

　　二十八年国历二月二十二日及二十三日，即己卯正月四日及五日也。辽西徐玉章同事赋诗志喜曰："新正醉饱腹犹果，警钟长鸣敌袭我。万人空巷争出城，南山北山如星夥。长空轧轧鬼车来，阵容雁翅逞幺麽。我机齐奋凌云翼，高飞散作五云朵。一机仰攻自下翻，一机横突出其左。我机神速箭辞弦，敌机中弹舟失舵。万尺高空羊角旋，青烟缕缕流星堕。头张尾簌华林南，大众齐呼火火火。壮士归来饮策勋，凯歌高奏从军乐。"于是知敌方之创巨痛深矣。敌机之不敢冒昧来袭，自在意中也。惟自湘北我军大捷，敌之损失綦重，乃作孤注之一掷，于陆则驱兽兵犯我南宁，于空则遣荒鹫夜袭兰州。兰州之初遭夜袭，为十一月二十七日事也。据报载，敌机七十余架，分六批窜扰甘境，目的均在兰州，顾因我防空严密，仅有末批十二架侵入市空耳。首批十五架，二批十二架，三批九架，四批十二架，五批十二架。或中途折回，未投弹，或误认目的地，数度轰炸，闻靖远受害最烈云。时方夜半，西南方有声隆隆如雷，似有敌机在七千尺以外之高空盘旋者，闻之者咸怀戒心，而亦知荒鹫之难奏肤功也。十二时半，始行轰炸，投弹约四十枚，炸毁及震塌之房屋共约三百余间，炸死平民十人，伤十一人，被轰炸地点为东大街、皖江会馆、山陕会馆、贡院巷、横街子、庙滩子及河北医院。盲目投弹，漫无准的，若欲言敌机第六次袭兰州成绩，尚须问诸水滨也（有许多炸弹落于黄河中）。是役也，八时发空袭警报，十时许紧急警报，二十八日早三时半解除警报。闻敌机之起飞地点，仍为运城云。

二月二十三日，敌机进袭兰州时，普照寺见毁，蓝和尚众诚死焉。据闻该寺藏经七千余卷，多系明版，损坏十分之二，殊为可惜。三月二十日，余因郭杰三师得睹其烬，偶见卷末有嘉靖壬寅陈某施财刻版字样，历时盖三百九十五年矣。

二十九日午后三时，朱一民先生之女公子畹兰（时在甘肃学院银行专修班肄业）传来一消息，谓敌人今日由汉口向运城增加飞机五十余架。果尔，则今夜之月又足恼人矣。陇谚有之曰："十八九，坐着守"，盖谓每月在十八、十九两日，玉兔东升之时间，可坐而待也。今日为夏历十月十九日，待月即待敌，不禁有时月曷丧之感焉。果于黄昏过后，坐待片刻，月出于东山之上矣。九时五十三分空袭警报发矣。阅半小时，紧急警报发矣。十一时许，敌机十二架在探照灯交映下，高射炮齐射中，由东北而西南，侵入市空矣。翌日探悉，投弹之处为新关、曹家厅、中山林、四墩坪一带。炸毁之房屋不甚多，死伤之人为防空于中山林、四墩坪者，亦不甚多。三十日早二时许，又闻有敌机数架（据报载此系第二批九架）在高空轧轧作响，四周盘旋约经半小时之久，迨我探照灯一晃，始得其仿佛，盲目投弹而去。何以知其盲目邪？窦程九（甘院印刷股主任）眷属之避居东川者，亲闻有数弹投入黄河中云。旭日东升矣，我神鹰飞倦矣，正在加油打气之际，又有敌机二十七架，自西北飞来矣（据报载，此系第四批，由晋经陕入甘，绕道河西及青海边境，折回袭兰）。在徐家湾以上即投弹，马生毓秀亲见投入河中者，激而跃之有丈许，真殃及池鱼矣。掠城而过，在南关、南府街、下东关及小梢门一带共投弹六十余枚，所受之损失，有相当之重大。敌机第七次三度来袭，在市区共投弹一百二十余枚，炸毁民房约一千二百间，死伤之无辜平民三十余人，防护团团员因抢救难民，致有三人殉难，警士一人，亦同时殉职，此足证明我防空之严密与工作人员之努力也。九时许，解除警报。

十二月一日早八时，即有敌机复犯之情报，果于八时五十四分发出空袭警报矣。十时半，东西汽哨齐鸣，是紧急警报也。十二时许，敌机四十八架，分两队由西飞来（据报载，敌机于八时零五分由晋出发，共五十一架，飞抵庆阳县属之西峰镇后，即行分为两批，一批三架，窜至靖远，在郊外投弹多枚，即行逸去。一批四十八架，则继续西飞，至西宁后折回袭兰）。高射炮密射，神鹰凌霄，大展妙技。继而两队荒鹫群中，均放出白烟，是火化之兆也。观敌机之布阵似欲毁我飞机场，惟在东西郊所投之弹，均落于旷野荒地，我方无甚损失。下午一时二十二分解除警报。闻击落敌机一架，坠于本城东郊，并有多架受伤云。

余任教职前后凡八载之兰州师范，于第九次敌机袭兰时大受损失。余于二十八年四月间因兰师迁移，逋播至榆中，九月间改就甘院教职。别兰师诸生诗中有云："挥手自兹去，乘軺入会城。富如浮云淡，死视鸿毛轻。"果于十一月二七日以来两次夜袭，四次昼袭，令余将死付之度外矣。十二月二十六日自早六时发出空袭警报后，敌机分四批相继侵入市空，第一批二十七，第二批三十五，第三批三十六，第四批三十六。除第二批由东南窜入外，余均自西徂东，投着烧夷弹于斯役始也。兰师自校长室、教务处以至中山堂尽化为灰烬，惜哉！此外就余巡视所知者，中山市场最惨，中山大街（旧名绸铺街）次之，县门街又次之，以其均着烧夷弹也。其被炸毁者，东关、南关、道门街、南府街、道升巷、木塔巷、赐福巷、中山路、水北门，皆颓垣折橼，瓦砾充塞，不忍正视。呜呼，前人艰难缔构者，今竟摧毁于敌人，余之生命，复何惜哉！十二时许解除警报。城中烟焰迷漫，阳乌惨淡无色。据防空司令部报告，击落敌机三架，坠在榆中县境，我怀稍慰矣。又闻人言，今日敌机由运城启飞者，共九十八架，有一批往复示威耳。

前数日报端屡载包头克复之说，今日又有我军克复南昌之捷报，则敌机之狂炸兰州，愈见其穷蹙而已。二十七日早五时许，空袭警报将余从梦中惊醒，此固为全市民众起床时也。六时半发紧急警报后，敌机许久未来，意者敌机畏怯耶？九时至十二时许，敌机三批先后由西来肆扰，第一批三十六，第二批二十七，第三批三十五，共九十八，赖我防空人员之苦心设计，民命未遭涂炭，而省党部之过厅及东西厢，于今日被灾矣。其他建筑遭毁坏者，南门内为甚，西城巷、南府街、中街子次之。余则如人之鳞伤遍体，难以细数，要不外日昨之路线而已。当第二批敌机侵入时，我英勇空军上下翻腾，左右驰骋，致敌机队形大乱。在我神枪妙手格格射击声中，先后击落敌机四架，均坠于皋兰县境东固城以东地区，不日当可搜获运抵兰垣也。据报载，今日敌机之由晋经陕入甘者，亦有四批，第一批架数不明（大约两架或三架），飞抵靖远后，即行折回东逸云。前日击落之敌机三架，今晚由榆中甘草店运来一架，另外一架，亦在榆中县境发现，尚余一架，仍在继续搜索中。其残骸陈列于中山林，机中驾驶人员均已焚毙，尸体模糊，辨别不清，仿佛杂有女尸一具，众意或系敌机中之电务人员。市民睹此空中苦斗所获之战利品，即遭家毁人亡之痛者，亦均为之面露笑容也。

二十八日上午九时许，余方进早餐，工友某欻来报曰："有情报。"乃投箸外出，继而空袭警报发矣。十一时许，敌机九十九架分两批相继掠过市空，首批六十三架，二批三十六架，共九十九架。我空军不顾众寡之悬殊，勇猛射击，高射炮队亦大显神手，结果击落敌机二架，可以稍摅我恨矣。此次敌机所循之路线，顺流而东也，故昔每逢三五恨明月而目为汉奸月者，今又诅咒黄河，而斥为汉奸河矣。其烧夷弹所生之威力，在西门十字及西关一带。被炸之区域，为甘肃学院，余于是日起无屋可住矣；为工业学校，水校长、师主任几罹于厄矣；为主席办公厅，继日昨炸毁之财政厅而为瓦砾场矣；为东大街，为新关，洞天春洞辟，大会馆大毁，女子师范半夷矣。黄河冰窟，饮弹犹夥，而敌人轰炸铁桥之目的终未达到也。十二时许，解除警报。

　　总计三日来击落敌机九架，我机亦略有损伤，敌人之用心，如此其毒且狠也，则市容之改观，自在吾人意料之中也。在十一次轰炸后二日，由榆中县境又运来敌机残骸多许，约莫有两架之谱，仍陈列于中山林，参观者络绎不绝，亦足觇民众之同仇敌忾也。据军事专家估计，敌机三日来袭兰损失，总数为美金四百九十一万零四百元，至我方损失不过国币百万元而已。某新闻记者告余曰："兰坦无现代之高大建筑物，商人存货，早已疏散，纵成一片焦土，能值几何？"敌人连日袭兰，用尽九牛二虎之力，诚抗战以来各都市所未曾遭遇者也。而死伤人民止一百五六十人，不能不赞美我防空之周密也。

　　（原载甘肃省档案馆编：《档案》2005 年第 2 期，第 53—55 页）

4．回忆八年抗战期间的兰州防空

叶建军

抗日战争时期，处于大后方的兰州在战略地位上显得十分重要。我与 1938 年 5 月调任"甘肃全省防空司令部"参谋室负责工作，对当时兰州以至全省防空略有了解，现就记忆所及叙述如下，不实遗漏之处，请各界知情者补充更正。

一

1937 年 7 月，全面抗战爆发后，甘肃省主席贺耀组召集有关军政官员开会，成立了甘肃省会防空协会。推选贺耀组兼任会长，下设防护团和情报通讯所，并推选西北混成旅旅长杨德亮兼任总干事，负责办理防空业务。这是兰州的防空之始，属试办性质，既无法规可循，又无经费来源。

1937 年 9 月，将甘肃省会防空协会改为甘肃省会防空司令部，仍由贺耀组兼任防空司令，并推选新一军军长邓宝珊、80 军军长孔令恂兼任副司令，191 师师长杨德亮兼任参谋长，负责处理防空事宜。司令部下设三科三室。第一科办理积极防空事宜，科长由 80 军参谋长郭××兼任。下属有地面警备部队、照测部队、高射炮部队、空军部队。第二科办理防空情报事宜，科长调电报局业务长伏景聪专任，下属有情报所、防空总台、防空监视队哨。第三科办理消极防空事宜，科长由省会警察局局长马志超兼任，下设防护总（分）团，下属有避难管制队，救护队、消防队、警报队、警备队、灯火管制队、交通管制队等。参谋室办理作战计划和业务人员训练事宜，甘肃省军械局局长祝仁安兼职负责。秘书室办埋公文处理，调杨少毅专职负责。军需室办理后勤事宜，调孙克昌专职负责。各科室工作人员除少数专职外，大多数为兼职。分工后，各部门工作逐渐开展。

1937 年 12 月，贺耀组奉命调京，由新任八战区司令长官朱绍良兼任甘肃省政府主席和防空司令。对原防空司令部的人事重新进行了整顿，工作人员一律改为专职。并提出"以苦干实干相勖勉，以自救救人相警策。"并筹措款项，加强防空建设，使兰州的防空日益走向完善之途。

1938 年 5 月，奉国民党航空委员会命令：改"甘肃省会防空司令部"为"甘肃全省防空司令部"，仍由朱绍良兼任司令。原防空副司令邓宝珊、孔令恂因部队调防而辞职，由杨德亮兼任副司令，向超中任参谋长。仍设三科三室，第一科科长陈思廉、第二科科长伏景聪、第三科科长彭亚民，参谋室由我负责，秘书室杨少毅负责，军需室孙克昌负责。

随着全省防空工作的展开，形成了以兰州为中心的全省防空网，在重要城镇武威、酒泉、天水、平凉等地设立防空指挥部和防空情报分所。在各城镇普遍设立防空团队和防空监视队哨，架设防空专线，筹设防空无线电台，加强防空情报通讯。为了加强防空监视力量，调各县队哨长及防空人员，举办防空情报训练班。还成立了疏散建设委员会和防毒委员会，分别办理防空救济、疏散建设、防毒救护等项业务。

经过完善织组，充实人员，从而在对付日机狂轰滥炸，减少人民伤亡，并给敌人以沉重打击方面，起到了不可低估的作用。

二

自抗战开始，兰州就成为大后方的重要政治军事基地，甘新公路是一条重要的国防通道，苏联援华物资经兰州运往各抗日前线。因此，日寇对兰州施行极端野蛮的轰炸，千方百计破坏这个基地和国防交通线，这就形成了兰州防空的重要性。

防空司令部所辖作战飞机，分别停放在拱星墩、中川机场，可以随时起飞迎敌和执行侦察和轰炸敌人基地的任务。由于防空情报及时准确，为我空军积极主动地歼灭敌机创造了良好的条件。如 1939 年 2 月 20 日和 23 日两次空战，共来敌机 50 架，被我击落 15 架，给敌人以沉重打击，1939 年 12 月 26 日、27 日、29 日三天，日军每日出动飞机一百多架轰炸兰州，在市区投弹 2 千余枚，炸毁房屋 2 万余间。因为情报准确，群众疏散及时，死亡只有 30 余人。同时，我空军采取灵活战术，出敌不意，轰炸日军军事设施中心；1939 年 2 月 5 日，我空军一队，乘日军飞机轰炸兰州返航之时，尾随其后，乘敌机在山西运城机场降落之时，进行轰炸，投弹 60 余枚，炸毁敌机 40 余架，建立了奇功，使日军不敢再在运城机场停留大批飞机。大大削弱了敌人轰炸兰州的空军力量。

中央防空学校炮兵团一个营驻防子拱星墩飞机场、白塔山等要塞区。配备有苏制大口径高射炮四门，射程 5 千公尺左右，系自动化操作。有德制苏罗通高射炮六门，射程 2 千公尺左右。还有高射机枪 30 多挺。这些轻重武器构成严密的对空火力网，配合空军作战，发挥了积极有效的作用。1939 年 2 月 20 日，击落敌机 9 架的战斗中，有一架领航的敌人重型轰炸机，就是被白塔山的苏罗通高射炮击落的，后坠于马家山，人机具毁，有尸体7具，内有空军大尉1名。

照测部队分布于兰州市郊的红山根、孙家台、白塔山、段家滩四处，配有斯伯利照测灯4具。是国民党中央防空学校照测第八队，于1939年5月派遣米兰，在防空中起了一定作用，后于1941年10月移防贵阳。

鉴于日军在湘北大战中使用了伞兵，防空司令部又及时成立了"防空警备部队"，部署在各重要城镇或交通据点，严密防范日军使用伞兵偷袭。防空司令部在兰州、天水、平凉、武威、酒泉设了5个防空警备区，并以兰州为核心，各区密切联系。如遇敌机伞兵偷袭时，即可统一指挥作战。但在八年抗战中，日军始终未敢在西北地区使用伞兵。

抗战初期，甘肃的通讯设备很简陋，仅有几条国有线和军用报话线，纵横不相关联。防空司令部在西海固地区架设防空情报专线两条，在各地敷设防空无线电台30多座，但仍感不足。1941年又报请航空委员会拨款，架设了防空情报专线两条。同时，国民党中央给甘肃调拨了大批无线电台和报务人员。陆续完成了甘肃省防空情报设施的建设。

今天回顾往事，需要特别提到当时在敌人心脏里为我们提供情报的无名英雄。当年在敌人运城机场附近就有我们一个秘密电台。轰炸兰州的敌机往往是头一天下午由东北大本营飞到运城机场降落，第二天再起飞轰炸兰州。这个电台及时准确地将情报告诉给我们，使我们有充裕的时间进行防备。

1937年10月，我曾奉命到定西、静宁、平凉等县督导设置防空监视队和监视哨。12月又去永登、武威、民勤、张掖等县检查督导。到1938年4月，共成立了防空监视队13个，防空监视哨26个。这些防空队、哨全部使用国有报话线和军用话线，如兰州至平凉、兰州至天水、兰州至张掖都是单线，没有横线联系。敌机若不在防空监视队哨范围经过，兰州就得不到情报，如1938年春，有一次，日机从山西运城起飞，经过陕西澄城，宜君、甘肃合水，向北绕道定边、内蒙大庙、乌海、到达磴口，从磴口转弯向西飞行，窜过阿拉善旗草地，直达甘肃景泰县。敌机所飞路线避开了我方防空情报监视哨，所以未被发现。飞到景泰县后，始被我监视哨发觉。景泰飞到兰州，只需十几分钟。当时，防空司令部怕空袭警报一发，街上跑警报的车马行人过于集中，反倒会造成更大的伤亡，故紧急关头果断决定不发警报，敌人并不了解情况，由白塔山顶掠过，向黄河铁桥投弹20余枚均未命准，经过四墩坪，向临洮飞去，然后转头飞回运城。

这事发生后，防空司令部呈准国民党军事委员会，又拨来无线电台30部，并随带报务人员。将这些电台布设在阿拉善旗草地及其他迫切需要的地带。1938

年8、9月间，我到阿拉善旗定远营，同蒙古亲王达理扎雅（字锐荪）、大协理罗云卿、小协理罗相丞等人洽商。决定在可可布鲁都、紫泥泉、西尼乌苏、刺窝井子、五个山子、铁什干、克图湖、拜滩井等地设电台8处。并部署了各电台工作人员的食品和物资供应问题。这批防空电台，直到抗战胜利后才予撤回。

1938年5月，防空司令部为加强防空组织和防空情报建设，除兰州外，又在天水、平凉、武威、酒泉等地增设了防空情报分所。在全省各重要村镇根据需要分别架设防空专线，设立防空监视队哨，或防空电台。从而，其监视半径东及于陕西长武、榆林一带；南至川属之昭化、广元一带；西至西宁，北至宁夏、绥远、蒙古草地。

甘肃全省防空司令部有计划地训练防空情报人员。1.举办防空情报人员训练班三期，受训人数150余名。1940年以后，由省防空司令部二科所属情报所举办小型训练班，每期20人左右，两周时间。教官由本部高级军官义务担任。1941年，省防空司令部抽调各县防空监视队哨长，由西北训练团代为培训。2.选送有关人员到防空学校军防班受训，提高防空技能。3.成立无线电训练班，训练无线电通讯人员。在培训防空情报通讯人员的同时，还举办了防毒、救护训练班。

三

兰州在消极防空方面，逐步建立健全了相应的组织和制定了一套有效的行政法令。

防空警报设置。防空警报是为了指挥警备、防护部队出动及民众迅速躲避隐蔽的信号，其音响力求遍及。兰州原有汽笛两处，手摇警报器两台，警钟400多口，分布于市内中心地带，尚不足以应付。后又增加电动警报器一台，并在五泉山、四墩坪、广武门城墙、省政府门前、白塔山竖立旗杆，悬挂灯旗球。分别制定和宣传表示预行警报、空袭警报、紧急警报和解除警报的识别办法。

空袭警报发出后，先在各重要地区，加放号炮3响。以后每批敌机到达，加放号炮1响，以引起避难市民之注意。还规定了挂黑白牌和敲铜锣等辅助警号。这些措施的施行，对市民及时躲避，减少伤亡起了很大作用。

1941年7月，为预防敌机夜间偷袭，又规定了夜间空袭警报辅助办法。即除发放警报外，还由各街道防护团员及保甲长负责敲铜锣，由岗警吹警哨。锣的敲打方法是：连敲三响后，稍停顿一下，再连敲3响，如此连续敲打20分钟。解除警报，不再敲锣，以示区别。

消防器具设置。兰州市原有消防器具很少。经请准拨款，在重庆震旦机器铁工厂订购人力抛龙六部，在兰州购置了一批木杈、木梯、铁锹、洋镐，按治安区域分配，经常进行消防训练。1940 年 2 月，又令饬各机关、工厂购置水龙及其他消防器材。并在兰州市各街巷，按人口多寡，指定适当地点，修建蓄水池多处，开渠引五泉山泉水及阿干河水，经常保持一定水量。各居户、商号、机关单位、均设置木桶，储备沙包，大部开凿了消防水井。1941 年秋天，兰州市防护团消防大队，购置了消防汽车 4 辆，在发生火灾的紧急情况下，能及时赶到救火。

防空壕、洞、坑建设。敌机空袭时，市民躲避，唯防空壕、洞、坑是最安全迅速。防空司令部即时绘制防空壕、洞、坑图样，命令各县办理。兰州市建筑机关、个人地下室 120 个，防空洞 100 多个，露天防空壕 258 个。可容纳 5 万人以上。经数年后，损坏甚多。为安全计，1940 年 8 月，防空司令部召集兰州市各机关商讨改进办法。决定按治安区域分别派员查勘，凡土质不良，位置不当，不合格的，一律勒令填封，重新修建。并由兰州市建设委员会工程处主持设计，防空壕、洞、坑等遍及市内。

防毒设施和防毒训练。甘肃省防空司令部成立后，立即调集兰州市的化学和医学专门人才，成立了防毒研究委员会。报请甘肃省政府拨款购置防毒器材与药品，制作防毒口罩，分售各单位和市民备用。还编印了防毒须知、中毒救护法、简易防毒法，分发宣传。1941 年 10 月，兰州市聘请了本市防护专门人材，对各总、分团的防护团员、警察、保甲长及市民进行了防毒训练，普及防毒常识。

防空交通管理规定。兰州市街道狭窄，遇到警报，人车拥挤，道路阻塞，容易发生伤亡事故，因此交通管制，显得十分重要。防空司令部规定每日上午 7 时至下午 4 时为防空时间，禁止木轮大车在城内通行；凡没有防空司令部特别通行证的卡车，一律不得进城；预行警报发出后，任何车辆不得进城；发出空袭警报后，汽车须以极缓慢速度行驶，以免伤害行人。如乘坐羊皮筏子到河北山区躲避者，每只筏子所载不能超过 6 人，并不许筏主乘危勒索高价。在发出紧急警报后，所有人马车辆，除负有防空任务者，一律不准通行。

防空救护工作的组织与训练。兰州市防护团下属救护大队由本市各公私医院、卫生事务所和诊疗所组成。防护团还设立担架营、青年服务所、红十字会进行救护工作。在市郊梁家庄设临时治疗所，拨房 89 间，作为空袭时受伤人员收容急救之用。甘肃省政府拨救护款 15,000 元，一半购置医药，一半为治疗所添置设备。

各医疗单位负责对医护工作人员分期分批进行急救和护理常识训练。

防空灯火管制。为防止敌机夜间偷袭，防空司令部对城镇实行了严格的灯火管制。敌机对不设防城镇，为了投弹准确，有时先投掷照明弹再进行轰炸。但对兰州，敌机怕暴露自己，受到我方攻击，一般不敢随意使用照明弹，只得盲目投弹。所以，敌机对兰州的夜间空袭，很少得逞。如 1939 年 12 月 29 日夜间，日军出动飞机 113 架分 6 批轰炸兰州。其中一批敌机在靖远上空盘旋五圈，误将靖远当成兰州，投弹而去。还有一次冬夜，靖远东湾的街道上，有两名过路脚户经过，夜深天冷，燃起一堆篝火取暖，正值日机偷袭兰州飞过，敌人见火光即投弹轰炸，死伤 2 人，房屋炸塌 40 余间。由此可见，灯火管制的重要。

兰州的人口疏散。1939 年 6 月 21 日，成立了甘肃省疏散建设委员会，简称"疏建会"。有委员 19 名，主任委员由省主席兼任，常务委员 6 人，由甘肃省各厅处长兼任。秘书 2 人，雇员若干人，由甘肃省政府秘书处调用。设疏散、建设、警卫三个组。秘书处、民政厅、教育厅、保安处担任疏散组的工作，建设厅、财政厅担任建设组的工作，保安处担任警卫组的工作。同年 8 月又成立了工程处。

甘肃省银行在兰州投资 50 万元（法币），在黄河北岸及兰州西郊购民地营造房屋。至 1940 年 2 月底，建成甲种房屋 9 院，每院 20 间；乙种房屋 20 院，每院 16 间；丙种房屋 8 院，每院 10 间；丁种房屋 160 间。共计 960 间，窑洞 160 个。工程费总计 207,000 余元（法币）。疏建会将这些房屋租给居民和机关用，月收房租费约 2,000 元，逐渐还清银行投资本息。

防空躲避的指导。在抗战初期，兰州的大街小巷，还保留着清代建筑的样式，狭窄难行，遇雨便成了河道。由于缺乏组织指导，空袭警报一响，逃难的人混乱，拥挤不堪，而防空洞更加拥挤。为此，防护团成立了避难指导队，根据防空壕、洞的分布和容纳人数，划分地区、定人定位，指导人们避难，使秩序逐渐有条不紊。

防空注意事项。1941 年 6 月，防空司令部为了力求减少损失，特拟定了防空注意事项 11 条，通令省会各防护团、队及市民遵守：

1. 中山林一带土质不良之防空洞，禁止进入避难。

2. 禁止市民在树下或田园避难。

3. 市民空袭避难时，必须熄灯灭火，以免发生火灾或夜间暴露目标。

4. 警报发出后，一定到郊外避难，勿侥幸居家，遭受无谓牺牲。

5. 私人挖的防空壕、洞，限期登记，检查许可后，方能使用，违者严办。

6. 紧急警报发出后，无通行证之汽车，一律禁止通行，违者扣留。

7. 空袭警报发出后，畜力车一律禁止在城内通行。

8. 商号及住户，每家设太平水桶一个，以备消防灭火之用。

9．加强北园、河北、十里店、水磨沟等地的警备部队。

10．在空袭时间，任何机关工作人员，都要遵守防空规定，违者即行逮捕。

11．在空袭时间，应切实防范盗窃及汉奸活动，以免遭受意外损失。

兰州防空的其他几个组织：

1．兰州地区击落日机鉴定委员会。为了奖励空军和防空地面部队的功绩，避免以往为击落敌机的归属而争执不休现象发生，防空司令部成立了该委员会，经请准第八战区司令长官部施行。第八战区司令部参谋处副处长王珏、监察使署秘书张家珏、甘肃省党部委员李少陵、空军第四路司令部第一科科长左记彰、空军第七总炮站站长施政光、省防空司令部第一科科长陈思廉等人，为该会委员，并推选王珏为主任委员。要求大家公正持平，鉴定敌机被谁击落，避免了无谓争执。

2．敌机空袭兰州紧急救济办事处。该处原为各单位出人组织而成，处长由甘肃省主席兼任。1941年5月奉令将该处移交防空司令部。处长由防空副司令兼任，防空司令部第三科科长兼任总务组长。兰州设市后，又于同年10月移交兰州市政府接办。此后历次敌机空袭中，均能及时办理紧急救济工作。

3．甘肃省防空建设基金征募委员会，鉴于防空之重要，经多方努力，得到兰州市全体市民的赞助，于1941年8月6日成立甘肃防空建设基金征募委员会。经推选，第八战区政治部主任曾扩情为主任委员，甘肃党部书记长杨集瀛、甘肃省参议会议长张维、兰州市市长蔡孟坚为副主任委员，下设总干事1人，副总干事2人，分设总务、征募、宣传三个组。并推定兰州中国银行和中央、交通、农民、甘肃省银行等组成基金保管委员会。自中央发动征募战时公债后，该委员会即奉命停办。

四

日军飞机残骸展览。1939年2月27日至3月2日，在中山林和民众教育馆举行敌机残骸展览会，中山林陈列敌机残骸及敌飞行员尸体。民众教育馆陈列敌机机身、飞机零件、机枪、佩刀、护身符、佛像等。

击落的敌领队轰炸机，因坠落快，已摔成碎片，但仍然可以辨认出是意大利1937年11月制造的最新式轰炸机。飞机号码是"BB·20"，翅膀下的油布上漆着"112"号码。备有机枪四挺，最大的口径为12.7厘米，其余三挺口径为7.7厘米。在残留的一排机枪子弹中，每隔三五个，便有一个红头子弹，红头子弹是毒弹和烧夷弹的标记。敌人的心肠是如此狠毒。上面还装有最新式灭火机和酸素管。全机除一台无线电收报机和一台小马达外，其余全部是意大利制造。那台小马达是东京小穴制作厂出品，号码是 101718。炸裂的油箱上面带着弹孔。

这架敌机里有 7 具尸体，可以看出有一个大尉和 5 个仕曹。有两个的名字叫"木和"和"合津"。敌人航空部队，常常以中队长的名字作中队名称。根据常识推测，断定打死的大尉的名字叫"二井"。从敌人遗留的一只航空帽与我方空军的航空帽相比，质量相差甚远，就此可言，敌国的经济已到枯竭的程度。

展览会上还陈列了敌人的两把指挥刀。一把是敌人空军官佐佩用的，上面刻着"明治二年三月义明夫广房作"字样。另一把是陆军军官佩用的，手把上有三颗红星，据此推测，击落的飞机里很可能有一个观战的陆军军官。两把指挥刀都开了口，证明敌人准备自杀这一着。

展览会上陈列着一张从击落的敌机中发现的照片。照片是在一家旅馆前照的，上面有一个老汉与两个妇女。也许是这个大尉的家属吧。他们怎么会想到，他们的骨肉在侵略战争中送了命。有这位大尉的两本日记，一本被子弹打穿，另一本上记了从 1938 年 1 月 14 日起到 21 日的日记。上面有从武汉到上海，从上海到大杨的空中里程和一些思家厌战的语句。其中有一句是"空中困难，家乡在那一端"。有一首题为"西湖四月"的诗，看来这位大尉曾在被他们铁蹄蹂躏过的西湖上游览过，西湖是美丽的，他吟咏的诗句，更激起人们对日军的仇恨。

展览中有一份地图、一些钞票、一面中队旗、两个护身符，也是从击落的飞机中发现的，地图是日本陆军部参谋部绘制的。印有："西安兰州近傍"、"昭和十三年八月"、"机密"等字样。地图还可以看出敌机是从晋南运城起飞直到兰州，或从运城到平凉再到兰州。

钞票是日钞和汪伪"联合准备银行"发行的伪票。中队旗上绘着一条鱼和一朵大和花。护身符上面绣着"武运长久"四个字，还有一本敌国"航空部航空要员关叫"。

五

敌机轰炸兰州之惨景。1939 年 2 月 20 日至 23 日，日机对兰州狂轰滥炸，穿梭往来，投弹二千枚以上，古城兰州一片火海。炸得最惨重的是市区东部和西部。2 月 23 日，中山市场（今兰园）中了 3 弹，唐代修建的佛教丛林——普照寺藏经楼被炸毁，藏经楼中有《大藏经》6358 卷（唐藏 5048 卷、明藏 1000 余卷），名僧蓝方文（众诚）殉难。市场进门处的两家京货店及鲁氏摄影室、陇海旅社被炸平。贡元巷、新关街、西北新村、南大街、东大街等地敌机投弹最多，房屋被炸成一片废墟,死伤共百余人。这是抗日战争中,日机对兰州轰炸最凶的一次。

甘肃省防空司令部的工作人员,因为负责民众生命财产的安全之责,在防空警报未解除之前,就出发巡视检查了。我亲眼看到防护团员,警备部队和警察,在敌人飞机还在头顶扔炸弹,他们便踏着一片片瓦砾、奔跑着救护自己的同胞。

1939年2月20日下午2时45分,警报刚刚解除,第八战区司令长官朱绍良带领防空司令部副司令杨德亮、参谋长向超中,参谋室参谋叶建军、军防科长陈思廉、民防科长彭亚民、兰州市防护总团马志超等,亲往被炸地点,慰问罹难市民。

1939年2月24日上午9时,兰州市各界代表举行慰劳空军将士大会。制造锦旗四面,分赠空军将士、防空部队和防护团。锦旗上面分别绣着:"空战宣威"、"飞将神勇"、"驱逐狂寇"、"克称厥职"。还举行了赠旗典礼。

兰州市防护团第二团团员黄金仓,在1939年2月22日的敌机轰炸中,因在横街子看守警钟,不幸被弹片击中头部身亡。甘肃省会防护总团团长马志超率领所属各分支团官员团员二百余人,24日下午4时,在新关小学举行公祭,以慰忠魂,而励来兹。

甘肃省兼主席朱绍良,以日前敌机轰炸兰州,专以市区民房为目标投弹,市民死伤,大片民房被炸毁。特令财政厅拨款3千元,交由省会警察局具领转发各被灾市民。警察局领款后,即时分别转发。

兰州空军司令部,于1939年2月22日函甘肃省会警察局:"查日前敌机分批袭兰垣,蹿入市上空,滥肆轰炸,致我市民被炸伤亡者数十人,虽将敌机击落9架,终未足以平恨。如敌机再敢来犯,务将其全数扫荡。为我被难同胞复仇外,兹先将省府犒资本军1千元,又有特税局长蔡景忱、商号世德店、福长协、广发隆、大记商号、国强军服庄、万盛店、及鲁绍华先生等慰劳金4百元,转为捐送救济此次被难同胞。敬希贵局查收转发,并代慰问之意,至为感荷"。该局指派刘翼程、鲁珑前往灾区分发,并代致慰问之意。

甘肃省防空司令部兼司令朱绍良传令嘉奖防空人员。特别嘉奖陆军84后方医院工作人员在敌机空袭时,分四组由军医刘祥霖率领携带器械物品,在城内外防空地区进行抢救,并称为:"尽忠职责之义为,至堪嘉许"。

以上回忆,因年代久远,错误疏漏之处在所难免,敬请批评指正。

1987年8月

(张西原整理)

(原载兰州市政协文史资料委员会编:《兰州文史资料选辑》第八辑,1988年12月内部印行,第16—30页)

5. 兰州大空战

唐学锋

兰州是甘肃省的省会，为西北地区的交通重镇，北有黄河，南有皋兰山，依山傍水，地势险要，历来为兵家必争之地。抗战爆发后，兰州成为苏联援华战略物资的重要集散地。由苏联阿拉木图和外贝加尔飞往中国的大批苏联飞机都必须在兰州加油、检查，然后飞往各地。苏联在兰州设立了外交代表处、军事代表处和空军招待所，在兰州还常驻有苏联志愿队战斗机的一个中队。

兰州也是中国空军的重要基地和空军部队的训练中心之一。中国空军在兰州设立了第四路司令部（也称兰州空军司令部），统一指挥、协调西北地区的防空作战。地勤补给系统也在兰州设立了空军第七总站（也称兰州机场总站），下辖兰州机场（拱星墩）、东古城机场（在今榆中县清水驿乡西北）、西京城机场（在今兰州西固区境内）、中川机场（今永登县西槽乡境内）以及临洮机场。此外，还设立了空军第三工厂，负责修理各式飞机。

1938 年冬，中国空军总队从四川的梁山迁至兰州西古城，负责整训空军各战斗机队，同时进行飞机的换装补充。1939 年初，中国空军驻防兰州的有第 15 中队和第 17 中队，此外，还有苏联志愿队战斗机队 1 中队。防空方面有：中央防空学校炮兵团的一个营驻防于拱星敦机场、白塔山等地，配备有苏制大口径高射炮 4 门。射程为 5000 米左右；德制苏罗通高射炮 6 门，射程为 2000 米左右；高射机枪 30 多挺。这些高射武器构成严密的对空火力网，配合空军作战，保卫兰州。

1937 年 11 月 5 日，日机 7 架首次空袭兰州，在兰州东郊的拱星敦机场投弹数枚后离去。12 月 4 日，日机 11 架在管久少佐的率领下，于上午 7 时 30 分从北京的南苑机场起飞，经由山西省五台、陕西省南县（现称佳县，位于黄河西岸）、宁夏的银川，左转由靖远飞抵兰州。日机在东郊的拱星敦机场投弹 9 枚，炸死我军民 2 人，伤 4 人。是日，我空军 H—16 战斗机队起飞迎战，高射炮亦开炮阻截，揭开了兰州上空保卫战的第一页。12 月 6 日，我战斗机队在甘草店（榆中境内）上空将来犯的敌机 7 架逐回。

1938 年 1 月 21 日、2 月 20 日和 23 日，日机又分别以 5 架、18 架和 36 架侵犯兰州，经过中、苏空军勇士的奋力阻击，以及地面炮火的射击，使日寇轰炸兰州的目的仍无法得逞。11 月 15 日，驻包头的日陆军第 12 战队（重轰炸机队，大队长为原田宇一郎大佐）于拂晓出动 5 架轰炸机，空袭兰州，但仍遭到我空军部队和高射炮部队的有力阻截。敌人感到我在兰州地区的对空防护相当有力。

1939 年 1 月底，为了摧毁我在兰州的空军力量，敌人从汉口调来陆军第一飞行团，进驻山西的运城。2 月 6 日，敌陆军第一飞行团为了隐蔽攻击兰州的企图和压制在运城以南、以西地区的我空军基地，分别以第 98 战队轰炸了洛阳，以第 60 战队轰炸了西安。2 月 9 日，上述两个战队又轰炸了宝鸡市西北约 130 公里的平凉等地。2 月 7 日，敌陆军第一飞行团集中完毕。是日，敌向其下达了攻击兰州我空军基地的任务，并确定作战时间为 2 月 11 日，以纪念日本的"纪元节"（即公元前 660 年 2 月 11 日，日本第一代皇帝——神武天皇登基之日）。因天气影响，将攻击时间顺延至 12 日。是日，敌下达的作战命令如下：

一、主目标为兰州东机场，预备目标为兰州市区。

二、由于兰州地区驻有战斗机约 70 架，因此各机群要作好打大空战的准备，作战中首要的是歼灭中国的空中和地面之作战飞机。

三、执行攻击任务之部队为：第 12 战队，意大利菲亚特重轰炸机 9 架，由河岛庆吾少佐指挥。第 60 战队，97 式重轰炸机 12 架，由田中友道大佐指挥。第 98 战队，意大利菲亚特重轰炸机 8 架，由服部武士大佐指挥。

四、为达到预定的轰炸密度，意式轰炸机各机均载 50 公斤类型的爆破弹 6 枚，97 式重轰炸机每机载同类型炸弹 12 枚，预定轰炸兰州的时间为 13 点。

五、为策应轰炸机作战，今川一策中佐的战斗机第 59 战队，主力担任运城机场的防空。一部与之轰炸部队同时起飞，在轰炸机航线南侧（左面）的西安、宝鸡地区，寻扎驻于该地区的对方航空部队作战。

2 月 12 日上午 10 时 30 分，敌 3 个轰炸机队 29 架飞机从运城机场起飞，按预定计划直扑兰州。由于领航判断失误，先遣的第 12 战队 9 架飞机，全部向北偏航，将兰州东北约 100 公里外的祖厉河误认为是兰州以南的洮河，将靖远县城误认为是兰州，便将 54 枚 50 公斤重的炸弹全部投了下去。其余 20 架轰炸机于下午 2 时到达兰州上空，展开了轰炸。此时，原在空中担任阻击任务的中国空军第 17 中队这才发现市区内有大量烟尘升起，而敌机群的位置竟比我机更高。于是纷纷向高空爬升，然后向敌机展开追击。由于担任防空任务的中国空军第 17 中队未能预先在外围空域拦截住敌机，直到敌机投弹后才发现并追击，因而未能在空战中击落 1 架敌机。全体飞行员均感到脸上无光，憋着一口气，准备再与敌机大干几场。

1939 年 2 月 19 日，敌第一飞行团决定于次日发动该年度对兰州的第二次空袭。作战任务除第 12 战队改为轰炸兰州西机场外，其他两个战队的任务不变。20 日 12 时 45 分，敌第一飞行团的 30 架轰炸机先后起飞。15 时 40 分，敌第 98 战队的 9 架轰炸机首先以 4000 米的高度，排列着 3 个品字形，从黄河铁桥上空进入兰州空域，当即遭到以中国空军战斗机总队部总队长毛源初率领的第五大队第 17 中队的 12 架苏制 H—15、H—16 战斗机的攻击。我第五大队大队长岑泽级驾机扑向由上田虎雄大尉和二井桌大尉驾驶的敌领队机，并当场将其击落。接着，敌松尾元重少尉驾驶的僚机也被中国空军第 17 中队副队长马国廉击中坠毁。中方队员陈耀南中尉也死死咬着三架敌机射击，直到看见敌机落地着火为止。15 时 50 分，第二批敌机——第 60 战队的 12 架轰炸机刚进入兰州空域，便遭到早已严阵以待的苏联志愿队 14 架战斗机的围攻。敌机群慌忙将 144 枚 50 公斤的炸弹胡乱投下，便夺路而逃。第三批敌机——第 12 战队的 9 架轰炸机在兰州城内和西古城机场投完炸弹，正待返回时，在机场东北角被中国空军第五大队第 17 中队拦截住，双方又展开了激烈空战。

是役，我空军共击落敌机 9 架（其中 1 架为我白塔山的苏罗通高射炮击落），自己仅损失苏联志愿队飞机 1 架。而日军却向上司谎报击落我方飞机 36 架，根据这项离谱的战绩进行评估，认为兰州的中国空军力量已经瓦解，并将第三次攻击目标由机场改为兰州市中区的我战区长官公署。

1939 年 2 月 23 日，敌第一飞行团对兰州发动了第三次攻击。这一次，日寇改变了进攻花样，在发动进攻前的一个半小时，以上次轰炸中受到重创的第 98 战队执行佯攻任务，对兰州以东约 260 公里的平凉进行轰炸，然后再轰炸室鸡。其目的是企图迫使我在兰州地区的空军提前升高，待油料消耗到一定程度后，第 12、第 60 战队再乘机轰炸兰州。

日军河岛庆吾少佐指挥的第 12 战队轰炸机 8 架和佐懒育三上尉指挥的第 60 战队轰炸机 12 架，从运城出发后，分别于 14 时 53 分和 14 点 54 分侵入兰州上空。早已严阵以待的中国空军第 15 中队的 3 架苏制 H—15 战斗机，在余平想副队长和李德标、陈崇文的驾驶下，首先冲向敌机群。接着，中国空军第 17 中队和苏联志愿队的另外 28 架飞机从四面八方向敌机群展开攻击。

敌机群见势不妙，立即丢下炸弹返航。第 60 战队的 97 式重轰炸机凭灵活的转弯与高速度的优势，遍体鳞伤地从被围攻的空域向外逃去。而第 12 战队的意大利制笨重的菲亚特 BR—20 型轰炸机，却遭到中国空军和苏联志愿队的沉重打击，我空军击落敌机 6 架，其余敌机全被击伤，最多的一架被击中 153 发子弹。

是役，敌机的炸弹炸中了兰州始建于唐代的著名佛教圣地——普照寺（又名大佛寺，在今兰园），藏经楼保存的《大藏经》6358 卷（其中唐藏 5048 卷、明藏 1000 多卷）全被烧毁，寺内的悟明方丈与众徒被炸死。此外，嘉福寺（木塔寺内）、东华观，以及柏道路、道升巷之古建筑全变为一片废墟。受敌机轰炸最严重的还有市内的贡元巷、新关街、西北新村、南街、东大街等。

敌陆军第一飞行团在总结这几次轰炸失利的原因时认为，除了轰炸进入方向少，易于遭到我空军战斗机集中攻击，队形零乱易遭各个击破等外，尚有如下问题应值得注意：

第一，以现用的重轰炸机，在一般气象条件下编队远航轰炸，而无战斗机的直接掩护，这不仅难以完成任务，且将招致很大的损害。

第二，对重要目标的轰炸，如选择在昼间有利的气象条件下进行，对方就更能发挥战斗机和高射炮的作用。

第三，兰州地区中国空军力量的发挥，除了有利的气象条件外，还因该地是苏联志愿空军的中心基地，它有决心且也有源源不断的人力、装备，对该地进行保卫。日军以有限的远程轰炸航空兵，在此刻与其进行得不偿失的消耗战，是否有此必要？

日空军在兰州连续遭到惨败后，被迫于 2 月 23 日决定停止了对兰州的空袭。

2 月 20 日和 23 日的兰州大空战，我空军共击落敌机 15 架，这是自武汉、广州失守后，中国军队在战场上所取得的最大一次胜利，极大地鼓舞了中国人民的抗战意志。2 月 27 日，《新华日报》发表短评，题为《给敌空军更大的打击》。全文如下：

昨我空军发言人说，敌大本营于 1 月 20 日公布，自侵华战争以来，敌空军损失惨重，截至去年年底，已达 1008 架，平均每月损失 56 架以上。或者说，平均每天损失几及 2 架。这证明我空军的英勇，正像苏联《红星报》所说："由中国空军的例子可以看出，空军数量虽小，但机型最为完善，在空战中亦能制胜。"最近兰州空战，我空军一再告捷，更说明了我数量较少而英勇的空军，战斗力在日益增强中。我们对英勇善战的空军，予最崇高的敬礼，并希望政府能实现参政会第三次大会所通过的加紧扩大空军建设案，尽速地增强空军，给敌寇以致命的打击！

1939 年 11 月至 12 月初，日军华北航空兵团为打击苏联援华的西北路线，确定了以兰州、重庆、成都三地为主要攻击目标的所谓"田"号作战计划。11月16日和17日，日机分批轰炸兰州城区及郊外，省文庙、皋兰县文庙大成殿、普照寺等全毁。27日，敌机72架分6批空袭兰州，在黄河铁桥（今中山铁桥）附近、东大街（今张掖路东段）、东关（今庆阳路）、山字石、皖江会馆、河北医院等处投弹，炸毁房屋7000余间，死伤近60人。12月1日，敌机15架分两批轰炸兰州东西飞机场。我空军起飞迎战，击落敌机1架。

1939年12月底，日本陆海军航空兵决定联合实施以西北重镇、交通枢纽——兰州为打击目标的"百号"作战计划，即日军的"对中国内地的第二次大规模攻击。"日寇集中了陆军航空兵约50多架飞机，以运城机场为基地；海军中攻击机60余架，以武汉为出发点，连续3天对兰州实施了狂轰滥炸：26日，出动102架分5批夜袭兰州；27日，出动98架（一说为106架）分5批空袭兰州；28日，出动112架分6批，采用四角穿梭，往复轰炸战术再次轰炸兰州。这是抗战期间，日空军对兰州出动飞机最多、最疯狂的大轰炸。我空军在处于极其弱势的情况下，仍与来犯敌机展开了殊死搏斗，3次空战中共击落敌机4架。

1940年，日空军暂停了对兰州的大规模空袭。

1941年5月，日本大本营决定进行"对中国内陆地区的第五次大规模空中攻击"：在5～7月间，以海军航空兵为主，轰炸陕西、甘肃各地城市及交通要道，后以陆军航空兵为主，集中轰炸重庆及川、陕、甘地区。在这次被日军称为"102号"作战方案的实施期间，日机分别于5月21日（27架）、22日（38架）、24日（46架），6月18日（59架）、22日、27日（9架），8月17日（30架）22日（18架）、23日（5架）、24日、25日、27日、31日（10架）对兰州实施了反复轰炸。年底，太平洋战争爆发，日军才停止了对西北内地的轰炸。

在1937年—1941年的兰州保卫战中，中国空军勇士和苏联志愿队成员发扬了高度的爱国主义和国际主义精神，他们紧密合作，共同作战，不惜牺牲自己的生命，用热血捍卫中国的领空。在兰州东稍门外10公里远的东岗古城坪上，现存有一座合葬着中、苏空军烈士的墓，墓碑上写道，"为争取中华民族解放，抵抗日本侵略者空战阵亡。"长眠于此的苏联志愿队战士有：雅士、马特（牺牲于1938年11月）、司切帕诺夫、波拉基诺夫（牺牲于1939年8月）、吉力芝、郭尔捷耶夫、伊萨耶夫（牺牲于1939年12月）和其他一些未留下姓名的烈士。

（原载中共兰州市委党史办公室编：《兰州党史》2005年第1期，第6—8页）

6．抗战时期甘肃地区空战概况 *

潘卫平

抗日战争全面爆发后，随着华北、华中大片国土相继沦丧，甘肃的战略地位骤然上升，事实上成为西北内陆地区一个重要支撑点，同时它又是接通苏联援华物资的重要通道。为此，甘肃成为敌我双方高度重视的地区。侵华日军从其法西斯整体图谋出发，对我省以兰州为中心的重要城镇，进行了长期的狂轰滥炸，中国空军在苏联志愿航空队的帮助下，与日军空中强盗进行了艰苦而顽强的战斗，甘肃人民在蒙受极大损失的情况下，坚韧不屈，支持抗战，为最后胜利做出了贡献。

一、日军航空兵对甘肃的空袭概况

八年抗战中，日军根据对华作战方针的演变和战局的变化，对我省空中袭击，大致可分为三个阶段：

第一个阶段：1937 年 11 月至 1938 年间，这是日本空军配合其华北、华中地面作战的辅助攻击阶段。

抗战爆发后，日军陆海军于 1937 年 7 月 11 日制定了"航空协定"，决定对华实施全面航空作战。在集中力量配合华北、华中地区攻势之同时，企图一举摧毁或严重打击中国空军的主要力量，牢牢掌握制空权。为此目的，日本海陆军航空兵在集中力量配合平津、察哈尔、河北、山西、上海等战役外，于 1937 年最末两个月突然轰炸河南、湖北、陕西、甘肃等地的重要机场，对甘肃省最初的轰炸即是在此计划之中。

1937 年 11 月 5 日，日轰炸机七架首次空袭了兰州空军机场（拱星墩）、靖远东湾等处；12 月 4 日与 6 日又分别以 11 架、7 架再次集中轰炸了兰州机场。

徐州会战前，日本空军又一次袭击内陆机场，此间，日机于 1938 年 1 月 21 日（5 架）、2 月 20 日（18 架）、2 月 23 日（36 架），三次轰炸了兰州、宁夏的中卫等地。

---

* 本文根据甘肃省档案馆、甘肃省图书馆有关档案、文献、报刊等资料整理，内容有删改。

在此之后，即从 1938 年 3 月起直至 1938 年底，由于日军全力侵略华中、华南，其航空兵为了集中配合其地面攻势，所以无力组织对甘肃省的持续轰炸。

第二个阶段，在 1939 年至 1941 年间，这是日军大规模空袭甘肃省时期。

武汉、广州作战结束后，日军对华大规模地区作战暂停，日本政府调整对华政策，采用以军事进攻为辅，以逼降、诱降为主的政治进攻方针。因此，其航空兵也相应改变了以前直接配合地面作战为重点的方针。1938 年 12 月日本海陆军重新修订了"航空作战协定"，决定以攻击和轰炸中国军事要地及政治中心，切断补给路线为重点的方针。提出："在整个中国的重点地区坚决实行军事、政治战略方面的航空作战，挫败'敌人'坚持抗战的意志。"于是日军进一步整建了山西运城、绥远包头等处的机场，做为他远程进攻之基地，并明确把兰州列为重点攻击地区之一，从 1939 年初重新开始了对甘肃省的空中袭击。

1939 年是日本空军在整个抗战时期对甘肃袭击最猛烈、最频繁的一年，先后曾进行过三次大规模集中空袭。

第一次集中空袭发生在 2 月间。即日本称为"对中国内地第一次攻击"。2 月 9 日，日机 20 架分袭平凉、固原；2 月 12 日日机以 54 架次轰炸兰州、靖远；2 月 20 日以 30 架次分三批轰炸兰州；2 月 23 日再次以 20 架飞机袭击兰州。

第二次集中攻击发生在 1939 年 11 月至 12 月初，即日军华北航空兵团为打击苏联援华的西北路线为战役目的，确定以兰州、重庆、成都三地为主攻目标的所谓"田号"作战。1939 年 11 月 27 日，日机 60 余架从运城起飞猛烈轰炸了兰州机场、黄河铁桥和市内居民区；12 月 1 日，日机 15 架再次猛炸兰州机场。

第三次集中攻击发生在 1939 年 12 月底，这次攻击非同以往，日军陆海军航空兵联合实施了这次直接以西北重镇、交通枢纽兰州为目标之所谓"百号"作战方案，也是日军所谓"对中国内地的第二次大规模攻击"。日本陆军航空兵重轰炸机 51 架从运城起飞，海军中攻击机 60 余架从武汉起飞，连续三天猛轰滥炸兰州，12 月 26 日日机以 102 架分五批夜袭兰州；12 月 27 日以 98 架（一说 106 架）分四、五批轰炸兰州，并且使用了燃烧弹；12 月 28 日又以 112 架分 6 批，采用四面穿梭、往复轰炸战术再次猛炸兰州。这是整个抗战时期日军对甘肃出动飞机最多、最疯狂的一次空袭。

1940 年间，地区战争呈胶着状态，我国空军力量有所增强，日本空军对内陆作战力量已显不足，这一年对甘肃地区大规模进袭暂告停息。

进入 1941 年，日军对华作战制定了"以治安肃正为主要目的"，"不扩大占领区，仍依靠空军力量压迫中国"的基本方针。5 月，日军决定进行"对中国内陆地区的第五次大规模空中攻击"，并商定在5—7月间以海军飞机为主，轰炸中近区域的陕西、甘肃各地城市及交通要道，8月以陆军航空兵为主，集中轰击重庆及川、陕、甘地区。在这次日军的"102"号作战方案实施期间，1941年5月21、22、24、27各日，日机分别以27架、38架（一说39架）、46架、39架轰炸了兰州、固原诸地；接着又在6月18、22、23、27各日分别以59架、50架、30架、9架空袭了兰州、临洮、武威、天水、定西等地城镇或机场。8月份，日机再次发起了攻击，8月5日以36架轰炸天水、陇西等地；8月22日又出动55架分批进袭了兰州、天水、武威。24日39架轰击兰州、天水、西宁；25日以36架分做5批袭攻了兰州、临洮、临夏；两天之后的27日，87架日机轰炸兰州、灵台等处；31日，日机再次出动87架分8批轰炸兰州、武威、临洮、武都，其中8月31日的空袭实际上是日军对甘肃地区的最后一次大规模进犯。

第三个阶段是1942年至1943年间，这个阶段里，随着太平洋战争的激化，日本海军撤出空战转入防御。从此，对甘肃省各地大规模的轰炸被迫停止，其进袭由以前气势汹汹的轰炸变为零星的窥探性侦察或骚扰，而且进侵的次数、架次也一年少于一年。

据现有资料记载的数字统计，从1942年至1943年两年中，日军侦察、骚扰的飞机不足20架次。1943年10月4日日机一架侦察平凉、天水等地。据现有资料看，这是日机最后一次进入甘肃上空。

二、中国空军与苏联志愿航空队为了保卫甘肃上空英勇战斗

抗战期间，尤其在初期和中期，中国空军以弱小之力抵抗日军强壮之空军大有敌我力量对比悬殊的基本态势。在此敌强我弱的情况下，中国空军与苏联志愿航空队的国际主义战士，不畏强暴，并肩奋起抵抗，保卫了甘肃上空。

抗战时期，苏联援华物资由苏方人员驾卡车大队从阿拉木图出发，经新疆、河西走廊，过兰州抵咸阳，由中国政府接收。兰州不仅因地处甘新、西兰公路的连接枢纽而成为陆路咽喉要冲，而且是"俄机空运的孔道"，援华飞机也从新疆一线飞到兰州再转飞各大战区。据粗略统计，先后经兰州飞转各地的苏联驱逐机、轰炸机、运输机约有千架之谱。

同时，兰州也是中国空军的重要战区和空军部队的训练中心之一。为保卫国际交通线的畅通和这一重要内陆后方要地的空中安全，中国空军在兰州设立了第四路司令部（也称兰州空军司令部），统一指挥，协调甘肃等地的空战；地勤补

给系统也在兰州设立了空军第七总站（亦称兰州机场总站）；另外，还设立了空军第三工厂（飞机修理）。驻兰空军作战部队先后有八大队（轰炸机）、十七队（驱逐机）、第六队（驱逐机）、二十五队（驱逐机）等；兰州机场总站除兰州机场（拱星墩）外，另辖四个较小机场，即东古城机场（在今榆中县清水驿乡西北）、西固城机场（在今兰州西固区境内）、中川机场（今永登县西槽乡境内），以及临洮机场。

1937年8月中苏两国签订了《中苏互不侵犯条约》，在提供大量抗战物资的同时，苏联人民选派了苏联空军战士组成了援华航空志愿队（主要是驱逐机）和援华航空运输志愿队（主要是运输机）直接参战，另外，还派出相当数量的技术人员和地勤人员提供技术帮助。1937年10月25日，第一批苏援轻型轰炸机九架抵兰，至此年11月7日到兰飞机已有50架之多，到来志愿队人员150余人。此后几年间，除很小部分留兰参战外，其余陆续由兰州转飞各战区参战。为指挥接转及驻兰志愿队参加空战事宜，苏联在兰州设立了外交代表处、军事代表处及空军招待所（起初在"励志社"，不久移在颜家沟），在兰常驻苏联志愿队驱逐机一队（最多时有作战机十余架；苏联飞机翼底呈灰色，中国飞机系天蓝色）。除直接和中国空军配合参战外，经兰转场的苏援飞机也曾在日军进袭时起飞迎战；另外，在兰州机场工作的，尚有数十名地勤维修人员，从1937年10月至1941年间，苏联参战人员始终和中国空军战斗在一起，直至1941年德军逼近莫斯科之时，苏联航空志愿队始陆续撤离回国。

中苏空军，面对处于强大优势的敌人积极强化防御，集中力量以省会兰州作为防卫的重心。与日机展开顽强的空战。

1937年12月4日日机第二次进袭兰州，中国空军立即起飞迎战，揭开了甘肃上空保卫战的第一页。12月6日我驱逐机在甘草店（榆中境内）上空将来犯敌机七架拦截逐回，1938年2月20日和23日两天的激烈空战中，敌机分别以18架、36架侵入兰州上空，经过中苏空军健儿的奋力抗击，和地面炮火的射击，日寇轰炸兰州的目的始终未能得逞，极大地鼓舞了兰州人民。

1939年初，在日军所谓"第一次大规模内陆攻势"中，中苏空军于2月20日、2月23日在兰州上空与日军展开激战，首次击落敌机15架。1939年12月26日至28日三天中，面对日本空中强盗300多架次大规模攻击战中，我方将士竭力进击，在26日战斗中，大批敌机将苏联志愿队的七架飞机围在其中，经过血战取得了击落日机三架的成果,但苏联飞行员古力芝中弹阵亡，坠机于五里铺。

1941年，我空军在5月间击落敌机一架，6月击落三架，8月又击落一架。

据现有资料统计，自 1937 年至 1943 年的空战中，中苏空军和地面炮火在甘肃上空共击落日机 26 架、击伤 1 架，取得了较好的战果，有力地打击了日本帝国主义的凶焰。

在长达几年的战斗中，中国空军将士和苏联志愿队战士紧密协同、顽强抵抗、拼死战斗，在地面高射炮部队配合下，"以萌芽之军当十倍之敌"，"与倭寇百余战"（空军第四路烈士墓碑语），减少了群众的损失，虽经日寇长期反复轰炸，东西交通线依然畅通，黄河铁桥安然屹立，人民抗战意志愈坚，挫败了日军的险恶图谋。

在敌我力量悬殊的战斗中，许多空军战士血洒长空，为拯救中华民族而壮烈牺牲。尤其不能忘怀的是忠实于苏联人民的委托，在甘肃上空牺牲的苏联志愿队战士司切帕诺夫（牺牲于 1939 年 8 月）、雅士（牺牲于 1938 年 11 月）、古力芝（牺牲于 1939 年 12 月）、郭尔皆耶夫（牺牲于 1939 年 12 月）、波拉技诺夫（牺牲于 1939 年 8 月）、马特（牺牲于 1938 年 11 月）、伊萨耶夫（牺牲于 1939 年 12 月）和其他一些不知名姓的烈士，他们为了履行国际主义义务，为了中苏人民的友谊和共同反法西斯的事业而长眠在甘肃的黄土地上。他们中大部分遗体和中国空军烈士并排埋在一起，烈士墓为中国空军第四路司令部所建，"原厝皋兰中咀山麓"，后于民国"三十一年在兰州东稍门外二十里地的东岗镇古城坪上购何、李二姓土地十八市亩建为烈士墓"，遂迁葬于此，中国空军为这些国际主义战士立碑纪念，墓碑上郑重写道："为争取中华民族解放，抵抗日本侵略者空战阵亡。"

三、日军空袭对甘肃造成的破坏和甘肃人民反空袭斗争

日军数年的空中袭击对甘肃人民制成了重大的人员、财产损失。除省会兰州地区外，省内临洮、定西、平凉、陇西、天水、靖远、固原（当时属甘肃）、武威、灵台、武都、临夏、泾川、静宁、清水、永昌都曾遭到程度不同的空袭和骚扰，受到了不同程度的损失和破坏。

在其空袭的重点兰州地区，反复、长期的集中轰炸使兰州人民的生命、财产损失尤多，使市区街市建筑破坏尤烈，大批人民流离失所，亲人伤亡，尤其是 1939 年底的三天狂轰滥炸中，日军共投掷炸弹和燃烧弹数千枚，炸毁居民房屋两千多间，市区一些较大建筑大部遭到破坏，断垣残壁，死尸伤员使人触目惊心。

总的破坏情况很难备述，但据国民党甘肃省政府 1947 年的不完全统计，甘肃地区包括兰州、平凉、皋兰、天水等十县、市在 1937 年至 1941 年间，遭受日

机轰炸伤亡人数共达 1343 人，其中死亡 663 人，人民财产直接损失达六万四千七百余亿元（按 1947 年货币计算）。

日寇对甘肃的疯狂空袭激起了甘肃人民极大愤慨，轰炸不仅没有达到日军"挫败抗战意志"的妄想，反而促使兰州人民团结起来，坚定了抗战到底的决心和勇气。

在中国共产党倡导的抗日民族统一战线旗帜下，甘肃各阶层民众焕发了极大的爱国热情，为了抵抗和战胜日本侵略者的空中攻势，1937 年在兰州遭到首次空袭后，甘肃军政当局立即组建了防空司令部（设在五泉山），专门成立了（防空）防护团，负责报警、防空、疏散居民等行动。为方便居民紧急出城疏散，在兰州内外城墙上新开城门八处，四郊挖筑防空洞、壕沟百余处，并组织向外县疏散了一批学校、机关和部分居民，同时，加强了地面炮火，在白塔山等处设置了高射炮阵地。在中共甘肃地下党组织和八路军驻兰办事处的倡导和影响下，各个抗日群众救亡团体运用各种方式，开展了广泛的抗日宣传活动，揭露日寇的滔天罪行，开展了群众性的抗日募捐活动。

中苏空军战士英勇的战斗也直接鼓舞了广大群众的斗志，许多群众常常忘记危险，仰望激烈的空战，每当日机中弹冒烟就拍手欢呼；在中山林几次展出了敌机残骸和浑身焦黑、挂着护身符的日军飞行员尸体，各界群众争相前往观看，欢欣鼓舞。对苏联志愿队战士，兰州人民给予了极大的尊敬和热情，称他们为"帮助我们的俄国人"。为发展中苏人民的友谊，兰州成立了中苏友好协会，对空战中牺牲的苏联烈士，兰州人民在中山林立过墓碑，召开过群众性的追悼会，许多老百姓泣不成声，表达了人民的真挚感情。

为进一步坚定抗战意志，发动各阶层人民参加抗战，1938 年 6 月国际反侵略运动大会中国分会兰州支会举行成立大会，通电慰问前方抗日将士和驻兰苏联反法西斯战士。为直接扩大中国空军力量，甘肃先后在全省开展了群众性的"一元献机"运动和"一县一机运动"，广大工人、学生、市民、农民在极端困苦的情况下，节衣缩食积极捐献，表现了极大的爱国热情。

抗日战争时期，甘肃上空做为敌我双方高度重视的战区，持续近七年的激烈战斗，中国空军在苏联国际主义战士的帮助下，靠地面部队和广大人民的支持，挫败了日本帝国主义的进攻，有力地配合了全国抗日战场的斗争。

1988 年 6 月

（原载兰州市政协文史资料委员会编：《兰州文史资料选辑》第八辑，1988 年 12 月内部印行，第 31—40 页）

7. 曾记否　金城传颂蓝大师
炮火中　一代名僧殉经楼

廖　明

面对日本侵略者的狂轰滥炸，高僧蓝大师（法号：悟明）从容不迫，他力劝众徒上五泉山躲避，自己却坚守普照寺（位于今兰园内）要与《大藏经》共存亡。藏经楼一角被炸弹击中，燃烧弹飞散的火球四处乱窜，普照寺火光冲天，硝烟弥漫，蓝大师不肯离开，和众徒弟端坐诵经，祈保各族人民平安，直至被烈焰吞没……这是电视剧《兰州空战》中惊心动魄、感人至深的镜头，也是兰州市民广为传颂的真人真事。

已经没有人记得他的原名，老一代兰州市民亲切地称他为蓝大师。

幼年多病体　得缘入佛门

在 7 月 7 日这个特殊的日子里，记者一路寻访，来到阿干镇铁冶乡大水子村。这里是蓝大师的故乡，当地的几户蓝姓人家都与他沾亲带故，他们向记者讲述了这位传奇高僧的身世。

蓝大师生于 1879 年，自幼体弱多病，成为父母的一块心病。5 岁那年发生的一件事彻底改变了他的一生。一天，5 岁的他正在自家门前与同伴玩耍，一位过路的游僧无意间被他的样子所吸引。观察了一阵后，游僧找到他的父母说，这孩子的双眸中透出一股发自内心的慈悲之情，如果让他修佛法，定会成就……

尽管天天为儿子的身体发愁，但父母怎肯让幼子离开！他们回绝了游僧的好意，继续为孩子寻医问药，再也没把这事挂在心上。

没想到，第二年的同一天，游僧再次出现在蓝家门前，他目光明亮，态度诚恳，苦劝大人送孩子修佛法，这一次，父母犹豫起来：孩子久病不愈，再说师父两度登门……就这样，6 岁的他在父母的泪光中跟随游僧离开了大水子村。

他在榆中兴国寺出家，法号众诚。他潜心佛法，日日苦读，深得众僧尊敬。后成为兰州普照寺方丈，号悟明上人，世称蓝大师。

"与其独自生，不若为众死"

1933 年，他与刘晓岚、杨思、水梓、裴建准等社会贤达发起创立兰州佛教协会，公推清末举人邓德舆为理事长，这是甘肃佛教协会之始。

普照寺建于唐贞观年间，宋元明清各代均作过重修，是当时兰州最大的古刹，山门悬挂"敕赐普照寺"的匾额，金刚殿、天王殿的塑像威猛，大雄宝殿的三尊佛像仪态端庄，工艺绝伦，还有许多碑刻、楹联，都是历代书法名家的杰作，后殿彩绘大慈大悲救苦救难观世音菩萨圣像，是极为珍贵的元代壁画。法轮殿是一座藏式殿堂，内有高 10 米、径 6 米的木经轮一幢，8 面 6 层，分塑佛像 48 尊。藏经楼的匾额系明万历年间的肃王亲书，楼内藏经 6358 卷，其中有唐藏 5048 和明万历年间太后所赐的大藏经 640 部，都是稀世古本。寺内铁钟铸于南宋嘉泰二年（金泰和二年，公元 1202 年），高 3 米，径 6 米，重万斤。整个普照寺是一座珍贵的文物宝库。

1925 年，刘郁芬率军来甘肃主政，擅将普照寺辟为中山市场，逼蓝迁出，遭蓝严词拒绝。刘又以委派蓝一个县长做交易，蓝据理力争，终将大雄宝殿、药王殿、观音堂、藏经楼保全。他还将辟做市场的殿宇壁画以布遮、泥抹来加以保护。

抗日战争期间，湖北名僧心道来兰州弘法，蓝大师召请各界善众聆听心道法师所作的"佛教与抗战"的演讲，蓝大师也从佛法的角度宣扬维护和平、反对侵略、反内战、反饥饿等团结抗日的道理，听者日众，影响深广。

中共地下组织在兰州秘密活动期间，常遭国民党当局搜缉，像陈成义、张一悟等领导人都曾到普照寺请蓝大师掩护，他总是设法藏匿，他说："共产党舍己为人的精神与佛家法理相合，就是'与其独自生，不若为众死'。"

敌机炮火中　殉葬藏经楼

日军飞机空袭兰州期间，很多人都劝他暂出躲避，他总是对人说："人在经存，经亡人亡。"1939 年 2 月 23 日，日机又来轰炸兰州，他让别人快走，自己却高诵佛号走上藏经楼殉守《大藏经》。敌机俯冲下来，在东关一带狂轰滥炸，普照寺浓烟四起，陷入一片火海……具有 1300 多年历史的普照寺毁于日本侵略者之手，"视经卷为生命"的蓝大师也与藏经楼同为灰烬……

在大水子村一个普通的农家院落里，记者见到了蓝家现在年岁最长的老人——杨友兰，她是蓝大师的侄儿媳，她坐在一只小木凳上，追忆印象中的蓝大师，她说："普照寺，我们老去呀！每过一段时间，我们就要去给三爸（蓝大师）送衣服和鞋袜，三爸总是和蔼地问候一声：'娃来了！'然后就去读佛经了。"

"唉——"老人叹了一口气，接着说："日本飞机炸兰州，我们家损失大呀！那一天，我没有进城去，我丈夫和他哥哥去给三爸送我做的鞋袜，结果再没回来……"守寡60多年的杨友兰哽咽起来。

"报信的人来说了，我妈（婆婆）哭了3天3夜，起不了床……她的两个儿子啊！"老人肩头颤抖起来，她伤心地望着眼前血一般的百合花……

劫后，乡亲们进城扒开残砖碎瓦，用轿子把蓝大师送回久违的大水子……寺内的"泰和铁钟"被移至五泉山公园，供游人、善众观赏、敬拜。

记者从另外渠道获知，曾传闻蓝大师被日机炸飞头颅，乡亲们用优质木精心雕刻了头像，将蓝大师安葬在大水子村。

（原载《兰州晚报》2005年8月5日1—2版）

8. 苏联援华航空队血洒兰州

穆　珺

穿越甘新公路的援华物资

在市政协文史和学习委员会一间普通的办公室里，张西原拿出了一本书说："这是 20 年前，我整理的冯肇虞的一篇有关甘新公路修建和苏联援华物资运输情况的回忆文章。"他用手指着冯肇虞这个名字："他是 1938 年来到兰州，在西北公路局工作，先后担任股长、专员、西北公路局驻哈密代表，兼军政部西北交通司令部驻哈密代表等职。从 1938 年到 1946 年 8 月，这个人八年间一直服务于甘新公路运输，亲自参与甘新公路的修建和接运苏联援华物资的工作，对当时的情况有所了解。1986 年，我为了留下史料，专门拜访过他，当时他已 80 岁了，现在找他恐怕困难了。"

在书的第 121 页，冯肇虞的回忆是这样的："苏联对中国抗战，在外交、军事、经济等方面都给予大力支持和援助。兹节略引用抗战时期驻苏大使杨杰就苏联磋商援华事项中与蒋介石来往的密电，以见在抗战中苏联援华之概况。"

1937 年 12 月 21 日杨杰致蒋介石密函，结果如下：

"'二十个师之兵器，除步枪由我自备外，苏方供给每师 11.5 公分重炮四门，共计八十门，每门附炮弹一千发，共八万发；每师七六野炮八门，共计一百六十门，每门附炮弹一千发，共计十六万发；每师三七防战炮四门，共计八十门，每门附炮弹一千五百发，共计十二万发；每师重机枪十五挺，共计三百挺，每师轻机关枪三十挺，共计六百挺，共附枪弹一千万发；双翼驱逐机六十二架，并附武器及弹药全副'；'前次报告苏方代为设计在华创办一飞机制造厂，发动机由苏方供给。月出飞机五十架至一二百架……''炮厂亦为苏方承认在中国旧兵工厂为添设机器，制造各中、小口径之炮，直至能出十五发的重炮为止……'"

要知道，这些密电上军事物资后来都是在兰州中转后，输送到了全国各地抗战前线。

1938 年元月，苏联赠送给中国的第一批汽车——500 辆吉斯五型六轮三吨半卡车，载着汽油从新疆进入甘肃，到达兰州。与此同时，孙科紧急致函杨杰，请他再次与苏方商谈订购驱逐机、轻轰炸机 240 架，希望苏方派志愿军参加对日作战。1939 年底，空军上校欧阳璋及冯肇虞、赵希等受命赴哈密接受援华物资。

最先接收的 50 架轻型轰炸机飞抵兰州后，又转飞重庆。随后 150 架海鸥式 E-15-3 战斗机验收后飞往其他战区。与此同时接收的陆军物资有：七五野炮 200 门，七二、六二高射炮、4 公分高射炮各 50 门，500 挺马克沁重机枪，300 辆 6 轮卡车等。从这些数字可以看出，抗战初期，国际援华物资的一大部分是来自苏联的，它在中国人民的抗战中起到了十分重要的作用。

抗战时期永登的"俄国站"

70 岁以上的永登县老人，都能记得"俄国站"。随着援华物资沿甘新公路源源到来，为了给苏联客人来往住宿提供方便，国民政府在通道上的永登县设立了专门的招待机构，当地人叫它"俄国站"。

今年 78 岁的陈大爷说起"俄国站"显得有点激动："俄国站的地址在县城西关赵和斋的院内，共分三个院落，前院为供苏联客人住宿的客房，多为大房间，可供 10 人集体住宿，也有个别小房间，供带有家属的苏联人住宿，还有游艺室。后院为饭厅及工作人员宿舍，另外还有一个院子是停车场。'俄国站'常年住着两个苏联人，是他们的联系人。"

当地的老人回忆说，来往的苏联人待人谦和，每次来的有三五十人不等。来时开着苏制崭新的卡车，来站后，工作人员为其准备好面包等饭食。"俄国站"里还有 16 名工友，都是永登人。

一位老人还说，大家都知道俄国人是来兰州支援我们抗日的，所以颇得永登人的好评。1941 年，一辆苏联卡车由宋家园子过庄浪河，因地形不熟，误落河中深处，群众数十人主动跳入河中，将车救出。

到了抗战末期，苏联人来往的越来越少，"俄国站"终于在 1944 年终结束了。

血洒兰州

苏联的援华物资不断经兰州运往抗日前线，兰州遂成为重要的政治军事基地，当然也就成为侵略者把兰州列为仅次于重庆的第二大轰炸目标。

针对日寇的侵略企图，国民政府国防部加强了甘肃的防空力量。中国空军在兰州设立了第四路司令部（亦称兰州空军司令部），统一指挥甘肃的空战，苏联支援中国的空军总部也设在兰州，以便于协调。1937 年 8 月，中苏签订了《中苏互不侵犯条约》，在提供大量抗战物资的同时，选派了空军直接参战。因为当时苏联还未向日本宣战，因此支援空军称为援华航空志愿队（主要是驱逐机）、援华航空运输志愿队（主要是运输机）。10月，第一批9架志愿空军轰炸机抵达兰州。到第二年11月止，到达兰州的飞机已有50架，志愿参战人员150多人。据统计：抗战初，先后经兰州飞转各地的苏联驱逐机、轰炸机、运输机约有千架。

1937年12月4日，日机第二次进袭兰州，中国空军立即起飞应战，揭开了甘肃上空保卫战的第一页。

1939年初，日军实施所谓"第一次大规模内陆攻势"。2月20日、23日，日机对兰州狂轰滥炸，古城一片火海，普照寺藏经楼被炸毁，100多人死于轰炸。中苏空军将士同仇敌忾，与敌人英勇激战，首次取得击落敌机15架的战绩。

1939年12月底，在日军陆海军航空兵联合实施的"百号"轰炸中，西北交通枢纽兰州成了轰炸的重点目标。51架重轰炸机从运城起飞，60多架海军攻击机从武汉起飞，对兰州轰炸了整整3天，不但采用往复轰炸战术，而且使用了燃烧弹。26日，愤怒的中苏空军长空搏击，与敌人展开了一场残酷的血战。苏联志愿空军队被敌机围裹攻击，英勇的苏联志愿军拼命反击，击落敌机3架。

在艰苦的抗战中，在敌我力量十分悬殊的战斗中，许多空军将士血洒长空。

司切帕诺夫（1938年8月牺牲）、雅士（1938年11月牺牲）、马特（1938年11月牺牲）、古力芝（1939年12月牺牲）、果尔杰耶夫（1939年12月牺牲）、伊萨耶夫（1939年12月牺牲），这些来自伏尔加河畔的志愿军，长眠在了中国的土地上，他们已成为我们不能忘怀的纪念。

（原载《兰州晚报》2005年5月9日特3版）

9. 苏联志愿航空队血洒华夏长空

马永强　张　兵

1937 年 7 月 7 日，日本开始了全面侵华的战争。随着沿海各省的相继沦陷，大陆腹地与外界的交通被切断。国际援助、进出口贸易不得不另寻他途，这是打败日寇经济封锁的惟一办法。于是，这一时刻的西南、西北便具有了特殊的战略地位。在西北，为了接受苏联的物资、军事援助，新疆经甘肃通达陕西、四川、宁夏的几条主干线公路建成，兰州成了西北公路中心，还成为苏联援华的空军中转站。

穿越"孔道"的援华物资

抗日战争伊始，一场秘密的援助在中苏之间悄悄地进行。

驻苏大使奉命与苏军元帅伏罗希洛夫商谈武装中国军队 20 个师的供给。这 20 个师，除步枪自备外，苏方供给每师 11.5 公分重炮 4 门，炮弹 4000 发；每师七六公厘野炮 8 门，炮弹 8000 发；每师三七公厘防战炮 4 门，炮弹 6000 发；每师重机枪 15 挺、轻机枪 30 挺；另付枪弹 10000000 发，双翼驱逐机 62 架，并附带武器、弹药。作为对苏方援助的回报，中国供给大量锡、铜、锑、镍、铁等金属及茶、生丝、棉花、羊毛和牛羊皮给苏联。

1937 年 12 月 21 日，驻苏大使杨杰致函蒋介石，通报了与苏方商谈的结果，密函称："双翼机 60 架，已到哈密装配，现又允让 62 架，可编为 4 大队，已派定人员组织……"；"前次报告苏方代为设计在华创办一飞机制造厂，发动机由苏方供给，月出飞机五十架至一、二百架……"；"炮厂亦为苏方承认在中国旧兵工厂为添设机器，制造各中、小口径之炮，直至能出十五发的重炮为止……"在对中国抗日的援助上，苏联作为友邦，表现出了积极、热忱的态度，并充分体谅中国经济上的困难。

1938 年元月，苏联赠送给中国的第一批汽车——500 辆吉斯五型六轮三吨半卡车载着汽油，从新疆进入甘肃。与此同时，孙科紧急致函杨杰，请他再次向苏方商谈订购驱逐机、轻轰炸机 240 架，希望苏方派志愿军参加对日作战。1939

年底，空军上校欧阳璋及冯肇虞、赵希等受命赴哈密接受援华物资。

最先接收的 50 架轻型轰炸机飞抵兰州后，又转飞重庆。随后 150 架海鸥式 E—15—3 战斗机验收后飞往其他战区。与此同时接收的陆军物资有：七五野炮 200 门，七二、六二高射炮、4 公分高射炮各 50 门，500 挺马克沁重机枪，300 辆 6 轮卡车等。从这些数字可以看出，抗战初期，国际援华物资的一大部分是来自苏联的，它在中国人民的抗战中起了十分重要的作用。1941 年 6 月，希特勒发动侵苏战争。惨烈悲壮的卫国战争开始，苏联从此停止援助，援华的军用物资也基本交接运输完毕。

志愿空军血洒长空

苏联的援华物资不断经兰州运往抗日前线，兰州遂成为重要的政治军事基地。于是，日本侵略者便把兰州列为仅次于陪都重庆的第二大轰炸目标。

针对日军的侵略企图，国民政府国防部加强了甘肃的防空力量。中国空军在兰州设立了第四路司令部（亦称兰州空军司令部），统一指挥甘肃的空战，苏联支援中国的空军总部也设在兰州，以便于协调。1937 年 8 月，中苏签订了《中苏互不侵犯条约》，在提供大量抗战物资的同时，选派了空军直接参战。因为当时苏联还未向日本宣战，因此，支援空军称为援华航空志愿队（主要是驱逐机）、援华航空运输志愿队（主要是运输机）。10 月，第一批志愿空军轰炸机 9 架抵达兰州。到第 2 年 11 月止，到达兰州的飞机已有 50 架，志愿参战人员 150 多人。据统计：抗战初，先后经兰州飞转各地的苏联驱逐机、轰炸机、运输机约有千架。驻兰参战的空军，有苏联志愿队驱逐机一队，战机十多架，另有十几名地勤人员。

1937 年 12 月 4 日，日机第二次进袭兰州，中国空军立即起飞迎战，揭开了甘肃上空保卫战的第一页。翌年 2 月 20 日、23 日两天空战中，日机分别以 18 架和 36 架入侵兰州上空，中苏空军奋力抗击，迫使敌机逃逸。1939 年初，日军实施所谓"第一次大规模内陆攻势"。2 月 20 日、23 日，日机对兰州狂轰滥炸，古城一片火海，普照寺藏经楼被炸毁，100 多人死于轰炸。中苏空军将士同仇敌忾，与敌人英勇激战，首次取得击落敌机 15 架的战绩。

1939 年 12 月底，在日军陆海军航空兵联合实施的"百号"轰炸中，西北交通枢纽兰州成了轰炸的重点目标。51 架航空兵重轰炸机从运城起飞，60 多架海军攻击机从武汉起飞，轰炸了兰州 3 天，不但采用往复轰炸战术，而且使用了燃烧弹。26 日，愤怒的中苏空军长空搏击，与敌人展开了一场残酷的血战。苏联志愿空军被敌机围裹攻击,英勇的苏联志愿军拼命反击,击落敌机 3 架。不幸的是,苏联飞行员古力芝中弹身亡,坠机于五里铺。

艰苦的抗战中,为了保卫兰州,在敌我力量十分悬殊的战斗中,中苏空军为此付出了巨大的牺牲。许多空中将士血洒长空。来自伏尔加河畔的志愿空军也付出了惨重的代价,他们将年轻的生命献给了人类反法西斯战争。这些牺牲的志愿者是:雅士(1938 年 11 月牺牲)、马特(1938 年 11 月牺牲)、司切帕诺夫(1938 年 8 月牺牲)、波拉基诺夫(1939 年 8 月牺牲)、古力芝(1939 年 12 月牺牲)、果尔杰耶夫(1939 年 12 月牺牲)、伊萨耶夫(1939 年 12 月牺牲)。还有其他一些不知名姓的烈士,他们也为了履行国际主义义务,长眠在中国的土地上。

（原载杨重琦主编:《百年甘肃》,敦煌文艺出版社 2001 年版,第 58—60 页）

10. 日机被击落的历史片断

王禄明

抗战期间，作为甘肃省会的兰州，有着重要的地理位置，成为日本轰炸的重要目标之一。自 1937 年"七七事变"至 1941 年 9 月，日机空袭甘肃各县市共 71 次，出动飞机 1081 架，投弹 4090 枚，共造成 1426 人死亡、受伤，其中死亡 821 人（男 578 人，女 243 人），受伤 605 人（男 444 人，女 161 人），损毁房屋 24,124 间。

虽然日机进行了狂轰滥炸，但也付出了沉重的代价，屡屡被我防空部队予以狠狠的打击，落得机毁人亡或人员被俘的下场。兰州当时是中国空军的重要基地和空军部队的训练中心之一。中国空军在兰州设立了第四路司令部（也称兰州空军司令部），统一指挥、协调西北地区的防空作战。地勤补给系统也在兰州设立了空军第七总站（也称兰州机场总站），下辖兰州机场（在拱星墩）、东古城机场（在今榆中县清水驿乡西北）、西固城机场（在今兰州西固区境内）、中川机场（今永登县西槽乡境内）以及临洮机场。此外，还设立了空军第三工厂，负责修理各式飞机。1938 年冬，中国空军驱逐总队从四川的梁山迁至兰州西固城，负责整训空军各驱逐部队，同时进行飞机的换装补充。1939 年初，中国空军驻防兰州的有第十五中队和第十七中队，此外还有苏联志愿队战斗机队一中队。防空方面有：中央防空学校炮兵团的一个营驻防于拱星敦机场、白塔山等地，配备有苏制大口径高射炮 4 门，射程为 5000 米左右；德制苏罗通高射炮 6 门，射程为 2000 米左右；高射机枪 30 多挺。这些高射武器构成严密的对空火力网，配合空军作战，保卫兰州。仅据省馆馆藏的档案记载，1939 年 2 月 20 日和 23 日，分别有 9 架和 6 架日机被击落；另据李恭的《敌机袭兰纪略》，同年 12 月 1、26、27、28 各日，分别又有 1、3、4、2 架日机被击落。

在 1939 年 3 月 23 日的兰州空战中，时任空军第十五中队中尉队长的李德标亲自参加了攻击敌机的战斗，事后他在回忆录中追述了当年与日机交战时惊心动魄的战斗片断：

"日本轰炸机群与我机距离逐渐接近，刚才所见耀目闪光，渐渐已变成可见的巨大飞机，那是日本鬼子的轰炸机，似乎是一大群，可是时间急迫，来不及点数，长机领导我们三架飞机，恰好正在敌机群的航路之前右上方，拦个正着，我当时不假思索，立即带升机头，向右倾侧，推头俯冲，向敌机群对头攻击，用拇指使劲按住机枪按钮，机上四挺机枪子弹成串冒出，射向日机。在向敌机群进行第二次射击后，通过敌机群后方拉起机头时，猛然看见敌轰炸机两架，在我机稍远处的前方，突然爆炸，耀目火光一闪之后，变成两团巨大火球，自空中冉冉坠落地面，极为壮观，着地之后，烈焰四散，范围颇广。再抬头一看，又见另一架敌机，拖着黑烟渐渐落后，继之也爆炸下坠，与前述两架敌机相冲。"

　　尤其值得一提的是，档案具体记载了 1941 年 8 月 31 日一架日机被击落坠毁的情形。当时，一个牧羊者正在山中放羊，听到空中突然传来一声巨响，他抬头一看，发现一架飞机拖着白烟徐徐坠落。后经调查证实，原来是一架日机被我方炮火击中，在空中爆炸后坠毁于皋兰县来乐乡的小干沟村，其中飞机的一翼和机头坠落在小干沟东约一里处，其余部分则坠落在当地村民张明辉、张廷凯院内。当飞机落地时，又发出一声爆炸，机中所有人员和枪械弹药被炸得粉碎，在血肉模糊的现场，依稀可看到五个人头，其中只有一具尸身还比较完整，其余尸身已无从查找，总共"死者定在六人以上"。据当地乡民称，他们并未看见空中有降落伞落下，想必机上人员都已炸死。在坠落现场，还"捡出炸坏机枪零件约五架，及坏降落伞等物"。日机坠落时，炸伤居民 10 人，其中重伤 7 人，炸毁房屋 57 间。

　　前几年，有一部名叫《兰州大空战》的影片，艺术地再现了当年空军健儿英勇战斗、痛击日机的动人场景。

　　（原载甘肃省档案馆编：《档案》2005 年第 2 期，第 49—50 页）

11．榆中老人　追忆空战

金吉泰

　　兰州空战是第二次世界大战的一部分，其空战的天域就包括榆中县的上空。值此战胜日本六十周年之际，我们走访了当年在榆中当空激烈搏斗的历史痕迹和一些受害人、当事人及其目击者。

中弹少女今尚在

　　榆中县来紫堡乡的上伍营村，有位高龄80岁的老奶奶名叫徐秀俊，在她15岁的少女时代，就被日本轰炸机炸伤了右肩胛，老人家是日机轰炸兰州时的受害者中活到今天的少数人之一。

　　她的娘家在本县和平乡吊岭山村。那年她才15岁，是一位还未出嫁的少女，就在1939年12月26日上午11时许，一群日本飞机轰炸过兰州以后往东飞，在经过吊岭山上空时出惊险事了，"我们的尕飞机在日本飞机伙子里翻上翻下，追着要碰撞这些日本大飞机哩（其实不是碰，是冲上冲下射击），空中枪响得厉害。"

　　她家住在吊岭山脊上，地势高，看天空开阔而看得很远。当时，她的三个婶子每人怀里抱着一个娃娃，和侄女徐秀俊一起站在大门口数天上的飞机，看驱逐机"碰"大飞机的惊险场面。

　　正在这时，吆牲口往地里驮粪的徐秀俊尕爹（小叔叔）来到大门口，一面靠贴站在大门口照壁上，一面数空中的飞机，同时对妻子和两位嫂嫂说："你们还不回去，等死吗？"各抱一个孩子的妯娌三人就返身走进大门，徐秀俊也尾随在三个婶子的后面，刚到院子里，猝然，大门口天崩地裂一声响，小炸弹把靠照壁墙站着的尕爹炸倒在地，徐秀俊的右肩胛上也像锥子刺了一下。土门、土墙壁、照壁上被炸弹碎片打出密密麻麻的洞眼。

　　家里人赶紧去附近请来一个姓李的退伍军人，请他看看。此人看过伤势之后说，他在队伍上时，取过负伤者体内的子弹，但不会取碎碎的弹片儿。

　　徐秀俊的尕爹自知大限已到，但当他听到自己的妻子、两个嫂子及她仁所抱的三个孩子均平安无恙时，他悬吊的心就放下了，又听见侄女徐秀俊也受了伤时，生命垂危的尕爹仍把徐秀俊叫到身边，他艰难地看去，只见侄女的右肩胛上，棉衣被炸弹片穿破，在皮肉上剜出指头大的一疙瘩肉，家人已在伤口上贴了些棉花烧成的灰，总之，伤势不重，他也就显出放心的表情。尕爹是上午 11 点多钟被炸伤的，到太阳落山时，他对徐秀俊的父亲说："哥，我不行了，两个孩子就托付给你了！"说罢就永远地闭上了眼睛。

对于当年法西斯的祸害，老人说："那次日本飞机炸兰州是在过年的时候，他们不单是丢炸弹，同时还撒传单，传单上用中国字印着'日本给兰州人拜年来了'的气人话！"

窦家沟里"吃飞机肉"

笔者当时六七岁，在金崖镇农舍房檐下亲眼仰看了"天上飞机打仗"的一幕。

当时高空是多云天气，在云朵、云缝隙里来往如同穿梭的一大群飞机，发出了不同寻常的声音。原来日本轰炸机从东飞来时，因为带着炸弹，发出的是均匀而沉重的轰轰声，当丢完炸弹东返时，那轰轰的马达声就变得轻了，而在苑川河天上的空战，只见匆慌的大小飞机在云缝里穿来穿去，银色的苏联驱逐机上下翻飞，那马达声就发出各种不同的声音和怪叫，夹杂着一串串咚咚叭叭的枪炮声，给我们小孩的感觉就像谁在天上云里放鞭炮似的。

忽然，有一架"五个头大的飞机"在云层底下翻了个个，然后带着长长的一条烟，像流星一样，在空中划了一条弧线，坠落至离我家两公里外的窦家沟里。四乡八里的老百姓扶老携幼或乘坐马车赶来围观。

现场上，国民党军警已经警戒，不许人们靠近，士兵们正在黄土山梁上挖取插进土里的飞机残骸，桌子大的破碎铁件，从山头滚到山脚的坡田里。士兵们在挖掘中取出了四具尸体。拉出来放在一旁的山坡上，禁止围观的人近前。窦迎堂的奶奶出于好奇心，在山脊上绕了一大圈，迂回穿过哨兵警戒线，就近观看了已经残破不全的四具死人，他们是两个男人，一个留前发头的女人和一个十岁左右的男孩。

稠泥河的悲壮激烈

清水驿乡的稠泥河村，距我们家 20 公里，早就听说过那里跌下来过一架被日机击落的苏联战机。

几经周折，终于找到了今年 86 岁的李祥云老人。老人家说，当一架苏联飞机和两架日本轰炸机跌到我们这里的时候，他还背着背斗到跟前看了的。

据老人回忆："当时是冬上的数九天气，冻得要命。日本轰炸机炸过兰州以后往东飞回，在空中摆成了槎铧尖儿，一架在前头，两架在后头，三个一伙三个一伙往东飞。一架苏联的尕飞机，灵巧得很，撵上来在日本飞机伙伙里直上直下地打，日本飞机也还手，子弹壳从空中往下落，有的弹壳有大拇指头粗，有的像黄瓜粗（机关炮弹壳）。打着，有两架日本大飞机的尾巴上就冒出烟来。当苏联尕飞机又一次直剁下来再往上冲时，半路里忽然像没力气似的开始摇摆（老人用手势作左右晃动状），然后一头栽下地来。紧接着那两架尾巴上冒烟的日本大飞机也前后跌下来，撞到李家岔山上就着火了。苏联尕飞机是跌在稠泥河川道里的一块农田里，在封冻的硬土上插进去很深，翅膀折断。"

当年这架苏联战机殉难之地，如今依然是稠泥河村外的农田，种着小麦和胡麻，一片和平景象和温馨的田园风光。

稻田里救出飞行员

来紫堡乡的骆驼巷村外，苑川河边曾有过大片的稻田，就在兰州空战期间，种稻子的农民曾救过起一位跳伞的苏联飞行员。

据当地 83 岁的施松龄和 75 岁的施泽田两位老人追述，出事那天，兰州并无空战，这架苏联驱逐机是在正常飞行时出故障，飞机坠毁，驾驶员跳伞的。

这里的稻田跟南方不一样，不是收了麦子插稻秧，因是西北气候，农民们直接将稻种撒在田中水里，任其生长。当时，稻田里的稻秧刚出水面，农民们正在明镜般的稻田里涉水劳作，忽见一架俄国（群众在习惯上把苏联称俄国）驱逐机从东往西飞来，奇怪的是尾巴上冒着细细的若有若无的一股烟。终于，这架飞机跌在苑川河床上摔破，几链重机枪子弹都露在外面，但没有起火。与此同时，在高空里出现了一个白色圆点，就像气球那样，慢慢飘落下来，越低越大，白色大伞顶上还有一个小伞。保险伞（降落伞）下吊着的一个人落到稻田水里了，但"几间房子大的伞还随风不停"，掉在稻田泥水中的俄国人也就被拖拉着移动。

农民们见状，许多人踩水冲过去，拽住鼓胀有力的大伞，帮扶半身泥水的俄国人从马鞍似的坐垫上脱身出来，搀着他来到两山夹一岭前的骆驼巷村小学里。老师们忙上前和他搭话，但语言不通。"这俄国人个子好大，在请他进老师宿舍时，他低了一下头才走进屋里。"人们用手比划问他"飞机上还有人吗？"他在纸上画了一个圆圈，中间重重地点了一点，表示只他一个人。这样，大家也就松了一口气。

俄国人只喝了点水，不吃东西不说话，神情沮丧地坐着。时间不久，从兰州方向来的汽车已一路打问着赶来，从车上下来的人中间，还有一位高个子俄国女人，她走进学校宿舍，一看出事的驾驶员还活着，尖叫一声，两人就抱在一起。当时的中国农村封建思想浓厚，男女授受不亲，这举动使在场的人都感到不胜惊讶。

事后，兰州的有关方面将救护过驾驶员的几个人请到兰州，设宴招待，并请他们看了电影。

（原载《兰州晚报》2005 年 8 月 14 日特 5 版）

12. 忆当年　中苏勇士威震长空
抚今朝　兰州犹记英雄壮怀

廖　明

抗日战争时期，甘肃省省会兰州作为（前）苏联援华大通道的枢纽城市，其地理位置和战略位置显得日益重要。中国空军和（前）苏联援华空军志愿队携手激战兰州上空，用生命和鲜血捍卫了这一抗日大后方的重要基地。

据有关史料记载，在整个兰州大空战中，中苏空军健儿击落敌机 40 多架，尾随敌机在山西运城机场炸毁敌机 40 多架，极大地打击了日寇的嚣张气焰；在上百次空战中，阵亡及死难烈士 63 名，他们将永远铭记在中国人民心里。

中苏联手　保卫抗日大后方

在一张 1937 年—1941 年（前）苏联航空志愿队作战图上，一根粗粗的红线从（前）苏联直指中国境内的兰州。60 多年前，（前）苏联空军志愿队就是沿着这条线来到中国。当时的兰州不仅是陆路交通的枢纽，而且是"俄机空运通道"，援华飞机也从新疆飞到兰州再转飞各大战区，据记载，当年先后经兰州飞转各战区的各种飞机在 1000 架左右。

1937 年，日本自产了 1500 多架军用飞机，包括多种型号的轰炸机、战斗机和侦察机。而中国空军经过几个月的战斗，在 11 月初，剩下的飞机不到 36 架。

眼看中国空军将全军覆没，国民党政府开始寻求外援，当时太平洋战争还未爆发，美国无心介入，蒋介石只能将目光投向（前）苏联。1937 年 8 月 20 日，蒋介石电令时任驻苏大使的蒋廷黻，要他迅速接洽（前）苏联政府，急购 200 架驱逐机和 100 架轰炸机。第二天，《中苏互不侵犯条约》签订，（前）苏联对中国抗战正面战场的援助正式展开。

（前）苏联不仅派来了飞机，还有人。在南京、徐州、南昌、武汉、广州、兰州甚至西部边陲昆仑关，（前）苏联航空志愿队出现在几乎所有的正面战场。当时兰州也是中国空军的重要战区和空军部队的训练中心之一。为保卫国际交通线的畅通和这一重要内陆后方要地的空中安全，中国空军在兰州设立了第四路军司令部（即兰州空军司令部），统一指挥协调甘肃各地空战。地勤补给在兰州设立了空军第七总站（也称兰州机场总站）。驻兰空军作战部队先后有八大队（轰炸机）、十七队（驱逐机）、第六队（驱逐机）、二十五队（驱逐机）等。兰州机场总站除拱星墩机场外，还有西固城等4个小机场。

因此，兰州作为抗日大后方的重要基地，成为日机疯狂轰炸的目标。面对敌人的强大优势，以兰州为防卫重心，中苏空军健儿与日机展开了顽强的空战。

血战两天　击落敌机 15 架

1939 年全年，日机对兰州实施了 3 次疯狂轰炸，也是日机对兰州轰炸最集中、最惨烈的一年。但是，这一年，也是中苏空军勇士同仇敌忾、血战长空的一年。

1939 年 2 月 5 日，日机在轰炸兰州返航之际，驻兰空军尾随日机至山西运城机场上空。就在日机降落未稳之际，中国空军突然从天而降，轰炸机场，投弹 60 余枚，顷刻间，日寇 40 多架飞机化为灰烬。

特别值得兰州军民振奋的是，1939 年 2 月 20 日、23 日，日机分别以 30 架次和 20 架次，分批多次袭兰，在拱星墩机场和市区投弹轰炸，据史料记载，这被日本称为“对中国内地的第一次攻击”（指规模较大的攻击行动）。中苏空军与日机发生激烈空战，两天共击落日寇飞机 15 架。

叶建军老人是当年甘肃省防空司令部的参谋长，他向记者描述了自己调查过的空战情景。1939 年 2 月 20 日，日机 30 架次分 3 批轰炸兰州。第一批敌机于当日下午 1 时 27 分进入兰州上空，（前）苏联援华空军和中国空军联合阻击，首先击中敌机领队的重型轰炸机，尾部冒烟起火；接着敌机又被击落两架，敌机整个队形大乱，狼狈逃逸。第二批、第三批敌机投弹后离去，中苏空军奋起分批追击，在平凉境内又击落敌机多架。经省防空司令部通知各县区乡及时协助查报，2 月 20 日当天共击落敌机 9 架。

同年 2 月 23 日（农历正月初五），20 架次日机再次袭兰，中苏空军再度击落日军重型轰炸机 6 架。叶老说：“两天击落 15 架日机，很了不起啊！这些被击落的敌机都是日本从西欧购进的最新式、最精锐的轰炸机！”叶老感慨地说：“这次空战打得真痛快啊！但（前）苏联空军队长库里申科苏在这次空战中英勇牺牲了！”

1939 年 12 月 26 日、27 日、28 日，日军对兰州进行第三次攻击，这是抗战时期以来日机对兰州最凶猛的一次空袭，3 天出动飞机 300 多架，规模空前，即日军所谓的"百号"作战方案。在 26 日的战斗中，大批敌机将（前）苏联志愿队 7 架飞机包围，经过血战，3 架敌机被击落，但（前）苏联飞行员古力芝中弹阵亡，坠机于五里铺。27 日，日机 106 架，分 4 批轰炸兰州，中国空军再次击伤、击落敌机各两架。

血洒长空 苏联勇士魂留中华

中苏空军在兰州大空战中用鲜血和生命捍卫了国际运输大通道，他们当中，有不少人壮烈牺牲。除（前）苏联空军队长库里申科苏外，还有空军战士古力芝、雅士、司切帕诺夫、郭尔皆耶夫、波拉枝诺夫、马特、伊萨耶夫等和一些不知名的烈士。

在长达几年的战斗中，中国空军将士和（前）苏联志愿队紧密配合、顽强拼搏，地面高射炮和空军共击落敌机 40 多架（也有说 26 架），这还不包括炸毁运城机场的 40 多架敌机。

叶老说，兰州空战中，除了中苏空军战士浴血奋战外，同时，还有一些在背后默默无闻的无名英雄，"我们在山西运城敌机机场附近就设有秘密电台，那里一旦有飞机起飞，情报马上就反馈到了兰州，这里赶紧疏散群众，空军准备迎敌！"

记者在省图书馆查阅了大量资料，就当年兰州空战的报道，有一则十分引人注目的新闻，1939 年 2 月 28 日《甘肃民国日报》题为《兰州空战敌共死飞行员 18 名》的消息，是当时的中央社发自香港的电讯，其内容是："东京电，23 日陆军航空部队第三次空袭兰州，此间公布共死飞行员 18 名；并关正夫大尉、牧野科已中尉、由田准男中尉、森安志准尉、小野寺一曹长、铃木寅雄曹长、白岛正夫曹长、滨畸石卫上等兵、田科丰上等兵、前田俊夫上等兵、林建太郎上等兵、栗原龙二上等兵，又大村中尉等若干名受伤者。"

该报道中所指的"第三次空袭兰州"正是被中苏空军健儿击落敌机 15 架的那两次激烈空战。

残骸展示 鼓舞军民抗日士气

叶建军老人回忆说，根据甘肃省防空司令部等部门联合会议决定，击落并查获的 15 架敌机残骸，于当年（1939 年）2 月 27 日至 3 月 2 日，在中山林民众教育馆举行了敌机残骸展，观者云集。叶建军老人是当年省防空司令部的筹展负责人，根据他的回忆和相关记录，清晰地展现了当年展览中的一些重要细节。

被击毁的敌机领队轰炸机残骸中有 1 名大尉和 5 个士曹，展览上有两把敌人空军官佐的指挥刀。其中一把刀柄部位有 3 颗星，根据推测，这架敌机上可能有一名敌军的陆军军官。

叶建军说："就在我筹备展览，整理敌人的一些遗物时，发现一张敌飞行员的明信片，是从日本爱知县寄来的，可惜破碎不堪，很难辨认了。同时，还有一张照片，是在东京一家旅馆前面，站着两个女人和一个老汉，这也许是飞行员的家属吧！另外，还有两本日记让人格外关注，一本已被子弹打穿，另一本记载的是从 1938 年 1 月 14 日起，至 21 日止，从武汉到上海，又从上海到大场的空军飞行里程。其中还有一些思家厌战的词句，有一句是'空中困难家乡在哪一端'；还有一首题名'西湖四月'的诗！但他们万万没有想到，自己在疯狂侵略中国时，却葬身异乡！"

敌机残骸展中有一个十分重要的发现是，有一张由敌国陆军部参谋本部绘制的，印有"西安兰州近傍"，"昭和 13 年 8 月"和"机密"等字样的地图。叶建军说："地图上画着两条直线，一条是从山西运城到兰州，另一条是从运城到平凉。根据我们分析判断，敌人先是在平凉窥视侦察，以便证明路线是否正确。然后再飞越六盘山，进袭兰州。从敌人后来多次侦察后轰炸的事实证明，我们的判断是正确的！"

叶老说，那次展览时隔 60 多年，但只要是当年看过展览的人，谁都不会忘记啊！给人教育很深，鼓舞很大，增加了全民抗敌的决心！

1941 年 6 月苏德战争爆发，（前）苏联对华军事援助规模逐步缩小，（前）苏联空军志愿队也陆续回国。

（原载《兰州晨报》2005 年 8 月 11 日）

13．难以忘却的记忆

—— 亲历者讲述日军轰炸兰州

陈　菊　王　莉

1937 年 7 月 7 日，卢沟桥上的枪炮声，拉开了中国人民全面反抗日本帝国主义侵略的序幕。岁月流逝，60 年硝烟，60 年刀光剑影。日本帝国主义侵略中国的罪行被永远地刻在了历史的耻辱柱上。

甘肃省档案馆最近公开了抗日战争时期侵华日军轰炸兰州及其周边地区情况的原始档案。这批档案完整、真实地记录了当时日军轰炸兰州的史实。6 月下旬的一天，当我们跟随王艾邦馆员走进甘肃省档案馆办公大楼 5 楼的展厅，面对着由一摞摞文字和图片记载的抗战时期的惨烈与悲壮，我们的耳边仿佛又回响起隆隆的炮火声和无辜百姓家破人亡的凄惨的哭叫声。

"卢沟桥事变"后，华北，华东、华南大片国土沦丧，随着国民政府的西迁，西南、西北逐渐成为中国进行抗战的大后方。地处西北的甘肃省，特别是西北重镇——兰州，既是甘、宁、青、新四省的交通枢纽，又是当时通往苏联的国际通道上的重镇，是国际援华物资的重要集散地，战略地位十分突出。正因如此，兰州及其周边的武威、靖远、定西、平凉、临洮、天水等地成为日军空袭的重要目标，遭到日军飞机的狂轰滥炸，造成大量的人员伤亡和财产损失，给甘肃人民带来了空前灾难。

日军第一次轰炸兰州市民毫无防备

60 多年在历史的长河中，只是短短的瞬间。但对那些经历日军侵华暴行的人们来说，是一段无法忘却的记忆。60 多年前在他们的记忆中留下的伤痛，伴随着他们的一生。当我们翻开历史的档案，重新记述那段经历时，现已是耄耋之年的安守仁老先生依然神情激愤。

6 月 28 日，记者来到兰州大学家属院安守仁教授家里采访，他说："勿忘历史，勿忘国耻。虽然 60 多年过去了，但是当年日军轰炸兰州留在我脑海中的记忆却永远不会消失。"

年近 80 岁的安老，祖籍天水，从小生长在兰州。高中毕业后考入兰州大学历史系，毕业后先到西北大学任教，后到兰州大学执教至退休。

"日军轰炸以前，地处西北边陲的兰州，人口不多，民风淳朴。但是，日军飞机的轰炸，却打破了这种宁静，老百姓的生活开始动荡不安起来。"老人首先向记者介绍了兰州当时的一些情况："兰州城当时并不大，最西边到现在的解放门，东边到现在的广场东口，南边到南稍门（今酒泉南路），北边到现在的省政府后边滨河路，"他介绍："当时，兰州城东的门叫迎惠门，靠东南面叫通远门，现中山桥一带叫通济门，解放门叫宗棠门，现在的兰园叫普照寺（也称大佛寺），木塔巷称木塔寺，寺里有一高约 50 多米的木塔，可以说是当时兰州市具有标志性的建筑。""当时，钟表只有有钱人家才有，一般百姓家是不可能有的。老百姓通过'三声炮'来判断时间。这三声炮分为'头炮'（清晨 6 时左右，这时开城门）、'午炮'（中午 12 时左右）、'定更炮'（晚上 9 时，这时关城门），放炮地点在今中央广场，这当时在全国也是独一无二的。日军飞机轰炸兰州后，放炮地点改到今曹家巷附近，后又改到了白塔山。"

"我当时只有 10 岁。1937 年 11 月 5 日下午 3 时左右，日军飞机第一次对兰州进行了轰炸。大约有 7 架飞机飞过来，当时所有的人都毫无防备，纷纷跑出来抬头仰望。直到飞机机翼上的太阳图案都看得清清楚楚，才知道是日军飞机。"后来安老听说，这些日军飞机在机场（今拱星墩）投下了几颗炸弹，炸死了两个人，一头驴，还有一些人受了伤。他在机场附近的路面上曾看到弹坑最大的有筛子那么大。

安老回忆，日军飞机第一次轰炸的时候，兰州还没有多少防空设施。"1938年，为了防范日军飞机，兰州成立了防空司令部，采取了许多防空措施。如在城四周的城墙上挖了许多防空洞；在黄河北的李家湾、徐家湾一带盖了一些房子供难民躲避；政府向市民讲授一些防空知识：备足干粮、水，还要准备一些毛巾、手帕或布，以防毒气；还在白塔山设立了高射炮阵地，这时我在第二实验小学（也叫关帝庙小学，今人民饭店附近）上学，依稀记得当时的炮兵大多是炮兵学校的学生；白塔山上还竖起了红色和白色旗杆，白旗为预备警报，红旗为紧急警报，因为当时实行灯火管制，百姓晚上不许点灯，旗杆则挂上灯。最初挖的那些防空洞能起到一定的作用，但随着后来日军飞机多次的狂轰滥炸，许多设施已起不到作用了。"

"大约在 1941 年左右，日军飞机除轰炸兰州市外，还炸交通线，黄河铁桥成了轰炸的主要目标。当时，兰州作为抗战的后方，苏联援华的物资大多都要通过铁桥进入兰州市，然后再分别转往各抗日前线。"车队每次经过炭市街（今中山路兰州剧院一带），安老经常跟着别人去看。当时街道不宽，刚好能通过一辆车。"车队一般住在励志社（今兰州市政协一带），每次车队一来，第二天、第三天，日军的飞机就来轰炸。"安老记得当时黄河铁桥是土红色的，后来为了防止日军飞机而涂成了现在这种灰色，值得庆幸的是，日军飞机每次轰炸铁桥都没有命中，炸弹落在桥的附近，"记得那时大概在1941年的6、7月份，我的小妹刚出生不久，为躲避炮火，我们一家人逃往十里店去，路过铁桥时曾经看到过，桥南头附近有许多大大小小的弹坑，弹片将桥的立柱和桥身损害了不少。"

安老告诉记者，日军飞机连续几年对兰州的轰炸，使这座西北重镇伤痕累累，到处是一片废墟，许多人为了躲避战火，离乡背井。他们犯下的罪行，激起了民愤，也激起了大家的抗日热情。

轰炸最激烈在 1939 年 2 月至 12 月间

叶建军是我们采访的另一位老者，是日军残暴行径的见证人，也是抗击日军轰炸兰州的防空司令部成员。他今年已94岁高龄，依然精神矍铄，思路清晰，对那段历史记忆犹新。

叶建军先生是甘肃民勤人，时任甘肃省防空司令部参谋室参谋，后任参谋长。他是国民党起义将领，建国后曾任兰州市政协常委，甘肃省黄埔军校同学会名誉会长。

叶建军先生回忆："1939年2月20日，日寇飞机30架，分三批袭击兰州。第一批9架，于中午1时20分蹿入兰州上空，与我空军展开激烈空战，日军领队的一架重型轰炸机被击中，后尾冒烟起火，坠落于马家山的刘家沟。随后我空军又击落两架，日机队形零乱，仓皇在拱星墩大红沟投了30余枚炸弹，就狼狈逃跑了。到了1时33分，第二批12架，由东北方向西进，侵入兰州市上空，在焦家湾马家山脚下投弹39余枚，后向东逃去。第三批9架，飞经兰州市西固城投弹10余枚，向西而去，于下午2时又返回兰州市上空，在市区西关、萃英门、炭市街、贤后街、水北门街、西大街、学院街、木塔巷、火药局等处，投弹30余枚，其中有数枚炸弹尚未爆炸。这次日机袭击兰州市区，多以文化机关及平民住处为目标，伤亡数十人。"

"我空军分批追击，至平凉附近，又击落日机多架。经甘肃省防空司令部通知各县区乡协助查报，这次共击落日机9架。"

"日军不甘心20日的惨败，1939年2月23日，又从汉口基地起飞20架飞机来兰，于上午 11 时到达兰州上空轰炸。当天我空军迎头痛击，击落日机 6 架。日军这两次共出动了 50 架飞机袭击兰州，被我击落 15 架，死亡军官及其飞行员数十名。"

叶老回忆，日军飞机连续数年轰炸兰州，最严重的一次是 1939 年 2 月 23 日，那天日机对兰州狂轰滥炸，穿梭往来，古城兰州一片火海。炸得最惨最重的是市区东部和西部。中山市场（今兰园）中了 3 弹，市场进口处的两家京货店死伤各一人；鲁氏摄影室、陇海旅社被炸平；贡元巷 4 号、10 号、19 号都中了弹，所幸百姓们早已去城外避难了，没有造成人员伤亡；东门的东城巷 138 号、139 号中弹，炸毁房屋 5 间，伤 5 人，死 2 人。这一颗炸弹将地面炸成深度约一丈的大坑；新关街、西北新村、南大街、东大街等地敌机投弹最多，房屋被炸成一片废墟。据统计，这次被炸毁房屋 200 余间，死伤百余人。

安守仁老先生对这次轰炸也描述得非常详细：从 1939 年农历正月初二至初五，是日军轰炸兰州最厉害的 3 天。每次听到警报声，大家都非常紧张和慌乱。安老记得，那时候，飞机的轰鸣声、爆炸声连续不断。当时，人们还比较封建，兰州的女孩大多不太出门，如果出去，都要收拾打扮一番，后来听到警报就往外跑，什么也顾不上了；有时候，警报响起，有些人在慌乱中，竟然错把枕头当作孩子抱着跑了出去；有些匆忙中忘记带上已准备好的干粮和水。大家往城外跑，往伏龙坪、水磨沟跑。那里往阿干镇方向有一条路，也有许多山洞和果园可以藏身。当时天很冷，人们又饿又冻，又害怕，几天都躲在那里面。看见日军飞机从西边飞过来，从他们躲避的果园上方呼啸而去，他当时因为很小，经常吓得浑身哆嗦。对于日军飞机，大家都恨得咬牙切齿。安老记得大约在初五这天，"我们躲在水磨沟，突然看见一架日军飞机尾部拖着浓浓的黑烟飞了过来，大家以为飞机在放毒气，吓得赶紧用手帕、布捂住了鼻子，然后又看见飞机后部起火，一头栽了下去。"这是一架重型轰炸机，被击中后掉在今马家山一带。"看到日军飞机被打下来，大家都很兴奋，也觉得非常解恨。"飞机残骸以后被拖到民众教育馆、中山林展出，以教育大家。安老曾经去参观过，看到的是一些日军军装、大刀、飞机残片等物品。

安老记得，这次日军飞机的轰炸，给兰州造成惨重损失，许多地方都成了一片焦土。炭市街、西大街（今张掖路）、稠铺街（今酒泉路）、东关（今庆阳路一带）、山字石等地、中山市场（今兰园一带）中弹最多，百余名市民被炸死。最让人难以容忍的是，普照寺的经塔也被炸毁，所藏 6000 多卷唐代、明代经卷化为灰烬，当时里面有一位被称为"蓝大师"的和尚也不幸遇难。每当提起这些，安老总是感叹不已："祖先留下来的东西，就这样毁了，实在是可惜。日本鬼子太可恶了。"

给安老印象最深的就是在他家所住炭市街一带，有"奎顺油店"、"三青油店"等几家油店，日军飞机扔下的燃烧弹加上店里自身油的燃烧，使这几家店都成了一片焦土；街上一家做马鞍的店铺及几家小作坊也在多次轰炸中被烧，这里的房屋大部分都倒塌了。

叶建军老先生还提到：在1939年的12月26日、27日、28日，日军又连续3天出动大批飞机轰炸兰州。26日出动轰炸机102架，分5批轰炸兰州；27日出动106架，分5批轰炸兰州；28日出动113架，分6批轰炸兰州。日机倾巢出动，在市区和机场投弹达千余枚，炸毁房屋数千间。老百姓所养牲畜也被炸死许多。叶老在回忆录中记载："敌人来势之猛，兽心之狠，情景之惨，为空前所有。但这些魔鬼的心愿并未达到，我们对敌报复之心早有警惕和准备，防护严密，警报发放及时准确，指导市民安全避难，从容疏散，仅伤亡30余人，为不幸中之大幸。这也说明兰州市民对防空知识及危害性有了进一步的认识，这种认识也是从一次次血的教训中获得的。"

1939年2月27日至3月2日，在中山林和民众教育馆两处，举办了敌机残骸展览，当时由叶建军负责筹展。被击落在马家山刘家沟的日军轰炸机被运到兰州展览，此机上有日军飞行员尸体7具，其中大尉、上尉各一名。民众教育馆陈列日机零件、机枪、佩刀、护身符、佛像、文件、日记等。叶老记得展览会上展出一张明信片，是从日本爱知县寄来的，已经被压得破碎，字迹也很难辨认。最重要的还有一张地图，是日本陆军部参谋本部绘制的"西安兰州近傍"，上面印着"昭和十三年八月"和"机密"等字。"根据这张地图判断，日军这一批飞机是从山西运城起飞，依着一条直线，直达兰州；另外还有一条线是从运城到平凉，根据判断，日军画这条线的原因，是先在平凉侦察窥视一趟，以便证明航线是否正确，然后再飞越六盘山，进袭兰州。后来从日军多次先侦察后轰炸的事实证明，这种分析判断是正确的。"

在日军轰炸兰州时家破人亡

张玉明老人是我们采访的第3位目击者，今年已是73岁，体弱多病。他在这场罪恶的轰炸中失去了母亲和不到3岁的妹妹，并从此与父兄别离，借住到了舅舅家。他是得知省档案馆要举办日军飞机轰炸兰州的展览时特意前往，他要向那里的工作人员叙述那段难以忘怀的记忆。6月30日，当我们找到他提出采访时，老人忍着病痛再一次揭开尘封已久的往事：

他原籍陕西，1934 年随父母来到兰州，住在兰州伏龙坪火车隧道边的窑洞里。当时有十几家都住在一起，他们家住的院子里有 3 家居民。"日军轰炸兰州的时候，我才六七岁。头一次来了 10 来架飞机，因为没见过，我和许多人一样跑到外面看热闹。后来日军的炸弹把焦家湾一带炸了，才知道这不是普通的飞机，而是日军来轰炸兰州的。"

对于母亲和妹妹的罹难日，老人至今还记得很清楚。"1939 年 11 月，天气很冷，兰州下了大雪。警报响的时候，我一听，不知为什么就跑了出去。事后才听说母亲让父亲和哥哥出去找我，而她则抱着两岁多的妹妹在窑洞里等着他们回来。这时有 10 多架飞机飞了过来，一枚枚炸弹在我们住的窑洞周围不停地爆炸，最后窑洞被炸塌，母亲和妹妹被埋在了里面。邻居们帮着父亲挖了 3 天才把她们挖了出来。""当时我已跑到了舅舅家，后来父亲和哥哥处理完母亲和妹妹的后事，到舅舅家来找我，我才知道事情的真相。"

"还有一次，大约是在 1941 年的一天，我舅舅住的金昌路、广武门一带，有家姓王的人家结婚。人很多，来了一二十个亲戚，还有许多看热闹的人。婚礼闹腾了一整天，到了晚上，月亮很亮，参加婚礼的人还没有散去。突然刺耳的警报声拉响了，日军又来轰炸，当时我和舅舅牵着家中仅有的一头骡子躲在一个小山坡底下。防空的探照灯一射，把骡子惊着了，撒腿就跑，我和舅舅连性命也不顾了，连忙追了上去。阴差阳错，没想到这一跑才幸免于难。日本鬼子在我们原来躲藏的地方丢了 2 枚炸弹。坡上坡下各丢了一个。在那儿躲藏的人被炸死炸伤 20 多个，新郎当场被炸死，腿都给炸没了，现场实在太惨。新娘没被炸死，却从此不见了踪影。"

"他埋葬了小手，把金戒指戴在自己手上"

记者从省档案馆收集的资料中还发现了一些记载日军轰炸兰州的暴行：著名诗人北岛曾写过《刘伯伯》一书，是他根据自己岳父刘杰的亲口讲述写成，书中记录了刘杰在日军飞机轰炸兰州时的经历：刘杰的祖父早年在俄国经营茶叶生意，他于 1932 年就生了那里。后来，他家移居哈尔滨，再往后，他的父亲在北京当俄语教授。"七七事变"后，刘杰的父亲来兰州做生意，刘杰在母亲的督促下，辗转寻父也来到兰州。

书中描述了"他"即刘伯伯的一段惨痛记忆："那天凌晨 3 时，他跟着人流挤出城门上了山。防空洞多在半山腰，其实是些三四米深的窑洞，无任何支撑。他躺在洞外。无风，几缕薄云，星星硕大耀眼。紧急警报如公鸡报晓，天蒙蒙亮，高射机枪射出红红绿绿的曳光弹，甚是好看。他刚退进防空洞，大地剧烈抖动起来。突然一黑，洞塌了，哭喊声连成一片。出于求生本能，他拼命用手向前刨土。哭喊声停了，空气越来越稀薄。他突然触到一双手，一双女孩子的小手。左手无名指上戴着个金戒指。原来他和隔壁的防空洞挖通了。黑暗中，他们俩紧握在一起，喃喃地说着什么。

醒来，刘杰已躺在防空洞外面，营救人员还在土堆里寻找生还者。他看见一个十五六岁的女孩子坐在那里发呆，她粉袄绿裤，辫子又长又粗，手上戴着个金戒指。他们的目光碰在一起。是你？女孩子高兴得蹦起来。她叫小芳，是跟姨妈去定亲的。

你还定什么亲？干脆嫁给我吧。刘杰半开玩笑地说。

那敢情好，俺俩是生死之交。这婚事，俺本来就不乐意。

硝烟弥漫，孩子哭大人叫，担架队正把伤员运走。他们俩竟不顾周围的战争，手紧紧握在一起，海誓山盟。小芳脸上有一层细细的绒毛，刘海整齐，眼睛充满泪水，她扑哧笑了，说：俺姨还躺在前面那片战壕里，俺去去就来。

那片战壕离得不远，最多四五百米。小芳刚消失在其中，第二批日军飞机来了，炸弹正好落在上面，硝烟腾起。刘杰发疯似地冲了过去，在土堆里搜寻，最后仅找到一只戴金戒指的小手。他埋葬了小手，把金戒指戴在自己手上……"

据甘肃省档案馆提供的资料，1937年至1941年9月，日军飞机轰炸兰州的死伤人员，涉及社会各阶层，上至老人，下至孩童，还有外国人。其直接受害最深者，则是善良无辜的普通百姓：

民妇朱氏一家共8口人，原住在兰州市官园前街119号，为避日军飞机轰炸，全家躲藏在下官园小庙内。1939年11月30日晨7时，日军飞机向该庙连投两枚炸弹，当即将其丈夫李广业炸死，她和长子李多材、媳妇李何氏及女儿玉兰、孙儿天福、玉凤、翠凤等均受重伤。因"无家可归，只得搬移西乡安宁堡庙暂宿"，时值严冬寒天，一家"非老即幼，养生送死，一筹莫展"。

一位名叫张瑞生的人，家住在兰州市黄家园78号，其妻在日军飞机轰炸的时候，"因病未能逃避，被震身死"。朱女孩，4岁，家住在兰州市义学巷2号，因避难所倒塌被压死；郭小女，4岁，家住在上沟街88号，因避难所倒塌而被压死；崔小孩，4岁，家住在上沟土窑，因避难所倒塌被压死。

1941年6月22日，在日军飞机轰炸兰州时，晋陕绥边区总司令邓宝珊将军的夫人崔锦琴携次女倩子、次子允文、三子允武在黄河北枣树沟躲避，不幸的是壕洞塌陷，4 人均亡，墓在广武门外邓园之内……

历史的档案所记录的惨状，是对日军暴行的无声抨击，虽然 60 多年过去了，但那场轰炸带给幸存者心灵的创伤却是难以抚平的。

枪炮声已凝固在历史的书页，鲜血已渗透在人的心里，这是谁也涂抹不掉的。

（原载《甘肃日报》2005 年 8 月 11 日第 7 版）

14. 日机轰炸平凉罪行纪实

继 泰 史 兵

1937年7月7日卢沟桥事变后，日本帝国主义发动了全面的侵华战争。不仅从海上、陆上，而且从空中大肆侵犯我国。平凉地区虽处西北大后方，也未能幸免，日本帝国主义的侵略魔爪也伸到这里。

多次横行肆虐　狂轰滥炸平凉

平凉为陇东经济、政治、文化中心，又是西兰公路上的交通枢纽。抗战期间，苏联等盟国大批援华物资如粮食、石油、武器、弹药等，不断通过新疆、兰州、平凉这条运输线，运往国共抗日前线。日本帝国主义为了切断这条国际运输线，干扰、破坏西北大后方的经济、生产和人民的抗日救亡运动，从山西运城空军基地，多次派出大批飞机，在重点空袭轰炸兰州的同时，也把平凉地区当成空袭轰炸的重要目标之一。

根据历史档案记载和一些亲历者回忆，从1938年1月到1944年10月，日军先后约9次派出侦察机、轰炸机、战斗机90多架（次），对平凉地区进行侦察、侵扰、空袭和轰炸，被轰炸的地方计有平凉、固原、泾川、静宁等县市。其中，平凉市受害最为严重。据统计，全区先后死伤群众达300多人，炸毁房屋200多间，公私财产损失约数十亿元（按法币计算）。除兰州市外，是甘肃全省受难最严重的地区之一。

日机对平凉地区的空袭轰炸较大的共五次，时间分别是：

1939年2月9日（农历腊月二十一日）上午10时许，日机约11架首次空袭平凉，在平凉城内外肆虐约半小时，投弹70多枚，炸死炸伤无故群众近200余人，炸毁房屋200多间。同日，又派出9架飞机空袭轰炸了固原城，投弹20多枚，有伤亡。

同年10月30日上午10时许，日机25架分两批空袭平凉。第一批12架，第二批13架，省立平凉中学操场、校院落弹7枚，炸毁学生宿舍4间、厕所3间，并向城北省立平凉师范校院投下大量从运城运来的石头，由于师生在郊外上课，幸免于难。

1941年8月5日，日机36架分批窜扰陕甘，再次轰炸了平凉，致使东郊飞机场弹坑密布，但由于人员及时疏散，无伤亡。

1942 年 3 月 [①]，日机 5 架途经泾川，其中 1 架在本县阳保乡（即今沕丰乡）百烟村、三十里梁、枣林子投弹 7 枚，炸死群众 5 人，炸伤 3 人，炸毁窑洞两孔，引燃麦垛一处，其中，百烟村损失尤甚。

同年 8 月 30 日，日机 5 架再次窥伺陕甘，其中 1 架飞至泾川、静宁上空侦察，并在静宁投弹，炸死田野里放牧的羊数只。

暴行所至　生灵涂炭

日机的侦察侵扰，不但对平凉地区的经济、生产和人民的抗日救亡运动造成了严重干扰，而且其狂轰滥炸使平凉地区人民蒙受了深重灾难。暴行所至，生灵涂炭，家破人亡，血染乡土，遗恨难消。尤其是 1939 年 2 月 9 日（农历腊月二十一日）对平凉城内外的首次轰炸。由于时近年关，平凉城乡群众纷纷赶集，置办年货，街头巷尾，车水马龙，熙熙攘攘。上午 10 时许，一阵隆隆的轰鸣声由远而近，划破长空，约有 11 架涂有膏药旗的日机飞临平凉城区，低空盘旋。由于人们一时还没有反应过来，所以不约而同的抬头张望，许多人在看稀奇，有的人还天真地数数。突然一颗颗拖着哨音的炸弹从空而下，顿时，爆炸声震天动地，浓烟滚滚，扬尘四起，群众猝不及防，呼儿唤女，呼爹唤娘，东奔西跑。而掩护轰炸的日机，又一次次俯冲下来，射杀四散惊逃的人群。一时间，许多人倒在血泊之中，城内城外，惨叫之声不绝于耳。

这次日机的狂轰滥炸，给平凉人民造成深重的灾难。城内城外多处中弹，弹痕累累，血渍斑斑。共死伤群众近 200 多人，炸毁房屋 200 多间，牲畜和各种财物不计其数。西大街的望台巷省立平凉中学操场的栏杆被炸坏了两段。集贤巷（今军分区与广场之间的巷子）一国民党保安人员的新婚妻子，尚未度完蜜月就被炸死。该巷子一位卖肉的吴老三和妻与子三口均被炸死，其状十分凄惨。藏在报恩寺（今电力局所在地）内避难的三名群众全部遇难。东大街的平济医院（今市法院、检察院所在地）的后边和东边的王家大坑（今市文化馆所在地）分别落卜内颗炸弹，炸死了王家大坑土窑里两名群众，炸毁了临街一小饭馆的两间房子。东城门的瓮城一家在平凉最先制礼帽的店铺，被日机一颗炸弹夷为平地，家毁人亡，遗恨千古。城南有位名医，叫常恒源，早晨出门为人诊病，闻警报后匆匆回家，刚进家门，院内落下一颗炸弹，老人腰部被炸弹片击穿，当即身亡，家人哭喊至夜，才从院内麦垛中发现尸体。北后街有一户居民，叫谢佐唐，本人在兰州工作，回家准备过年，闻敌机声响，忙携十二岁的次子由屋内奔出躲避，刚到大门洞，大儿子由外面奔回，一颗炸弹落下，三人同时遇难，脑浆、头发涂于山墙，家中

---

① 此处时间应为 1939 年 3 月 15 日。

只剩下临盆的弱妻幼子,前去吊慰者无不哀叹!柳树巷有很多骆驼店,内蒙、宁夏等地常有骆驼队云集这里,因疏散不及,被炸死的骆驼数十,驼血直淌出店外。而伤亡最惨者要数北沙石滩(今中山商场后门外沙岗子一带)的粮食集和牲口市。由于两地挨得很近,人如蜂拥,加之出口狭小,敌机轰炸时,一时人挤马惊,粮食重物难以搬动,人和牲畜伤亡十分严重。敌机轰炸过后,好长时间,这里惨叫之声仍不绝于耳。人们前去看时,满场弹坑累累,尸横遍地,血、粮食和口袋碎片撒的满地都是。有的人肠肚被炸出身外,有的人胳膊和腿被炸断,抛在场外居民的房顶。有一年逾花甲的老人,一条腿已被炸得血肉模糊,怀里还抱着一个十二三岁的男孩。孩子浑身是血,脸色苍白,腹部已被敌机扫射击穿身亡,僵硬的手里还攥着半块黑面馍。见状谁不为之落泪!牲口市上,简直成了一个屠场,牛、驴、骡、马被炸死、射杀的不计其数。有的还在挣扎咽气,有的半个身子被炸掉了,头还吊在拴马桩上。一些残存的羊群,披着满身血污,战战兢兢地挤在一起哀嚎。面对这惨状,谁能不为之悲愤交加,心痛齿恨。

亡羊补牢　为时未晚

血与死的惨状,教育了当局,惊醒了民众。国民党平凉当局在设防空警报系统和监督哨的基础上,又成立了"平凉疏散建设委员会"、"空伤救济联合办事处"、"防毒委员会"等机构和19个步、机枪高射组,各司其职,加强防空,具体处理防空救护等业务。同时为适应抗战需要,还在机关学校成立了"军事训练团"、"后方服务团"。在"服务团"下又设立了"宣传队"、"救护队"、"劝募队",平时加强训练和宣传教育工作,敌机空袭时,纷纷出动组织疏散群众,救护伤员,劝募筹集资金与物资。为了便于城镇人口疏散转移,城内不仅统一规划挖了防空洞、防空壕,还在南校场(今平凉报社后面)城墙根增开了城门洞,便于疏散。并动员群众在自己的院落、商店底下挖了防空洞和掩体,准备沙土,以备消防。省立平凉中学、平师、女师呈请省教育厅拨款,在城南郑家沟西给每班凿窑洞一孔,坚持上课。平师附小转移到城北虎山沟窑洞上课。《西北日报》(平凉版)先迁到三天门窑洞和破庙,后又迁至纸房沟的窑洞,坚持办报。由于采取了一系列防范教育和措施,增强了广大群众的防空意识和自觉性,所以在以后的几次轰炸中,一有警报,平凉城区和郊区的民众都得到及时疏散、隐蔽,从而大大减轻了伤亡和损失。

（原载中共平凉市委党史研究室编:《平凉党史》2005年第2期,第36—37页）

15. 侵华日军地图与日军对靖远的轰炸

郭忠庆　彦　生

2004 年，甘肃省档案馆从民间征集到侵华日军印制的一批中国大西北有关地区的地图，其中包括甘肃靖远县地图。靖远县地图为十万分之一比例，由于年代久远，纸质已呈灰黄色，地图外沿左上角标有"昭和十四年制版（中华民国十二年调查）同十四年十月发行"，左下角标注"陆地测量部参谋本部"；外沿右上角有"军事秘密"等字样。很明显，这是日军根据收集来的情报为侵华目的自印的，可以看出日本为发动侵华战争的准备是十分充分的。

在抗日战争时期，靖远遭到了日军飞机的轰炸。我们很小的时候就听到兰州的老人们有这样的说法：日本飞机轰炸兰州时，"误炸"了靖远城。这种说法流传很广，而且，当时的人们也是这样认为的，民国年间的词人贾维汉在记述日机轰炸靖远所填的《望海潮》词也沿用此说，他在序中写道："己卯冬敌机误袭靖远，故填词以告国人。"因此，我们对省馆征集的这幅地图产生了浓厚的兴趣。

靖远县距兰州很近，如果把当时的兰州地图与靖远地图相比较，可以发现，靖远县城的地理环境酷似兰州，都是建在川道上的城市，两山夹峙，黄河流经其间，而且，城市规模都很小。这种地理环境的相似性在甘肃地区是仅有的。当时，日本飞机轰炸兰州的航线，大半是由山西运城起飞，经西兰公路绕道华家岭再到兰州。这样，日机轰炸兰州时，靖远首当其冲。日机飞临靖远上空时，经飞行时间计算和军事地图核对，可能误认靖远为兰州，投弹、扫射之后返航。这样，靖远这个不设防的小县城，就屡遭轰炸之劫，损失惨重。由此看来，老人们的说法是有一定道理的。

然而，我们在翻阅了有关档案史料后，却得出了不同的认识。据档案材料记载，日机除了多次重复轰炸兰州外，还对兰州周边的武威、定西、平凉、临洮、天水，包括靖远进行了空袭。由此可以认为，日机狂轰滥炸的目的，既是为了摧毁交通、机场、桥梁等设施，破坏通往苏联的国际通道，同时也是一种威慑，迫使大后方人民屈服。档案材料也载明，日机对靖远空袭了 10 余次之多，如果头几次属"误炸"，那么连续"误炸"的可能性就极小了。其实，"误炸"与否并不重要，重要的是日机对兰州及其周边城镇实施了连番轰炸，给甘肃人民带来空前的灾难，却是一个不争的史实。这幅靖远地图提供了日本军国主义侵华战争的铁证，无疑也是轰炸靖远的见证。

根据省档案馆的档案记载，日军飞机空袭靖远共11次，出动飞机63架，投弹255枚，共造成34人死亡，31人受伤，233间房屋损毁。《靖远县志》也有类似的记载。笔者手头上有张尚瀛老先生关于抗战期间靖远的防空与日军轰炸靖远的回忆录，对日军空袭靖远所述甚详，他的亲见、亲历，恰好可以提供靖远被炸的许多详尽细节。

张尚瀛先生1938年至1939年期间，先后在靖远甘肃防空第14队任准尉文书和在国民党靖远县党部工作，根据他的回忆，日军第一次对靖远的轰炸是在1938年11月5日上午5时。日机7架经过距县城20华里的东湾镇，当时人们都在酣睡之中，有的听到隆隆之声，以为是汽车过村，或者是轻微地震；有的惊起之后穿衣。忽然"轰隆"一声巨响，顷刻之间房倒屋塌，天地翻覆。全镇鸡飞狗叫，人呼畜嘶，一片混乱。他当时在《靖远日报》社听到消息后，赶到现场，亲眼看见一户姓杨的3岁女孩被炸塌的房屋压死；38岁的农民魏连改被塌下的房梁压断了腿。东湾镇的西半截街，南北两边的铺房全被炸塌，街前街后有7个一丈见方的弹坑，有的其中还有锋利的碎弹片，100多名被炸得无家可归的农民，在挖掘着塌房下的椽梁和什物。农民们只知道日本鬼子侵略中国，占了不少国土，但离靖远还远着呢，怎么会把炸弹投到这儿来呢？可炸弹残片上有"昭和十三年制"的字样。铁和血的证据摆在眼前，震醒了有"大后方安全无恙"太平思想的人们。

第二次日机轰炸靖远是在1939年2月12日，正值春节前夕，靖远县城的老百姓都在准备迎接新年。那天下午张尚瀛正在县城南关与同学高志仁、张茂聊天，忽然听到有隆隆机声由远而近传来。在北方天空有9架飞机，每3架摆成一个三角队形，向南低飞而来，机翼上的大红膏药图案清晰可见。因为县城从未遭受过敌机空袭，并无警报发出。不少老百姓毫无防空常识，还站在屋顶上数飞机。飞机就要临头，隆隆之声震耳欲聋。高志仁吓得掉头慌忙向北而跑，他和张茂拼命跑到一处屋后躲起来，只听"嗖!嗖……"机枪扫射声"轰隆"两声炸响，眼前尘土四起，砖瓦飞扬。待他俩清醒过来后，沿原路向北去寻找高志仁，走到肖家烟坊门前时，看见高志仁已被炸死在烟坊大门的东南墙角，遍体弹伤，血肉模糊，在他旁边，就有一个一米见方的炸弹深坑。在肖家烟坊附近地母庙内闲游的一名40余岁中年男子杨永兴，因站在南墙下看飞机，被炸伤腹部就地身亡。这次空袭，投弹44枚，数十间民房被炸倒，观望的老百姓不同程度的被炸伤。

他遭遇的另一次空袭是 1939 年 12 月 26 日，那一天夜里有连续不断的 5 批日机轰炸，因事先发出了警报，人们都钻进了防空洞。在这次空袭中，城南山、城内箭道广场、黄河两岸共投弹 100 多枚，91 间民房被炸毁。老乡们在城南山弹坑中拣到的炸弹铁片就有数百斤之多。接着 27 日又发出防空警报，全城人绝大部分出去防空，县城几近空城。这天日机分 4 批沿黄河向兰州低飞，他们爬在山崖下看得清清楚楚。忽然最后的一架掉头在飞，沿黄河而下，再转向西，飞得如城墙一样高，斜插机翼咆哮着在城内投弹 3 枚，顷刻间尘上烟雾笼罩了整个县城。待警报解除后，他急急地奔向家中。他家隔壁后院落了一弹，繁华的西大街几家商店和他家的 3 间铺面、10 多间住房全被夷为平地，连他植的一株枣树，也被炸得肢体分离。外出前留下看门的小狗，虽未炸死，却被震聋了耳朵，呆痴地蜷卧在残砖堆旁。一夜之间，张尚瀛一家人无家可归，相顾而泣。

这是张尚瀛先生的亲见、亲历，从一个侧面披露了日军轰炸靖远的过程和细节。这段史实，已经过去了 60 多年了，当我们再一次凝视这幅地图时，透过时间的烟云，仿佛看到了当时日军轰炸靖远那惨烈的一幕。

（原载甘肃省档案馆编：《档案》2005 年第 2 期，第 44—45 页）

16．日机轰炸武威纪实

张惠萍

武威地处河西走廊东端，南靠祁连山，北依腾格里大沙漠，南高北低，是一块辽阔的平原。历史的长河曾在这里抛洒过晶莹的珍珠，早在 4000 多年前的新石器时代，中华民族的先祖们就在这里繁衍生息，创造了群星灿烂的远古文化。2100 年前匈奴人修筑的古长城，成为今天凉州城最早的雏形。自汉代张骞"凿空"西域，开通"丝绸之路"，凉州这座历史上的边塞古城，在中国西陲边疆上显示了她的重要地位。她不仅作为军事上的重要屏障，也是历史上东西文化、物资交流的重要驿站和商埠。

1941 年 6 月 22 日，武威亦如往常，市井街道到处是人们为生计而忙碌奔波的身影。人们哪能料到一场灾难正在悄悄降临。中午 11 时左右，骤然而起的警笛声划破城空，把人们平静的生活瞬间化为乌有，慌乱中的市民纷纷扶老携幼出城避难。到下午 2 时许，摄人心魄的警笛声一阵紧似一阵，随后 26 架日本飞机侵入城市上空，对市内进行狂轰滥炸。日机共投掷炸弹近百枚，其中燃烧弹 20 余枚。"死亡平民 228 名，重伤 90 名，轻伤 64 名，倒塌房屋 718 间，道路多次中断，城市几近瘫痪，给广大市民生命财产造成严重损失"。日军飞机轰炸时官员警士各尽其责，维护秩序，执勤期间有 1 名警士被炸身亡，5 名警士受伤。日机空袭后，城内三处起火，大火连天，部分财产和建筑物化为灰烬，大部分商铺关闭，满目荒凉。国民政府官员、警力分赴各地，将燃烧了 9 个小时的大火扑灭，并连夜将炸死的平民尸体抬到城外掩埋，将受伤的人抬送到各医院治疗。

日本侵略者在投掷炸弹的同时，还散下了许多内容荒谬的传单来麻痹人们，这些传单被国民政府收集后，集中焚烧。

空难过后，武威县政府一方面办理善后事宜，一方面将各处散落未爆炸的炸弹分别挖出，对多枚危险性较大的，寻找熟练的技术人员进行挖掘。同时组织了由各界知名人士参加的空袭救济委员会，办理救济事宜。武威县警察局局长金耀坛将此事经过上报省政府。据档案记载：在日军侵华期间，日军先后空袭武威 6 次，出动飞机 83 架，投掷炸弹 355 枚，造成人员伤亡 456 人，其中男 262 人，女 194 人，有白发苍苍的老人，也有嗷嗷待哺的婴儿，损毁房屋 765 间。

在整个侵华期间，日军在中国的许多省份均实施过细菌战，战争中死于细菌战的中国人达到了几十万。他们肆无忌惮地蹂躏、屠杀无辜的中国人民，手段卑鄙、残忍，有令人发指的枪杀、绞杀、活埋等，可以说是无所不用其极，而空袭武威只是其中的一个缩影。

（原载甘肃省档案馆编：《档案》2005年第2期，第46页）

17．日机轰炸武威近访记

连芝爱

武威地处西北边陲，在抗日战争时期，虽是抗战大后方，但和前方一样遭到日军残酷的疯狂空袭，使人民的生命财产蒙受了不可弥补的严重损失。

野心勃勃的日本法西斯，从 1939 年 12 月底开始，调遣陆海军航空兵联合实施以西北重镇、交通枢纽兰州为目标之所谓"100"号作战方案。日本陆军航空兵重轰炸机 51 架从山西运城起飞，海军中攻击机 60 余架从武汉起飞，于 12 月 26 日以 102 架、12 月 27 日以 106 架、12 月 28 日以 112 架次连续轰炸了兰州。进入 1941 年，日军仍把依靠空军力量压迫中国作为基本方针，决定从 5 月起对中国进行"大规模空中攻击"。5—7 月间以海军飞机为主，轰炸陕、甘各地城市及交通要道；8 月以陆军航空兵为主，集中轰击重庆及川、陕、甘地区。这次，日军在"102"号作战方案实施期间，武威则成了轰击的重要目标之一。自兰州横遭日机 820 多架次"四面穿梭，往复轰炸"的惨重形势后，武威的战略地位骤然上升。事实上武威不仅是地处甘新公路东段重镇，也是拱卫省会的坚强樊篱，尤其是"连接苏联援华的陆路咽喉要冲"与"俄机空运的孔道"。因此日军决定必须"攻击和轰炸"武威，以"切断补给路线"和"挫败中国大后方坚持抗战的意志"，实现"速占全中国"的侵略阴谋与野心。

滥炸武威城

日本法西斯炸罢永昌县之后不久，竟于 1941 年 6 月 22 日（农历五月二十八日）下午开始轰炸武威，是日下午 1 时许，天晴日炎，武威城内空袭警报和紧急警报已响过多次，街上不时发出信号：黄旗举起，以示敌机起飞，疾速躲防；黑旗举起，以示敌机已到头顶上，不许乱跑。学校师生和机关公务人员大都疏散到城外防空壕或树林里了；一些商业人员和市民躲入家庭防空洞，但有不少群众把防空当儿戏，不但不让妇女儿童出门，而且自身也不躲防，翘首仰望、数飞机，看稀奇哩。据我先父和目睹者说：此时，侵华日机 30 架从城东南上空缓缓飞来，每组三架，约八、九组，状如人字，"嗡、嗡、嗡"地掠过城上空之后，飞越海藏寺直朝西北方向而去。日机大都是白色的，也有深棕色的，飞得不高，从机窗里绕出来的日本旗子，尚可隐约可见。约吃一顿饭工夫，日机从西北折回飞来，飞至西关上空，其领头的那架飞机上忽放一声信号炮，顿时白气蔽日，烟雾缭绕，几十架飞机朝东并摆一字形长蛇阵，而且越飞越高，如同一群"白鸽娃子"遮天盖地似的飞到西门小教场上空，首先丢下来一颗燃烧弹，轰隆一声，黑烟滚滚，火光冲天，随之如鸡下蛋，一个一个斜斜歪歪地翻滚下大小 200 多颗炸弹和燃烧弹来，从大西门炸到东小什字左右。据当时目睹者说日机约从南城区，东西大街和北城区由西朝东轰炸了三大条，其中红沙拉巷、草场街、流水巷、羊市巷、达府街、大什字、东小什字和北城区仓门街两面及王府街丢炸弹最多，炸得也最惨。所丢炸弹多数落在商号、民房、戏园、学校和寺庙等人烟稠密处。82 岁老人黄明悲愤地说："我家住在草场街，在日机轰炸时，炕沿前落了颗燃烧弹，冒着蓝色火焰，我哥急忙端来一盆水泼上殒火，不料突然爆起燎天大火，全身被烧成燎尖大疱，救治无效，便辞别了人世。至于房舍，杂物及千多斤粮食皆已化为灰烬。"

南城区达府街是个重灾区，从城河沿到南城墙根一带日机约丢了大小二、三十颗炸弹和燃烧弹，同时，还以机枪横扫乱射，烟尘直冒，昏暗得不见天日。年高 82 岁的王仁讲，他的侄儿在大什字卖菜，一块炸弹皮斜着穿到前额上如小羊角，但并未伤着大脑，可惜当时医技差，无法取出来，终就含冤而死了。据他说这一带被炸死 20 来人，猪 20 多口，震坏烧毁房屋百多间。

西大街和东大街，也炸得凄惨严酷。新鲜六队 84 岁老人钟昭文和祖居小教场东侧的 80 岁老人朱禄堂回忆说："我数下的日机是 28 架，炸过以后我就冒险去看，啊，炸得实在太惨了！仅小教场北营房那里丢的炸弹，至少总有一、二十颗。北营房有个车家他们正推磨，炸弹正巧落到了磨上，炸得石块乱飞，几个人和驴子都炸死了。当我走到红沙拉巷口不远处，看到我常交往的那个张家宅子，其房舍全被炸毁，十几口人也遇难了。"

大什字乃是全城街衢中心。日寇在此约丢了大小 40 多颗炸弹和燃烧弹。大什字周围炸死炸伤行人摊贩等数十人。大什字西北拐角被炸得更是凄惨，武威商界知名人士张百川老人气愤地说："日机 23 架约 12 点 10 分左右，从武威城上空飞过，下午 1 点左右折了回来轰炸的。我亲手经营的华顺源 9 间门面和 66 间房舍，同聚兴永等七、八家老商号及协记书堂，皆被炸弹燃烧弹投中，燃起熊熊烈火，烧成一片瓦砾。在我清理店院过程中，竟挖出来未发小炸弹好几颗，其形好似液化气罐，焦黄色，高约 80 公分，直径 30 公分，上书'日本昭和十年'和'汉阳兵工厂造'字样。"

北城区，轰炸面广，炸得最惨。从仓门街、仓库、大井巷、玉皇庙、蔡家井直至马神庙街和古钟楼附近及东小北门黄家缺缺、雷台的南面都丢了不少炸弹。在仓门街西部，刘、温、张、常、车各家宅内外丢了数十颗炸弹和燃烧弹，炸死炸伤数十人，震坏房屋也不少。年已古稀的刘宗正老人悲叹地说："我曾随父母寄居于著名历史学家张介侯故居，惨无人道的日机在前院丢下两颗燃烧弹，未发，却将门窗震得七零八落满院飞。我姐姐被后院门外一颗炸弹将腰胯炸成重伤，至今还缺着如巴掌大的一块骨头哩。"我三访年高80岁的老人赵兰芳女士，她在病榻上说："我们王府街丢了不少炸弹，炸得挺惨。我家柴房子和门道里各丢一颗，震得天摇地动，我公公叫我把头蒙上，说是月婆子容易震聋耳朵"。那炸弹如水缸，直桶状，上安定向器，下安引信器，通高2米多，粗可双人合抱之，外皮和内核是铁黑色的，但有的黄得如风磨铜，炸裂片如竹瓦状，碎颗粒也不少，棱角如锯牙，非常利。另据刘宗正老人说，炸后不久，人们拾炸弹皮卖钱或换刀子，仅在他家房上，就拾到半升子碎炸弹粒片。这次轰炸，说实在的谁也说不清楚日机丢了多少炸弹，但炸后那惨景，使人不忍目睹。这笔血债我们永远也不能忘记。

血染城隍庙

坐落在武威城内的旧城隍庙，原址在文化广场西侧，即现在的市图书馆与文化馆处，庙坐北朝南，出山门有一长约80米、宽4米多的夹道，直通西大街。夹道两边尽是饭馆、钟表修理和香火铺等，而且也爬跪着许多讨饭者与化缘的尼姑。虽说达府街、仓门街、大什字和北城区炸得最惨，但此处炸得更惨。当日正值城隍庙会，武威四乡六渠赶会来的善男信女与化缘姑姑、和尚、道人及卖饮食、茶水、香表的三教九流者，大约有数千人。庙内人山人海，热闹非常。他们只顾敬城隍、超度祖先，焚香烧纸，不觉天上有敌机袭来，岂料无情的炸弹在善良的信士弟子中爆炸。又加敌机轮番俯冲扫射，立时骨肉横飞，尸陈庙院，血浸沙石。甚至有的死者拦腰炸断或劈掉半个胯子；有的孕妇被炸死，胎儿抛贴在砖地或墙壁上；有的少头缺臂，肠肚、五脏等物飞上戏楼，挂在廊檐之上；在海潮寺、竹林寺、三元府和马神庙的四、五十个姑姑也被炸死，其惨状不堪目睹。据庙内幸存者孙天祥老人说："先有一架侦察机从东南疾速飞来，此时紧急警报响了，门上就不让人出了。刹时间敌机轮番投下数十颗炸弹，并落到庙院内外，机枪也在扫射。我们祖孙三代急忙跟随别的人躲到城隍宝座之下，忽一颗炸弹斜斜向大殿飞来，幸而殿前一尊铁狮子救了我们50多人的性命，但那英雄的铁恩狮却奉献出了它的前半身。"

据知情人说，在城隍庙内外炸死炸伤者约有数百人之多，好多死者骨肉炸裂，尸无完体，尸主难认，直至腐臭生蛆时，才装入囤子抬出去掩埋了。炸伤者不计其数，好多无人打救，呼唤惨叫之声，令人撕心裂肺！

82岁耆老窦俊和古稀老人侯仲文他们回忆说：此时此刻，城隍庙大都炸毁，整个武威城内刹时间被笼罩在蔽天盖地的黑烟黄尘和血光之中。其炸弹掷地、爆炸之威力犹如强烈地震一般，震得地面、房屋抖抖颤颤、上下蹦跳，椽华顶棚上的灰尘好似暴风卷沙般飞飘下来，闹得硝烟飞尘，迷漫街巷院落，对面说话看不见人，整个下午也看不到太阳。连井里的水都成黑紫泥糊了，北乡四坝、下双一带都可听见炸弹震地之声，也可望见城廓上空黑烟翻腾。直至今日民间还传有歌谣"五月二十八，敌机凉州炸；炸毁城隍庙，尸骨遍地倒"。

日军在这次轰炸中，偌大的天主堂为何安然无事？这是多年压在凉州人心中的一块疑云。据知情者说：日机滥炸武威城时，天主堂德国传教士在钟楼窗口展示希特勒法西斯国旗，并示意所炸目标。这乃是日本与德国两大法西斯互相勾结的阴谋和默契。据《甘肃民国日报》曾登载《希特勒所答应日本的是什么？》一文，则完全证实了这一历史问题。

如此"王道乐土"

这一狂轰滥炸，全武威遇难农民、市民和尼姑、和尚、道士、警察等约400多人，炸坏烧毁民房、商号、庙殿六七百间，还有牲畜和其它财产。至于炸伤者可以说不计其数。据老人说：河西医院、安国寺医院、天主堂医院和王府街孙氏诊所等几家公私院所的医官、大夫为抢救伤员，夜以继日忙个不停，包扎伤口倒容易些，从肉中挖出碎炸弹片可就费劲了。然而时过两天了，还有缺腿少胳膊的人前来就诊，没有消毒包扎布，只好扯白市布代替了。

日本侵略者企图以软硬手段征服我们河西人民，不仅滥炸、枪扫，而且还先后撒下来数以万计的蛊惑人心的传单，阴谋动摇、软化我后方抗日军民的坚强意志和决心。从日军多次狂轰滥炸永昌和武威的事实，进一步戳穿了法西斯所谓"中日亲善"、"王道乐土"和"不炸百姓"的假面具，也彻底暴露了帝国主义的本性——侵略、扩张、烧杀、掠夺，对中国人民和世界人民犯下了不可饶恕的罪行。我们应该永远记住这笔血债，更加热爱祖国，热爱家乡，坚持和平，坚持发展，时刻警惕日本军国主义死灰复燃！

（原载武威市政协文史资料委员会编：《武威文史资料》第4辑，1994年内部印行，第63—71页）

18．日军空袭天水始末

孙小云

著名记者范长江说"甘肃人说天水，就等于江浙人说苏杭一样，认为是风景优美、生产富饶、人物秀丽的地方。"他说的的确没错，位于甘肃东南部的天水，北仰陇山、南依秦岭，横跨长江、黄河两大流域，以其厚重的历史文化和秀丽的自然景色成为甘肃人杰地灵的一座历史文化名城。回顾天水的历史，源远流长，灿烂而辉煌。然而在抗日战争时期，地处陕甘交界的陇上江南——天水，也频频遭到日军飞机的狂轰滥炸，其野蛮行径为天水留下了一段屈辱且充满血腥的历史。

一位亲历者的回忆

发生于上世纪40年代的这段特殊历史，对于现在天水的年轻人来说，多已不甚了解。但是对于亲历者，那种刻骨铭心的痛，犹如炙热的烙印，深深地刻在了他们的心里，成为他们无法忘却的记忆。笔者有幸拜访到一位曾亲身经历这场灾难的孔老太太，她虽已90高龄，但依然耳聪目明，思路清晰。当谈及日军空袭天水的情景时，老人记忆的闸门仿佛一下子被打开了，她娓娓道来。

那是1941年8月5日，天水的天气异常燥热，似乎预示着一场暴风雨即将来临。早上8时刚过，一阵刺耳的警报声在全城骤然响起，大城城楼上也随之升起红旗，这是预备警报的信号。市民们一阵惊恐，匆忙去城外躲避。大约10时左右，紧急警报响起，大家纷纷躲在防空洞和山沟里，不敢出来。时间一分一秒地过去，天水城内未见任何动静。据老人讲，当时日机经过天水去轰炸兰州，但进入兰州上空时正在下雨，雾特别大，整个兰州城都被浓雾包裹着。日军看不清兰州城内的状况，无法对兰州进行空袭，就沮丧地往回返，当进入天水上空时，侵略者立即被这座秀丽的古城所吸引，在残暴、杀戮等兽欲的驱使下，刽子手决定对天水进行空袭。

此时已是下午1时许，天水的百姓在防空洞和山沟里已躲避数小时，个个酷暑难耐，饥渴难忍。许多人已麻痹，大家有的跑回家去找水喝；有的在中山公园（现石马坪附近）树阴下纳凉，等候解除警报。就在这时，由远而近传来飞机的轰鸣声，日军 20 多架飞机从天水西北方向向城区扑来。人们还未来得及躲避，罪恶的炸弹便一枚一枚落下来，随着"轰隆"、"轰隆"地爆炸声，天水的街头巷尾陷入了一片阴暗与恐慌之中。轰鸣声、爆炸声与人们的哭喊声连成一片。日机疯狂残暴地向街道、公园等人群聚集处扫射，并随意投掷炸弹，一刻钟之后，敌机向东飞去。仅仅一眨眼的功夫，天水古城遭遇了一场罕见的人间灾难，城内面目全非，一片狼藉，随处可见坍塌的房屋、燃烧的物体、模糊的血肉。据《天水文史资料》记载，当时共有 27 架日军飞机轰炸天水县城，投弹 50 余枚，炸死百余人，毁坏房屋 100 多间。

老人讲，当天日军的炸弹大多投入了天水城外的藉河坝，否则给天水造成的损失将更加惨重。当时炸得最厉害的地方要数天水农贸市场（现天水市西关双桥附近）。由于该市场人口比较集中，且是牲畜买卖市场，所以当日机狂轰滥炸之后，人和牲畜的尸体到处横飞，惨不忍睹。西关长春堂药店系明代古建筑，被一炸弹击中，店堂全被炸毁。另有一颗炸弹投入关公巷（现关爷巷），就在炸弹即将着地的时候，被关公巷一棵老槐树的三支树权堵住了，炸弹未能爆炸。现在回想，如果不是那棵老槐树，关公巷不知又将遭遇怎样的不幸！

谈及这段悲惨往事，老人仍心有余悸地说，当时炸死炸伤的人特别可怜，有一家主妇和孩子同时被炸死，尸体也找不全，只好把母亲和孩子被炸得四分五裂的尸首，七拼八凑放在一个棺材里（当时县政府给一些无钱埋葬死者的家属发给棺材），男人爬在送葬的棺木上哭得死去活来，那情那景真是揪人心魄，凄惨无比。还有一个女人让弹片削去了半个屁股和半条腿，其惨状不忍入目。另在李家巷（现西关飞将巷附近）有一家居民正在盖新房，未来得及躲避，被一炸弹击中，一家炸死了好几口。这种生离死别的人间惨象，当时在天水随处可见，给天水百姓的心中留下了非常沉重的阴影。所以每当听到警报拉响时，人们都非常恐惧，有的逃到了城外的亲戚家躲避；有的在城外挖的防空洞中躲避；还有一些人跑到荒郊野外，找一个土坑或山洞蹲进去躲藏，连孩子都不敢哭出声，惟恐被日军听见。警报就这样足足持续了好几个月，有时候一天连发好几次，有时候晚上也发紧急警报，人们每天如履薄冰，提心吊胆地过着一种不安宁的日子。直到警报完全解除，人们仍沉溺在那种慌乱不堪的生活中，不能平静。老人感慨地说，这段往事虽已过去 60 多年了，但在她心中却留下了难以磨灭的印痕。

一段档案记载

从老人的回忆和天水的某些史料表明，1941 年天水似乎仅遭受过一次日机空袭。但甘肃省档案馆所藏的省统计室所造《甘政三年统计提要》之《甘肃省各县市遭受敌机空袭损害统计表》中却真实记载着，1941 年日机共空袭天水 3 次，出动飞机 36 架，投弹 75 枚，死亡 98 人，受伤 52 人，损毁房屋 497 间。

尤其是甘肃省档案馆存有一份 1941 年 8 月 5 日天水遭受空袭后，天水县政府给省政府上报的伤亡人数报表。据该报表显示，当天日军共轰炸天水 30 余处，其中中山公园死亡 14 人；大城学街（现中华东西路）死亡 2 人，伤 7 人；上庵沟（现玉泉观附近）死亡 5 人，伤 4 人；中城下河里（现商业大厦西至市中医院附近）死亡 16 人，伤 3 人；杂货巷（现中城）死亡 3 人，伤 3 人；枣树台子（现西关）死亡 2 人，伤 1 人；西关后街（现秦州剧院附近）死亡 5 人，伤 4 人；关公巷伤 1 人；另有剡家巷、赵家大院、姚家巷、李家巷四处（现西关飞将巷至双桥北路之间）共死亡 18 人，伤 4 人；古人巷、二郎巷两处（今西关飞将巷附近）共死亡 8 人、伤 4 人，同时在大街上被炸死 28 人。

据天水县政府给省政府的电文中记载，天水第二次遭受日机空袭是 1941 年 8 月 6 日，中午 12 时左右，有 19 架日机侵入天水上空，对天水进行空袭，共投弹 10 余枚。

同年 8 月 31 日，天水第三次遭受日军空袭。据记载，当天中午 11 时 20 分，天水发出空袭警报。随后 12 时 40 分，再次发出紧急警报。直到下午 2 时许，有 4 架日机从东面侵入天水北山上空，盘旋约 10 分钟后，飞机向东飞去。过了一会儿，日机又侵入北山上空进行盘旋。约 15 分钟后，日机开始在东教场（现秦州武装部到岷山厂之间）投弹并进行扫射，随后飞入北门外瓦窑坡义大砖瓦厂（现罗峪路附近）进行扫射。两分钟后，飞机悻悻地向东飞去。下午 4 时 30 分，警报解除。据了解，当时东教场驻扎着国民党军队，是部队的练兵场，从日军空袭的情况看，这次主要针对军方。当天日机共在东教场投放两枚燃烧弹，一枚投在东教场第二营房大院中间，另一枚投在了营房北面的讲演台背面。因当时士兵都在防空壕里躲避，瓦窑坡民众也均进入防空洞，未有人员伤亡，弹片仅仅击破了几间瓦房，其余均无大碍。因有了第一次空袭的惨痛教训，天水从政府到民众都采取了安全防护措施，所以这次空袭未造成多大的损失。

一起悬而未决的侵袭事件

在天水的历史上还有一起针对军方进行空袭的事件，此事就发生在抗战期间。据了解，当时国民党空军均使用 E15、E16 战斗机，性能较日本"零式"战斗机逊色一筹，所以航空委员会下令采取避战措施。当时成都恰逢敌机来袭，成都地区司令官张有谷命令成都空军大队长吕天龙率领10余架E15战机前往西北天水方面避战。当时吕天龙卧病在床，就由副大队长余平享率领机群飞往天水。谁曾想这批战机一到天水便遭遇了日军最残暴的攻击，从此再未回还。笔者在查阅有关资料时发现，关于此事件，许多历史记载说法不一，悬而未决。不妨在此列举几例，供大家全面了解。

据台湾出版的《甘肃文献》记载，1941年5月，空军第5大队从成都起飞18架E15战机，经广元、汉中、甘肃成县，飞临天水机场上空时，看到机场中央铺着一个代表有紧急警报状况的红十字符号，当时飞机上通讯设备不健全，无法与地面联系，且飞机燃油已尽，必须落地加油。于是飞机便一架架落地，整齐地停在了跑道上。当飞行员一个个走出机舱时，立即被眼前的情景所惊呆，原来在其机后尾随着9架日本的"零式"战斗机。此时此刻正狂啸着在他们头上飞舞，飞行员立即进入机场边上的山沟里躲避。敌机如同凶险狡诈的恶鹰，对机场飞机一阵猛击。第一波扫射，就将数架E15战机击毁，有3架飞机首先开始冒烟。日机反复扫射，直到地面战机全部化为"焦炭"。

而据《白崇禧回忆录》记载，在抗战初期，有16架E15战机自成都出发前往天水避战。当飞机进入天水机场上空时，因所带油料有限，仍按照原定计划拟降落天水机场加油，而机场内铺设着白布板，表示可以安全降落。就在飞机下降之时，日机忽由云层穿出，实行突袭。中国飞机因无作战准备，遭敌袭击，几乎全军尽灭。

另据《天水文史资料》记载，1942年夏秋的一个下午，天水机场值班员接到电话，说有十余架日机向天水飞来。下午2时，又接到电话，说有10余架不明国籍飞机向天水飞来。直到下午3时，有12架飞机飞抵天水上空。机场便严密监视，发现是找国飞机，站长立即指示降落。飞机刚降落机场，7架日寇飞机接踵而至，敌机在县区上空盘旋一圈后，直逼机场，对机场飞机进行低空扫射，12架飞机全部化为灰烬。

因此事在省档案馆的档案中未见记载，我们无法得知这次空袭事件的确切细节，但通过这些历史资料，却可以得出一个不争的事实，那就是抗战期间，确有10余架战机由成都飞往天水，并停在了天水机场，而且在天水机场也真真切切地遭到日机毁灭性的攻击。也许史料对该事件的细节记载会有偏差，但侵略者炸我机场、毁我飞机的滔天罪行是毋庸置疑的。此事给天水机场和国民党空军造成惨重的代价。据记载，事发之后，蒋介石下令将司令官张有谷、正副大队长吕天龙、余平享递解重庆枪决。经白崇禧等人争取，成立军事法庭审判，并任白崇禧为主审，最后以各人处以徒刑塞责。另将空军驻防天水的第66站站长调重庆处理。

这些所见、所闻、所记、所载，虽不能完全反映当年日军空袭天水的整个过程，但透过这一点一滴的历史印迹，我们依然能真切感受当年天水人民所遭受的灾难以及日军残暴、血腥地对我国土和同胞频频侵袭的卑劣行为。时过境迁，历史的车轮也许可以轻易的一掠而过，但日本侵略者对天水造成的灾难和屈辱将永远被天水人民所铭记，作为历史的见证，档案也将永载侵略者的罪恶行径。

（原载甘肃省档案馆编：《档案》2005年第2期，第41—43页）

19. 日军飞机轰炸天水

熊录天　鲍耀华

　　抗日战争时期，日军飞机曾多次侵犯甘肃。从山西运城机场，或出动侦察机侦察情报，或出动轰炸机轰炸兰州、天水等地，或出动战斗机，驱逐机在兰州、临洮与我国飞机空战。日本侵略者的空袭，在兰州、天水的狂轰滥炸，其罪责实在罄竹难书，现将日军轰炸天水县城区及南郊、飞机场的经过，记实如下：

　　天水是甘肃重镇，位处陕甘交界。日军飞机每次入甘，都要途经天水。当时天水行署设有防空指挥部，在城内外挖有防空洞，也有警报措施。为了防空，有一段时间，中小学师生每天早出晚归，在城外露天上课，一有预备警报，群众扶老携幼出城躲避；紧急情报一响，全城戒严，大街有军警巡逻，行人中断，一切工厂商店停业关门，机关停止办公。有时一天连发两、三次警报，甚至晚上发紧急警报，家家户户都为敌机轰炸而操心。日本军国主义者是以屠杀中国人民称雄的，处在抗日大后方的天水人民也未能幸免。

　　一九四一年八月五日，天气晴朗，万里无云。一清早，约八时许，大城城楼上升起了红旗，这是预备警报的信号。市民、学生纷纷出城，奔赴南北两山僻静处躲避。大约十时左右，铁炮三响，紧急警报信号响了，防空洞和山野的沟沟壑壑都挤满了人群。直至下午一时多，没有动静。群众饥渴难忍，有些人乘机溜进城内回家，有些人到城南公园树阴下乘凉，等候解除警报。就在这时，突然听到远处传来飞机的嗡嗡声。有些人还没有找到隐蔽之处，只见二十七架敌机的从西北方向扑来。刚至玉泉观上空，遇到我军地勤机枪对空射击。于是敌机散开队行，一架架俯冲而下，随之"轰隆""轰隆"爆炸声接连而起，城内顿时一片火海。敌机又用机枪疯狂扫射公园和河滩群众，然后腾空而去。

　　下午四时许警报解除，群众急忙回家。一时街头巷尾一片惨状，有痛哭呼号者，有抬门板送伤员去医院者，有消灭火灾者，有寻找家属亲人者，城区内外一片炸后惨象。

　　据初步调查，这次日机轰炸天水，在不到一刻钟时间，共投弹五十余枚，炸毁房屋约百余间，伤亡城乡群众近百人。损失最惨重的是西关、后寨、自由路、小南门外等处。西关居民有的几乎全家牺牲。如天水师范教师田士升，早晨因事外出，妻子儿女三人被炸死。飞将巷马向阳家正在修房，当场炸死七人，伤十余人。马向阳本人被埋在塌墙下，几被闷死。西关长春堂药店，系明代建筑，店堂全被炸毁。小南门外河滩地里，赶毛驴，驮运公粮的农民，约有六七十人，多被机枪扫射身亡，尸横河滩，血肉模糊，惨不忍睹。一位姓坚的农民进城卖麦衣，也在河滩被炸伤，弹片钻入肚里，嚎啕惨叫，惨不忍闻。传说张家沟一位农妇，在城内四处找不见丈夫，后来便把无人过问的断腿残臂拼凑成一个人体，领棺掩埋了。当时国民党县政府，给一些无钱埋葬死者的家属发给了棺材。

那天，日军在城南公园，还投下一颗日本昭和年间铸造的五百磅的炸弹，因未爆发，故一直保存在天水市文化馆，（一九五八年大闹钢铁中被毁掉）就是日军轰炸天水市罪行的见证。

一九四二年夏秋之间一天下午，天水县城刚发出预备警报，城郊二十里铺飞机场值班员鲍耀华也接到电话，说有敌机十余架，向天水方向飞来。下午二时许，又接到电话，说有不明国籍飞机十多架飞向天水。直至下午三时，有十二架飞机飞抵天水上空。机场即严密监视，发现是我国飞机，站长当即指示降落，飞机刚降落机场，日军飞机七架也接踵而至。

敌机在县区上空盘旋一周后，直追机场、低空扫射，投弹轰炸，疯狂至极。刹那间，机场大火四起，浓烟滚滚，直冲云霄，十二架崭新的飞机，全都化为灰烬。劫后惨状，令人触目惊心。事后，重庆国民党当局得悉，遂将空军驻防天水的第六十六站站长调重庆处理。

（原载天水市政协文史资料委员会编：《天水文史资料》第二辑，1989年内部印行，第182—185页）

20．日机轰炸陇西城概略

李永新

陇西，地处甘肃东南部，定西地区（现定西市）中部，居陇山西侧，位渭河上游。远在史前时期，先民们就在这块土地上繁衍生息，留下了仰韶、齐家文化遗址，是丝绸古道必经地之一，自古为"四塞之国"，兵家必争之地。

陇西县城，位于县境南部，北临渭水，南依仁寿山麓，处在较为平坦的渭河谷地上，历史上城区分大城、北关两部分，大城分为庙宇、衙署；北关为商业区，商业店铺和小作坊林立。这里曾是陇南各县食盐集散地，甘肃巡抚曾一度驻节在这里，一时成为甘肃政治、军事、经济、文化的中心。

抗日战争期间，陇西虽地处大后方，但在日本空军多次轰炸甘肃各地的同时，陇西亦未能幸免于难，无数无辜平民百姓亦遭受了日本强盗侵略的苦难。

1941年8月5日上午10时许，陇西县城尚处在相对的平静当中，忽然11架日本飞机侵入县城西南角上空，向大城投下了47枚炸弹和燃烧弹，顿时硝烟四起，房屋倒塌，人慌马乱，死伤惨烈。遭轰炸的地点有县门、南门、文庙街、新街、万寿街、南街、鼓楼街。

灾难发生后，陇西县政府采取了积极的救治防护措施。据档案记载："县长职责攸关，痛切骨髓。当轰炸时，中学附近起火，即派警往救，一面亲自督率警救护受伤民众，邀请驻县二六补训处一、三两团医官义务服劳，并施医药，确实疗治。因此，一般受伤民众现均免于死亡，复商同党部分头募捐。先由县长捐助百元，以资提倡。"时任陇西县长丁玺向省政府主席的呈文中称："现此项募捐工作尚未办竣，约计结果当在千元以上，惟被难各人因地方力量仍属不济，另文呈请核发赈款在案，本日（8月5日）召集有关机关法团按照奉颁救济办法，组织救济办事处，筹划一切救济事宜。并督饬县警察队队长负责办理清防一切工具设备，关于夜间之警炮及白日之警钟等均专责，此系职县防护工作经过事实也。"陇西县政府并就发放空袭救济费多次上报省政府，省政府训令省救济会办理。

据当时的各种调查统计和档案资料记载，整个日本侵华战争期间，陇西遭受日机空袭一次，日军出动飞机11架，投弹47枚（内有2枚燃烧弹），共造成73人死亡、受伤，其中死亡61人（男32人、女29人，包括3名军人），受伤12

人（男7人、女5人），损毁房屋228间，财产损失17万元。

在死难者当中，年龄最大的有两名65岁的老人，一名为乞丐，一名为商人；有十几到三四十岁的青壮年，也有活蹦乱跳的孩童，最小的3岁。他们的职业有农、商、小商小贩、中学工友、厨子、卖水夫等，其中炸死的多为商人。如果不是那场罪恶的战争，他们当中的有些人也许还活在人世，然而，战争结束了他们所有的梦想。前事不忘，后事之师，60余年前惨痛的一幕，当永远牢记。

（原载甘肃省档案馆编：《档案》2005年第2期，第47页）

21. 抗战时期甘肃防空及救济组织机构概况

王艾邦

1937 年"七七事变"后，抗战全面爆发，地处祖国大西北的甘肃成为抗战的大后方，而兰州则成为苏联援华物资的中转站，也就成了日军飞机进行空袭和破坏的主要目标。为此，甘肃先后成立了防空和救济组织，进行应对。

一、兰州省会防空协会

1937 年 7 月，时任甘肃省政府主席的贺耀祖感到甘肃的形势有些吃紧，就召集有关单位开会，讨论甘肃省会兰州的防空办法及设施，会后成立了"兰州省会防空协会"。这是甘肃省在抗战期间成立的第一个防空机构，贺耀祖兼任会长，下设防护团和情报通讯所，并推选西北混战旅旅长杨德亮兼任总干事，防空协会成立后并未做什么实质性的工作，两个月后就被甘肃省会防空司令部所取代。

二、甘肃省会防空司令部

1937 年 9 月，兰州遭受日机轰炸的危险进一步增大，于是贺耀祖下令组建甘肃省会防空司令部，贺耀祖亲自兼任司令，新一军军长邓宝珊、八十军军长孔令恂兼任副司令，一九一师师长杨德亮兼任参谋长。司令部下设三科三室，第一科办理防空事务，科长由八十军的一位参谋兼任；第二科办理防空情报事务，科长由电报局业务长伏景聪专任；第三科办理消极防空事务，科长由警察局局长马志超兼任；参谋室办理作战计划和业务人员训练事宜，由甘肃省军械局局长祝仁安负责；秘书室办理公文处理，负责人为杨少毅；军需室办理财务等事宜，负责人为孙克昌。机构成立后，各部门工作逐步展开，但是由于经费困难，再加上各科室人员大多为兼职，各项防空工作并没有有效地开展起来。到 1937 年 11 月 5 日，日机第一次对兰州实施轰炸时，兰州还没有建立起任何设防，当日机进入市区上空时因未发出警报，市民还误认为是中国飞机，不少人站立街头，举首仰望。同年 12 月，贺耀祖调离兰州，由新任第八战区司令长官朱绍良兼任司令。朱绍良上任后，对防空司令部进行了调整，将全部工作人员一律改为专职，并增加拨款. 加强防空建设, 使兰州的防空有了较大改观。

三、甘肃全省防空司令部

1938 年初, 日军把空袭的目标扩大到全省各地。5 月, 根据航空委员会的指示, 朱绍良下令在原甘肃省会防空司令部的基础上成立甘肃全省防空司令部, 朱绍良兼任司令, 一九一师师长杨德亮兼任副司令, 向超中任参谋长, 司令部下设三科三室。第一科科长陈思廉, 第二科科长伏景聪, 第三科科长彭亚民, 参谋室由叶建军负责, 秘书室由杨少毅负责, 军需室由孙克昌负责。与此同时还在武威、酒泉、天水、平凉等地设立了防空指挥部和防空情报分所, 正副指挥由当地军政负责人兼任, 情报分所所长由全省防空司令部指派专人负责。此外, 还在全省各主要城镇普遍建立了防护团、防护队、防空监视队和防空监视哨等防空组织, 并举办了防空情报训练班, 对防空工作人员进行培训, 增强了防空能力。

1945 年 8 月, 抗战胜利后, 甘肃全省防空司令部撤销, 防空业务移交甘肃省保安司令部。

四、兰州空袭紧急救济联合办事处

由于日机多次对兰州及甘肃各地进行野蛮轰炸, 造成大量人员死伤和财产损失, 许多平民流离失所, 无家可归, 沦为难民。为收容救济难民、医治伤员、掩埋死者起见, 时任甘肃省政府主席的朱绍良下令组建兰州空袭紧急救济联合办事处。1940 年 1 月 6 日兰州空袭紧急救济联合办事处正式成立, 主任委员朱绍良, 委员章亮琛、赵清正、施奎龄、黄秉衡、马志超、杨树信、张良莘、曾扩情、翁燕翼、梁敬錞、祝仁安、王复生、杨守年、吴允用、马维岳、胡维藩、范振绪、杨思、顾希平、何世英、欧阳章、张维、水梓、裴建准、何洁亭, 总干事翁燕翼。办事处下设五个股, 总务股股长马春霖, 医治股股长杨树信, 掩埋抚恤股股长包际春, 难民收容股股长马维岳, 救急股股长王复生。同年 6 月 25 日, 省政府秘书长翁燕翼接替张良莘出任总干事一职。8 月 24 日吉章简接替张良莘任总干事。11 月, 省政府主席谷正伦兼任主任委员。12 月 19 日, 办事处组成人员再次进行了调整, 主任委员谷正伦, 委员章亮琛、赵清正、施奎龄、欧阳章、包际春、杨树信、吉章简、曾扩情、翁燕翼、梁敬錞、祝仁安、韩树恩、杨守年、罗列、高文蔚、胡维藩、范振绪、杨思、顾希平、何世英、叶忆泗、梅业清、张维、水梓、裴建准、何洁亭, 总干事吉章简。办事处下设五个股, 总务股股长周戒沉, 医治股股长杨树信，掩埋抚恤股股长包际春，难民收容股股长高文蔚，救济股股长韩树恩。

1941 年 5 月，省政府主席谷正伦下令，兰州空袭紧急救济联合办事处所办业务全部移交甘肃全省防空司令部办理。6 月 30 日，各项移交工作结束，防空司令部副司令严武兼任处长，办事处下设总务、医治、掩埋抚恤、难民收容、救济等五个组，总务组主任彭亚民，医治组主任张查理，掩埋抚恤组主任吴云鹏，难民收容组主任高文蔚，救济组主任李文阁。同年 8 月，分别在天水、平凉、陇西、武威、临洮、酒泉等地设立了空袭紧急救济联合办事处。

1941 年 12 月 9 日，办事处移交兰州市政府，并改称兰州市空袭紧急救济联合办事处，兰州市市长蔡孟坚兼任处长，办事处下设总务、抚恤、救济、医护、掩埋、工务等六个组。

（原载甘肃省档案馆编：《档案》2005 年第 2 期，第 48—49 页）

22. 战时甘肃：苏联援华大通道

余贤杰　梁发芾

发生在上世纪三四十年代中国人民反抗日本侵略者的抗日战争，得到国际社会的援助，其中苏联对中国的援助，相对于美英诸国，时间更早。苏联援华物资的通道，主要是从苏联经中国新疆，由新疆穿越甘肃的河西走廊到达兰州，再由兰州运往抗日前线。古来骆驼行走的丝绸之路，奔驰着苏联军火汽车队；惟有大鹏遨游的沙漠戈壁上空，飞翔着巨大的运输机。

抗战时的甘肃，成为中国的大后方

苏联援华物资给中国抗战以很大支持，抗日战争爆发后的 1937 年 8 月 21 日，中国与苏联签订了《中苏互不侵犯条约》，确立两国战时的互助合作关系，为实现两国关系的重大改善奠定了基础。《中苏互不侵犯条约》签订后，为谋求苏联对中国抗战的援助，蒋介石派军事委员会参谋本部参谋次长杨杰、中央执行委员张冲以"实业考察团"的名义赴莫斯科，就苏联对华军事援助一事进行谈判。

1937 年 9 月 9 日，中国军事代表与苏方代表团举行了第一次会谈，并于 9 月 14 日达成了一些具体供应协议。苏联决定首先尽快向中国提供一些坦克、高射炮、反坦克炮、弹药等军事装备和器材，并同意向中国派遣苏联教官，以训练中国军队，最有效地发挥这批苏联军事装备在中国抗日战争中的作用。1938 年年初，国民政府又派立法院院长孙科为特使，率团访问莫斯科，力争苏联向中国提供更多的军事援助。这次，苏联政府决定第二次贷款 5000 万美元，根据协定，苏联对中国的贷款援助，属易货贷款援助。随后，国民政府通过苏联驻华大使馆请求苏联拨第三笔贷款，孙科再次赴莫斯科求援，达成了苏联提供第三笔易货援华贷款 1.5 亿美元的协定。第三笔贷款的用途、年息，与前两笔贷款相同。1941 年 6 月 22 日，苏德战争爆发。苏联无暇东顾，对华易货贷款中断。因此，苏联的第三笔援华易货贷款，实际上只动用了大约一半。1938 年至 1939 年间，苏联政府三笔援华易货贷款总额高达 2.5 亿美元，实际使用 1.73 亿多美元，约占总额的三分之二（参见军事科学院研究员彭训厚《胜利的回忆》）。苏联援助物资经兰州运往抗日前线，苏联援华武器和军事装备的主要运输线有两条：一条是由苏联塞瓦斯托波尔、海参崴等港口海运至香港、越南海防或缅甸仰光，经滇越铁路或滇缅公路运至中国腹地。二是通过陆路和空中航线经新疆到达兰州。陆路通过古丝绸之路的甘新公路，而空中航线为阿拉木图—兰州—汉口，后被称为"空中桥梁"，飞机部件由莫斯科起运后至阿拉木图装配，再经由"空中桥梁"飞往兰州。

说起来颇有意思的是，当苏联援助中国的第一批运输队经过新疆古驿道来到甘肃的时候，这里还没有正式的公路。1938 年 1 月，苏联赠送给中国的第一批汽车 500 辆吉斯五型六轮三吨半卡车并载有卖给中国的一万吨汽油的一部分，从新疆古驿道进入甘肃，车队经安西、玉门、嘉峪关、酒泉、武威、河口到兰州。这时候，甘新公路还没有正式修筑。在没有现代公路的原始驿道上，苏联人 500 辆大卡车硬是从没有路的地方压出了一条"大道"，这条大道就是甘新公路的雏形。由于这条古驿道，路面不平，有的路段过于狭窄，完全不适合于源源而来的军事物资运输。于是国民党政府成立了交通部西北公路局，决定修筑甘新公路。

当时一直服务于甘新公路运输，亲自参与了甘新公路修建和接运苏联援华物资工作的冯肇虞在《甘新公路修建和援华物资运输回忆》中说，河西走廊自 30 年代起便是马步青的势力范围，马步青的骑五军驻扎武威，亲任甘新公路河西段修路督办。甘新公路 1938 年 5 月动工，经费由八战区长官部转拨。马步青动员骑五军士兵及民工 2 万余人承修，还邀请东北大学毕业，流亡来甘的土木工程师罗永忱、郑恩荣等 10 余人在武威成立了工程处，以下河西每县设工程段，另有军官作监工，各县、乡筹供所需沙料、石灰等物资材料（《兰州文史资料》第八集）。为修建这条道路，河西沿线人民作出了巨大的牺牲，一些沿线农民因修路而家破人亡。沿途土房的屋顶不少被拆除，椽子檩子用于工程建设，工程需要土方、石料、砂子均摊派给沿途各县的农民，农民的大车、骆驼、骡马等等都被征用修路，许多民工被派套上自己的牛车、毛驴车到杳无人烟的星星峡一带施工，车烂、牛死、民工冻死、饿死的不在少数。道路修通后，中国地方部队和苏联人共同作为护路人，维护这条国际运输线。

苏联援华物资的汽车分批由新疆到兰州，每批约一个营人员，有汽车 100 至 120 辆，军官带手枪，并有照相机，军用地图和望远镜。中途休息即拿出地图研究地形，拍照，夜宿招待所，每队随车翻译一人。为了运送苏联援华军用物资，中国政府成立了甘肃军事运输处、甘肃省车驼管理局，征用运输工具，编成汽车队、皮筏队、骆驼队。苏联援华的高射炮弹、炸弹等现代化军火，不少是由古老而原始的运输工具骆驼从新疆驮到甘肃；而一些军火还是乘羊皮筏子渡过黄河，运到兰州的。用汽车运送的物资不仅有各种武器装备，而且还有拆开分别装运的飞机。当时在这条运输线上穿行的汽车，被称为"羊毛车"（中苏订条约以羊毛兑换的），这种车又叫"老毛子车"，载重只二吨半。

为了给援华运输人员提供方便，甘新公路沿线各县均设有招待所。运送援华物资的兵团车队及西北公路局两车队也都驻招待所。苏联运输援华物资的汽车队分批由新疆到兰州，每批约有一个营的人员，有汽车 100 至 120 辆，接运工作比较繁忙。

1938 年 3 月，中苏两国均以兰州为主要联络基地。苏联在兰州设有代表办事处，有工作人员二三十人。国民政府外交部相应设立驻兰州特派员办事处。并改驻兰特派员办事处为外交部驻甘特派员公署。在靠近兰州的永登，国民政府还设立了专门接待苏联客人的招待机构，俗称"俄国站"，为来往的苏联客人提供食宿方便。1941 年，一辆苏联卡车由朱家园子经过庄浪河，因地形不熟，误落河中深处，群众数十人主动跳入河中，将车救出。12 月，"陕甘车驮运输所"在兰州成立，与"甘肃省驿运管理处"、"西北富华公司驿运处"共同承运苏联援华抗日物资。1944 年，运输业务统归甘肃省驿运管理处承运。

说起苏联援华物资的运输，其中颇多佳话，今日人们广为传唱的《达坂城的姑娘》就诞生在援华运输的一次联欢会上。这首汉语译配的维吾尔族民歌，经王洛宾加工整理，填词改曲，从兰州传遍大江南北、祖国各地，随后又经过昆明传到缅甸、马来西亚和南洋各国。

苏联志愿航空队参与兰州空战

甘肃是"俄机空运的孔道"，苏联援华飞机从新疆一线飞到兰州，再转飞各大战区，苏联支援我国的空军总部就设在兰州。当时，援华的苏联空军志愿队由两部分组成，一是援华航空运输队（主要是驱逐机）；二是援华航空志愿运输队（主要是运输机）。此时，苏联还派出相当数量的技术人员和地勤人员提供技术帮助。1937 年 10 月 25 日，第一批苏联轻型轰炸机 9 架抵兰，至 1938 年 11 月 7 日，到兰飞机已有 50 架，志愿人员 150 人。之所以叫"志愿队"，是因为当时苏联政府还没有向日本正式宣战。这些飞机和人员除少部分留兰参战外，大部分陆续由兰州飞往各战区参战。为统一指挥，苏联在兰设立了外交代表处和军事代表处以及空军招待所（开始设在"励志社"，后来移到颜家沟）。在兰常驻有志愿队驱逐机一队，多时有参战飞机十余架，另还有在兰州飞机场工作的数十名苏联地勤人员。他们始终与中国空军战斗在一起，直至1941年6月苏联卫国战争爆发时他们才陆续回国。

由于甘肃是苏联援华物资运输的通道，兰州是这个通道的重镇，日本人为了阻断通道，对兰州进行了多次轰炸。在兰州空战中，虽然处于敌强我弱的困难境况，但是中国空军与苏联志愿航空队不畏强暴，并肩奋起抵抗，与敌机展开拼搏，取得一次次的胜利。据不完全的统计，自1937年至1943年的空战中，中苏空军和地面炮火在甘肃上空共击落日机26架，击伤一架。苏联志愿者也有数人英勇牺牲，今天，人们知道名字的烈士是：司切帕诺夫、雅士、古力芝、马特、伊萨耶夫等，还有一些英雄至今人们不知道他们的姓名。这些为中国人民抗击法西斯战争而牺牲的苏联烈士，永远活在甘肃人民的心中。

抗战8年，虽然日本人多次轰炸破坏，力图割断从苏联到兰州的这条援华大通道，但日本人的阴谋没有得逞，兰州东西交通线依然畅通，黄河铁桥安然屹立，援华物资通过兰州源源不断地送往抗日前线。甘肃，这个抗战的大后方，有力地支援了全国的抗战，为抗战胜利做出了应有的贡献。

（原载《甘肃日报》2005年8月18日第7版）

23. 抗战军运中的兰州皮筏

西　迪

1942 年夏的一天。

山城重庆在溽暑的酷热中喘息。遭受日机轰炸的座座房屋和炸弹遗留下来的弹坑随处可见，在市民惊悸未消的心头布下无法驱散的阴霾。可能是闹"油荒"的原因吧，一些政府官员的小汽车懒洋洋地停在机关院中，无所作为，了无生气。

这时，在嘉陵江重庆段的水面上，一只奇特的漂浮物顺流而下，出现在人们的视线中。人们看到它既不是木质轮船，也不是钢制舰艇，而是由金黄色气囊托浮着栅板组成的船形物，上面整齐地排放着许多油桶似的货物。"一只，两只，三只……"有人数了数，总共 5 只。这只奇特的船队慢慢停泊在化龙桥码头。有些阅历的人认出来了：羊皮筏子，这是羊皮筏子！人们这才知道，这就是早已传闻的由甘肃玉门油矿局购来从广元向重庆运送汽油的皮筏。

山城沸腾了。

每天张望码头如饥似渴地等待皮筏到来的接货人员顾不得日机随时前来轰炸的危险，拥向码头，去接收货物，去看望这些为山城带来急需物资的英雄们。

面对迎接的人群，20 名憨厚朴实的筏客有点不知所措，他们在依然飘摇晃荡的皮筏上，用衣襟擦着十多天劳作留在脸上的汗渍，把目光齐刷刷投向一位汉子。他正站在码头上，指挥筏客们系牢缆绳，准备卸货。

这位汉子就是这次嘉陵筏运的领头人、兰州水上运输队业务负责人王信臣。这位敦厚的男子，用自己辛勤的劳动和精明的头脑，靠着一张皮筏起家，渐渐成为拥有一个"玉兴诚"商号的很有名气的筏户，在兰州黄河上撑起了一片天空。

此刻，他似乎丝毫不为面前的热闹场面所动，正在从容地指挥筏客们卸货，与前来接货的货主进行交割。然而，很少有人想到，这个满脸汗渍的筏客，外表的平静掩藏着内心汹涌澎湃如潮翻卷的波澜。

是啊，他能不心潮如涌吗？这 15 个日日夜夜，他和筏客们是怎样提心吊胆地度过的啊！

一年前的一幕，又历历出现在他的眼前。

那是 1941 年夏，玉门油矿局总经理孙越崎专程赶到兰州，与有关方面洽谈从嘉陵江中下游用兰州皮筏向重庆运输汽油。通过当时的兰州市政府同意，孙越崎找到筏户王信臣，让他试办此事。

他犹豫了。

按理说，这笔生意他没有理由犹豫。这位在黄河上多年跑运输的汉子，久经黄河风浪，具有水上运输的丰富经验，航运任务再难，他都不会被吓住的。再说，当时正值国共两党合作抗战时期，兰州筏户们对日本侵略中国、轰炸兰州、滥杀无辜的暴行无比愤恨。他们深知，运送军用物资，就是支持抗战。所以，他们早就在这方面做了自己应做的事。据《甘肃省志·航运志》记载，1938 年，中国共产党在靖远水泉乡建立了武装，从兰州搞到 2700 套单军衣、100 多支步枪、2 万多发子弹，还有一些其他物资。这些物资都是由筏客们用羊皮筏子星夜从兰州顺黄河而下，上岸后又用驴马驮到目的地的。1940 年，甘肃省政府成立了驿运管理处，将兰州所有皮筏编为 "水上运输队"，王信臣由于具有较深的水运资历和水上技术，当上了筏上业务负责人。运输队的主要任务，就是将驿运处向第八战区运输处承揽的枪弹、汽油等军运品运送给宁夏的马鸿逵、马鸿宾和绥远陕坝一带的傅作义部队。从黄河兰州段往宁夏运送货物，那是要经过几番生死搏斗的。从兰州起航后，要经过小峡，再由骆驼石进入大峡。大峡长 24 公里，河面狭窄，水势险恶，漩涡满布，暗礁丛丛，稍有不慎，就会筏毁人亡。筏客们为了完成运送任务，甘冒风险，撑筏航运，多少人丧命恶浪，葬身鱼腹。但王信臣是这些人中的幸运儿，他凭着高超的技术和过人的胆识，一次次化险为夷，顺利地干到现在，拥有了自己的商号。现在，向重庆运送汽油，他作为兰州水上运输队的筏上业务负责人，当然明白自己的职责。而且他知道，嘉陵江虽然上游两岸险峻陡峭，河内礁石险滩星罗棋布，但中下游却河面宽广，水深流缓，适宜皮筏航行，不会有什么大的危险。然而问题不在水上，而在空中。他最担心的是日本飞机的轰炸。几年来，他亲历了日本飞机对兰州的轰炸，耳闻目睹了市民遭受到的伤亡，深深感到日本侵略者的凶残。他推测，作为陪都的重庆，遭到日本侵略者飞机的轰炸程度一定会比兰州严重得多。在这样的局势下运送军用物资，自己和筏工们的生命安全怎样得到保障呢？

重庆当时的实际情形正如王信臣所推测的那样。

1937 年 8 月淞沪抗战失利后，南京成为日军进攻的目标，11 月 9 日，国防最高会议决定迁都重庆。12 月 1 日，国民政府正式在重庆曾家岩新址办公。1940 年 9 月，定重庆为陪都。从此以后，这座多少年来静居古巴渝之地的秀美山城便为国家和民族蒙受了太多的磨难。抗战之初，日本侵略者飞机就对重庆进行了多次轰炸。特别是 1939 年 5 月 3 日至 4 日的"重庆大轰炸",造成了震惊中外的大惨案。这两天,日机共 7 批 63 架次空袭重庆,炸死 3991 人,伤 2323 人,毁房 4871 间。1941 年夏,日本飞机更是变本加厉,对重庆进行"疲劳式轰炸"。日军在这一阶段异常猖狂,轰炸机经常单独进攻,并在行动半径极限值附近进行轰炸。这样一来,嘉陵江航道自然也成为日机轰炸和袭扰的目标之一。有资料说,用羊皮筏子运送货物,比木质船舶省时 50%,较汽车运输省运费 80%。但在有日机轰炸的险境中,省时节费恐怕不是当时考虑的主要问题。孙越崎想到用羊皮筏子运送汽油的办法,谁能说不是考虑了皮筏轻巧灵便、易于隐蔽周旋、即使被炸毁,成本也很低的因素呢。

经考虑再三,王信臣提出先由自己亲自试航一次,没有危险再正式航运。孙越崎同意了。

王信臣挑选了 2 名筏工,在孙越崎的安排下,到了广元,用孙越崎从兰州购买的 400 个皮胎扎成了一个皮筏,装载了 1000 多公升汽油,启程试航。

嘉陵江古称阆水、渝水,上源有白龙江、西汉水。因西汉水流经陕西省凤县东北嘉陵谷,所以到陕西省略阳县两河口以下称嘉陵江,与白龙江相汇于四川省广元县昭化。昭化以上为上游,昭化至合川段为中游,合川以下为下游。自中游始,水面开阔,有航运之利。王信臣等 3 人启航后,沿江顺流而下,完全没有在黄河上航行那样惊险,而且山青水碧,风光旖旎。让他们这几个长期在惊涛骇浪和荒山秃岭中搏风斗浪冒险运输的西北汉子在舒适和惬意之余,又感到有点无聊乏味。但日本的飞机轰炸却成为他们最担心的问题。我们无法想象出几个初次航行在异地水域,而且时时面临日机轰炸危险的筏工们担惊受怕地漂泊在嘉陵江上的情景,对试航的具体过程也不得而知,但试航的结果是王信臣成功地抵达了目的地。

有了试航成功的经验,王信臣增加了信心。他答应了孙越崎的要求。翌年夏,他挑选了 20 多名筏工,成立了"皮筏航运队",赴广元执行运送军用物资的任务。他们用油矿局从兰州购买的 2000 多个羊皮胎,扎制了 5 只巨型皮筏,每只能够载重 60 吨,共装载了 300 吨汽油,开始了前途未卜的军运航行。

根据试航的经验,王信臣知道,这是一次与死神拼智慧拼胆量拼勇气的生死之旅。虽说从广元到重庆的直线距离是 700 公里,但由于重庆部分河段的"曲流发育"特征,许多江段曲折蜿蜒,实际航程将超过 1000 公里;再加上五只皮筏同时航行,目标大,易暴露,若遇日本飞机轰炸,不容易躲避。这意味着他们的航期将比预定的要长,所冒的风险也将更大。因此,这次航行,要比试航更难,更要精心筹划，保证万无一失。由于缺乏资料，我们今天无法准确地知道王信臣是怎样在日本飞机可能随时轰炸袭扰的情况下，带领一支目标不小的筏队，将物资安全运抵重庆的。但史料确凿记载的是，经过了15天的艰难航行，王信臣率领的筏队终于抵达了重庆，以胜利者的姿态出现在山城的码头上。

皮筏在嘉陵江上航运成功轰动了山城。油矿局举行了盛大的"欢迎皮筏航运队大会"，新闻单位摄制了电影纪录片。参加欢迎大会的人们向这支20多人的皮筏运输队伍投注了满怀敬意的目光，同时也被面前奇特的羊皮筏子吸引住了。那5个已经卸了货物的皮筏，在水波中轻轻地漂浮晃动着，恰如那些憨实筏工在众目睽睽之下的局促不安。每个筏子下面，整齐地排列着数百个黄澄澄、胀鼓鼓的羊皮胎，在阳光映照下泛着金黄色的光，显得分外耀眼。有的外国记者看到皮筏后，非常感兴趣，反复地观看，轻轻地摩挲着，要求容许他带一只羊皮胎到本国去展览。山城市民闻讯之后，络绎赶来，大家围着皮筏，观看之余，赞叹不已。为了满足群众的好奇心，重庆当局决定将皮筏在化龙桥码头停放一段时间，让大家参观。两个星期后，这些皮筏又投入了航运，成为嘉陵江上的一个景观。碧波之上，满载汽油桶的皮筏顺流疾行，鱼贯而下，其轻捷灵便，远不是那些笨重的木质或钢制轮船所能比拟的。羊皮筏子真正成为具有军用功能但不用燃料驱动的特殊"军舰"。据说，"羊皮筏子赛军舰"一句民谣，就是从那时候流传下来的。一直到1943年，运送汽油一年多之久的皮筏运输队完成了运输任务，返回了兰州。

如今，羊皮筏子已经失去了它原有的功能，与兰州的民俗文化融为一体，成为人们休闲时的一种颇富刺激性的游乐工具了。当我们在风清日丽的晴和天气漫步于兰州浓荫蔽天的滨河路上时，常会看到一只或几只羊皮筏子在河面上载着衣饰华美的游客，随着波涛的起伏在自由自在地颠簸漂流。但我们应当永远记住，这种延续十年，承载着筏客们沉重历史命运的运输工具也曾在中华民族为自由独立而战的历程中经受过血与火的洗礼，做出了垂芳青史的贡献！

（原载甘肃省档案馆编：《档案》2005年第2期，第35—37页）

24. 兰州"八办"激发民众抗战凝聚力

于文杰

今日兰州，高楼林立、商贾云集，一派都市繁华景象，仿若一个活力四射、魅力无边的青年，自由自在生活在自己的伊甸园中。可是，倘若将时空向后推移一个甲子，做一个暂短的定格，这个"青年"会是什么模样呢？是苍老！是战争带给所有人，以及所有的所有的沧桑！当我们今天再次回头审视这个"青年"恢复活力的过程，绝对应该把目光投向那些"挖井人"，而关于他们在兰州、在抗战时期的诸多传奇往事，就让我们先从"八办"说起吧。

"后勤部长"急输送

说到"八办"，几乎所有的兰州人都清楚。这所旧式四合院建筑，现在就像一个老者，每天欣然地站在街头，眯着眼看着身边的孩童渐渐成长。

5月8日，我们叩开了这个"老人"的家门，接待我们的是"大管家"—— 原八路军兰州办事处纪念馆馆长龚成瑾先生。

"由于兰州离中苏边境较近，许多同志从延安取道新疆去苏联，往返都要经过这里。1939年夏到1940年春，周恩来去苏联治病时途经兰州时和邓颖超、孙维世都住在这里，此外还有王稼祥、刘英、任弼时、李先念、程世才、蔡畅、邓发、萧三等先后住过；1937年12月，贺子珍离开延安去苏联时也曾住在这里……"龚成瑾开门见山，首先抖出这些人名。

"八办"成立于1937年8月25日，至1943年11月撤销，这段时间正是我们中华民族生死存亡的关键时期，因为我们民族的仇敌——日本军国主义者悍然发动了九·一八事变，之后强占了我东北三省，并想野心勃勃地蚕食华夏大地。

可是，在卢沟桥事变前，我们未能形成全国性的民族战争。

1937年7月7日夜，日军在北平西南的卢沟桥附近，以军事演习为名，突然向当地中国驻军第29军发起进攻，第29军奋起抵抗，中国抗日民族解放战争从此开始。

8月13日，日军又进攻上海，同样遭到中国守军的顽强抵抗。至此，中国结束了对日本侵略者步步退让的不正常状况，开始了有组织的全面抗战。

与此同时，中国共产党面对民族危亡的严重形势，率先捐弃前嫌，主张国共停止内战，一致对外，共同挽救中华民族。在中国共产党的倡议和督促下，9月国共两党抗日民族统一战线正式宣告成立。

从史料不难看出，当时的战争前线并不在中国腹地的兰州，那么，作为整个抗日战争的大后方，兰州当年是怎样当好这个"后勤部长"的呢？

"当时，成立'八办'除了营救被俘流落的红军西路军将士之外，最为重要的任务就是围绕抗战来做的工作，主要包括：推进抗日民族统一战线、加强同苏联外交和军事代表处的联系、接待我党往返苏联人员、转运抗战物资、输送进步青年到延安、指导中共甘肃省工委开展工作等。"龚成瑾说："这些工作都取得了卓越的成就，被周恩来同志亲切地誉为'革命的接待站，战斗的指挥所'。"

激发民众凝聚力

尽管，兰州当时没有处在战争的前沿，但是处于上世纪三四十年代的时间，这个"后勤部长"是非常难当的。因为，我们从史料中可以明显地看出来：

时任"八办"党代表的谢觉哉，给中央的报告中这样写道："我们初来，这里是一块荒地，甚至有人看见我，才相信共产党老的要杀是假的……"

时任"八办"处长的彭加伦这样讲述："甘肃群众一般的都极为落后，过去受革命影响很少，进步思想不易反映进去，封建势力还极浓厚……"

可就是在这样的环境下，"八办"硬是创开一条路，使原本死水一潭的局面被逐渐打开：各种宣传抗日的报刊杂志，犹如雨后春笋、纷纷崭露头角，各种相应的抗日救亡团体不断涌现，一时间，深处内陆、长期封闭的古老金城出现了人文荟萃、气象一新的可喜景象。

"在'八办'开展工作的六年时间里，从进一步积蓄力量、培训骨干的角度，选拔和输送了一批批优秀的陇原儿女奔赴延安，接受革命洗礼，成为民族抗日的砥杜中坚。其中的 部分，后来返回甘肃开展工作。"

龚成瑾告诉我们，在当年抗战的社会环境下，"八办"负责的甘、青、宁三省区以及内蒙古额济纳旗地区的后方发动工作，宣传抗日的文艺团体不断涌现：有"联合剧团"（后更名为"血花剧团"）、"王氏兄妹剧团"、"西北抗战剧团"、"同仁合作社"、"兰州书报社"、"生活书店"等。这里面的"王氏兄妹剧团"就是非常典型的。

龚成瑾说："这对兄妹祖籍上海，其父是国民党时期的榆中县县长，一个是公子一个是小姐，典型的官宦子弟。他们当时走上街头，演出的剧目是'放下你的鞭子'，在兰州十分轰动。"

他说，当时的兰州封闭落后，信息极少，此时大量的外地青年来到兰州，纷纷走上街头演说、演出，对发动民众，积极抗日起到了相当大的推动作用。

从这里集合又出发

水到渠成，层林尽染；汉回民族，举首问天。

沉睡的土地终于苏醒，一腔腔热血情何以堪？面对着民族的苦难，胸中有不屈的山峦。

后方，后方，在"八办"的推动下，后方一个个救亡团体出现了。这多一个救亡团体，就是多了一条流淌的河，多了一盏点亮的灯，更是多了一道汹涌澎湃的历史波澜。

由罗伟、万良才等人发起成立的"甘肃青年抗战团"，是兰州后来规模最大的一个抗日救亡组织。其一成立，就分别在甘肃学院、兰州中学等学校成立了分团，并在外地建立了几十个分团，他们出墙报、办刊物、演讲会，开展进步的戏剧活动，一时影响很大。

"回民教育促进会"，是当时兰州最有影响的少数民族救亡团体，他们以办刊物、学校以及读书会，在回民聚居地宣传演讲，联系和团结了最广大的回族群众，把保教和保国融为一体，在回族群众中有巨大的号召力。

"西北青年救国读书会"，是当年谢觉哉、伍修权等人评价最高的群众组织，其创办的刊物《西北青年》，后来发展为中共甘肃省工委的特刊。

"省外留学生抗战团"，是由在平、津、沪、汉等地读书的甘肃籍学生发起成立的兰州第一个抗日救亡团体，在宣传前方消息、报道前线战况、介绍国际时局以及空袭防护等方面做了大量的工作。

此外，兰州作为战略大后方，筹粮募款，支援抗战前线，更是一项重头任务。

抗战开始不久，各抗日救亡团体还通过"民众抗敌后援会"，在全省发起征募慰劳品等捐资活动支援前线。

整个抗战时期，甘肃人民在政府征购和征借名义下献纳的军粮，每年达几十万石，同时大宗的羊毛、驼毛、皮张、茯茶等也卖给政府，换取外汇，充实抗战力量。据统计，仅在1943年至1945年，甘肃人民献纳了11801匹战马。

在"八办"承担的援助物资转送任务中，1937年冬到1938年夏，滕代远及盛世才的副官从新疆运来的12车高射机枪子弹和西药、高自力带来的10车皮衣和军火，都由这里送到边区。

1937年10月至次年2月，苏联向中国提供的第一批军火物资，就是由兰州源源不断地走向了抗战前线：297架军用飞机、290门各式火炮、82辆坦克、400辆汽车以及各类零配件和大量弹药，总值为4.8亿多美元。

1938年3月到1942年6月，苏联先后通过三笔对华信用借款，提供了约1.73亿美元的军火。这是中国在抗战最孤立、最危险的阶段得到的最及时有效的军事援助。这些援助使中国有力量拖住日本，从而逐渐的实现了力量对比上的强弱转化。

（原载《兰州晚报》2005年5月9日特4版）

25．甘南藏区各族人民支援抗战

张玉香

"九·一八"事变后，日本变本加厉地向中国发动了"蚕食"侵略。在这中华民族危亡的时刻，中国共产党提出建立抗日民族统一战线的主张，即时"抗日救亡"的浪潮席卷大江南北、长城内外，也波及到地处青藏高原东北边缘地带的甘南藏区，唤起了广大藏族人民的爱国热情，纷纷送子参军，捐款捐物，慰劳抗日前线将士，追悼和抚恤抗日英烈及其家属，为夺取全国抗战的胜利做出了有益的贡献。

一、在红军长征精神的感召下，"北上抗日"的坚定信念极大地影响了甘南各族人民，各地纷纷掀起抗日募捐活动。

1935 年红军在长征途中，就以中共中央、中华苏维埃政府的名义，发表了《为抗日救国告全体同胞书》（即《八·一宣言》），呼吁一切愿意抗日的各族各界人士和团体，团结起来结成广泛的抗日民族统一战线，共同克服困难，奔向抗日前线。1935 年 9 月初，党中央和毛泽东率领红一方面军及中央军委纵队来到甘南藏区迭部达拉沟时，在达拉河西岸的岩石上，写下了"北上抗日，夺回失地"的大幅标语，表达了红军指战员北上抗日的坚定决心，也使甘南藏族同胞萌发了抗日救国的思维理念，特别是一些民族宗教上层人士，他们积极支援红军过境，奔赴抗日前线。首先，不与红军兵戎相见，不动干戈，不堵截，变相地开路让道。其次，与红军频繁接触，以物易物，平等交易，向红军出售粮食、酥油等。1936 年 8 月，红军先头部队 12 师到达临潭新城后，于 8 月 19 日组建了临潭县苏维埃政府，成立了"中国抗日救国甘肃第一路军"，并发布《告西北各族父老兄弟姐妹书》，号召西北各族人民团结起来，共同抗日。并在新堡、王家坟、冶力关 3 个乡苏维埃政权的辖区内，张贴抗日标语，散发抗日传单，发动群众，教唱抗日救亡歌曲，办抗日墙报等。并召开抗日募捐大会，开展捐款、捐物和"扩红"活动。数日之内，广大群众踊跃捐献了许多银元、布匹、衣物、粮食、鞋袜等，有五六百名青壮年报名参加了红军。当时，党的抗日主张普遍被甘南各族人民所接受，并化成了积极支援红军长征到底的实际行动。

二、抗日战争的爆发，唤醒了中国各族人民反对外来侵略而不惜流血牺牲的大无畏精神，它也显示了我国各族人民为维护国家主权的同一性，由此产生了巨大的民族向心力。

1937 年"芦[卢]沟桥事变"后，日本帝国主义向中国发动侵略战争，在这民族存亡的危急关头，中国共产党向全国人民发出"全面抗战"的号召，呼吁各族各界人士团结起来，结成广泛的抗日民族统一战线，共同抗击日寇侵略。国内有的民族资产阶级和封建地主阶级及国民党的部分成员，也在共产党"抗日救亡"主张的启迪下，纷纷加入抗日民族统一战线。1938 年 8 月，地处甘南藏区的国民党临潭县长聂迥凡，一次性地向在山东战场阵亡的临潭籍战士郭兴顺等，每人的家属发放抚恤金 300 元，往后抚恤金每年定为 120 元，用实际行动安抚抗日阵亡将士的家属。在纪念"芦[卢]沟桥事变"一周年时，临潭县政府在新城建立了一座抗日将士纪念碑。1941 年春，临潭县西道堂教主马明仁，徒步 126 天到达重庆，向国民党政府递交了《西北回族规劝蒋介石抗日》的请愿书，表达了甘南人民抗战到底的愿望。1942 年 12 月，临潭县动员民众积极参与全省范围内的募捐飞机款活动，支持扩建西北的兰州空军，用以拦截日机轰炸，并在新城和旧城四周的高山上修建了几个防空监视哨。在 8 年抗战期间，临潭县共捐资银元 3 万枚（元），捐献战马 300 匹，有 570 多名青壮年应征入伍，奔赴抗日前线。1941 年临潭县民众纷纷集资，在新城隍庙修建了一座"抗日阵亡将士忠烈祠"，至今还在，以昭彰对英雄的缅怀和哀悼，使他们的抗日功绩彪炳千秋，与世长存。

三、在党的抗日战线政策的感召下，激发了甘南藏区民族宗教上层人士的爱国热情，他们积极捐献购买飞机款，组建慰问团，亲赴抗战前线，慰问抗日将士，显示了中华各民族反对外来侵略的强大凝聚力。

1937 年冬，正在西藏朝谒的拉卜楞寺五世嘉木样活佛，从拉萨给其兄黄正清和其弟黄正基发电报，让他们尽快组建慰问团奔赴抗日前线去慰问。按照五世嘉木样活佛的旨意，拉卜楞教区成立了一支由辖属 108 寺僧俗组成的 20 人"慰劳抗日前方将士代表团"。由黄正基任团长。制作了 8 面锦旗，携带大批慰问品，奔赴北方各个战区慰劳抗日将士。慰问团冒着枪林弹雨，不顾纷飞的战火，辗转奔驰于硝烟弥漫的战场，历时近一年的时间，几乎跑遍了山西各个战区。黄正基由于不辞劳苦，疲于奔波，身染重疾，经医治无效而逝世，年仅 28 岁。他为夺取抗日战争的胜利，献出了年轻的生命。1942 年，抗日战争进入最艰苦的阶段，当时国民党内部分军政要员对抗战前途悲观失望，产生了动摇情绪。在此危难时刻，拉卜楞保安司令黄正清带领拉卜楞寺教区的 50 名上层人士，千里迢迢地奔赴重庆向国民党政府捐献了价值 30 架飞机（每架飞机折价约 15 万<枚>元）的金银财宝，以表示甘南藏区各族人民对保持祖国领土完整统一的热爱之心。此举当时在国内外产生了重大影响。因此，国民党政府为表彰拉卜楞寺教区广大僧俗的抗日爱国行为，特赐"输财卫国"的匾额一块，至今保存在拉卜楞寺博物馆内。这些都是当年甘南各族人民积极支援抗战，表达爱国热情的历史佐证，将永昭史册。

（原载中共甘肃省委党史研究室编：《时代风》2005 年第 4 期，第 17 页）

26．1712万人次建成支援抗战交通网

于文杰　靳淑敏

1937 年七七事变爆发后，为转运外援物资，尤其是苏联援华物资，西北地区成为重要的国际战略补给线。与此同时，随着武汉、南京等地的相继失守，使得地处西北的兰州自然成为全国抗战的大后方。

当时的兰州承担着大后方的物资保障和运输枢纽作用。原甘肃省社会科学院研究员司俊告诉记者，1937 年之前，甘肃仅仅只有西（安）兰（州）一条公路勉强可通汽车。一个单程最少需要 5 天的时间。

1937 年 10 月至 1938 年 2 月间，苏联向中国提供的第一批军火物资（主要有军用飞机 297 架，各式火炮 290 门，坦克 87 辆，汽车 400 辆及各类重配件和大量弹药，总价值近 5 亿美元）陆续通过西北国际交通线运到中国；1938 年 3 月至 1942 年 6 月间，苏联先后通过 3 笔对华信用借款，提供了约 1.73 亿美元及时而有效的军事援助，这些援助物资都是通过甘肃这一门户运到抗日前线的。

而在 1937 年之前，甘肃，特别是作为枢纽地的兰州，"没有一条铁路，没有一个飞机场。"司俊说。为运输援助物资，1939 年 3 月，中央航空公司在甘肃开通了 4 条飞机航线：即兰渝、渝哈、兰包、兰宁线。"这 4 条航线都是以兰州为中心，将援助物资送往全国各地，甘肃的航空事业也就是在那时才逐步发展起来的。根据资料，当时兰州航空总站的站长是王振武，是临洮人。他是我国第一批飞行员，与苏联的飞行员保持着良好的关系。凭借着自己的关系，他还利用苏联飞机从新疆将一万件皮大衣送到了延安。"司俊介绍说。

而在公路交通建设上，鉴于战时所需，1939 年间，国民政府铺建了由兰州到天水、天水到双石铺的公路干线，同年 8 月，铺建廿川公路，由兰州到通北口段修通，全长 364 公里。除了这两条主要公路干线外，还铺建了西兰干线（由西安到兰州的公路）和兰新干线（由兰州到新疆的公路），为甘肃汽车向外省运输提供了条件。

之后的 1943 年，静宁至秦安公路工程竣工（全长 125 公里）、安西至敦煌公路竣工（全长 119 公里），1945 年 12 月，兰州至银川公路竣工（全长 499 公里，在甘肃境内长 242 公里）。甘肃省的公路运输体系基本建成。

除此之外，在铁路建设方面，国民政府当时也投入相当资金，建成了甘肃省省内的第一条铁路——1945年修建的陇海铁路，全长154公里。这段铁路工程艰巨程度，仅从隧道的相关数据上就可以看出：共有126座，总长达到21公里，是当时关内各条铁路隧道长度的总和。

　　"还有就是水运：甘肃以黄河为主航道，采用传统的羊皮筏子运送援助物资，甘肃文县碧口镇就曾用羊皮筏子运送过石油。"司俊介绍说，"在修建甘肃省交通网络方面，除国民政府投资以外，人民群众更是积极地投入到抗日的后备建设中，仅国民党统治区内（除陇东外），当时的交通建设征调民力就达1712万人次（当时甘肃全省人口总数只有600万人），使甘肃的交通从天、地、水三方面形成了一个立体化的运输网络，源源不断地将外援以及支前物资送到了抗日的第一线。"

（原载《兰州晚报》2005年9月18日特8版）

27. 抗战中的甘肃民众力量

瞿学忠　陈　露

公元 1931 年，多难的中国发生了许多大事。从夏至秋，长江流域大水灾，时间长达 4 个月之久，仅武汉就死亡 3 万余人，全国灾民在 1 亿以上；9 月 18 日，日本发动"九·一八"事变，开始对华侵略战争；11 月，中华苏维埃政府在江西瑞金建立；12 月 19 日，宋庆龄发表时局宣言，指责蒋介石国民党"以反共为名来掩饰它对革命的背叛"，"过去北洋军阀所不敢做的事，都在'党治'的名义下，毫无顾忌地做出来了"。这时，上层小资产阶级和民族资产阶级，也开始改变政治态度，要求蒋介石国民党在政治上"改弦易辙"，停止反共内战政策。一些具有爱国心的国民党军队将领也反对不抵抗主义，要求抗日。在全国抗日反蒋浪潮的冲击下，蒋介石不得不于 12 月 15 日下野。

这一年，昭示着中国的抗战风起云涌。

而偏远的兰州是平静的。我们把目光定格在这样一个画面上：一定是一天刚刚开始，时间快接近晌午了，街市才渐渐热闹起来，反正是冬天，好像有的是时间。穿对襟短袄的北方小贩一如惯常的吆喝总能叫这个刚睡醒的城市抖擞一下。无论是长袍马褂还是粗布褐衣都要来吃点热点醒醒他们的肠胃。此时，早早起床的裹小脚的成年女子已把院落收拾停当了，家禽们咯咯嚷着要吃饭，孩子们还赖着热炕不肯穿衣。这是上个世纪 30 年代西北城区的最典型风景。

但是这种表面的平静，很快就被城市街头的阵阵喧嚣声打乱了。一队队举着小旗子、喊着口号的青年学生游行队伍过来了。在他们的身后，是一群跟了老远来看热闹的市民。蹲在旧城墙底下抽烟的几个老头，向着渐渐远去的人群投去了迷惑的目光。他们的脚下，还有几颗未灭的烟头在风中飘着残烟。

这也是我们在老电影中经常看见的场景。按照中国现代史研究者们的分析，这种情景出现频率最集中的年份是在上个世纪 30 年代初期至 40 年代中期。而这个时代，古老的中华大地正处于内忧外患、风雨摇曳的多事之秋。

从"九·一八"到"七·七"事变，几年间，有关抗战的消息从四面八方不断向兰州涌来。这个时候，在兰州老百姓的嘴边出现频率最高的字眼是：难民、抗战和轰炸。"兰州作为抗战大后方的地位就是在这个时期形成的。"兰州市党史研究室朱科长这样说。

我们从现在的各种资料看，从"九·一八"到抗战胜利近15年时间里，陇原大地和全国的抗战形势紧紧地连接在一起了。而其中最明显的就是兰州作为战时大后方优势的凸显。

"抗日战争是全民族的战争，在这个时候，有利的后方保障往往决定前方战事的成败。"西北师范大学宋仲福教授告诉记者，"九·一八"事变后，在兰州最先行动起来的是学生，他们参加了抗日宣传的大量活动和工作，把有关抗战的信息很快地反映给各界。"兰州作为战时的大后方，在这期间最主要的任务有两个，一是提供兵源，二是提供物资。这两项应该是兰州乃至甘肃在抗战8年中一直持续不断的任务。"宋教授说，抗战时期甘肃和四川是最稳定的大后方，大批的甘肃籍儿郎奋战在抗战一线，当时至少有40万甘肃青年入伍参战，这些源源不断的兵力补充对于稳定部队、扩充战斗力量起到了极大的作用，甘军在中条山一带长期坚持抗战，邓宝珊部队在陕西榆林和日军长期对峙，这些都是甘肃人民为伟大的抗战付出的努力。"兰州作为大后方的另一个作用就是给抗战一线提供大量的物资。甘肃本来是贫瘠苦甲的地方，但是在这场战争中所付出的是很让人惊讶的。老百姓对于抗战最大的贡献是缴纳公粮，在这个时期应该说甘肃百姓的负担是很重的，战时农民所纳公粮的数量是战前的几倍。虽然百姓的负担加重了，但是一般老百姓还是很理解的，这正是中华儿女空前大团结的一种最直接体现。"宋教授在谈到这段历史的时候，用了"可贵、可敬"这样的词汇。

"一二·九"运动后，全国抗日救亡运动不断高涨，出现了两个显著的特点，一是广泛性、深入性，由学生运动扩大到工农、文化、商业、妇女各界；二是全国各界的救国团体走向联合。1936年5月，全国各界救国联合会在上海正式成立。这是一个全国统一的联合救国阵线，任务是促成全国各实力派合作抗敌。随着抗日救亡运动的开展，各地救亡刊物大量涌现，总计不下1000余种。

在甘肃，民众抗战的热情也日渐高涨。许多抗战群众性的抗日团体雨后春笋般的兴起。我们从现有资料看，当时仅在兰州的抗日宣传团体有几十个。其中著名的有血花剧团、王氏兄妹剧团、西北抗战剧团等等。我们在这里讲一个外来抗日宣传团体的故事。新安旅行团，它由江苏淮安新安小学14名少年儿童组成，校长汪达之任顾问。1935年10月，从淮安出发，途经南京、上海、北京、呼和浩特，于1938年2月底从平凉到达兰州。它的团员年龄都在12岁到17岁之间。他们远离父母，家乡，到全国各地作唤起民众的抗日宣传。到达兰州后，曾多次受到谢觉哉为他们讲解党的政策和抗日民族统一战线问题，并且为"新旅"题词，还批准徐之光等人入党，建立了党的组织。新安旅行团从 2 月底抵兰，5 月下旬去西安，在兰州活动了三个月，他们放电影、演话剧、教唱抗日歌曲、发表抗日演说、举办座谈会和展览，对兰州的救亡运动起到了很大的推动作用。

在八年抗战期间，甘肃老区发挥出了革命老区的特殊作用。包括土地革命战争时期的陕甘革命根据地和抗日战争时期的陕甘宁抗日根据地分布于陇东庆阳地区的 7 个县。作为两个历史时期根据地的庆阳老区，著名的山城堡战役就发生在这里。1936 年 10 月下旬至 11 月下旬，红军三大主力三万多人，在彭德怀的指挥下，在环县山城堡、海原、预旺地区与蒋介石嫡系胡宗南部 260 多个团展开了著名的山城堡战役。山城堡战役是红军长征的最后一战，是历史伟大转折的一战，在中国革命史上有着极其重要的作用。为了保证战斗的胜利，老区人民为部队送水、供粮、安排住宿。

在抗日战争和解放战争期间，有"陇东粮仓"之称的庆阳老区人民，尽管自己的生活还十分艰辛，但还是积极地向边区政府交公粮 1360 万斤、交公草、马料 319.2 万多斤，慰劳驻军鞋、猪、羊、鸡、蛋等食品。还组织了数以千万计担架及运输人员支援前线。

而同时，一场轰轰烈烈的抵制日货运动也在省会兰州酝酿着。1937 年上半年，兰州爱国学生掀起"抵制仇货"的活动，在兰州广泛倡导和宣传抵制日货，实行对敌经济绝交。青年学生从我做起，带头使用国货，焚烧日本商品。向兰州商人和民众宣传抵制"仇货"的重要意义，促使兰州一般小商人和普通市民群众参加到抵制日货的爱国行动之中。在抵制日货的活动中，大街小巷和商店铺面，到处张贴着青年学生书写的抗日传单，一时间兰州各商业店铺中日货基本绝迹。兰州爱国学生的这一行动，得到了处境艰难的兰州民族工商业者的热烈赞同和广大民众的肯定。"当时在国内，抵制日货已经成为一种全国性的行动，近代工业落后的甘肃基本不生产生活用品，当时兰州有相当数量的日货，在学生运动的影响下，许多市民纷纷加入了抵制日货的行列，这在当时是很难能可贵的。"西北师范大学宋仲福教授这样说。

（原载《兰州晚报》2005 年 9 月 18 日特 4 版）

28. 七万陇原将士浴血疆场

于文杰 靳淑敏

淮阳血战的骑一师

郝成铭先生是原甘肃省军区军事志办公室主任兼《甘肃省志·军事志》主编，经过多年的研究，他得出这样的结论。

"抗战开始后，甘肃新征兵力历年的总和在4万人左右，先后被补充到中央军各部队。除此之外，有许多部队都曾参加过艰苦的作战。说到这里，我们不得不先说说骑一师。"郝成铭说。

骑一师是以原甘、青警备司令部所属第一旅为基础，以及原驻防在河西走廊一带的马步青部的一部分，并征调甘肃临夏以及青海大通等县的民团共9000余人，有甘肃籍将士约5000人，全师分3个旅6个团。

1939年春末，骑一师全师调驻周口至界首一带的黄泛区，主力驻项城，任务是防御淮阳的日军。面对敌人的袭击，骑一师针锋相对，派出轻骑部队对敌人的交通、通信等重要设施不断地加以袭击，令日军尝足了苦头，致使驻守淮阳的日军害怕袭击，而经常龟缩城内，不敢轻举妄动。

八九月间，日军从开封调来百余辆卡车援兵，与淮阳日军配合，以步、炮、坦克各兵种，大举进犯我河防阵地，双方展开冲锋，形成白刃战。

"正是：两军交锋勇者胜，那场战役打得异常激烈。"郝成铭说。

我轻骑迂回在敌后奇袭，致使日军腹背受击，终于不支溃退。在这次战役中，骑一师共消灭敌官兵1000多人，俘虏日军数十人，均送交战区指挥部。而我军也伤亡惨重，牺牲2000余人。

战斗结束后，骑一师举行了追悼大会，并立了纪念碑。国民党军事委员会、第一战区长官部等发来唁电，兰州也为阵亡的勇士们开了追悼会。

1945年8月，抗战胜利后，这支英勇的骑兵师奉命接受了徐州日军的投降。

绥西抗战的三十五师

"在抗战期间，为了抵御北面的来犯之敌，曾驻守在绥西临河一带的三十五师也值得一说。"郝成铭告诉我们，"三十五师隶属于马鸿宾的八十一军，该军将士大多是甘、宁两省区的回汉青年，其中甘肃籍的占到一半，达 4000 余人。"

1938 年底，日军侵占包头、威胁大西北。马鸿宾被任命为绥西防守司令。马遂率其军部及主力三十五师及一个旅进驻临河、五原一带防守。

1940 年 2 月 1 日，日军 3 万余人乘汽车、装甲车、坦克，在飞机的掩护下，大举进犯。

三十五师阵前挖有深宽 3 米的防御沟，从乌布依山口的山脚到黄河北岸约 20 华里长，沟前还有 50 米宽的陷坑地带，马军就据以坚守，双方激战一天，互有伤亡。

随后敌人利用顺风向我阵地释放毒气。马军虽事先有训练，用土办法防毒，但仍有不少官兵中毒、战斗力减弱。晚 11 时 30 分左右，马军二〇八团阵地被敌人突破。次日黎明，师长马腾蛟派一个营前往增援，但战至下午 1 时，敌人又突破司仪堂阵地。

这次战役日军占领了五原、临河，八十一军一直撤退到磴口，损失 1000 余人。不久，八十一军奉命移防伊克昭盟北部，驻新民堡、王乃召一带。

此后，敌人以新民堡为据点，又从包头调来 6 个伪蒙骑兵师协助驻守。马军利用沙窝地军车不能快行的特点，对敌展开"磨盘"战术，敌进我退，敌退我进，与敌保持 6 里的距离，如遇有利地形，即予以反击，并选精将士二三十人组成突击队，夜间到新民堡附近放枪骚扰。

相持八九天后，敌军车二三十辆，满载日兵进入沙窝地。马军和敌人都抢先爬山，争取制高点。结果马军抢先登上山顶，向爬上半山腰的敌人猛射，几十名敌人全部被击毙，敌后续部队爬山仰攻，抢运尸体，马军沉着应战，因双方距离甚近，敌人大炮失去作用，马军以步枪、手榴弹毙伤敌人 200 多人。后来敌人 4 辆坦克冲来，马军从两翼撤退。

1942 年，傅作义为绥西防守司令，马鸿宾为副司令。马部在傅将军指挥下，攻打大树湾、史家营子、新城一带日军，取得胜利，攻克该地。1943 年底，傅作义部全部接防绥西防地，马鸿宾即率部返回。

大战中的一六五师

郝成铭介绍说，在中原地区的抗战中，中条山战役是最有影响的战役之一。

抗战全面爆发后，随着山西各主要关隘的相继失守，中条山的战略地位愈加重要。占之，即可以此为根据地，瞰制豫北、晋南，屏蔽洛阳、潼关。进则能扰乱敌后，牵制日军兵力；退可凭险据守，积极防御，配合整个抗日战场。所以，中条山地区被视为抗日战争时期"关系国家安危之要地"。

"日军侵占山西后,为了固华北、抑洛阳、窥西安,自 1938 年以来曾 13 次围攻中条山,但均未得逞。"郝成铭说,"1941 年,日军在中条山一带的总兵力约 10 万余人。在这样的背景下,中条山地区的国民党军队主力 7 个军进行了相应配置,另以 4 个军配置于太行、太岳地区,作为策应。鲁大昌部一六五师以及直属队就参加了这次战役。这支部队约一万人,基本上都是甘肃人,其师长王治歧、副师长蒋云台也是甘肃人。"

今天,我们无法描述那场战役的每一个细节,但是,我们仅仅从双方所配置的兵力上,以及战后双方的统计资料,就可以想象那场战役的惨烈程度:中条山战役历时一年多时间,据日方的统计资料显示,国民党军队"被俘约 35000 名,遗弃尸体 42000 具,日军损失共计战死 670 名、负伤 2292 名"。在国民政府公布的材料中,"综合会战,共计毙伤敌官兵 9900 名",我军"共伤亡、中毒、失踪官兵达 13751 名"。

"中条山战役我军伤亡很重,仅甘肃籍的将士至少损失 2000 多人。"郝成铭介绍说,"战后,一六五师渡过黄河,退守黄河以南地区的陕县一带,就是现在的三门峡地区。"

从长城到长江……

陕军预备马青宛师,曾驻守天水。该师约 6000 人,其中三分之一为甘肃籍人。抗战期间,参加中条山、台儿庄、武汉会战等。

孙连忠部系冯玉祥旧部,曾在 1925 年至 1929 年间驻甘肃,期间征兵 7000 人,这支部队在 1933 年参加长城抗战;"七·七"事变后,在平津地区抗战,之后参加台儿庄、武汉会战。

张自忠部,原系冯玉祥部。该部有甘肃人 3000 左右。1932 年参加长城抗战,1937 年参加平津抗战、武汉会战。

此外,还有傅作义部,约有 3000 甘肃籍将士,参加了绥远会战、山西忻口会战。

原陕甘地区刘志丹率领的红二十六军,约 2400 多人,至少有一半是甘肃人。其部后被编为红十五军团,改八路军时又被编入一一五师。期间,该部曾在宁县、正宁等地扩招一批新兵,故一一五师共有甘肃籍将士超过 2000 人。另外,1931 年宁都起义的部队,有 7000 左右的甘肃人,绝大部分在保卫中央苏区和长征中牺牲。到抗战时期,宁都起义中的甘肃人仅剩下 400 多人,他们都是八路军抗战的骨干力量,均担任排长以上的职务。

(原载《兰州晚报》2005 年 9 月 18 日特 5 版)

29. 陇原儿女血洒抗战疆场

郝 瑛

在历次抵抗外寇入侵的斗争中，中华儿女都表现出英勇杀敌、"马革裹尸"的豪情气概，谱写了一曲曲可歌可泣的感人篇章。就甘肃来说，鸦片战争时，英国侵略军进犯浙江，河州人朱贵率甘军 2000 人出征，他与所属大部英勇阵亡。八国联军入侵北京时，甘军将士喋血正阳门。抗日战争时期为了民族的利益，许多陇原儿女也血洒抗战疆场。

甘肃陇西县所属城南黄石坪人贾虎生，曾在三十二师九六团当列兵，下中士班长。1937 年 10 月 13 日参加淞沪抗战、陈家行战役，"弹贯胸部，殉国"。淞沪战役历时 3 个月，敌我双方投入兵力之多和攻守作战的激烈程度，在抗战史上是罕见的。

西固县（今舟曲县）人杨西震，"七七事变"后他立志参军，任上士班长。他抱着"有我无敌，有敌无我"的决心，常常慷慨地说："中国安得复兴，只有用我们的血肉，筑成阻遮日本鬼子的长城"，并在给父亲的信中说："你儿已为国家所有，将作国家儿女，勿再依靠。"1942 年冬，日军攻陷五原，宁夏吃紧。当时在伤亡甚重、援兵不至、其大部均已转移的情况下，只有杨西震所属一部，岿然不动，死守阵地。经过一夜激烈战斗，到天亮时，仅剩他和两名士兵，敌人误认为我方全部撤退，贸然前进，等到敌人走近时，杨西震立刻用机枪扫射，毙敌数十人，直到弹尽援绝而壮烈牺牲，年仅 27 岁。

西固县七营乡人陈良璧，"为人忠勇诚朴，勤慎明敏，体魄魁梧，气概轩昂"，小学毕业就考入陇东镇守使署所设讲武堂，1937 年任新编三五师补充团第一营营长，这年冬随补充团加入一二八师任第一营营副，继任营长。他平时善于训练作战，身先士卒。1941 年 5 月 1 日，奉命在陶家坝修筑工事，率百余名新兵与兵力火力数倍于我方的日军展开了厮杀。起初头部负伤，接着臂部受伤，在此情况下仍坚持指挥战斗，并在敌人冲入野堡后，继续作战两个多小时。这时官兵伤亡惨重，冲入工事的敌人愈来愈多。他仍手握机枪奋勇杀敌，身负重伤以至不能行动，又用手榴弹杀敌 120 多人，给敌人沉重打击。被捕后，陈良璧大骂日贼后自杀，牺牲时，年仅 35 岁。在搬运遗体时发现，陈良璧"宛然如生，全身装备只缺鞋一双，两手仍作持枪姿势"。后晋级为陆军步兵上校。

西固县富坪乡盐土孔村杨谢夫，"秉性聪明，伶俐过人"，只因家庭情况不好，未能上学，所以跟着父亲务农，并帮助家庭日常工作，吃苦耐劳，为人们所赞许。卢沟桥事变，日军猖獗，他抱着杀敌的决心，没有经家长的许可，就于1940年离开故里，志愿从军，成为中央陆军四六师一三八团一营三连一名列兵。入营后，"刻苦耐劳，勤习学术各科，对野外勤务、瞄准射击之操作，均能尽力以赴，经数年训练之后，转战南北各地，屡立杀敌功绩"。1943年冬家母病故，寄信催促他处理丧事。当时他正驻防山西某地，接家信后悲痛地说："敌寇未灭，母已逝世，尽忠不能尽孝"，所谓"忠孝不能两全"。他参加大小抗战20余次，在枪林弹雨中奋勇杀敌，屡立战功，升为班长之职。中条山之战，他坚守阵地，与日军相拼。遭包围攻击，敌人用大量飞机狂炸，坦克轰击，机枪扫射，杨谢夫指挥士兵"几次冲锋无隙可出，身中数弹，又复持刀杀敌数人，终以受伤过重，殉难阵地，其忠勇之精神，实作好男儿之楷模"。烈士牺牲时，年仅23岁。

西固县新寨人李润五，小时候攻读私塾，常与其他孩子一起做"攻城掠地"的游戏。长大后，总怀着参军的志向。自"七七事变"战争烽起，他报效国家、捍卫民族的想法更加强烈，于1938年加入预备第三师，临行时对家长说："好男儿当为国杀敌，志在疆场，死于外尤胜于床也"，说完含泪而去。在与日寇作战中，英勇可嘉，前后参战不下40余次，屡战屡捷，后被提升为班长。此后，尤能身先士卒，屡立战功。1940年，该师参加中条山之战时，由于兵力较弱，遭敌包围，激战数昼夜，终因援兵未增，弹尽粮绝而被俘。敌人强迫他投降并询问我军情况，他答道："头可断，血可流，骨可碎"，中华之志气不可屈，并不时辱骂，日军用刀刺入他的心脏，牺牲时犹高呼口号，声震云天。年仅30岁。中条山战役是抗日战争进入相持阶段后，在山西范围内的一场大规模对日作战，前后历时一个多月。

武山县鸳鸯镇丁家门的包金台（少尉排长）于1938年5月在著名的山东台儿庄战役中牺牲。此次战役，是抗战初期中日在以台儿庄为重心的一次大规模战役，历经月余，共歼灭坂垣、矶谷两个精锐师团一万多人，缴获了大量的战利品，是继八路军平型关大捷后全国抗战的又一次重大胜利。

抗战期间，据甘肃省档案馆馆藏档案记载：牺牲在抗日前线的甘籍将士就有4746名，全省除敦煌、夏河、临潭、卓尼、合水、正宁、玉门、肃北、哈民及湟惠渠乡公等十县（局所）无此项统计外，其余各市、县具体牺牲人数如下：兰州市29人、皋兰20人、临洮155人、和政3人、宁定336人、永靖6人、会川

21 人、临夏 8 人、康乐 46 人、渭源 56 人、定西 67 人、榆中 20 人、会宁 49 人、陇西 5 人、民乐 28 人、漳县 126 人、平凉 15 人、秦安 112 人、静宁 102 人、庆阳 23 人、固原 38 人、海原 13 人、镇原 35 人、泾川 55 人、通渭 22 人、宁县 32 人、隆德 241 人、灵台 37 人、清水 136 人、西吉 10 人、岷县 553 人、化平 200 人、华亭 155 人、崇信 85 人、庄浪 47 人、临泽 7 人、天水 237 人、武都 123 人、甘谷 25 人、徽县 14 人、成县 265 人、礼县 52 人、文县 108 人、康县 44 人、武山 239 人、西和 60 人、两当 61 人、西固 34 人、武威 56 人、张掖 61 人、酒泉 42 人、靖远 23 人、永登 49 人、景泰 68 人、民勤 29 人、永昌 6 人、高台 36 人、古浪 40 人、山丹 25 人、安西 3 人、金塔 18 人、鼎新 3 人、环县 6 人。

为了对阵亡将士及伤、残军人家属给予抚恤和优待,国民政府曾颁布《条例》和《细则》。民国 26 年（1937 年）11 月,甘肃省政府转发内政部、军政部公布《应征入营士兵家庭救济暂行办法》。翌年 11 月至民国 34 年（1945 年）,省政府先后制定《甘肃省优待出征抗敌军人家属条例》、《甘肃省各县出征抗敌军人家属优待委员会组织规程》、《甘肃省优待出征抗敌军人家属条例实施办法》等地方优待法规。规定各县建立出征抗敌军人家属优待委员会,办理权益、生产、救济、荣誉四种优待,并在各地建立忠烈祠进行纪念。

战争的烟云虽然早已散去,当年烈士们在抗击日军时所留下的精神却永垂不朽。

（原载甘肃省档案馆编:《档案》2005 年第 2 期,第 50—52 页）

30. 大漠边缘的较量

——68 年前日本特务额济纳旗、酒泉被擒记

马 啸

酒泉向北 400 公里，越过茫茫戈壁，有一处被胡杨林包围的绿洲，这便是内蒙古的额济纳旗。60 年前，这片"幽隐"在巴丹吉林沙漠北麓的绿洲引起世人关注，在这里，发生了一场极为隐秘、惊心动魄的侵略与反侵略的较量。

由来已久的险恶用心

1931 年"九一八事变"后，日本侵略者在内蒙古东部地区设置了隶属于伪满洲国的兴安四省，进而向内蒙古西部侵犯，并扶植起一个伪蒙古军政府，派遣大批特务，组织特务机关，向西北各省渗透。

日本觊觎中国的东北和西北地区由来已久。早在日本明治末叶，一批浪人出于扩张野心，已着眼于研究中国的伊斯兰教问题。1914 年，日本浪人涛秀雄即化名马成龙来到中国，专赴西北及东北各省，从事所谓的"回教之独立运动"，先在辽宁组织"黑龙会"，冀图鼓励组织"大回回国"，虽因阴谋破产而回国，但其阴谋却得到日本朝野绝端势力的支持。不久，由"黑龙会"派出的川村狂堂以（又名川村乙麻）假入教为名，由大连来华，历经东北三省，旋至北平，复由察绥（今内蒙古、河北地区）转入内蒙古，折入河套，再沿河西走廊入新疆，遍游塔里木河流域，后折回循祁连山南麓入青海，逗留于素有"中国小麦加"之称的甘肃河州（今临夏）3 月之久。川村狂堂前后在中国逗留达 30 年，"专门调查中国回教之种种问题"。

"七七事变"前，内蒙古地区在日本侵略者征服"满蒙"的政策影响下，于1933 年 7 月，由德穆楚克栋鲁普（即德王）带领一些蒙旗的王公贵族在百灵庙提出"蒙古高度自治"和成立"内蒙古自治政府"的要求，日本帝国主义趁机渗入内蒙古西部，再渐次渗透到甘、宁、青一带。

特务机关如入无人之境

额济纳旗其时属宁夏省所管辖的一个蒙古族旗（1954 年 11 月，随宁夏省建

制合并到甘肃省，初由张掖专署代管，后改属酒泉专署。1956 年 6 月 1 日，划归内蒙古自治区辖属至今）。旗政府所在地叫做东庙，距宁夏省会银川市 120 公里，位于绥新公路二里子河站西南约 25 公里处。旗长叫图王。

然而，就是这个偏僻的沙漠边缘的蒙古族聚居地却引起了日本人的"兴趣"。

1935 年，日本特务机关在阿拉善旗府所在地定远营正式设立机构（驻祥太隆商号），在阿旗公开大肆进行特务活动。次年江崎寿夫、大西俊仁、松本平八郎等 50 多人侵入额济纳旗，在东庙设特务机关部，江崎寿夫（少将）任机关长。他们"武装占据了赛日川吉庙，喇嘛和蒙族医生被日本特务武力驱逐，并征用青年喇嘛为他们当差，强迫征用牧民给他们干活，强占牧民 60 多峰骆驼给他们驮运侵华物资和弹药。"（《额济纳旗志》）赛日川吉庙是额济纳旗的土尔扈特人民最重要的礼佛拜神的宗教仪式圣地，竟然成了日军存放武器弹药和军需物资的仓库。他们除了在该地测量道路、设置无线电台，汽车、骆驼经常由绥远白灵庙沿绥新公路运送军用物资和生活用品外，日军还在东庙空旷的佛教广场修建简易飞机场，将东庙的医学部建成了大型的飞机加油站，开办百灵庙——定远营——东庙之间不定期的航行。日军飞机从飞抵额济纳旗始，在不到两年的时间里，飞行 1 万多架次。日军以额济纳旗为基地，建成了战略"桥头堡"，去袭击和轰炸兰州、延安、榆林、哈密等地。

对日军的猖狂举动，当时的宁夏当局不但不加制止，省政府主席马鸿逵还在省政府大礼堂举办秦剧晚会进行招待，又邀请日本人到他私宅密谈。1936 年以后，由于傅作义将军（时任绥远省主席）在绥远省不断打击日伪军，日本方面更加注重拉拢马鸿逵和阿、额二蒙旗的王爷。次年 2 月，关东军参谋长板垣征四郎中将亲自飞抵阿拉善定远营进行阴谋活动。至此，宁夏省派省政府秘书长叶森、蒙藏委员会驻宁调解组组长刘伯石等前往定远营与板垣征四郎谈判。双方对在定远营设立日本特务机关发生了争执。宁夏当局一面与日本人周旋，一面又将拉日本人到宁夏省城的中国司机枪毙了，还暴尸在西门外唐徕渠边，让人们观看，以示警告。

与此同时，日本特务还在西宁、武威、酒泉、银川等地频繁活动。

范长江笔下的日军罪行

1936 年夏秋之交，著名记者范长江以中华民国职员的身份，到额济纳旗和阿拉善旗两旗采访日军特务和军队在额济纳旗的情况，走访王公、牧民、僧人、医生、教师、商人等。往返两月有余，在《塞上行》一书中记下了亲眼所见日本特务在这个地区活动的许多事实：

"那时日本人之过松稻岭西入蒙古者，已有三四起，其中一起去定远营（今巴彦浩特），其余的都入额济纳。他们沿路笼络威吓商人，许他们一些未来幸福，许多商人感到日本势力之可怕……不大敢和日本的侦察队作对"；"日本人已经将百灵庙至阿拉善首府定远营，和百灵庙至额济纳的道路测量完毕"；（额济纳）"东庙两侧戈壁上，就是日本选定的飞机场。平硬宽旷，日机已数次起落，异常便利"；"日本特务机关在（阿拉善旗）定远营的情形，并不很顺利"，"他们曾雇汉人苦力为之修筑飞机场"，"日本飞机虽然常来，但是达王（即达理扎雅）不借汽车马匹和大车给他们"。范长江就此评述道："从东北经察绥，西至宁夏新甘，造成封锁中国，隔绝中俄的阵线，是某方（指日本——笔者注）最近一两年来努力之目标……是想利用蒙回藏等比较不甚得势的民族，以似是而非的'民族自决'理论，挑拨各民族间的情感，鼓动各民族间之战争，以实现'以华制华'的故伎。"范长江的视察、采访工作即被日本特务机关发现，为避免不测，他日夜兼程，逃奔至宁夏。后来，范长江在新闻媒体上详细而又真实地揭露了日本军队和日本特务在额济纳旗的侵略行径，引得全国人民纷纷声讨，就连西藏、新疆、内蒙古、宁夏许多有名望的活佛喇嘛都来电予以谴责。

李翰园奉命擒倭寇

1936 年冬，南京国民政府来电责成宁夏省民政厅厅长李翰园和中央第二十五师副师长杜聿明两人带队前往额济纳旗取缔该特务机关，意在将其遣送出宁夏省境。接到命令后的 12 月初，李翰园、杜聿明到达归绥（今呼和浩特），受到傅作义将军大力协助，然适逢"西安事变"发生，只得奉命暂停前往，返回宁夏。

日军的猖狂举动也引起了当地一些高层人士的极大愤慨。1936 年 12 月底。旗王府阿木尔巴依斯古楞梅林、苏都斯琴、赛日川吉庙喇嘛雷德唐兀特、中华民国蒙藏委员会驻额济纳旗专员王德淦，经过周密计划，派喇嘛雷德唐兀特，潜入庙内；喇嘛雷德唐兀特到庙内以找朋友为借口，采取里应外合的战术，引爆了弹药库，一举炸毁了日本特务设在东庙的全部军需仓库。

1937 年春，在"西安事变"和平解决之后，李翰园又奉国民政府之命，取道兰州、酒泉前往额旗执行任务。当时，酒泉驻有马步芳的一个步兵旅，约 3000

余人，系马步芳的精锐部队，旅长为马步康。李到酒泉后便得知马步芳已接到南京方面来电要当地驻军协助其办案，甚为欣喜；况且马步康是李的临夏同乡，又在1934年的宁夏"四马"（马鸿逵、马鸿宾、马步芳、马步青）拒孙（孙殿英）战役中一块共过事，双方彼此熟悉，这使李翰园增添了几分成功的信心与把握。

摸清敌情周密布置

此时，南京国民政府驻额济纳旗专员王德淦从额济纳旗二里子河秘密来到酒泉，向李报告了日本特务机关在额济纳旗的活动情况：目前，盘踞在东庙的日本特务机关部只有江崎寿夫等10个日籍特务，还有察哈尔籍蒙、汉奸四五十人。日特、汉奸的步枪等军械已在此前由王德淦等人组织偷袭日本特务机关军火库的行动中被炸毁，现在他们身边只有一些手枪，两部无线电台也因故障无法使用，日本飞机也已半月未到。综合军情，李翰园感到歼灭日寇的时机已到。

从王德淦的报告中，李翰园还得知，图王之弟塔王受特务拉拢威胁之毒较深，而图王本人则态度模棱。他对李翰园将带兵去额旗有些害怕。

执行此次任务，李翰园带的自然是马步芳的"马家军"。对于这一点，李翰园自己也有些担心——他怕"马家军"纪律不严明，在执行任务时引起回、蒙两族间的仇杀。此种担心，不仅李翰园有，额旗的图王也有。因此，图王一方面派出旗政府官员到酒泉迎接李翰园；另一方面派手下阿木藏盖率蒙古保安队百余人到青山头（额旗与金塔、鼎新两县交界处）阻挡马家军队。

为了防止民族间发生不必要的冲突，并说服蒙旗上下，李翰园决定以马步康的全旅作后盾，而自己只带35名官兵前往。并通知金塔、鼎新两县接连额旗边界的居民，将所有骆驼停止远行，听候使用。此举受到了蒙旗人士欢迎，并从思想上打消了人们的抵抗念头。

6月下旬，经与"马家军"约法三章，要他们严守纪律，不损伤蒙旗一草一木之后，李翰园便带50余人，乘骆驼沿弱水河（现称黑水）北进。在青山头，他们遇到了蒙古保安队，蒙古人变阻挡为欢迎。李翰园被邀参加了赛马大会。在会上，他向人们分析、讲述了日本特务的险恶用心，要大家不要受蒙骗，协助抓捕日本特务。有一化装成蒙古医生的日本特务听了李的讲话后，骑骆驼逃跑。李当即派人火速捉拿，当晚这个名叫松本平八郎的日本特务被抓获，他供认了日本特务机关的军情，与王德淦汇报的情况大体相符。

不费一枪一弹悉数擒敌

越过青山头，李翰园率部日夜兼程，于 7 月 7 日抵达了额济纳旗首府东庙。当晚 12 时，不费一枪一弹，包括机关长江崎寿夫在内的日本特务便被解除了武器，羁押在一个帐篷内。李翰园率部采取行动，一举摧毁额济纳旗日本特务机关这一天，正是"卢沟桥事变"爆发的那一天。

次日，李翰园押着江崎寿夫等人，搜查东庙日本特务机关部及红柳窝仓库，并逮捕了 5 名汉奸。被抓的日本特务内有飞行场场长、无线电台台长、报务员、测量人员、地质调查人员、医生等，他们都有军籍，并都着陆军制服。从这批特务中，先后缴获手枪、子弹、战刀、无线电台、卡车、军马、骆驼、军用地图和一些文件。这些文件清楚地表明了日本特务盘踞在额济纳旗等我国西北地区险恶用心：政治上，组织阿、额、青蒙古共和国，即将阿拉善旗、额济纳旗和青海蒙古各旗联合起来与汉、回民族对立；经济上，利用弱水河资源，在青山头附近修建大型水库，作发电和灌溉之用；军事上，以东庙军用飞机场为中心，以榆林、延安、宁夏、兰州、西宁、哈密为半径，轰炸这一区域的大小城市和农村。

经过一夜的忙碌，日本特务机关及人员的情况全部搞清。7 月 9 日，李翰园等人驱车经居延海到距东庙 60 公里的二里子河站，经与宁夏方面电报沟通，他们又获得一个新情况：另一日本特务机关驱赶着满载航空汽油的百余只骆驼，从宁夏蹬口县北的巴音冒堵经过定远营、古鲁乃、马鬃山去甘肃安西，要李翰园等人见机行事。

李翰园重返东庙，并决定：将日本特务和一部分汉奸分别用汽车和骆驼押回酒泉，其余汉奸和马匹、物资则统交当地旗政府接管。押着日本特务、顶着烈日在戈壁滩上行走了 4 天之后，李翰园等人抵达了酒泉；而另一押着汉奸的驼队则用了双倍时间才安全到达。

刚到酒泉，李翰园便经与马步康旅长约商，派人前往古鲁乃堵截了第二批日本特务。此番他们又抓获机关长横田在内的 3 名特务及汉、回奸，截获满载航空汽油的骆驼 100 余只。原来这批特务是到安西设立军用航空站的。

日特的末日

日本间谍被擒获后，宁夏马鸿逵命令将人押回宁夏，青海马步芳则硬要把人押往青海，而国民党则强令将人交往甘肃省主席贺耀祖处，三方为此争得不可开交。

一天，酒泉城内忽然开来数十辆汽车，上面坐满了士兵，说是要将日本人押往兰州。9月2日，李翰园随兵车返抵兰州。他将押解的13名日本特务和5名汉奸并车辆等手续交至兰州当地军事机构——西北行营后，9月10日便离开兰州返回了宁夏。

日本特务和汉奸被押到兰州后，当地百姓用砖头、瓜果皮"接待"了这些恶人。起初，日本间谍仍是十分蛮横，直到9月10日拂晓时分被拉到安定门外处决时，他们才知道自己的末日已来临，放声大哭起来……

此时，正值"八·一三战事"发生后不久，全国上下群情激奋、民气沸腾，兰州人民目睹日本特务、汉奸的可耻下场，欢欣鼓舞。

（原载《甘肃日报》2005年8月18日第7版）

（三）口述资料

1."建设长空铁垒，消灭敌氛"
—— 访原兰州市政协常委、抗战时期甘肃全省防空司令部参谋长叶建军

彦 生

抗日战争时期，处在大后方的兰州屡遭日军飞机轰炸。在当时，兰州民众是怎样建立长空壁垒，抵御敌机入侵，防空袭、反轰炸的？今天，我们除了可以阅读档案馆里尘封了 60 多年的档案，了解当时情形，是否还有可能亲耳聆听亲历者更为详尽的叙述。对我来说，这仅仅是一种奢望。没想到，我把这个近乎不可能实现的想法告诉了兰州市地方志办公室副主任邓明后，他脱口而出，"采访叶老先生去。"叶老先生，就是当年曾任甘肃全省防空司令部参谋长的叶建军先生。叶建军先生是甘肃民勤人，1933 年，由黄埔军校西北军官训练班骑兵科毕业，后到南京的中央军校空军第四期学习；1936 年在航空学校广州分校学飞行；1937年由航空委员会派到甘肃全省防空司令部参谋室工作，任参谋，后任参谋长。他是国民党起义将领。建国后任兰州市政协常委，甘肃省黄埔军校同学会名誉会长。能采访到当年全省防空的亲历者，我心里异常兴奋。

在邓明先生的引领下，我们在城关区闵家桥的一处公寓里见到了叶建军先生。叶先生虽然已经 94 岁高龄了，但精神矍铄，思路清晰，记忆力非常好。我们去的时候，他正在撰写抗日战争回忆录。话题也正是从这里展开的。

叶先生说："把八年抗战中自己亲身经历的事件写出来，以史为鉴，警示后人，是我的愿望。"说着，他取出一叠厚厚的手稿给我们看。他先从肃清日本特务讲起。他说，自"九一八"以来，日本军国主义分子派遣大批特务，潜伏在中国内地进行间谍活动。经过明察暗访，了解到额济纳旗有大批日本特务，以东庙机场为中心，以榆林、延安、兰州、西宁、哈密为半径，用电台指挥日本飞机轰炸西北大后方，切断中苏交通。如果不及时肃清日本特务，就将严重危及西北的

安全。经与宁夏、青海、甘肃三省主席商定,派宁夏省民政厅长率领35名官兵,到额济纳旗东庙,逮捕了日本特务江崎寿夫等10人;前往古日乃、马鬃山等地捕获了日本特务横田等3人。1937年9月2日,将13名日特和5名汉奸押解兰州,经军法会审,执行枪决。从日本特务的活动,深深感到,没有严密的地面防范和严密的空防,就没有西北的安全。为了加强兰州的防空建设,他曾乘军用专机从兰州起飞,经银川、包头,向西经左旗、右旗草地到安西,考察空防设施;又从民勤骑着骆驼,穿过腾格里沙漠到达定远营,考察陆防设施。根据陆空联防要求,他提出了兰州防空建设纲要。一是加强积极防空配备,对兰州的军事设施和战略配备作周密布置。兰州成立了防空司令部和空军司令部,配属中国空军第八大队、苏联空军自愿队、警备部队、照测部队、高射炮部队、防护总分团,并分别成立兰州、天水、平凉、武威、酒泉五个警备区,形成了以兰州为中心的全省防空网,由第八战区司令长官朱绍良兼任防空司令,统一指挥,陆空联合作战,发挥了极大威力。二是加强消极防空设施,主要是,防空警报的规定、防空壕洞建设、防毒设备、交通管制、救护工作、人口疏散、避难指导等等。三是建立防空情报网。为了保护人民的生命财产,及时准确地发放"空袭警报"、"紧急警报"和"解除警报",除利用全国国有电话线路和军用报话线路外,省防空司令部在西海固架设两条防空专线,各地配备无线电台40多部,设立防空监视队哨600余处,布置天罗地网,昼夜监视着日本飞机行动和袭击。

说到情报,他说,情报对于防空是至关重要的,否则,敌机来了不知道,从哪里起飞,怎样应对,地面和空中都要防,靠什么,就靠情报。今天回顾往事,特别要提到当时在敌人心脏里为我们提供情报的无名英雄。当年在敌人运城机场附近就有我们的一个秘密电台。轰炸兰州的敌机往往是头一天下午由东北大本营飞到运城机场降落,第二天再起飞轰炸兰州。飞机一到机场,情报就来了,使我们有充足的时间进行防备。1939年10月的一天,据情报说,日军从东北调来300多架飞机到运城机场,怎么会调来这么多飞机呢,这是从未有过的。日军飞机到运城机场的目的就是轰炸兰州。后来,飞机果然来了,前后共来了339架飞机,分几个批次轰炸兰州。我们及时发了防空警报,市民也及时疏散了,钻了防空洞,所以炸死的人很少。而且,我们在两天内还打下了12架敌机。为此,叶先生得到了"情报准确,指挥得当"的褒奖。在反空袭时,我空军还采取灵活战术,出敌不意,轰炸日军军事设施中心。1939年某日,我空军一队,乘日机轰炸兰州返航之时,尾随其后,乘敌机在运城机场降落之时,进行轰炸,投弹60多枚,炸毁敌机40多架,使日机不敢再在运城机场停留大批飞机。大大削弱了敌人轰炸兰州的空中力量。

我们问叶先生，日本飞机连续数年轰炸兰州，最严重的是哪一次。叶先生说，炸得最凶的是1939年2月23日，那天日机对兰州狂轰滥炸，穿梭往来，古城兰州一片火海。炸得最惨重的是市区东部和西部。中山市场（今兰园）中了3弹，唐代修建的普照寺藏经楼被炸毁，唐代、明代6352卷《大藏经》焚毁。市场进口处的两家京货店及鲁氏摄影室、陇海旅社被炸平。贡元巷、新关街、西北新村、南大街、东大街等地敌机投弹最多，房屋被炸成一片废墟，死伤百余人。省防空司令部的工作人员在防空警报未解除之前就出发巡视检查了。他亲眼看到防护队员和警察在敌人飞机还在头顶上扔炸弹时，便踏着一片片瓦砾，奔跑着救护自己的同胞。那天还打下了几架飞机。1939年2月27日至3月2日，在中山林和民众教育馆还举办了敌机残骸展览会。民众教育馆陈列着敌机机身、飞机零件、机枪等。击落的敌领队轰炸机，因坠落快，已摔成碎片，但仍可以辨认出是意大利1937年11月制造的最新式轰炸机。

叶先生给我们详细讲述了当时防空的一些办法。首先是防空警报设置。防空警报是为了指挥警备、防护部队出动及民众迅速躲避隐蔽的信号，音响力求遍及。兰州原有汽笛两处，手摇警报器两台，警钟400多口，分布于市内中心地带，尚不足以应付。后又增加电动警报器一台，并在五泉山、四墩坪、广武门城墙、省政府门前、白塔山竖立旗杆，悬挂灯旗球。分别制定和宣传表示预行警报、空袭警报、紧急警报和解除警报的识别办法。发出空袭警报后，先鸣炮三响。以后每批敌机到达，加放号炮一响，以引起避难市民注意。这些措施的施行，对市民的及时躲避，减少伤亡起了很大作用。在加强防空灯火管制方面，为防止敌机夜间偷袭，防空司令部对城镇实行了严格的灯火管制。敌机对不设防城镇，为了投弹准确，有时先投掷照明弹再进行轰炸。但对兰州，敌机怕暴露自己，受到我方攻击，一般不敢随意使用照明弹，只得盲目投弹。所以，敌机对兰州的夜间空袭，很少得逞。如1939年12月29日夜间，日寇出动飞机113架分6批轰炸兰州，其中一批敌机在靖远上空盘旋5圈，误将靖远当成兰州，投弹而去。还有一次冬夜，靖远东湾的街道上有两个过路脚户经过，夜深天冷，燃起一堆篝火取暖，正值日机偷袭兰州飞过，敌机见火光即投弹轰炸，死伤两人，炸塌房屋40多间。防空躲避的指导也很重要，那时，兰州的大街小巷还保留着清代建筑的样式，狭窄难行，遇雨便成了河道。空袭警报一响，逃难的人混乱，拥挤不堪，而防空洞更加拥挤。为此，专门成立了避难指导队，根据防空壕、洞的分布和容纳人数，划分地区、定人定位，指导人们避难，使秩序逐渐有条不紊。在消防方面，饬令各机关、工厂购置水龙和其他消防器材，并在兰州各街巷，指定适当地点，修建蓄水池多处，开渠引五泉山泉水及阿干河水，经常保持一定水量。1941 年，兰州市防护团消防大队购置了消防汽车 4 辆，在发生火灾的紧急情况下能及时赶到救火。有关防空壕、洞、坑的建设，防空司令部即时绘制防空壕、洞、坑图样，责令各县办理。兰州市建了机关、个人地下室 120 个，防空洞 100 多个，露天防空壕 258 个。可容纳 5 万人以上。为安全计，决定按治安区域分别派员查勘，凡土质不良，位置不当，不合格的，一律责令填封，重新修建。当时，防空壕、洞、坑遍及市内。防空交通管制问题，防空司令部规定，每天上午 7 时到下午 4 时为防空时间，禁止木轮大车在城内通行；凡没有特别通行证的卡车，一律不得进城。如乘羊皮筏子到北山躲避者，每只筏子所载不得超过 6 人，并不许筏主乘危勒索高价。

叶先生所谈这些当年情况，许多都是档案中原本少记载或知之不详的，对我们回顾和研究那段历史有很高的史料价值。考虑到叶先生年事已高，我们不忍占用他过多的时间，这里，我想用叶先生抗战回忆录的那段话作为本文的结束：让我们牢记历史，使日军轰炸兰州的悲剧不再重演，让这个世界不再有战争的恐怖。

（原载甘肃省档案馆编：《档案》2005 年第 2 期，第 11—13 页）

2. 一位日军轰炸兰州的目击者
—— 访兰州大学历史系教授安守仁

冯惠娟

60 多年前，日军对地处西北腹地的兰州进行的那场狂轰滥炸的史实，在甘肃省档案馆的全宗档案里已有了记载。那么，现在仍然健在的老人们对那段不堪回首的往事有着怎样的记忆和描述？他们的亲闻、亲见、亲历对后人不忘国耻，牢记历史会有怎样的启示?这就是笔者采访当年日军轰炸兰州的目击者、原兰州大学历史系教授安守仁老先生的初衷。

在静谧的兰大家属院内的一幢楼前，安老已在门口迎候我们。耄耋之年的安老，精神矍铄，声音朗朗。他在略显简朴的客厅兼书房里热情接待了我们。安老祖籍天水，从小生长在兰州，中学就读于私立志果中学，这所学校后来改为兰州二中。安老从兰州大学毕业后留校执教至退休，他经历了兰州的世事变迁。我们的到来，把安老的思绪拉回到了 1937 年战争阴云笼罩下的兰州城。

为了说明当年日军轰炸了哪些地方，安老首先向我们介绍了当时兰州的一些地名。他说，兰州城东至现在的广场东口，当时叫迎惠门，靠东南面叫通远门，现在的东城门叫来熙门，现中山桥一带叫通济门，解放门叫宗棠门，静安门叫赐福门，现在的兰园当时叫普照寺（又称大佛寺），现木塔巷称木塔寺，寺里有一高 50 多米的木塔，是当时兰州具有标志性的建筑。通过对这些地名的描述，可见老人的记忆力相当好。他说甘肃地处西北腹地，而省会兰州更是中苏交通的咽喉地带，苏联援华物资都要经过这里运往各抗日前线。因此，兰州就成为日军空袭的重要目标。

老人回忆说，日军轰炸前的兰州，大家都过着安定祥和的日子，城市四周一派田园风。就在 1937 年，当时自己只有十一二岁，日本飞机第一次对兰州进行了轰炸，那天是 11 月 5 日下午 3 点左右，大概有 7 架飞机蹿入兰州上空，安老清楚地看到在炭市街（今西关什字）上空，飞机机翼上涂着的太阳图案，一看就是日军飞机。当时从政府到百姓，大家都毫无防备，纷纷跑出来看热闹。日机在东郊机场（今拱星墩）投下两枚炸弹，后来听说有两人被炸死了，许多人都受了伤。他亲眼看到，机场附近的路面上被炸了一个有筛子大小的弹坑，机场也遭到严重破坏。1937年12月，日军再次轰炸兰州，听说在拱星墩一带炸死一头驴，死伤人数不详。

为了保卫兰州领空，1938年，兰州成立防空司令部，时任甘肃省政府主席的朱绍良任司令，省警察局局长马志超任司令部一科科长。为防御空袭，省防空司令部采取了许多防空措施。首先，为市民讲授防空、防毒知识，让家家户户备干粮。其次，在城墙上挖了很多防空洞。另外，在万盛场（今庙滩子）盖了许多民房，供难民躲避。还建立高炮阵地，一处设在白塔山；另一处设在今天的二热附近。调高射炮保护黄河铁桥。说到铁桥，我问老人，听说空袭前的铁桥颜色和今天不同，老人说1937年以前的铁桥外观颜色是土红色的，从空中观察目标太显眼，为了防止日军轰炸，所以后来就涂改成银灰色，也就是我们今天所看到的铁桥颜色。他说，现在80岁左右的老兰州人，可能还记得当年兰州城区鸣放的一日"三声炮"，这在全国都是独一无二的。每天分早、午、晚统一在城墙上鸣放三声，分别称作"子炮"、"午炮"、"定更炮"，市民以炮声来判断时间。当年城区还实行灯火管制，家家晚上不能点灯，兰州城区到处一片漆黑，城门每天晚上9点就关闭了，到天亮时才打开。还在白塔山竖立大幅的红、白二色旗的旗杆，老百姓根据旗的颜色来"跑防空"。那时候市区常常响起凄厉的警报声。

1939年阴历正月初二至初五，是日军空袭兰州最厉害的3天。这三天，日军出动百余架飞机对兰州市区实施连续性轰炸。那段时间，也是兰州城遭日机轰炸最惨重的日子。老人追忆道：为了躲避空袭，一些市民搬到了兰州市南山的伏龙坪、八里窑的山洞里，整天不敢出洞。日军投下90多枚炸弹，百余名无辜市民被炸死，500多间民房被炸毁，损失惨重的地方有中山市场（今兰园）、学院街（今武都路）普照寺、南关、东城壕一带。普照寺六层八面，高三丈的经塔被毁，唐藏、明藏6000余卷大藏经顿成灰烬。兰州的名僧众诚（当时称蓝大师）为守护中山市场的普照寺藏经楼而殉难。

安老依稀记得大约是正月初五，日军轰炸了一个晚上，飞机的轰鸣声、爆炸声持续不断，整个城市处在战火硝烟里，兰州城的百姓那天夜晚感到从未有过的恐惧。躲在山洞里的市民又饥又寒，胆战心惊。正在这时，突然有人看到一架日机拖着一股浓烟从上空飞过，在夜空中，人们以为又是飞机在施放毒气，但很快飞机头部失去平衡，摇摇摆摆向下坠落，掉在了岗家营（现马家山）。大家方才明白飞机被击落了，都非常兴奋，激动地呼喊着，完全忘记了饥饿和寒冷。后来听说，这架飞机上有7人，是被苏联志愿军击落的。飞机的残骸后来被政府运到市内的中山林、庄严寺等地展出。

1939 年前后的这段时间，日军多次轰炸兰州，把黄河铁桥当作重点目标，因当时苏联援助我国的大炮及弹药、军械要通过铁桥东运到抗日前线。日军轰炸铁桥却无一弹命中，炸弹都投在了铁桥附近。安老记得很清楚，在铁桥的南岸，东西两面都有弹坑，他和小伙伴还跑到弹坑前看，南面的坑很大，约六七米，坑里积满了雨水，无法知道深浅，但弹片把铁桥削坏了多处。

到了 1941 年，多次遭到日军飞机狂轰滥炸的兰州市区，无一处街道是完好的。在安老家附近的炭市街，有家"三青油店"，整个被日军投掷的燃烧弹炸毁，还有几家油店也被炸毁，大火熊熊燃烧了半条街。许多民房屋梁震裂，门窗震坏，无辜的平民痛失家园，无家可归，到处看到的是残垣断壁、满目疮痍的景象。

在此期间，日军的侵华罪行，激发了兰州人民的抗日仇恨和爱国热情，当时影响较大的进步社团"新安旅行团"和"兄妹剧团"常常到街头演出，宣传抗日。

采访结束时，安老还沉浸在对 60 多年前那段往事的回忆之中，在与我告别时老人深情地说："历史是不容篡改的，我们要不忘国耻啊！"望着老人苍白的头发，我想这段惨痛的历史已成为安老心中永远抹不去的伤痛！

（原载甘肃省档案馆编：《档案》2005 年第 2 期，第 13—14 页）

3. 弹片下的呻吟

—— 日军轰炸兰州惨象细述

秋 帆

悠悠的黄河水，静静地向东流淌。阳光洒满了街巷的角角落落，挑水夫从河岸边担起盛满了水的桶子，正迈步赶向城里来卖；小商贩站在铺面前亮开嗓门使劲吆喝，兜售自家的土特产品；老人们哼着秦腔，手捧水烟壶，自个儿呼噜呼噜地吮吸；小孩子三五成群，在相互追逐，嬉笑耍闹……这个远居大西北的高原古城——兰州，人们过着散淡而平和的日子。

忽然，一阵凄厉的警报声响彻城市的上空。随后，涂着太阳图案的日军飞机，像成群结队的乌鸦，伴着马达的轰鸣，刹那间飞临，炸弹铺天盖地顷刻落下，但见弹片四起、房舍倒塌、人员伤亡，到处是烟尘迷漫，笼罩在愁苦呻吟之中。

如果说这是我想象中兰州当年遭受日军飞机轰炸前后不同的生活场景的话，那么，一位老者用亲身经历见闻所讲的故事，则是口述的历史。

这位老者，名叫刘杰，是著名诗人作家北岛妻子的继父。根据老者赴美探亲时的亲口讲述，北岛写成《刘伯伯》一文。老者的身世是这样的：其祖父早年在俄国经营茶叶生意（原住广州），他于1923年就生在了那儿。后来，他家移居哈尔滨。再往后，他的父亲在北京当俄语教授。"七七事变"后，其父来兰州做生意，他在母亲的督促下，辗转寻父也来到此地，年方十五六岁。之后，就遭逢了日军飞机的轰炸，亲身见证了这惨烈的一幕。这里，且不妨当一回文抄公，将《刘伯伯》一文中的精彩描述抄录出米。文中的"他"即刘伯伯，也就是老者刘杰。北岛写道："那时，苏联的军事援助车队经过哈萨克斯坦、新疆到兰州、西安，再奔重庆。车队一来就是一二百辆，前面车上架着机枪。沿途专门设了招待所，提供食宿翻译和向导。""安西有个苏联飞机加油站，有时飞机在去兰州途中停下来加油。""兰州刚经历大轰炸，到处是废墟和尸体，医院根本没有床位。""兰州由于是苏联军援的集散地，成了日军轰炸的主要目标之一。当时兰州的警报系统相当完备。日军飞机从山西运城起飞不久，先是预备警报；一过平凉，发正式警报；待敌机迫近才是紧急警报。"

北岛接着写出"他"刘杰的一段刻骨铭心的奇惨经历。

"那天凌晨三时,响起预备警报,他跟着人流挤出城门上了山。防空洞多在半山腰,其实只是些三四米深的窑洞,无任何支撑。他躺在洞外。无风,几缕薄云,星星硕大耀眼。紧急警报如公鸡报晓,天蒙蒙亮,高射机枪射出红红绿绿的曳光弹,甚是好看。他刚退进防空洞,大地剧烈地抖动起来。突然一黑,洞塌了,哭喊声连成一片。依求生本能,他拼命用手向前刨土。哭喊声停了,空气越来越稀薄。他突然触到另一双手,一双女孩子的小手,左手无名指上戴着个金戒指。原来他和隔壁的防空洞挖通了。黑暗中,他俩紧握在一起,喃喃地说着什么。

醒来,刘杰已躺在防空洞外面,营救人员还在土堆里寻找生还者。他看见一个十五六岁的女孩子坐在那里发呆,她粉袄绿裤,辫子又长又粗,手上戴着个金戒指。他们的目光碰到一起。是你?女孩子高兴得直蹦。她叫小芳,是跟姨妈去定亲的。

你还订什么亲?干脆嫁给我吧。刘杰半开玩笑说。

那敢情好,俺俩是生死之交。这婚事,俺本来就不乐意。

硝烟弥漫,孩子哭大人叫,担架队正把伤员运走。他们俩竟不顾周围的战争,紧紧握在一起,海誓山盟。小芳脸上有一层细细的绒毛,刘海整齐,眼睛充满泪水。她扑哧笑了,说:俺姨还躺在前面那片战壕里,俺去去就回来。

那片战壕不远,最多四五百米。小芳刚消失在其中,第二批日本飞机来了,炸弹正好落在上面,硝烟腾起。他发疯似地冲了过去。在土堆里搜寻,最后仅找到一只戴金戒指的小手,他埋葬了小手,把金戒指戴在自己手上……

嗨,不说了,刘伯伯叹了口气。"

依我之见,相对于这些口述的历史,在某种意义上,第一手原始的档案记载,更能确凿无疑地反映历史的真相,乃至细节。

随手翻阅甘肃省档案馆馆藏的记录日军飞机轰炸兰州的档案,透过纸页泛黄的字迹,带给凝重的心情的是无法排遣的压抑和愤恨。

自 1937 年至 1941 年 9 月,日军飞机先后空袭兰州共 36 次,累计出动飞机670 架,投弹 2738 枚,造成 215 人死亡,其中男 191 人,女 24 人;191 人受伤,其中男 162 人,女 29 人;损毁房屋 21,669 间。

轰炸造成的死亡受伤人员,涉及社会各阶层,上至老人,下至孩童,还有外国人。其直接受害最深者,则是善良无辜的普通百姓。1941 年 5 月 22 日、8 月31 日造具的《兰州市遭受空袭伤亡人员姓名清册》记载:名叫宛养峰的男子,原籍安徽庐江,年方 21 岁,住在兰州市内的甘肃学院,在轰炸中死亡;名叫雷天福的男子，原籍河南孟津，年龄 24 岁，住在兰州市内的军警督察处，在轰炸中死亡；还有名叫洪培荣的男子，原籍甘肃秦安，年龄 27 岁，住在兰州市道门街 27 号，在轰炸中死亡；而一个名叫司恭驾的男子，原籍德国，年龄 65 岁，住在兰州市畅家巷 12 号，也在轰炸中死亡。受伤的人员更多，例如：名叫崔玉林的男子，原籍宁夏，年龄 30 岁，住在兰州市中山街 5 号，在轰炸中受重伤；名叫王福魁的男子，原籍甘肃张掖，年龄 28 岁，住在中山街 10 号，在轰炸中受重伤；名叫李涌泉的男子，原籍山西，年龄 36 岁，住在部门街 7 号，在轰炸中受重伤。

1940 年 1 月 21 日造具的《兰州市敌机轰炸人民死伤调查表》清楚地记载了轰炸中死亡人员的社会身份和所操职业：保兴平，26 岁，原籍四川，乃是一个卖水工人，轰炸中在兰州市会馆巷 23 号被压死；易中兴，45 岁，原籍四川，也是一个卖水工人，在会馆巷 23 号被压死；老胡，60 岁，原籍甘肃皋兰，是一个街头说书人，在会馆巷 23 号被压死；马顺如，29 岁，原籍河南，是个出苦力的洋车夫，轰炸中在山字石 102 号被压死；高杨氏，37 岁，原籍甘肃皋兰，是一个厨子，家住火药局 6 号，在中山林被压死；甘应福，67 岁，原籍甘肃永登，是一个小商人，在马坊门 38 号被压死；李新民，18 岁，原籍陕西，是一个唱戏者，在县门街 72 号家中被压死；张田义，28 岁；原籍皋兰，是一个苦工，在侯府街 11 号家中被压死。

特别令人感到发指的是，一些年幼的生命，在还没有来得及享受生活快乐的时候，就过早地惨死在日军飞机的轰炸之下。朱女孩，年仅 4 岁，家住在兰州市义学巷 2 号，因避难所倒塌被压死；郭小女，4 岁，家住在上沟街 88 号，因避难所倒塌被压死；崔小孩，4 岁，家住上沟土窑，因避难所倒塌被压死。最是 1941 年 6 月 22 日日机轰炸兰州时，晋陕绥边区总司令邓宝珊将军的夫人崔锦琴携次女倩子、次子允文、三子允武在黄河北枣树沟躲避，不幸的是壕洞塌陷，四人均亡，墓在广武门外邓园之内。

档案是对日军暴行的无声抨击。民妇朱李氏于 1940 年元月 29 日具呈，报告其家人受炸遇难的情景。她全家共 8 口人，原住在兰州市官园前街 119 号，为防避日机轰炸，全家躲藏在下宫园小庙内，谁料 1939 年 11 月 30 日晨 7 时，日机向该庙连投炸弹两枚，当时就将其丈夫李广业炸死，她和长子李多材、媳妇李何氏及女儿玉兰、孙儿天福、玉凤、翠凤等均受重伤。因"无家可归，只得搬移西乡安宁堡庙暂宿"，时值严冬寒天，一家"非老即幼，养生送死，一筹莫展"，况当"年关末日，无法生活"，遂报告省政府，请对其艰苦情状予以体恤救济。

一位名叫庄廷贤的人，他家原住在兰州市道升巷 19 号，遭到日机轰炸，无处安身，1940 年 2 月 2 日他呈文说道："因敌机狂炸，贤住的房屋完全被炸，刻下无吃无住，夜住场院，欲[与]难民相同，又兼天寒，痛苦之情一言难禀，屡相告借，离乡背井，目无亲眷，现下有生命忧，日夜忧思，束手无策，只得呈明下情，恳请钧座大发仁慈，偿洋若干，以救蚁命。"

另一位名叫张瑞生的人，他家住在兰州市黄家园 78 号，其妻在日机轰炸的时候，"因病未能逃避，被震身死"，加之"家道贫寒"，故此，皖江旅甘同乡会致函兰州空袭紧急救济委员会"予以救济"。

在轰炸中，甘肃学院、兰州师范、兰州市立侯府街中心学校等多所学校受到损毁，兰州师范一度被逼迫迁至榆中，其校长室、教务处以至中山堂"化为灰烬"。①

如何妥善收容和救济伤病人员及离散难民，成为政府方面的当务之急。1941 年 5 月 23 日甘肃省政府主席谷正伦致电重庆振济委员会："敌机本月马、养两日袭兰，在城内及近郊投弹百余，城南一带损失甚重，乞拨款救济，"另一电文也写道："本月马、养、感等日敌机窜袭兰州，盲目投弹，平民死伤甚众，市区房屋被炸，亦多损失惨重，一般难民无家可归，风餐露宿，情实堪悯。谨电察核，恳速拨巨款，以便转发救济为祷。"重庆振济委员会于同年 6 月 9 日的复电中写道："马、养两日被炸伤亡人民，请参照《修正空袭紧急救济办法》第三条死亡每名发给恤金 60 元、重伤 40 元、轻伤 15 元之规定，饬就余存空袭救济准备金，先行发放。"6 月 23 日的代电云："查各县市空袭伤亡救济费，自本年 5 月份起一律由各省振济会拨发，月终汇报本会归还，前经通行在案。兹拨发该省空袭救济准备金叁万元，仍应专款存储，不得移作别用。凡遭受空袭灾害或被敌炮射击之死伤人民，该管县市政府或空袭紧急救济联合办事处，立即查明死亡重伤轻伤，照章垫款，先行发放，册报省振济会拨款归垫，一面填具死亡重轻伤人数简表，径报本会备查，如被炸后七日内不迅速办理竣事者，所有报销将来不予核转，除款另汇并分电外，特再明定限期，电仰切实遵照，并分饬所属一体遵照。"

收容救济的困难不难想见。西北医院第一院院长张查理在 1941 年 9 月 18 日到政府方面的公函中写道："本市除本院外，只有一二公教会所医院，且其床位，亦属无几，即本院医床，亦不过 60 张，经常即不敷用，上次空袭之时，曾竭力拼凑，一共收容伤者 5 人。嗣后不幸，再遇轰炸，深恐限于实际，无从拼凑，收容必致困难，且因本院无房檐与过道，可充临时安置病床之处，如遇无床之时，

① 李恭：《敌机袭兰纪略》。

不置病者于露天，无法收容；置病者于露天，则于心不安，为未雨绸缪计，务请贵处妥筹完善之策，以免临时竭蹶及市民之责难。"

……这一页页、一行行白纸黑字留下的原始档案，从我眼前掠过。掩卷沉思，日本鬼子曾经带来的创伤仍难抚平，军国主义阴魂未能散却。时光尽管飞逝了60余年，历史惨痛的一幕岂能忘记！

窗外，春雪轻轻飘拂，严冬过后的古城兰州愈显美丽。转瞬天日放晴，空中一派高楼巨厦的剪影。此时走上街头，和煦的阳光照射，清甜的风儿吹过，阵阵悠扬的鸽声也仿佛从心底划过——

（原载甘肃省档案馆编：《档案》2005年第2期，第21—23页）

4. 我看到的日机轰炸兰州情况

柴玉英

地处祖国大西北的甘肃，虽然在近代史上政治经济较为落后，但它有幅员辽阔的沃土，省会兰州又处于全国的心脏位置，为国际交通要道。特别是中苏交通的咽喉，当时苏联援华的物资，都通过黄河铁桥进入兰州，再运往抗日前线，地理位置十分重要。

"七·七"事变后，兰州作为祖国的大后方，在抗战中的战略地位非常重要，因此，国民党当局很关注兰州。加之兰州又是我军空军训练基地之一，这就引起了日本帝国主义对兰州的虎视眈眈，侵华日寇遂抓住一切机会，对兰州进行大规模的狂轰滥炸，持续有 5 年之久。

抗战爆发时，我还是一个刚开始上小学的女孩子。1937 年 11 月 5 日下午，我们正在学校（南府街小学，今金塔巷二校）操场里玩耍，突然听到天空飞机的声音，我们抬头观看共 7 架，一架在前，其余在后，还以为我们的飞机。但往东飞去不一会，我们便接着听见远处炸弹的爆炸声。后来才知道日机在东郊机场上空投下了炸弹，机场附近居民被炸死炸伤 3 人。这是日机第一次轰炸兰州。

因当时防空洞还未建立，12 月 4 日上午 12 时，又有 11 架日机飞到兰州上空。这时甘肃防空司令部的防空哨已设置就绪，当防空司令部接到情报后，立即发了空袭警报。中国空军的飞机也立即起飞迎击。敌机飞至东郊飞机场上空，慌忙投弹后逃跑。可是那时市民们还缺乏防空知识，对空袭警报不知是什么用意，也不知怎样逃避躲藏，听见天空飞机响起时，还站在街头东看西望，我们小学正好放学走在回家的路上，我见人们都站在街上观望飞机，便也站在街上好奇地观看。不一会，炸弹的爆炸声便此起彼伏，我看到人们都惊慌失措地在街上乱跑，我们也拼命地往各自家里跑去。过后听说又是在飞机场附近炸伤了人，死 2 人，伤 4 人。我从人们嘴里得知就是从那时起，中国空军揭开了兰州上空保卫战的序幕。从此以后，人们亦开始警惕，警报一响，即争先恐后往城外跑去躲避。以后每听见警报响，我们便在学校老师的带领下和同学们一起，往水磨沟、八里窑跑，在家就和父母家人一起往城外跑，到安全的地方去躲避。

12 月 6 日，日机 7 架分两批来轰炸兰州。这次轰炸便不同了，我市已有了驱逐机二十五中队，当时有 9 架飞机起飞迎战，在甘草店附近（榆中县境内）上空进行空战，把来兰的敌机围截逐赶、飞逃而去，使兰州没有遭到日机的轰炸。12 月 27 日，日机又有 9 架再袭兰州，在我驱逐机起飞迎击时，敌机 1 架被我空军击中，有说是冒烟后逃跑，我现在回想，那架贼机一定是坠毁了。

1938 年 1 月 21 日，日机 5 架来轰炸兰州，因我空军迎头痛击，慌忙逃跑。2 月 20 日，日机 21 架分两批来轰炸兰州，上午 11 时，第一批 9 架，从北方上空侵入我市上空，经东郊泥窝庄（今宁卧庄）向东郊飞机场投弹。第二批 12 架，由西北侵入我市上空，在北园、西稍门、白云观附近、省立医院（今兰医二院）、制造厂、木塔巷、贡侯街、后侯街等地投下炸弹。在这次空袭中，我空军十七队及时起飞，并与日机在兰州和中卫上空展开了激烈的空战，我市南北两山的高射炮也同时射击，使日机遭到毁灭性打击，共击落 9 架。2 月 23 日，不甘失败的日机 36 架飞临兰州，实施报复性轰炸，但因我空军十七队同日机激烈空战，日机怕被我空军包围，慌忙把炸弹投于郊外的河滩里和田野上。但此次仍被击落 6 架，剩余敌机仓皇逃跑。同年 9 月 15 日，日机 28 架轰炸银川后，企图空袭兰州，我空军以优势机组分批升空警戒，敌机未敢窜入。11 月 15 日，日机 3 架空袭兰州，竟未敢进入兰州上空。

1938 年，日本侵略者占领广州、武汉以后，由于日军伤亡甚多，作战分散，战线太长，兵力不足，特别是由共产党领导的八路军、新四军和其他人民抗日武装在敌后广泛开展了游击战争，使日本的后方受到严重威胁，迫使日军不得不停止大规模的正面战场上的战略进攻。同时日军也修改了它的作战策略，对蒋介石采取"逼降、诱降"的政策，日本空军的作战方针也进行了改变。1938 年 12 月重新制订了《航空作战协定》，日军决定以后以轰炸中国军事要地及中心城市为主，企图起到"威慑、挫败中国抗战意志"的作用。因而，日军加强了山西运城机场和绥远包头机场的空军实力，进而把兰州列为日军重点和长期空袭的城市之一。

1939 年，日机多次大肆轰炸兰州。2 月 5 日，日机一批轰炸机（驾数记不清）在兰州市区投弹后逃跑。我空军八大队 6 架轰炸机，乘日机返航之际，尾随敌机之后，当日机降落山西运城机场时，我空军突然发起进攻，投弹 60 余枚，炸毁敌机 40 余架，为我空军建立了奇功。几天以后，我空军又对运城机场进行轰炸。因我空军主动空袭敌人机场，有力地打击了日本空军的嚣张气焰。以后日军不敢在运城机场停留大批飞机，这样就大大削弱了日军轰炸兰州的力量。但日军贼心不死，紧接着在 2、3 月间，日机 208 架重点轰炸我甘肃不设防的地区。2

月9日，日机分两批轰炸了我平凉、固原地区。第一批31架，在平凉城关区投弹70余枚，炸毁民房数百间，死伤市民百余人，当晚日机又有9架夜袭固原，投弹20余枚，损失甚重。2月12日，日机54架分3批轰炸兰州、靖远。26架袭击兰州，我空军起飞迎击，投弹后逃跑，其余敌机轰炸靖远，投弹90余枚，炸毁房屋甚多，市民也有伤亡，在这两次激烈空战中，共击落日机15架。2月20日，日机30架分3批来空袭兰州，在市郊区及东郊投弹百余枚，炸毁房屋甚多。因我空军和苏联志愿驱逐一队共同起飞，与日机展开了激烈的空战。日机第一批9架，由北边进入我市上空，向东郊机场投弹时，遭到我空军迎击，敌机队形被冲散而逃；第二批12架，由西边侵入我市上空，向市区投弹时，遭到我高射炮的猛烈射击，日机1架重型轰炸机中弹起火，其余敌机陷入混乱，在向东逃窜时，又遭我空军的拦击；接着第三批9架，将要飞进我市上空时，又遭我驱逐机的迎截，日机仓皇逃跑。这次空战中，中苏空军共击落日机9架，其中1架远程轰炸机坠落于市东马家山，经现场勘测有敌尸7具，1名是日军空军大尉，事后将被击落离市区较近的敌机残骸及驾驶员肢体运到中山林陈列展出。我和弟弟也随父亲去观看，我还记得许多参观者都拍手叫好，父亲说再多打下一些小日本的飞机，才能解除我们心头的愤恨。

更凶残的是2月23日，日机38架分三批又袭击兰州、平凉等地区。第一、二批迂回兰州外围未敢进入市区，东逃轰炸平凉等地。第三批20架于上午12时许由东北方向侵入我市上空，我空军与之展开激烈的空战。日机投弹于市区和黄河沿一带，投弹最多的是市内中山市场（今兰园）、黄家园、中央广场、木塔巷、贡元巷、东大街、学院街（今武都路）、南关（今中山路）东城壕和黄河沿等地区。这次轰炸听大人们讲，大概投弹近万枚，给兰州人民造成巨大的损失。炸毁我市民房1000余间，死亡100余人，炸伤人数更多，特别是千年古建筑物大多被炸毁，其中最令人痛心的是佛教丛林——普照寺（俗称大佛寺），也叫"千佛阁"（俗名又称"藏经楼"），它建于唐代，经历代的扩建维修，寺址非常宽阔，院落层接、殿阁宏伟，钟亭经楼，高畅耸奇，还悬有金代泰和年间铸造的万斤大钟。明初敕赐和金装佛经、佛像、雕塑、彩绘艺术等，更是美妙动人和壮观。寺中藏有佛经6358卷（唐藏5048卷、明藏1310卷），还有明代建筑一座经塔（6层8面高3丈），皆被毁，实为可惜！兰州名僧众诚（俗呼蓝大师）为了守护普照寺藏经楼而殉难。在寺院的外廊处，是我省唯一的一座规模巨大的综合性市场——"中山市场"，其中百货汇集，商业繁华，各种药店、货摊挤得满满的，货架上面商品花色各异，琳琅满目。我小时候，经常陪着母亲去逛"中山市场"或拜佛求神。

有时被一些漂亮的衣物和其他商品所吸引，真是乐而忘归，流连忘返。当时来这里拜佛求神的和逛市场的人，成天熙熙攘攘，络绎不绝。有时我还和小学同学特意来这里逛市场，或听和尚念经，或看求神拜佛的场面，有时竟忘了回家。可这里的一切，都在这次大轰炸中炸坏烧光，化为灰烬瓦砾了，不但千年文物付之一炬，千间大厦也变成一堆废墟。只留下了大寺小门（今武都路的门）和5间东廊及一区小院，贵重文物只剩下金代泰和年间铸造的万斤大钟。我还清楚地记得，一个星期后，我和几个同学跑去看被炸后的普照寺和"中山市场"到底变成了什么样子，原来在很远的地方能看到的大殿楼阁不见了，再往前走没有路了，什么都没有了，眼前看到的只是一堆堆的焦土和残砖烂瓦，连行人都无法通行，当时的惨景真是目不忍睹。在市场那边什么商店、铺面、摊点等，一个都不见了，只见不少的人，在一堆堆的土堆里用铁锨、镢头等工具不停地翻、挖、刨，他们好像在寻找什么？还有些人用筛子从挖出来的泥土中筛出一个个烧焦的银元和铜钱。当时的参观者见此惨状，个个流泪，我和同学们还哭出了声音，在场的人无不痛骂小日本的凶狠残暴。这些惨景在我们幼小的心灵里留下了永远不能磨灭的伤痕。50多年过去了，每当我回忆起那炸后的惨景，仍记忆犹新。

同年3月7日，日机46架4批袭甘肃，因为空军起飞迎击，未敢进入兰州市，向宁夏、平凉、武威投弹泄忿后东窜逃跑。9月15日，日机28架企图空袭兰州，但因兰州警戒森严，敌机也未敢侵入我市，于是入侵宁夏银川等地，那次投弹40多枚，炸毁民房100多间，死伤平民30余人。9月20日，日机9架空袭兰州，主要轰炸了西关、北园、萃英门及城内炭市街、贡侯街、火药局、水北门等街道。共投弹30余枚，又炸毁大量民房。因这些地区离我家很近，傍晚我和大人们去看炸后的惨景时，我们在老远的地方就看见现场黑烟滚滚，尘土飞扬，很多人满面是血惊恐万状的四处逃窜，因许多房屋被炸，西关什字附近的各街道上一片混乱。9月30日，日机15架又企图袭击兰州，因我空军立即起飞警戒，敌机未敢进入我市上空，乱蹿一阵后飞去。11月27日夜间，日机77架（一说100多架）分6批分别从运城机场和包头机场起飞袭甘。晚上9时发了空袭警报，当时天寒地冻，马路崎岖不平，路面上到处石头土块，加之到处漆黑一片，躲日机轰炸的惊惶情景和混乱拥挤状况，我至今未忘。据说那天日机第一批共15架，起飞后中途折回，第二批62架从运城机场和包头机场起飞，进入兰州上空，是借用月光进行彻夜轰炸的。当时因夜雾甚低，照测困难，我空军未能起飞迎战，以致日机炸兰后又成数批轰炸靖远、秦安等地。这一次日机轰炸的重点目标是黄河铁桥（今"中山桥"），黄河铁桥附近投弹甚多。东大街（今张掖路东段）、东关（今庆阳路）、河北医院一带和山字石皖江会馆等处民房被毁六七百间。此次因居民躲避及时，死伤人数不多，据说只有五六个人。日机轰炸后，黄河铁桥安然无恙，但因日机炸弹落在黄河铁桥东西两侧五六十米处，河底的石块飞起，落卧铁桥上，结果砸破桥上栏杆一处。这次轰炸虽然死伤人数不多，但损失仍然很大，不但房屋倒塌很多，最可惜的是市中心的几座供人们求佛游览的寺院被炸。如嘉福寺（俗称"木塔寺"）建于唐初，院内的大木塔雄伟壮观，是兰州数得上的寺院古建筑（这个巷子也就定名为木塔巷），寺院里边有大殿佛堂，还有许多大小佛像，因这里是市中心所以来此处求神拜佛的人也不少。寺内还有宽敞的大院和很多的平房，甘肃国民政府后来在院落内设置了一些儿童玩物，秋千、木马、滑梯和单双杠等，供孩子旅游玩耍，因这里离我家很近，小时候我亦常去游玩。还有东关的东华观，建于宋朝，明朝大修两次，内有精巧的二十八宿法乾像等，清代又维修多次，颇壮观。山字石的凝熙观等也很不错。不管是东华观，还是凝熙观都是我们祖先遗留下来的名胜古迹和宝贵文物，保存了几千年却被日机一夜的轰炸毁于一旦。

以后，日机为了避开我空军的迎击和高射炮的扫射，他们对兰的轰炸接续改为夜袭。11月29日夜和30日拂晓，日机架数不明，分四批夜袭兰州，因为驱逐队与照测队联合作战，敌机仅在城郊盲目投下炸弹。12月21日，日机48架分二批袭击兰州，敌机为防我驱逐部队起飞迎击，采取欺骗战术相诱，第一批飞至静宁即折回。第二批侵入我市上空欲偷袭轰炸两个飞机场的飞机，因此在东、西（西固城）飞机场投弹甚多。因我空军没有上当，在第一批来空袭时，没有过早起飞去尾追，在第二批侵入我市上空时，即起飞迎战，使敌机被击落1架后逃跑。

同年12月底，名曰"百号作战行动"，日军集中320架飞机，连续三天疯狂地轰炸兰州。12月26日，日机102架分五批空袭，第一批只两架于上午8时许飞入市区侦察，没有投弹；第二批27架于上午9时许从永登县侵入市区上空，在东郊机场投弹后逃跑；第三批36架，于上午9时半，由平凉经榆中县侵入市区上空，在市内狂轰滥炸后又飞往东郊机场投弹后逃遁；第四批36架于上午10时从固原、景泰地区侵入我市上空，在市内投弹甚多而归；第五批21架于11时许直入市区上空投弹后逃窜。仅一个上午的时间，日机100多架，可以说是日机袭击兰州以来，出动飞机架次最多、轰炸最为频繁的一天，而被炸的地方也很多。因日机的轰炸目标是兰州中心地区和黄河铁桥，所以敌机集中投弹于贡侯街、后侯街、古楼南（今陇四路）道升巷、白塔山、黄河沿、桥门街、水北门、西关、举院（兰医二院）、北园、小西湖、西大街（张掖路）、西城巷、百子楼（今武都路西口）、炭市街、安定门外、上沟、下沟、傅家巷等地，约三四百枚，炸毁民房甚多，兰州金城瓦砾成堆，烟火弥漫，很多人满面淌血，全身受伤，缺胳膊少腿的处处皆是，尸体遍街。人们哭叫着、嘶喊着，惊恐万状地东跑西窜，全城一片混乱，数不清无家可归者。这一天的空袭中，因我空军和高射炮的迎击，击落日机3架，1架坠落在榆中县城。尽管如此，12月27日，日机又有106架分四批侵入我市上空，投弹甚多，并投了大量的燃烧弹，想一举将兰州夷为平地。除炸烧市区外，还向东郊机场投弹千余枚。空战中，我又击落敌机3架、击伤1架。12月28日，日军贼心不死，又有112架分6批入侵我市，日机为了避免我空军的迎击、围歼，采取化整为零、四面穿梭、反复轰炸的战术，这一天日机投炸弹、燃烧弹最多，空袭时间也最长。因日机改变战术，我空军无法集中目标，所以未获战果。

此次日机连续3天的大轰炸，共投弹2000枚以上，燃烧弹无数，市区内的街道小巷几乎都被轰炸，可以说没有不落炸弹或燃烧弹的街道马路，所以，全城一片火海，大火3天不灭，小火10天不熄。据不完全统计，烧毁房屋2万余间，炸后市内到处是断壁残垣，黑烟滚滚。在西关什字和黄河桥地段，每家院子里都丢了炸弹或燃烧弹。当时死伤市民260余人，居民无家可归者570多户、1835人，冻死、饿死街头和染病死亡者近400人。马路上到处是尸体和断肢少腿、满身血污的伤残人，他们在极其严寒的气温下在马路上坐立着、躺卧着、呻吟着、哭叫着！3天的轰炸给兰州市民造成的损失和对公私财产的破坏是无法统计和估计的，机关房屋炸毁烧坏，许多工作人员长时间无法正常工作，当时的甘肃《民国日报》社房屋和机件全部烧毁，工作也无法进行。

我家的果树园子地里（今兰州剧院地段）在这3天之内共投入8枚炸弹（一枚未爆炸）和燃烧弹，园内大火两天没熄灭，小火五天还在燃烧，几十棵小树全部烧光，三人围抱的14棵大树炸坏烧死，剩下的50多棵大柳树有些也被烧干。当时我们家除父亲留下看门外，我们姐弟四人和母亲随其他亲戚全部去南山陶家沟乡下躲避，但幸好我家房屋没有被炸坏烧着。日机有1架被我空军击落在西井岗家营，因离我们居住的地方不太远，所以我跟着大人也去看了日机坠毁后的情景。三天后警报解除，我们于29日回家后都惊呆了，跑到园子一看，见园子里火仍燃烧着，七亩多果园菜地全部被炸坏烧干。六七年后树上仍不结果子，地里不长庄稼、蔬菜，以农业为生的我们七口之家，生活不下去，就在那时卖了我的妹妹。

1940 年日军作战的地区仍然是整个中国。同年 2 月 9 日，日军华南方面军成立，日本将华北部分航空兵编入华南方面军，8 月 20 日至 12 月 5 日，我八路军在朱德、彭德怀同志的领导下，又发动了震惊中外的"百团大战"，给日军以沉重的打击，日军华北航空军也被华北抗日军牢牢地牵制着无法行动，所以这一年日军对兰州的轰炸无法进行，1940 年兰州没遭到日机的轰炸。

1941 年春，日军把过去在华北推行的"治安整肃运动"进一步扩散为更加凶残毒辣的"治安强化运动"，以所谓不扩大占领区，依靠空军力量控制中国，巩固占领区，从同年 5 月开始，日军对我国后方各大城市开始了大规模的轰炸。5 月 21 日，日机 27 架于上午 11 时许侵入兰州东郊上空，遭到我空军和地面防空部队打击后，敌机队形混乱，1 架飞机左翼中弹着火，坠落于焦家湾山根；又有 2 架尾部中弹后摇摇欲坠的向东逃去。其余日机仓惶向东逃窜，投弹 100 多枚于东郊机场，又扰固原、海原等地。据报载：坠落于焦家湾山根的 1 架为重型轰炸机，机身全部焚毁，仅剩钢架及碎片，敌尸 4 具，肌肤已烧成焦黑，其中一具手戴金戒指一枚，上刻"带队轰炸汉口纪念"八个字，由此证明这个日本鬼子是带队的指挥长，该机就是指挥机。5 月 22 日，日机 39 架，分三批空袭兰州，上午 9 时 55 分空袭警报发响，首批敌机 24 架于 11 时许侵入我市上空，投弹数十枚，炸毁民房 56 所，因我高射炮猛烈射击，其中 1 架尾部被击中冒烟逃跑，其余日机立即升空逃窜，在东郊机场附近投弹后逃跑；第二批 6 架，其中 1 架中途折回，另外 5 架在前批轰炸过后，仅 10 分钟左右又侵入我市上空，盘旋数周后飞去；第三批驱逐机 8 架，侦察机 1 架，于上午 12 时许窜入我市上空，在东郊机场进行扫射，敌机返航时，与我空军展开激烈空战，被我空军击落 1 架，击伤 1 架。5 月 24 日，日机出动 46 架，27 日又出动 39 架，对兰州等地区投弹轰炸，炸毁民房甚多，后因我空军迎击而逃。6 月 12 日、18 日、21 日、22 日、23 日、24 日、27 日日机 151 架，先后对我省一些地区进行侦察轰炸。仅 6 月 18 日，日机 59 架，分四批空袭兰州，在东郊机场及附近地区投弹甚多。6 月 22 日，日机 50 架分二批轰炸兰州、天水、武威等地，在袭击兰州时，因我空军起飞迎战后逃跑。6 月 23 日，日机 30 架分三批来兰州、定西、天水、陕西三原等地和青海西宁等地的机场进行空袭。其中 9 架快飞进兰州上空时，我空军六队、二十五队立即起飞迎击，在定西、天水上空展开激烈的空战，击落日机 1 架。6 月 24 日，日机侦察机 1 架又来我省侦察，怕我机迎击，在固原等地侦察后逃窜。6 月 27 日，日机 9 架来空袭兰州，因我空军迎击展开激烈空战，在榆中县上空击落敌机 2 架后逃跑。同年 8 月 5 日，日机 36 架分四批对我省陇西、天水、平凉地区及陕西武功等地进行空袭。18 架炸陇西，10 架炸天水，1 架炸平凉，其余 7 架轰炸武功等地，这次被轰炸的各地区人民的生命财产均遭到一定的损失。8 月 17 日上午 11 时至 12 时半，日机 35 架以上空袭兰州，第一批 1 架在兰州上空侦察后逃走；第二批数架进我市上空后，怕我空军和高射炮的迎击，在兰州上空盘旋片刻后未投弹逃窜而去；第三批 34 架在东郊机场投弹多枚而逃。仅同年 8 月 22 日 55 架，24 日 39 架，25 日 36 架，26 日 26 架，27 日 87 架，31 日 78 架，日机共 321 架对兰州、天水、临夏、临洮、陇西、武威、平凉、武都、灵台等地进行轰炸。

8 月 22 日这天，日机 55 架分 5 批空袭我省兰州、武威、天水等地。当警报响后平民向南北郊区逃跑躲避，因我的母亲生了妹妹只有五天，无法向郊区逃避，我惊惶万状搀扶着母亲，抱着小妹妹往我家园子边的城墙根挖的防空洞里躲藏，等母亲坐下后，将我怀里抱的小孩接过去一看，发现我抱的不是小孩是枕头，吓的我又折回去抱小妹妹时，正听到日机在市区投弹爆炸声和用机枪扫射地面的枪声，但总算安然地把妹妹抱回防空洞。当日空袭兰州的日机遭我高射炮射击，击毁敌机 2 架，1 架坠于市东段家滩，机身号码为 394 号，在机中发现有敌航空员一具尸体、一挺机枪、两把降落伞及地图和其他文件材料。这一天邓宝珊将军的夫人崔锦琴和她的两个儿子一个女儿在黄河北盐场堡山谷内挖的防空洞躲避，因防空洞倒塌遇难。这一天日机 10 架空袭天水，损失甚大，另有 27 架空袭武威，投弹很多，炸毁民房 100 多间，死伤居民 100 多人。

8 月 27 日，日机 87 架分三批又来轰炸兰州，除 27 架轰炸灵台外，其余全部轰炸兰州、临洮、武威、武都等地。当天下午 1 时许至 2 时许，日机轰炸机 10 架和 4 架在数架战斗机的掩护下，集中轰炸兰州市区，当时西关、举院、桥门街、贡侯街、后侯街、东关、畅家巷、中山林等地投弹甚多。住在后侯街的李化方先生（今兰大经济系教授李震寰的父亲）家被投弹炸毁，当警报解除后，他们急速跑回家，一看家被炸掉了，6 口人当即无家可归。同时受害最严重的是甘肃学院、公教医院等，共炸毁民房 400 多间，伤亡市民学生 180 多人。这一次因空军起飞迎击，击落敌机 2 架，其中 1 架坠落于西固区，另一架坠落于临洮境内。这天日机空袭我省的规模还是比较大的一次，也可以说是日本鬼子轰炸甘肃的最后一次。

"太平洋战争"爆发后，因日军把一部分兵力投入太平洋地区，在华兵力减少，还撤走了部分飞机，日军在华空军主要进入防御，所以大规模的空战停止，因此日机轰炸兰州的罪恶行径也就从此结束。只有 1942 年七、八、九三个月，日机近 30 余架分 7 次入侵我省领空，在兰州、天水、静宁、泾川、清水、平凉、成县、陇西等地进行侦察骚扰，1943 年 10 月 4 口，日机 1 架又窜入我省领空侦察，在平凉、泾川等地进行侦察骚扰，此后日机再没有来我省领空侵犯。

据有关资料统计：自 1937 年 11 月 5 日至 1943 年 10 月 4 日，日机共出动 1441 架飞机（侦察机除外），先后有 40 多次对我西北地区进行空袭，对我省兰州地区的轰炸达 30 次以上，出动飞机 1157 架。1944 年国民政府公布（不完全统计）长达 5 年的时间内，甘肃遭日机轰炸死亡人数 663 人，受伤 680 人，共计伤亡达 1343 人，损失公私财产达 64.87 亿元（按当时货币价计算）。在保卫甘肃的空战中，中苏两国空军和地面高射炮在甘肃上空共击落日机 47 架，击伤数架。许多中国和苏联的飞行员，他们血洒长空，英勇牺牲。苏联志愿航空队的 7 名飞行员是斯切帕诺夫、稚士、古力芝、郭尔捷耶夫、波拉巴诺夫、马特、伊萨耶夫等他们为了支援中国的抗日战争，为了共同反对世界法西斯战争，他们远离家乡和亲人，来中国履行国际主义义务，献出了他们宝贵的生命，长眠在中国甘肃的黄土高坡上。由于中国空军在苏联援华空军的帮助下和地面高射炮部队、照测部队、警备部队等组织的有力配合下，对日本空军给予了有力的打击，减少了公私财产的损失和人民群众伤亡，为保卫兰州做出了自己的努力。

日机虽长期对兰州狂轰滥炸，企图炸毁黄河第一桥——黄河铁桥，切断大西北通往亚欧的交通，阻止苏联援华物资的运进，而结果日本鬼子的轰炸机向黄河铁桥附近投了数不清的炸弹，但铁桥安然无恙，还是屹立在黄河之上，援华物资照样运进兰州，支援着全国的抗日战争。

（原载甘肃省政协文史资料研究委员会编：《甘肃文史资料选辑》第四十五辑，甘肃人民出版社 1996 年版，第 148—159 页）

5. "跑警报"兰州人提心吊胆
—— 退休老职工姚学勤见证日机多次轰炸兰州

陈 霞 廖 明

"今年我已经 83 岁了，是日军兰州大轰炸的见证人。"记者日前采访日本飞机兰州大轰炸时的见证者——甘肃日报社退休职工姚学勤老人时，这是老人的开场白。

男女老少"跑警报"

"自 1937 年以来，日军多次狂轰滥炸兰州。尤其是第一次轰炸，官方和老百姓都不知道，当时只见到从西面天空三架一组的飞机，三四组飞过兰州城区后，就听到爆炸声，才知道是日本飞机在炸飞机场。经过这次轰炸，老百姓才知道日军的飞机从山西运城起飞，向西飞，轰炸兰州、平凉等地。"

姚学勤老人讲述了让他毕生难忘的惨痛回忆："1937 年，日军的飞机开始轰炸兰州及周边地区时，我住在五泉山附近，当时我 15 岁，对日军飞机轰炸兰州的状况至今还记忆犹新。1939 年夏天的一个傍晚，我们一家人正准备吃饭，警报拉响后，父亲带着我们赶紧往五泉山上跑，一出门，就看到很多'跑警报'的人，背着老的，拉着小的，小道里全是人。哭声喊声连成一片。当我们跑到五泉山上时，就看到有将近 10 架飞机在上空盘旋，过了大约半个多小时飞机就向靖远方向飞去了。"

"后来由于日军飞机频繁地轰炸，当时市内的居民几乎家家都备有急用的水和干粮以及炒面等食物。一听到警报的声音，我母亲立即熄火灶膛里的火，拉着我们兄妹往外跑。当时人们除了听'锅炉汽笛'的报警声，关于飞机要来轰炸的消息，大家都看山顶上 3 面大旗，红旗表示警报解除，白旗是预警，黄旗是紧急警报，人们要立即就地躲起来。而到晚上，五泉山山顶上的'大旗子'则换成了一米多高的'大灯笼'，人们仍然根据'红、白、黄'灯笼，来判断敌情。"

死尸多过围观者

"轰炸小沟头玻璃厂是在 1938 年夏天，当天晚上城里就发了警报，但晚上日军飞机没有来，到了第二天早上，有 9 架飞机从西面飞过来，从西关什字丢炸弹一直丢到小沟头。过了一个小时左右，我听说炸弹丢到城里了，小沟头的玻璃厂被炸了。解除警报后，我和几个小孩子跑去看，当时城里民房很少，到处都是庄稼地。我沿途看到街两边大火熊熊，电线杆横七竖八，到处是'跑警报'的人丢下的鞋子、衣服。到了玻璃厂，看到国民党的防护团已经将玻璃厂包围了起来，玻璃厂的厂房被炸得一塌糊涂，地下室里躲轰炸的人也被炸死了，救援的人一具一具向外抬死尸……抬出来的尸首比围观的人还多。"

姚学勤老人在讲述中，用得最多的词便是"跑警报"——只要一听到警报声，人们就到处惊恐地乱跑，"有人住五泉山上跑，有些挤进防空洞里……"姚学勤老先生说，跑只是人们惊恐状态下的一种挣扎。由于日本飞机的频繁轰炸，人们不能正常生活，每日都提心吊胆、战战兢兢，许多在乡下有亲戚的城里人都去投奔亲戚了，当时他有个舅父在榆中和平官滩沟，为了躲避日军的轰炸，他们一家十几口人全去了舅父家，待了 3 个多月才回来。

现在每每想起这些，姚学勤老人就有无限的愤慨和憎恨，他说："日本战败 60 年了，日本右翼势力还没有认识到日本军国主义的罪行，没有内疚和歉意，不承认南京大屠杀、细菌战等等所犯的罪行，这当然是中国人民不能接受的。"

（原载《兰州晨报》2005 年 8 月 8 日第 15 版）

6. 日军飞机轰炸平凉的暴行

郭继泰

1938 年日军占领山西运城后，我国军队凭借黄河天险，严加防范，使其西进受阻，日军便在运城建立空军基地，妄图从空中对我西北大后方的经济生产和抗日救亡运动进行破坏和干扰。

平凉为陇东政治、经济、文化中心，又是西兰公路上的交通枢纽。这里距抗日前线远在千里之外，社会秩序平静，毫无战事准备，但也成了日本侵略者袭击的目标之一。

1939 年 2 月（农历腊月二十一日），正是年关将近，群众纷纷进城置办年货之际。东关北沙石滩一带，是粮食、牲畜、山货的集贸市场，人口比较密集。当日人群熙熙攘攘，一片节前的繁忙景象。

上午 9 时许，突然空袭警报四起，满城响起了"当！当"的钟声。只见军警宪兵慌忙出动，全城进入戒严状态。老百姓未经防空训练，一时猝不及防，呼儿唤女，东奔西窜。有的人驻脚临街观望，不知大祸将会从天而降。

约一个钟头之后，东北天际隐约传来飞机的嗡嗡声，渐至平凉上空，机声越来越大，漫天响成了一片。很多人犹在抬头仰望，有的还数着数："18 架、19 架……21 架。"突然，一颗颗炸弹拉着哨音从高空抛了下来。顿时，东门口和北沙石滩一带，爆炸声震天动地，浓烟滚滚，扬尘四起，满街一片嚎哭惨叫之声，一座平静的城市霎时成了人间地狱。轰炸刚一过后，群众惊魂未定，有的还在奔逃躲避，敌机又返回来，低空俯冲，轮番扫射，可怜我无数同胞百姓，在日本侵略者的暴行下，遭此惨绝人寰的屠杀。一霎时，血肉横飞，尸横遍地。血泊里，哭爹叫娘，浓烟中，火光冲天，其惨状令人目不忍睹，至今记忆犹新。

日机轰炸、扫射后，又在平凉城上空盘旋了约半小时才逍遥东去。

这次日机轰炸，给平凉人民造成了空前未有的灾难。据不完全统计，平凉百姓死伤约 500 人以上，房屋、牲畜及各种财物被毁者不计其数。伤亡最严重的要数粮食集和牲口市一带。这两处地方，挨得很近，又是集市贸易最集中的地带。当日正值年关将近之际，农民进城粜粮、买卖牲口，集市上人如蜂拥。当警报突起时，由于出口狭小，一时人挤马惊，根本无法疏散躲避。加之众多粜粮的群众，守着自己一年的收成，如何搬得开挪得动。万恶的日本侵略者，简直丧尽了天良，他们竟然以杀人为乐，对着人群最密集的地方，投弹、扫射达一小时之久。轰炸过后好长时间，这里惨叫之声仍不绝于耳。人们前去看时，那么大的粮食集、满地弹坑累累，尸横遍地，血和粮食还有口袋碎片撒得满地都是。有的人肠肚被炸出身外，有的人缺胳膊断腿，到处血肉狼藉，实在惨不忍睹。牲口市上，简直成了一片屠场，牛驴骡马被炸死、射杀的不计其数，有的还在挣扎着蹬蹄咽气，有的半个身子被炸掉了头还吊在拴马桩上。一些残存的羊群，披着满身血污，战战索索地挤在一起。面对当时的情景，谁能不为之咬牙切齿！

东关外的火柴厂（即现的二中所在地）是平凉最早的民建工厂之一，刚刚建成投产，即遭日机轰炸。一颗炸弹正投在当院，被炸了半亩地大的一个坑，厂房崩塌，设备和原料被毁殆尽，厂主也因破产而亡。

和阳门（即原东城门）是一古建筑，也被日军视为轰炸目标，但未炸准，却将炸弹投到瓮城的一家制帽店里。此店是平凉最先制礼帽的店铺，被日军一颗炸弹夷为平地，家毁人亡，遗恨千古。

柳树巷有很多骆驼店，内蒙、宁夏等地常有驼队停歇于此。当日各店驼队云集，残暴的日本空中强盗，竟然以此为目标，进行轮番扫射，射杀骆驼数十，驼血直淌出店外。

城南有位名医，叫常恒原，早晨出门为诊病，闻警报后匆匆回家，刚进家门，院内投下一颗炸弹，老人腰部被弹片击穿，当即身亡。院内的麦草堆，被炸得漫天飞扬，家人哭喊至夜，才从麦草中发现尸体。

城内北后街居民谢佐唐，闻敌机声响，忙携12岁的次子由屋内奔出躲避，刚到大门洞，大儿子由外面奔回，一颗炸弹落下，三人同时遇难，脑浆、头发涂于山墙，家中只剩下临盆的弱妻幼儿，前往吊慰者无不哀叹。

在日机轰炸后的粮食集，有一年逾花甲的老人，一条腿已被炸得血肉模糊，怀里还抱着一个十二三岁的男孩。孩子浑身是血，脸色苍白，腹部已被敌机扫射击穿，僵硬的手里还攥着半块黑面馍，见状谁不为之落泪。日军暴行，罄竹难书，此仇此恨，我们永远不能忘记。

（原载甘肃省政协文史资料研究委员会编：《甘肃文史资料选辑》第四十一辑，甘肃人民出版社1996年版，第114—116页）

7. 日军飞机轰炸泾川县阳保乡

李雪莲　朱德良

　　抗日战争时期，在泾川县曾发生过一起飞机轰炸阳保乡（今汭丰乡）事件，至今众说不一。最近，我们实地采访了当年被害者的亲属和现场目击者——76岁的乔治堂夫妇、74岁的白世明、申连云等老人，并通过翻阅泾川县档案馆藏《民国卷》及其它资料，对这起事件的始末有了进一步的了解。

　　1939年3月15日，日军为了轰炸兰州，从山西运城机场出动5架轰炸机，经泾川县阳保乡上空，其中的一架敌机先在百烟村掷下1枚炸弹，炸死炸伤7人，继在川梁村掷下3枚炸弹，炸死1人，引燃了薛存德家一个麦草垛，后在枣林子村掷下3枚炸弹。3个村庄被炸，百烟村尤烈。当天上午，农民刚从地里种豌豆返家，有的正在吃饭，有的还在安顿农活。突然，天空传来了飞机的轰鸣声，几个好奇的村民惊叫着"快看飞机"，远近村民都纷纷出门仰望，只见天空从东南方向飞来几架"一"字形的机群，低空掠过，就连机翼上的文字都看得一清二楚。忽然，一架飞机猛向下俯冲，掷下一枚炸弹（档案记载重30磅），落在乔永保家的院墙外。当时他家里几个人只顾向天上看，脑子还未反应过来，就倒在了血泊中。邻居们只听炸声如雷，硝烟弥漫，土雾升腾，哭叫声四起，跑过去一看，乔永保的儿媳、次子和两个女儿以及隔壁其弟乔永玺之妻等5人已被炸死，炸伤2人，损失两家财产约400元，川梁村炸死的村民叫薛存德。

　　（摘自中共平凉市委党史研究室：《抗损调查材料》，2005年10月）

8. 日机轰炸靖远亲历记

张尚瀛

1937年7月7日卢沟桥事变发生以后，甘肃省虽远处大后方，但并非世外桃源，同时由于苏联的援助，甘肃是这条国际运输线的枢纽，就形成了日军空袭破坏的重点目标。抗战初期，甘肃防空力量薄弱，等于捆着的孩子挨打。直至1938年国民政府航空委员会指示，将抗战初建立的甘肃省会防空司令部改为甘肃全省防空司令部，才开始健全机构，配备人员，购买设备，部署各项防空设施。为了开展全省防空工作，原甘肃省会防空司令部于1937年9月由各县保送，和在兰州公告招生，举办了为期一月的甘肃省防空人员训练班，参加受训的学员数十人，一部分还是热血沸腾的青年学生。训练班的课程有"防空常识"、"空袭情报的汇报"、"情报密码如何使用"、"防空队哨的组织与任务"等。由省会防空司令部的负责人员上课，毕业时发给了证书。把这一批人分发到定西、静宁、张掖、民勤、海原、静远、会宁等地，成立了防空监视哨队14个，防空监视哨所30多个。这些队哨成立后，都是利用原甘肃电讯局的有线电路和军用线路发给西门子电话机一台，作为通信联系的唯一工具。由于日本飞机多从山西省运城起飞，沿西兰公路，绕过六盘山制高点，经固原、西吉、海原、靖远依黄河直飞兰州空袭，故又架设了西海固防空专线两条，设置防空无线电台30余台。在靖远县专门成立了甘肃防空第十四队，队长由吴玉山（靖远大庙乡人）担任，后由谢保福（三滩人）继任，情报员张虎臣（大庙乡人）。我个人由于在兰州师范上学因病在家养病，基于抗战需要，也报名在防空第十四队当了一名准尉文书。

这个队下设乌兰山哨所，先由许维桢任哨长，后由张学儒继任；打拉池哨所由韦克昌任哨长；乾盐池哨所由陶顺任哨长；狼山台哨所由马克祖（回民）任哨长；西番窑哨所由安乐仁（满族）任哨长。这个队后来增设电台一座，抗战胜利以后拨归靖远县政府使用。队部和各哨所各有西门子电话机一台、望远镜一架，每日清晨定例互相联系后向甘肃省防空司令部汇报敌情。电话机旁成天有人守候，哨兵在室外监视天空，倾听有无敌机动向。发现敌情后立即以电话向上级汇报，哪一段发生漏洞追查哪一段的责任。原来晚上可以睡觉，后来，日机经常夜间空袭，使防空哨队的人夜以继日处在戒备状态之中。这些人待遇低微，一年到头没有休假。如打拉池、乾盐池、狼山台这些哨所，设在四野无人的荒僻山村，吃饭、用水、取暖都成问题，生活极为困苦。在敌机空袭时，即使投弹扫射，也得守在电话机旁汇报情况，如电线被炸断，还得冒着生命危险去抢修。

靖远县是离兰州很近的小县，解放前仅十多万人口。但其地理环境酷似兰州，如兰州市东面是飞机场，靖远县的飞机场也设在城东七里的沙河沿；兰州市西为雷坛河、四墩坪，靖远县城西则有祖厉河、河靖坪；兰州市南有五泉山寺庙罗列，靖远县城南便是"乌兰耸翠"的风景区，兰州市北滨黄河，靖远县也是北依黄河；兰州市东北有雁滩，靖远县东北便是武家滩，兰州市城北省政府城墙边有水车二辆，靖远县城北也有新城水车一辆，郭家大车水车一辆；兰州市整个市区为东西狭长，靖远县城也是东西狭长，并有东西两关；兰州城中有鼓楼，东西城门各有城楼和"万里金汤"的南城门楼，靖远除无南门外，其他全同兰州。这些地理上的雷同，飞机在高空很难分清。再加靖远、兰州相距不过二百多华里，日军只是地图知识，这就更难以分辨了。所以日本飞机轰炸时，靖远是首当其冲的。使靖远县这个不设防小城市，屡遭轰炸之劫，损失惨重。这是日本帝国主义者欠下靖远人民的一笔血债。在靖远人的记忆中，惨象犹新，有必要把每次轰炸的详情，留下翔实的记录，以作后事之师。

1938 年我在《靖远日报》社作新闻记者，是年 11 月 15 日凌晨 5 时许，日军飞机 7 架首次轰炸兰州时，经过靖远县东二十华里的东湾镇时，人们都在酣睡之中，因为从没经过飞机轰炸的劫难，虽听到隆隆之声，以为是汽车过村，不以为然；有认为是轻微地震，惊起穿衣，忽然"轰隆轰隆"几声巨响，顷刻之间房屋震颤，好似天翻地覆一般，全村鸡飞犬叫、人呼、畜嘶乱成一片，有的人跑出村来喊叫"地震了！地震了!"全镇陷入混乱之中，谁也摸不清究竟发生了什么事情。待东方发亮之后，才知是日本飞机投弹所致。原来是街道西头有两名过路的脚户（驮运者），由于天冷在碑亭前生起篝火取暖，日机循火光一连投下七枚小型炸弹，小镇的四十多间铺房，全被炸塌。一家杨姓的三岁小孩被炸死，还有一名叫魏连改的农民也因逃避不及，被塌下的屋梁压断了腿，经抢救后幸留一命。我得到消息后，立即和报社会计苏耀洲骑自行车前往采访。只见东湾镇的西半截街南北两边的铺房被炸塌，街前街后共有七个一丈见方的弹坑，一百多名无家可归的农民们脸上灰尘一层，正在挖掘塌房下的椽梁和什物。小孩子在哭叫，老人们在黯微的阳光下，蜷曲在残墙断壁之下抽泣。还有好几棵老树连根拔起抛在地面上，其状之惨，使人目不卒睹。经我采询，大家虽遭受了轰炸，还不知炸弹是谁掷的。农民们只知道日本鬼子侵略我国，占了我们不少的国土，但离我们靖远还远着呢，怎会把炸弹投到我们这里来呢？可是眼前的炸弹残片上就有"昭和十三年制"的字样，铁和血的证据摆在眼前，人们才如梦初醒，深恨日本帝国主义者的凶惨。仇恨代替了过去轻敌麻痹的太平思想。我当时曾拍下遭日机轰炸后的东湾镇照片多幅，有一张是躺在血泊中小女孩的惨状。第二天《靖远日报》上以"日本鬼子欠下靖远人民的一笔血债"向社会报道了被炸实况。事后据靖远县政府调查，这次被炸损失约二万元国币之多。

那天日本飞机炸过东湾镇后，即直飞兰州轰炸。但省、市文史所载日机轰炸兰州各文均无 1938 年 11 月日机轰炸兰州之记载。只有 1937 年 11 月 5 日日机 7 架首次空袭兰州，在东郊机场、靖远东湾、宁夏城南北大街等处投掷炸弹的记载。据笔者所记和详细考察其年限应为 1938 年确切无疑，而并非 1937 年，故存疑核对是有必要的，以免年久讹误下去。

1939 年 2 月 12 日正是农历春节的前夕，靖远县城的老百姓都依着旧习俗打扫房舍，准备迎接新年。这天下午我正在县城南关简易乡村师范学校和同学高志仁、张茂谈天，忽然听到有隆隆机声由远而近。我们三人站在大成殿的台阶上，向北看去，见有九架敌机，每三架摆成一个三角队形，向南低飞而来，愈飞愈低，机翼上的大红膏药清晰可见。因为靖远县城从未遭受过敌机空袭，故无警报发出，不少的老百姓，还站在屋顶上数飞机的架数，毫无防空常识。我们看见飞机马上就要临头，便向校门外的荒滩跑去，跑至一小巷时，高志仁又转头向北而跑。我和张茂拼命向前爬倒在一个低凹的烂砖坑中，就听得"轰隆"两声，眼前尘土四起，砖石飞扬，使人双目难睁。同时"嗖！嗖！……"的机枪扫射，火星在我俩的周围乱溅。顿时尘土和火药气味扑面而来。待飞机声消失后，我俩沿原路去找高志仁的下落。当走到当时的萧家烟坊门前时，惊见高志仁被炸死在烟坊的东南角，血肉模糊，惨不忍睹。另外在附近地母庙内也炸死一个叫杨永兴的。我们回到学校后、看到校园前后到处是大大小小的弹坑，教师宿舍六间被炸塌，附近数十间民房也被炸倒。此外，还炸伤几个因不懂防空常识而观望的老百姓。事后统计此次投弹 44 枚，炸毁损坏房屋数十间。这批飞机炸过靖远之后，又轰炸了兰州。

1939 年 11 月 27 日下午 7 时多，靖远县发了预备警报。由于上次血的教训，全城人民扶老携幼，到城外躲避，时已严冬，冻得人们直打哆嗦。先后六批敌机沿黄河飞往兰州，都未在靖远投弹。至次晨六时多始解除了警报，但这次夜里轰炸兰州，损失甚重。

1939 年 12 月 26 日夜，敌机 102 架分五批轰炸兰州。我当时在国民党靖远县党部工作，地处西关闹市处老君庙中。防空警报发出后，我跑出大门，见街上群众拥挤不堪。我当时还兼防护团的总干事，便向群众指导方向和维持秩序，终是孤掌难鸣，束手无策。便与书记长门映瑞、工友雷应时三人跑向西南门外，在杂坟滩防空洞钻了进去。防空洞又低又矮，身子还未蹲稳，防空洞附近炸弹已下，此刻，洞内黄土唰唰飞落，洞壁晃动不止，好像要顷刻合拢起来，所幸为时暂短，飞机走远之后，险情立即消逝。我们赶紧爬出洞来，好似从墓中出来的一样，全身黄土只留双目转动，真是虎口余生。在这一夜的连续轰炸中，城南山、城内箭道广场、黄河两岸共投弹一百多枚，民房 61 间被炸毁，损失财产达六万余元。这次夜间轰炸，完全是把靖远误认为兰州所致。城南山附近投弹最多的原因，便是把这里误认为兰州五泉山第八战区司令部所在地而形成的。

接着 27 日又发警报，全城人四出躲避，靖远县城成了一座空城。这天日机分四批向兰州飞去，在靖远并未投弹。可是防空警报一天一夜也没有解除，躲避的人连一口水也喝不到，因是严冬，天气寒冷，啼饥号寒之声盈野，其状极惨。至二十八日警报仍未解除，到 11 时左右，日机 106 架，陆续沿黄河低飞，如临无人之境。其中一架忽然沿黄河而下，再转向西，飞得和城墙一样高，斜着机翼在城内投弹 2 枚。至下午二时许，警报解除，人们才赶回县城。这次轰炸使西门内沿街的商号铺房受损不小。使繁华的西大街遍地残砖破瓦。我家的三间铺面也被炸毁，连我手植的一株红枣树，也被炸得肢体分离，一只看门的小狗，被震聋了双耳，呆痴的蜷卧在残砖堆旁，有似失魂丧魄。后来这只狗凡听到爆竹之声，便吓得四处乱窜，尿点直淌，惊恐万状。真是人兽遭殃、令人发指。从此我们一家人无处安身，只得搬去离城十五里的河包口村投亲避难。次年农历三月曾由县政府给遭受了轰炸的受灾户发过些救济款，但杯水车薪，无济于事。所幸这一次轰炸时，全县城人躲避及时，故未伤亡一人。

诗人贾维汉先生（字仙洲）关于这次日机轰炸靖远曾有"望海潮"《己卯冬敌机误袭靖远，故新词以告国人》词一首："乌兰屏掩，黄河环抱，只空燕子空飞。银寨要衢，金城重镇，动关西北安危。多少好男儿，建高牙大纛，巩固边陲。沐雨栉风，开疆拓土奠邦畿。令人处处低回，有潘王府址，赵宋门楣。功勒贞珉，名标史册，至今桑梓光辉。莫教战云迷。愿同胞急起，共戮鲸鲵，休让跳梁丑，蛙步越雷池。"

自 1938 年冬季开始止于 1939 年 12 月 1 日，日本飞机先后多次经过靖远再去轰炸兰州，其中靖远被空袭 5 次。后来日机改线由平凉直接飞兰州轰炸，靖远始免受劫。

在日本飞机轰炸兰州时，曾被我英勇空中健儿高射炮火击落过好多架。我们曾亲眼看到被击落的日军身上都佩带有"护身符"和自己妻子、家属的照片，谁知却在遥远的中国西北作了异乡之鬼。真如当时某报报导兰州我空军胜利的一则新闻标题说："可怜击落日本鬼，都是春闺梦里人。"当 1941 年 5 月 22 日日本飞机二十二架空袭兰州时，有两架当时被击落，其中一架燃着熊熊火焰的日机，飞到靖远北湾黄河畔坺湾时，焚毁坠落，仅剩残骸，机中的飞行员全成了灰烬，靖远人民亲眼看到了日本侵略者的可耻下场。

八年抗战中，甘肃省虽未直接遭受战火的浩劫，可是在日本飞机轰炸中所付的代价和激起的同仇敌忾之情，并不低于浴血抗战的前方诸省，这些损失本应由无条件投降的日本来赔偿。国民党政府也曾登记统计过甘肃省各县被日本飞机轰炸的损失情况。靖远也填过索赔表，后来并未实现。今天中、日早已建立了邦交关联，但愿中日两国的人民世世代代友好下去。

（原载兰州市政协文史资料委员会编：《兰州文史资料选辑》第八辑，1988 年 12 月内部印行，第 41—52 页）

9. 日本飞机轰炸陇西

张世舜

1941 年，抗日战争进入到艰苦阶段。当时，传说日本飞机要去兰州轰炸苏联空军基地，陇西防空警报相应增多。一有空袭情况，就在威远楼上挂起一面白旗，敲几十响铜钟，这算是"预备警报"。钟声一响，人们出城去大碑院、十方山、南山寺一带"躲一躲"。实际上因为经常是一场"虚惊"，很多人也就不当一回事了。虽然街道上有警察局和自卫队的人执勤，只许出城，不许进城，更不许在街上闲转，但大家思想上一点也没有恐慌感。去城外疏散的人，也是在草地上躺躺，孩子们照常跑跑跳跳，尽情玩耍，大人们在聊天说家常。

8 月 5 日这天，天气晴朗，一清早威远楼上就发出了预备警报。上午 8 时半左右，忽然听见急促的钟声"当当当"地急敲起来，这是"紧急警报"。不多一会，就听见嗡嗡的飞机声自远而近。"还真的来飞机了！"人们有些诧异。因为以前总是只响警报不来飞机；间或有一两架飞机来，也是侦察侦察，是"路过"的。这次却不同：3 架组成小"品"字形，9 架编了个大"品"字队形，是正式编队飞行。敌机沿着渭河从东向西飞过，过了一会儿，"解除警报"的钟声慢腾腾地响了，人们松了一口气，准备回家各干各的营生。忽然，飞机声又传来了，"紧急警报"的钟声也急促地响起来，人们还没来得及疏散开，只见刚过去的 9 架飞机又从十方山那边飞了回来，敌机改变了队形，呈一字形排开，开始俯冲投弹，有人还听到有一声嗯哨，顿时烟尘四起，硝烟弥漫，哭声喊声，混成一片。我急忙从前院跑到后院，一把抱住燕人哥的腰，身上直打哆嗦，嗓子眼里一股呛人的火药味，又苦又涩，还有点辣。10 多分钟过去后，听不见飞机声，才定下心来。

这是抗日战争中，处在大后方的小县城陇西的一场浩劫，也是日本军国主义分子发动侵略战争，屠杀中国人民的又一历史罪证。

劫后情景惨不忍睹，据不完全统计，日机共投炸弹 50 余枚（其中 2 枚未爆炸），燃烧弹 2 枚，炸死无辜平民 61 人，炸伤 12 人，炸毁房屋 214 房间。我亲眼看见一位姓周的老汉，被弹片炸伤了腹部，半截肠子露在体外，躺在我家的对面乱土堆前痛苦呻吟，景况十分悲惨。听哥哥说，在东城巷城壕附近有一个妇女抱着脑袋被弹片切掉大半的死孩子发了疯。还有旗纛巷刘家一家 6 口人躲在园子里全被炸死……

后来有人传讲,8 月 5 日这批飞机原来是要到兰州去的,在岷县被雷雨所阻,又折转回来。从高空看,陇西的地形和兰州很相像——城北是河和山,城南是山,两山之间夹一道川。日机驾驶员为了应付上级,就胡乱把炸弹"倒"在陇西了。此传说不论是实是虚,但日本飞机曾在这一天残酷屠杀陇西人民,造成流血惨案,却是铁一般的事实。

(原载甘肃省政协文史资料研究委员会编:《甘肃文史资料选辑》第四十一辑,甘肃人民出版社 1996 年版,第 121—122 页)

10. 日本飞机轰炸永昌县城

—— 管家大院被毁记

管吉昌 口述 苏永新 王若锋 整理

坐落在县城东南隅高家巷的管家大院，分为里外两院。里院由孙玉霖典住，人称孙家院，第三区公所也设在里院，外院由我家住着。民国二十八年（1939年）正月十七日12时许，永昌县城遭日本飞机轰炸时，我们管家大院被炸得尤为惨重。

正月十七日早晨，我（当时18岁）因中了煤毒，喝了妈妈给我烧的酸汤，在大门外游转，遇上沙沟岔的农民陈东林，两人相约到赵家庄去，刚出西稍门，忽听东北方向有飞机声，便不约而同回头望去，只见天上有12架飞机排成"人"字形向县城飞来，大约飞到东城门上空，听到嘟嘟嘟的机枪声，飞机一面扫射，一面继续向西南飞，逐渐看清了机翼下面有红沱沱标记，陈东林说："这是日本飞机。"紧接着听到城里有轰隆、轰隆的爆炸声，有一颗炸弹落在南城墙上。我俩既害怕又恐慌，急忙爬在路旁的沟里，不敢抬头，路上的行人也慌忙躲藏。这时，飞机的轰鸣声和爆炸声混在一起，震耳欲聋，炸起的土块、石子在沟旁纷纷落下，漫天烟雾灰尘，一片恐怖景象。我们只担心不要被炸死。持续了约十多分钟，爆炸声才停止了，飞机也往飞来的方向飞走了，我俩才从沟里爬出来。我想：日本飞机在城里投下了炸弹，妈妈管陈氏、嫂嫂管李氏、妹妹管玉琴和七岁的侄儿不知怎样，我得回去看看。进了西稍门，见城里逛庙会的农民慌慌张张，纷纷出城，又看见黄家湾的农民梁栋被炸死，躺倒在路边。农民杜有才拉着毛驴进城，被炸死在三皇庙旁，附近的地上、树上都是肉块和碎驴皮。我顾不得细看，急忙跑到我家院里一看，是一片残垣断壁，南北书房都已倒塌，梁、杜、檩条七横八竖，知道老母已被压下，我顿时被吓呆了，不停地大声喊："妈妈—妈妈—"。院子里有20多人，正在挖土救人，乱作一团。南书房住的邻居牛先生（武威商人）出外做生意去了，他的老婆和一个七八岁的男孩保保也被压下。我妹妹管玉琴只觉得后腰沉重，用手一摸，是一根断檩条两头交叉压在身上，左肋条处戳开指头大一个小洞，鲜血直涌，也顾不得疼痛，只是双手乱抓，努力挣扎，但又挣脱不出来。听到有人在上面来回走动，就大声喊："救人啊——救人啊——"。一位四十里铺来的农民听到下面有喊声，急忙扒开房土断木，把管玉琴救了出来。妹妹顾不得感谢这位农民，指着压下人的地方说："大爷，快救救人吧，这里是我的妈妈，这里是我的侄儿，这个地方还有我的嫂嫂、你快救救吧。"院里所有挖土救人的人都在紧张地刨土找人，乱作一团，我嫂嫂被挖出来后，两眼大瞪，眼珠血红，张着嘴，半天才出一口气，最后被救活。南书房的武威女人挖出来后也活着，我的妈妈、侄儿、武威女人的儿子保保全部被压死。

里院——孙家院房屋全部倒塌，满院没有一块平地，也没有剩下一堵人高的墙垣，成了一片废墟，尽是弹坑和土堆。屋内所有的家什都被砸坏和盖埋。我姐姐管玉珍，是孙玉霖的舅姥媳妇，正月十六日领着已出嫁的姑娘阎玉桂和五岁的儿子阎宝宝，逛完庙会后来看妈妈，住在家里未走。第二天一早被孙阎氏叫去吃饭，那天也被压在废墟里。直到当天下午三四点钟所有被压下的人才全部挖出来，院子里尸体横躺竖卧，有的身上一丝不挂，即使穿衣服的也像破布片联在一起挂在身上一样。姐姐管玉珍被炸弹震昏，左脚鲜血淋淋，右肘一片血渍，披头散发坐在废墟上。外甥女阎玉桂，怀孕已到大月份，后腰被炸，倒卧在地上，肚皮已破，血糊糊的胎胞流出体外，堆放在旁边。外甥阎宝宝被炸死。新媳妇孙南氏去娘家"躲灯"，十六日带着她的妹妹来逛庙会，也住在孙家，孙南氏的一条腿被炸成三截，她的妹妹也被炸死在旁边；孙玉霖的丫环、区公所肖德祖、来讨饭的肖长德的老婆和一个"摇头子"的女人也被炸死。孙阎氏和其侄儿、侄女被压死。被炸死者缺胳膊少腿，其尸体已难以辨认。周围的地上、墙上、树上到处是肉屑、血迹和布片，惨不忍睹。

这一天，我家被压死3人，孙家院（里院）被炸死8人，压死3人。共炸死、压死14人，其中妇女8人，男子1人，小孩5人。共炸毁房屋22间。

日本飞机在永昌城内共投下炸弹四枚。管家大院一枚，中学操场一枚，炸下的坑有涝池大，王举人（王裕基）家上房后墙投下一枚未发，南城墙上一枚。挖出来未发的炸弹上有"昭和—3"字样。多数炸弹投在南门外三皇庙周围和西稍门外的地上，炸得弹坑遍地。

（原载永昌县政协文史资料委员会编：《永昌县文史资料选辑》第一辑，1991年8月内部印行，第108—111页）

11．日军飞机轰炸天水目睹记

赵雨林

一九四一年初春，我从西安终南山下军校毕业，分配到国民党野战部队71军87师任重机枪连排长职，驻训在天水城西一个火神庙（现在为市食品厂）里。天水虽是古代历史名城，但当时市面和景物远不如江南城市那样繁荣。唯一的铁路干线——陇海铁路，只通到宝鸡，天水段正在修建基础工程；向兰州延伸的交通路线，只靠简易公路。广大西北，民风淳厚，生活俭朴，但远去天水以西，就有风沙扑面、地广人稀之感。

我们驻地火神庙，紧靠伏羲城城门内侧。出城右行，是丘陵地带，我们都向此方向去执行训练勤务。山城左行，沿城脚一带，是农田菜园。我们为了练习打靶，就在菜地附近，构筑了马克沁式重机枪高射阵地。这种阵地的构筑法是：以3.6米为直径画一圆周，通过中心在1.2米为直径，其圆心，即是高射枪座。距枪座圆心各边的1.2米为交通沟，沟深土1.2米，口宽1.2米，底宽0.6米，另从一侧挖进出口。射击方法是：如有保卫领空任务时，即将枪架稳定于枪座，装上环形高射准星，放松起落轮盘，使枪身升高。射手立于交通沟内，双手掌握枪机，可随敌机飞行方向移动，追踪射击。

一九四一年，是抗日战争爆发后的最艰苦的年头，残暴的日本侵略者，倾数十年准备的精锐部队一百多万，疯狂地进攻中国，侵占了我们大片的国土。日军铁蹄所到之处，烧杀淫掳，无恶不作，给我们沦陷地区的同胞带来血泪斑斑的灾难。侵略的烽火，各处蔓延，同时为达到残杀后方人民，破坏后方秩序从精神上摧毁中国人民斗志的目的，更利用空军优势，对我们后方各城市狂轰滥炸，疯狂到了极点。就在那年的八月五日轰炸了天水城。那天，天气晴明，风和日暖，午后不久，突然响起了空袭警报，我即率李春和重机枪班，立即进入城外高射阵地，当时全连只有此一挺马克沁式机枪有高射装置，其他几挺是轻重两用，无高射装置，可惜的是，我们当时的子弹，都是一色步枪通用的铅心弹，没有专门用于高射的钢心子弹，这种普通子弹，用在对空射击敌机时是无法穿透敌机钢甲的。在此情况下，我们虽明知弹力薄弱，但为保卫祖国领空、保护人民生命财产还是严阵以待，准备对空战斗。当城内拉响了紧急警报时，我们已经听到西北方向敌机的嗡嗡之声正向天水逼近。我们很快发现敌机一架，飞临天水，在高空盘旋侦察，绕大弧形降低飞行高度，正从我右方进入我环形准星圈内。当时我心潮澎湃，心情紧张，亲自掌握此对空唯一有利武器，双手拨按机钮连续点发，又利用圆形阵地跟踪敌机猛烈射击。这时班长李春和伏在我身旁，帮我观测。看到敌机已发现地面有猛烈火力向其射击，它本来向我左侧方飞行，这时立即转头，向城内有房屋人口聚集之处惊鸣俯冲，乘势投弹，我们在射击中忽听城内轰鸣巨响，看到敌机俯冲弹落，一切惊险情况均发生在一霎间，敌机在爆炸声中升入高空飞去。当时我未能如愿将敌机击落，但在对空战斗中已明显地迫使敌机不敢轻心无惧，妄逞淫威，从容命中，但是，残暴的敌人为达到破坏和大量杀伤的目的，只要战况可能，绝不放过炸弹与扫射的机会，他们在仓皇投弹中或用机枪扫射，杀害我们同胞。这时我们撤出阵地，跑步向敌弹爆炸处进行抢救，当场看到房屋倒塌，浓烟滚滚，火舌蔓延，军人、群众纷纷抢救。据悉，这次飞来天水的敌机有三十六架，当时的伤亡人数，被炸毁的房屋以及其他财产的损失，现在均已无法忆及。

天水城区是抗战四年来头一次被日军飞机轰炸，给天水同胞带来惨重的灾难，是我在天水亲眼所见、亲身临战、亲身经历的往事。

（原载天水市政协文史资料委员会编：《天水文史资料》第一辑，1986年12月内部印行，第50—52页）

三、大事记

1935 年

是年 日本特务机关在阿拉善旗府所在地定远营正式设立机构（驻祥太隆商号），在阿旗公开大肆进行特务活动。次年江崎寿夫、大西俊仁、松本平八郎等50 多人侵入额济纳旗，在东庙设特务机关部，江崎寿夫（少将）任机关长。他们武装占据了赛日川吉庙，喇嘛和蒙族医生被日本特务武力驱逐，并征用青年喇嘛为他们当差，强迫征用牧民给他们干活，强占牧民 60 多峰骆驼给他们驮运侵华物资和弹药。他们除了在该地测量道路，设置无线电台，汽车、骆驼经常由绥远白灵庙延绥新公路运送军用物资和生活用品外，还在东庙空旷的佛教广场修建简易飞机场，将东庙的医学部建成了大型的飞机加油站。侵华日军飞机从飞抵额济纳旗始，在不到两年的时间里，飞行 1 万多架次。日军以额济纳旗为基地，建成了战略"桥头堡"，去袭击和轰炸兰州、延安、榆林、哈密等地。

1936 年

2 月 29 日 上午 11 时，日本飞机 127 号 1 架，未经同意降落兰州东郊机场（也叫拱星墩机场）。有陆军武官羽田嘉郎、田野初、太理正义、小尾哲三、参谋堂协克雄、阿部正直等 6 人"来兰游历"，并要求拜见甘肃省政府主席于学忠，晤谈 20 分钟后，晚宿大通旅社，次日离兰。

这次事件实际上是日本飞机轰炸兰州前夕的"火力侦察"，以窥探兰州的航空设施、防务情况，试探甘肃军政大员对日本的政治态度。

冬 南京国民政府来电责成宁夏省民政厅厅长李翰园和中央军第二十五师副师长杜聿明两人带队前往额济纳旗取缔日本特务机关。

1937 年

7月7日　宁夏省民政厅厅长李翰园率部日夜兼程抵达额济纳旗首府东庙。当晚 12 时，包括机关长江崎寿夫在内的日本特务便被解除了武装，羁押在一个帐篷内。这一天也正是"卢沟桥事变"爆发的当天。次日，李翰园押着江崎寿夫等人，搜查东庙日本特务机关部及红柳窝仓库，并逮捕了 5 名汉奸。被抓的日本特务内有飞行场场长、无线电台台长、报务员、测量人员、地质调查人员、医生等，他们都有军籍，并都着陆军制服。从这批特务中，先后缴获了手枪、子弹、战刀、无线电台、卡车、军车、骆驼、军用地图和一些文件，这些文件清楚地表明了日本特务盘踞在额济纳旗等我国西北地区的险恶用心。

7月　时任甘肃省政府主席的贺耀组召集有关单位开会，讨论甘肃省会兰州的防空办法及设施，会后成立了"甘肃省会（兰州）防空协会"。这是甘肃省在抗战期间成立的第一个防空机构，贺耀组兼任会长。

8月23日　中国妇女慰劳自卫抗战将士会甘肃分会在兰州成立，贺耀组夫人倪斐君任会长，刑华、王定国、原煊、王九菊等参加筹备并负责开展慰劳抗日将士工作。该会自 1937 年至 1938 年 5 月期间，募集了大批的抗战物资运往前线。

10月25日　第一批苏联轻型轰炸机 9 架抵兰，至 1938 年 11 月 7 日，到兰飞机已有 50 架，志愿人员 150 人。常驻兰州一个队，飞机 10 余架，直至 1941年 6 月苏联卫国战争爆发后，陆续回国。

11月5日　日军飞机首次对甘肃境内轰炸。下午 3 时左右，7 架日军飞机窜入兰州市区，在东郊机场（今拱星墩）和靖远东湾等处投下数枚炸弹，当时甘肃防空设施尚未建立，未发警报。造成 2 人死亡，数人受伤，机场设施遭到严重损坏，当时所有的人都毫无防备，在日机进入兰州市区时，纷纷跑出来抬头仰望。

11月　甘肃省会防空司令部在兰州成立，贺耀组兼任司令，下设 3 个科、3个室，办理防空、疏散、消防等事宜，并设立防护团，在兰州内外城增辟城门八处，在郊区修筑防空壕数百处。同年 12 月，贺耀组调离兰州，由新任第八战区司令长官朱绍良兼任司令，将兼职工作人员一律改为专职，完善了兰州乃至全省的防空网。

12月1日　甘肃省战时经济管理委员会在兰州成立。

12月4日　10 点 50 分至 12 点之间，兰州拱星墩飞机场及其附近地区遭受

11 架日机的空袭，共投弹 12 枚，炸死男 3 人，炸伤男 2 人，炸毁房屋 3 间。此时，甘肃省防空司令部的防空哨已设置就绪，当日机飞过六盘山时，防空司令部即接到情报，立即发出空袭警报，驻兰空军战斗机队起飞迎战，揭开了兰州上空保卫战的第一页。

12 月 6 日　日机 7 架分两批企图空袭兰州，但是由于驻兰空军驱逐机二十五中队 9 架飞机迎战，在甘草店附近（今榆中县境内）上空进行空战，对准备袭兰的日机拦截逐回，使日机轰炸兰州的企图没能得逞。

12 月 21 日　11 点至 12 点 45 分之间，兰州拱星墩飞机场及其附近地区遭受 9 架日机的空袭，共投弹 14 枚，炸死男 3 人，炸伤男 4 人，震倒房屋 30 间。

1938 年

1 月 21 日　日机 5 架经平凉、静宁图袭兰州，经兰州空军迎击，仓皇逃去。

1 月　苏联赠送给中国的第一批汽车——500 辆吉斯五型六轮三吨半卡车，载着汽油从新疆古驿道进入甘肃，车队经安西、玉门、嘉峪关、酒泉、武威、河口，最后到达兰州。

2 月 20 日　日机 18 架空袭兰州，在东郊飞机场及市区投弹，与兰州空军第17 队发生激烈空战，兰州空军击落日机 9 架。

2 月 23 日　日机 36 架空袭兰州，投弹数枚，被兰州空军击落日军 9 架。

5 月　甘新公路动工，经费由八战区长官部转发。该条公路的建设是为了适应从苏联源源而来的军事物资运输的要求。

同月　为了进一步完善兰州乃至全省的防空网，根据航空委员会的指示，朱绍良下令在原甘肃省会防空司令部的基础上成立"甘肃全省防空司令部"，朱绍良兼任司令，杨德亮任副司令，司令部驻兰州。在武威、酒泉、天水、平凉建立防空指挥部及防空情报分所，建立防护及防空监视队哨，并令在临洮北乡叶家坪修筑大型军用飞机场，在兰州配备高射炮部队、照明部队、防空情报网等机构，制订交通、居民疏散等办法。

9 月 15 日　日机 23 架，轰炸银川以后图袭兰州，被兰州空军击逃。

11 月 15 日　4 点 50 分至 8 点 20 分之间，靖远县东湾堡子遭受 2 架日机空袭，共投弹 7 枚，炸死男 1 人，炸伤男 1 人，炸毁民房 47 间，造成财产损失折合法币 2 万余元。

是年　兰州地区在各界募得白洋 10 万余元，还募得大量衣物和其他物资，支援前线抗战。

1939 年

1 月 21 日 日机 5 架欲轰炸兰州，因驻兰空军的迎头痛击，慌忙逃跑，故当日未对兰州进行轰炸。

2 月 5 日 驻兰空军 1 队，尾随日机至山西运城机场上空，乘敌机在运城机场降落之时，中国空军突然从天而降，轰炸机场，投弹 60 余枚，炸毁敌机 40 多架，使日机不敢再在运城机场停留大批飞机，大大削弱了日军轰炸兰州的空中力量。

2 月 9 日 10 点 50 分至 15 点之间，平凉 2 次遭受 11 架日机空袭，共投弹 73 枚，炸死 80 人（男 57 人，女 23 人），炸伤 70 人（男 48 人，女 22 人），炸毁房屋 156 间，骆驼牛马死伤甚多，给平凉人民生命财产造成极大损失。

2 月 12 日 11 点 55 分至 14 点 40 分之间，兰州拱星墩飞机场附近一带 2 次遭受日机共 21 架的空袭，投弹 100 枚，炸死 4 人（男 3 人，女 1 人），炸伤 3 人（男 2 人，女 1 人），震倒房屋 11 间。

同日 日军飞机 9 架飞临靖远县城上空实施轰炸，在简易师范学校（今靖远师范）周围投弹 44 枚，炸死男 2 人，炸伤 30 人（男 28 人，女 2 人），炸毁校舍及民房 25 间，造成重大财产损失。

2 月 20 日 13 点 20 分至 16 点 04 分之间，兰州拱星墩及西古城飞机场、城内市区 3 次遭受日机共 30 架的空袭，投弹 100 枚，炸死 28 人（男 25 人，女 3 人），炸伤 17 人（男 15 人，女 2 人）。炸毁房屋 100 间，震倒房屋 57 间，并炸毁机场待修理的飞机 3 架。此次，驻兰苏联援华空军与中国空军共同对敌作战，共击落日机 9 架，其中 2 架飞机残骸当时就在榆中、皋兰县境内寻获。

2 月 23 日 11 点 04 分至 14 点 49 分之间，20 余架敌机从东北方侵入兰州市区，在中山市场（今兰园）、东大街（今张掖路至箭道巷段）、黄家园、学院街（今武都路东段）、贡元巷、南关（今中山路）、东城壕一带投下炸弹 58 枚。炸死 6 人（男 5 人，女 1 人），炸伤 24 人（男 22 人，女 2 人），炸毁房屋 780 间。兰园普照寺（始建于唐代的著名佛教圣地）化为灰烬，烧毁藏经 6358 卷（唐藏 5048 卷，明藏 1310 卷），兰州名僧悟明方丈（俗呼蓝大师）为守护普照寺藏经楼而殉难。木塔巷内嘉福寺（唐贞观九年修建）、东华观（宋代建筑）及柏道路、道升巷古建筑均夷为平地。甘肃省佛教会为此通电全国及驻华各使馆转各国佛教会称："日军蔑德毁佛"，"不惟世所谴责，抑亦天人所共愤"。另外，兰州空军与日机激战，击落日重型轰炸机 6 架，其余敌机全部击伤，最多的一架被击中 153 发子弹。其中 2 架飞机残骸当时就在洮沙县境内寻获，1 架在皋兰县境内寻获。

同日 平凉县城内及东关 2 次遭受日机共 10 架的空袭，投弹 33 枚，炸死 8 人（男 6 人，女 2 人），炸伤男 5 人，炸毁房屋 64 间。

2 月 27 日至 3 月 2 日 在兰州市中山林和民众教育馆两处举办击落敌机残骸展览会，展览会上陈列着敌机机身、飞机零件、机枪、佩刀、文件、日记等，观看者数万人次。

3 月 7 日 10 点 50 分至 15 点 30 分之间，平凉县城内外遭受日机共 15 架的空袭，投弹 79 枚，炸死男 24 人，炸伤 8 人（男 2 人，女 6 人），炸毁房屋 204 间，并散发传单。

同日 日军飞机 12 架，从东北方向侵入永昌县城上空，进行扫射、投掷炸弹。共投弹 40 枚，炸死 22 人（男 20 人，女 2 人），炸伤 11 人（男 10 人，女 1 人），炸毁房屋 35 间，炸死牲畜 17 头。此次日机在回经武威时，用机枪向地面扫射。

3 月 15 日 8 点 39 分之后，平凉飞机场内外遭受 26 架日机的空袭，共投弹 47 枚。炸死 23 人（男 19 人，女 4 人），炸伤 10 人（男 5 人，女 5 人），炸毁房屋 106 间。

同日 上午八时五十二分，泾川县阳保乡（今沔丰乡）百烟村遭受 26 架日机的空袭，共投弹 4 枚，炸死 6 人（薛世全、乔碎娃、乔毛娃、乔双秀、乔杨氏、乔朱氏），炸伤 2 人（乔永保、乔双禄），炸毁房屋（窑洞）3 间。

4 月 国民政府驻成都空军战斗机 16 架来天水方面避战，按预定计划拟降落天水机场加油，刚一着陆即遭尾随的日军飞机突袭，12 架战斗机被击毁。

6 月 18 日 日机 47 架，飞越兰州上空扰袭西宁，未投弹。

6 月 甘肃省政府以日机不断轰炸兰州，决定将在兰机关、工厂、商店、学校及社教团体临时迁往临洮、榆中等县。

9 月 15 日 日机 28 架，侵袭宁夏，投弹后欲南下空袭兰州，因兰州空军戒备森严而中途折回。

9 月 29 日 日侦察机 1 架，窥视天水、平凉。

10 月 30 日 上午 10 时许，日机 25 架分两批空袭平凉。第一批 12 架，第二批 13 架，共投弹 284 枚。炸死 18 人（男 11 人，女 7 人），炸伤 13 人（男 10 人，女 3 人），炸毁房屋 126 间。

省立平凉中学操场、校院落弹7枚，炸毁学生宿舍4间，并向城北省立平凉师范校院投下大量从运城运来的石头，由于师生在郊外上课，幸免于难。

11月16日至17日 日机多次轰炸兰州市区及郊外，省文庙（今兰州二中）东庑、皋兰县文庙（今延寿巷）大成殿等全部被炸毁，市区多处被炸成一片瓦砾。

11月27日 夜9时，日机77架分6批彻夜轰炸兰州，除第一批半路返回外，第二批12架，第三批9架，第四、五、六批各12架，先后在黄河铁桥（今中山铁桥）附近、东大街（今张掖路东段）、东关（今庆阳路南关什字至东口）、山字石、皖江会馆、河北医院等处投弹，直至凌晨5时警报解除。炸死15人（男14人，女1人），炸伤11人（男10人，女1人），炸毁房屋184余间。日机因慑于兰州空军威力，从此以后，多改为夜袭。

同日 日机出动51架轰炸靖远，投弹200余枚，炸毁房屋100余间。由于轰炸是在夜间，炸弹全部落在城外山中，未造成人员伤亡。

11月29日 日机57架分三批空袭兰州城内外及拱星墩飞机场，共投弹122枚，炸死69人（男51人，女18人），炸伤40人（男24人，女16人），炸毁房屋1341间。

12月1日 12时许，敌机48架袭兰。炸伤男1人，炸毁房屋6间。此次中国空军迎战，击落敌机1架，击伤多架。

同日 日机空袭兰州途中对靖远县城进行轰炸，在城南山（今乌兰山）、黄河沿岸、箭道（今钟鼓楼北侧鹿鸣园）等处投弹数枚，炸毁民房61间，造成财产损失折合法币6万余元。

12月26日 6时许，日机99架分三批侵入，第一批27架，第二批36架，第三批36架，均投掷燃烧弹，兰州师范（今兰州一中）校舍，包括校长室、教务处、中山堂都化为灰烬。绸铺街（今酒泉路中央广场至南关什字段），县门街等沿街商店均被烧毁。炸死男23人，炸伤男16人，炸毁房屋7130间。

同日 上午11时许，一群日军飞机轰炸过兰州以后往东飞，在榆中县和平乡吊岭山村上空与中国空军发生激战，激战过程中发射的枪弹造成村民徐秀俊家1人死亡，1人受伤。

12月27日 9时至12时许，99架敌机分三批袭兰，第一批36架，第二批27架，第三批36架。炸死男21人，炸伤男10人，炸毁房屋4070间。此次击落敌机4架，均坠于皋兰县境东古城（今属榆中县）以东地区。

12月28日 11时许，日机97架分两批袭兰，第一批61架，第二批36架，自西向东，沿黄河南岸投掷燃烧弹，西关什字及西关（今临夏路）东大街、新关

（今秦安路）一带商店、民居、学校大都被毁。炸死男 31 人，炸伤 19 人（男 18 人，女 1 人），炸毁房屋 6800 间。

同日 日军出动飞机分多批经靖远轰炸兰州，其中 1 架在靖远投弹 3 枚，炸毁东西街房屋 100 多间，同时景泰县中泉、正路等地也被炸，造成巨大财产损失。

12 月 26、27、28 日 日军对兰州实施 3 天不间断轰炸，这是抗战期间，日空军对兰州出动飞机最多、最疯狂的大轰炸，共投弹 1660 余枚，炸死 75 人，炸伤 45 人。据当时警察总局呈报甘肃省政府的文件中统计表明：日军出动了 300 余架次飞机对兰州市区进行连续性轰炸，"死伤市民达二百五六十人。另外据民间估计，因空袭致使冻饿及染病而死者也不下三四百人。"

1940 年

1 月 6 日 兰州空袭紧急救济联合办事处正式成立。其职能是救济难民、医治伤员、掩埋死者。由朱绍良任主任委员。

1 月 15 日至 20 日 在兰州新舞台，为救济兰州被日机轰炸被难同胞举行募捐义演，募捐款达万余元法币。

7 月 7 日 兰州各界举行抗战建国三周年纪念大会，为抗战阵亡将士竖立纪念碑，并举行"七七"献金运动，献金总额为 16 万余元法币。

同日 庆阳"抗日阵亡烈士纪念塔"落成。1947 年 4 月，国民党政府军胡宗南部侵占庆阳后被炸毁。中华人民共和国成立后，重建于烈士陵园内。

9 月 甘肃省空袭紧急救济联合办事处拨交兰州市区公共防空工程费 5 万元，用于兰州市区的防空工程建设。

10 月 15 日 国际反侵略运动中国分会发起于本日在全国各地举行反轰炸大会。兰州举行大会，并募款筹购反轰炸飞机。

1941 年

5 月 21 日 28 架日军飞机空袭兰州，在市区南关一带投下 100 余枚炸弹。日机遭到我国空军和地面防空部队痛击，其中 1 架日机左翼中弹起火，坠落于焦家湾山根，机身全部焚毁。事后察看：该日机为重型轰炸机，有尸体四具，其中一具所戴金戒指上刻有"带队轰炸汉口纪念" 8 字，据此，当局认为是带队的指挥长，该机亦为指挥机。

5月22日　日侦察机1架、轰炸机25架、驱逐机12架空袭兰州，在南关一带投弹数枚，炸毁民房50余所，炸死男4人，炸伤男10人。

5月24日　日机46架，分三批袭兰，投弹60多枚，炸毁房屋60余间，被击伤2架。

5月27日　日机38架分三批空袭兰州拱星墩机场及其附近地区，投弹100余枚，炸毁民房甚多。驻兰空军迎击，击伤日机1架。

5月　省政府主席谷正伦下令，兰州空袭紧急救济联合办事处所办业务全部移交甘肃全省防空司令部办理，直至6月30日，各项移交工作全部结束。

6月18日　日机43架分三批空袭兰州拱星墩机场及其附近地区，投弹100余枚，炸伤男14人。

6月22日　下午1时许，正值武威城隍庙庙会，武威四乡六渠，赶会的城乡群众有数千人，据民国时期武威县警察局档案所报：日机共出动26架，投弹170余枚，内有燃烧弹20余枚，炸死228人，炸伤154人。但另据《甘肃境内遭受敌机空袭损害统计表》所记载：日军飞机56架窜入武威城上空投弹162枚，炸死249人（男136人，女113人），炸伤178人（男110人，女68人），城隍庙大部分被毁，炸毁经营铺面、民房718间，还有牲畜和其他财产。

6月23日　9架日机侵入兰州、天水上空，兰州空军迎击，击落日机1架。

7月　由于日机不断轰炸兰州，据调查全市已挖防空洞260处，其中公有55处。

8月5日　日军出动飞机27架，从西北方向飞抵天水上空，穿梭轰炸天水西关、后寨子、大城等地，轰炸持续了30多分钟。投弹75枚，炸死98人（男70人，女28人），炸伤52人（男38人，女14人），炸毁房屋497间。此次轰炸日机还向城内公园投下一枚日本昭和年间铸造的500磅炸弹，未爆炸。后将炸弹移至天水市文化馆保存，直到1958年大炼钢铁时才销毁。

同日　上午10时许，11架日军飞机侵入陇西县城上空，向城内投下了47枚炸弹和燃烧弹，遭轰炸的地点有县门、南门、文庙街、新街、万寿街、南街、鼓楼街。共造成73人死亡、受伤，其中死亡61人（男32人，女29人，包括3名军人），受伤12人（男7人，女5人），损毁房屋228间，财产损失按当时价值估算在17万元以上。

8月23日　日机50架，分4批袭兰，第三批驱逐机5架侵入兰州上空。晋陕绥边区总司令邓宝珊的夫人崔锦琴及子女在盐场堡北部枣树沟防空洞内躲避，因防空洞倒塌而遇难。

8月25日　日机8架侵入兰州上空，对兰州进行空袭，共投弹7枚。

8月31日　日机78架，分8批先后空袭兰州、武威、临洮等地，在武都侦察。其中轰炸机10架对兰州进行了疯狂轰炸，并以兰州地区的学校、医院为主要袭击目标，投下了65枚炸弹，炸死男8人，炸伤20人（男14人，女6人），457间房屋被毁。省会人民同仇敌忾，开展"一元献机"和"一县一机"运动。驻兰空军击落敌机1架，坠于皋兰县丰乐乡的小干沟村，致村民张尕娃、张如祥、孔繁敏、张吉仓等10人受伤，炸毁房屋57间。

同日　与日本飞机作战的12架中国飞机，因被日机追击，紧急降落在天水二十里铺籍河川飞机场。10余架日机在机场上空低空扫射后滥施轰炸，12架飞机连同2辆汽车均被炸毁。

同日　日机27架对武威飞机场和汽车站进行了轰炸，共投弹193枚，炸死8人（男1人，女7人），炸伤21人（男15人，女6人），炸毁房屋47间。

同日　日军出动4架飞机轰炸临洮县叶家坪机场及青天镇，共投弹9枚，炸死男1人，炸伤男1人，其中日机1架被击落。

8月　天水、平凉、陇西、武威、临洮酒泉等地分别设立了空袭紧急救济联合办事处。

同年　兰州市建了机关、个人地下室120个、防空洞1000多个，露天防空壕258个，可供5万人以上躲避空袭。

1942年

7月21日至9月30日　日机先后8次飞扰兰州、天水、清水、陇西、平凉等地上空进行侦察，并无投弹。此后渐渐停止侦察。

后 记

　　《甘肃省抗日战争时期人口伤亡和财产损失》一书经过全省党史工作者和有关同志将近十年的共同努力终于正式出版。这部书真实反映了甘肃人民经历的日本侵华战争苦难和在日军空袭中遭受的巨大损失,揭露了日本侵略者对甘肃人民所犯的累累罪行,这对于我们今天勿忘历史、警惕日本军国主义复活,发奋图强、努力实现中华民族伟大复兴的中国梦,具有重大现实意义和历史意义。这部书也为研究日本侵华战争史、中国抗日战争史从一个方面提供了珍贵资料。

　　本书的编辑和专题调研工作,得到了中央党史研究室领导及同志及中央党史研究室第一研究部李蓉、姚金果等同志的具体指导和帮助;甘肃省档案馆、甘肃日报社、兰州晚报社、甘肃省各市(州)委党史研究室也给予了大力协助。甘肃省委党史研究室原副主任杨瑞华、甘肃省地方志办公室原副主任王杰、甘肃省社会科学院教授董汉河、兰州大学历史系教授张克非、甘肃省档案馆副研究员姜洪源等组成专家审稿组进行了审核把关。在此一并表示衷心的感谢!

　　日本发动全面侵华战争距今已有70多年的时间,由于历史的原因,档案资料不全,许多资料缺失,难以全面收集,我们关于甘肃省抗日战争时期人口伤亡和财产损失的调查研究成果也仅仅是初步的成果。随着研究的进一步深入,有关伤亡和损失情况还会进一步明晰。再者,由于我们水平有限,书中难免有遗漏之处,敬请读者指正。

本书编者

2014 年 1 月

总 后 记

　　历时多年的《抗日战争时期中国人口伤亡和财产损失调研丛书》终于问世了。参加这套丛书编纂工作的，主要是承担《抗日战争时期中国人口伤亡和财产损失》课题调研任务的各省、自治区、直辖市及其下属市、县的领导同志和课题组成员，以及部分著名专家。他们以高度的责任心和使命感，竭尽全力，攻坚克难，终于完成了各自承担的任务，并按统一要求，形成了调研成果的 A 系列书稿。同时，有关省、自治区、直辖市还从实际情况出发，编纂了主要反映市、县调研成果的 B 系列书稿。由于各地情况不尽相同及其他原因，呈现在读者面前的丛书，将分批陆续完成和出版。

　　为了保证质量，我们对本丛书中由各省、自治区、直辖市完成的 A 系列书稿（即省级调研成果）实行了四级验收制，即：所有的省级调研成果，先由有关省（自治区、直辖市）课题领导小组及其聘请的省级专家验收组分别审读通过、写出书面意见；然后提交到中共中央党史研究室课题组。中共中央党史研究室课题组审读后，再聘请国内知名专家审读书稿，提出书面意见。对每次审读提出的意见，各省、自治区、直辖市课题组都认真研究落实，对书稿进行反复修改，或是说明相关情况，直到符合要求。由一批专家完成的 A 系列书稿（即带全局性的专门课题调研成果），也通过类似的办法验收。主要反映市、县调研成果的 B 系列书稿，则由有关省、自治区、直辖市党史研究室组织验收。各种调研成果验收修改的过程，同时也是调研的深化过程、提高过程。经过反复修改补充的成果，在质量上都有明显提高。

中共中央党史研究室课题组在中共中央党史研究室室委会和分管室副主任的具体领导下开展工作。中共中央党史研究室几任主要领导同志即曲青山和孙英、李景田、欧阳淞主任，非常关心和重视本课题调研工作的开展。分管这项工作的室副主任李忠杰同志始终严格把握政治方向，精心部署和安排，明确提出创建"精品工程、基础工程、警世工程、传世工程"的要求，给工作指明方向，还及时领导解决调研过程中遇到的种种困难和问题。各地同志和有关专家同中共中央党史研究室课题组保持密切联系，对中共中央党史研究室课题组的工作给予了积极配合和支持。

　　中共中央党史研究室课题组由李忠杰、霍海丹、李蓉、姚金果、李颖、王志刚、王树林、杨凯等同志组成。先后担任中共中央党史研究室第一研究部领导职务的黄修荣、刘益涛、蒋建农同志参与了课题调研和审改的部分工作。中共中央党史研究室科研管理部、办公厅的部分同志也参与了有关工作。特别是在北京市和山东省召开的两次全国性会议，中共中央党史研究室科研管理部、办公厅的有关同志自始至终参与了繁忙的会务工作，付出了大量心血和辛勤劳动。

　　在李忠杰同志直接领导下，中共中央党史研究室课题组承担了组织指导与协调推进各地课题调研和联系有关专家完成全局性专题调研的繁重任务。在人手十分有限的条件下，课题组同志们近10年如一日，以对民族负责、对历史负责的自觉精神，克服困难，埋头苦干，为圆满完成任务做了大量工作。计先后编发213期达60多万字的《工作简报》，同各省、自治区、直辖市的同志和有关专家进行了数以千次、万次的电话联系及当面沟通，先后到10多个省、自治区、直辖市实地调查、参加会议，了解情况，当面指导，协助各地完成调研工作，或邀请有关地方的同志到北京进行座谈；还组织22个省、自治区、直辖市课题组编纂《抗日战争时期全国重大惨案》，同中央档案馆联合编辑《抗日战争时期解放区人口伤亡和财产损失档案选编》，同中国第二历史档案馆、中国人民解放军档案馆联合编辑其馆藏的相关档案资料，撰写有关专题报告，等等。将近 10 年来，课题组成员虽有变动，但工作始终如一，没有延误和懈怠。

需要说明的是，《抗日战争时期中国人口伤亡和财产损失》课题，有时也简称为抗战损失课题或抗损课题。虽然有学者认为"抗战损失"或"抗损"通常只能反映抗日战争中财产方面的损失，人口伤亡不能称作损失，但考虑到当年国民政府习惯采用"抗战损失汇报"或"抗战中人口与财产所受损失统计"等表述，所以本课题参照前例，以"抗战损失"或"抗损"作为课题简称。

2014 年初，根据中央领导同志的指示精神和中共中央党史研究室室委会关于做好出版和对外宣传全国抗战损失课题调研成果准备工作的要求，我们组织部分省、自治区、直辖市的分管领导和课题组成员对已经印出样本的 A 系列书稿再次进行复审和互审，并邀请部分承担了抗战损失专题调研任务的专家参加审稿工作。这次集中复审和互审的主要任务是：审核已经印出样本的 A 系列书稿，对相关数据、史实严格把关，保证课题调研结论的真实性，保证书稿没有重大差错。中共中央党史研究室主要领导同志和分管领导同志也提出要求：把工作做得再深入、再扎实一些，统一规范，责任到人，把问题消灭在书稿正式出版之前。

在复审和互审过程中，地方同志和邀请的专家以多种形式及时沟通，围绕审稿发现的问题研究讨论，和中共中央党史研究室分管领导进行交流，对一些重要的共性问题达成一致。经过复审和互审，对有关的 A 系列书稿做出进一步修改。在此基础上，中共中央党史研究室课题组同志又对拟第一批出版的每一部 A 系列书稿进行多环节的审读、检查、修改、校对，严格审核把关，尽可能如实、客观地反映调研情况和成果。

中共中央党史研究室的其他同志及一些外聘同志、从地方党史部门借调的同志，如徐玉凤、谢忠厚、杨延力、郭明泉、戴思厚、王俊云、梁亿新、宋河星、毛立红、王莹莹、茅永怀、庾新顺、李蕙芬同志等，满腔热情地参加了本课题调研的部分工作。不论是调研选题的讨论、同有关各方的联络，还是资料的整理、归类、建档等，他们都付出了辛勤的劳动。

这里，还要特别感谢国家社会科学基金规划办公室、国家新闻出版广电总局有关领导和同志对本课题调研工作的支持和帮助，感谢有关部门对丛书出版经费的支持和保证。中共党史出版社的领导汪晓军以及陈海平、姚建萍等同志，也为这套丛书的出版花费了很多心血。

我们相信，本丛书 A 系列和 B 系列各卷的陆续公开出版，必将大大有助于抗战损失课题调研成果的推广利用，有利于固化历史，更好地发挥以史为鉴、资政育人的作用。但是，我们也深知，本课题调研迄今所取得的成果，还只是阶段性的、部分的、不完全的成果。在已经取得的来之不易的成果的基础上，今后，这一课题的调研工作还要深入不懈地继续进行下去。

中共中央党史研究室课题组

2014 年 4 月 30 日